Johannes Bähr / Bernd Rudolph

1931
FINANZKRISEN
2008

Zukunft braucht
Erinnerung

EUGEN-GUTMANN-GESELLSCHAFT E.V.

Johannes Bähr / Bernd Rudolph

1931
FINANZKRISEN
2008

Eingeleitet von
Andreas Platthaus

Herausgegeben von der
Eugen-Gutmann-Gesellschaft e.V.

Piper
München Zürich

Redaktionsschluss: 31. Juli 2011

ISBN 978-3-492-05437-9
© Piper Verlag GmbH, München 2011
Gesamtherstellung: Kösel, Krugzell
Printed in Germany

www.piper.de

Inhalt

5

BERND RUDOLPH
Hintergründe und Verlauf der internationalen Finanzkrise 2008

JOHANNES BÄHR/BERND RUDOLPH

ANHANG

Einleitung
Im Unterschied liegt die Gemeinsamkeit
Zum Vergleich der Finanzkrisen
1931 und 2008

Nachher ist man immer klüger. Das ist so wahr wie banal. Und ein beliebtes Totschlagargument gegen jegliche Form von historischer Analyse, die es sich zur Aufgabe macht, den Weg zu einem Ereignis zu rekonstruieren, um daraus Schlüsse für die Zukunft abzuleiten. Nun ist es zweifellos so, dass nach der internationalen Finanzkrise des Jahres 2008 die Zahl der Propheten, die alles vorausgesehen haben wollten, ins Unermessliche stieg, während eine Zusammenstellung solcher Warnungen, die tatsächlich vor dem 15. September 2008, also dem Tag des Zusammenbruchs von Lehman Brothers, ergangen waren, übersichtlich bleibt. Aber es gab solche warnenden Stimmen, wie Bernd Rudolph in seinem Beitrag für dieses Buch nachweist, und sie kamen vorwiegend von Experten, die über fundierte wirtschaftshistorische Kenntnisse verfügten. Diese ermöglichten ihnen den Nachweis von Kettenreaktionen, wie sie komplexe Systeme – und das internationale Finanzsystem ist ein hochkomplexes Geflecht – notwendig hervorbringen, wenn ein Glied beschädigt wird oder gar ausfällt. Das wird auch in Zukunft so sein. Und doch unterscheidet sich jede Krise von den vorherigen. Was neu war an der Krise von 2008, waren innovative Finanzinstrumente, deren sorglose Vervielfältigung und gebündelte Weitergabe den Auslöser für den Zusammenbruch des Interbankengeldverkehrs darstellten. Keineswegs neu aber waren dann die Abläufe, in denen sich die Krise immer weiter verstärkte. Sie gehorchten einer ökonomischen wie psychologischen Logik, die bei anderen Krisen genauso gewesen war.

Wenn dieses Buch der Finanzkrise von 2008 die von 1931 gegenüberstellt, erhebt es den Anspruch, dass sich in dem früheren Geschehen bereits Muster entdecken lassen, die ein Dreivierteljahrhundert später wieder relevant für die Ereignisse werden sollten. Zugleich aber ist es mindestens ebenso interessant, die Unterschiede zwischen den beiden Krisen herauszuarbeiten, denn Ökonomie ist keine unhistorische Veranstaltung: Die Wirtschaftsakteure haben vielmehr ein langes Gedächtnis und streben selbstverständlich danach, einmal gemachte Fehler nicht noch einmal zu wiederholen. Trotzdem macht der Beitrag von Johannes Bähr zu den Ereignissen von 1931 Parallelen zwischen den beiden Krisen deutlich. Diese Ähnlichkeiten sind indes weniger solche finanztechnischer als vielmehr solche kollektiv-psychologischer Art.

Dass Krisen Interventionen erfordern, ist eher anthropologische Gegebenheit als ökonomische Notwendigkeit. Die reine Lehre möchte die Märkte sich selbst überlassen, bis sie wieder ins Gleichgewicht kommen, doch die dafür nötige Geduld weisen Menschen nicht auf. Deshalb entwickeln nicht nur die Marktteilnehmer, sondern auch Politiker als deren Interessenvertreter einen mehr oder minder hektischen Aktionismus, um die Folgen einer Krise zu mildern, wenn nicht gar zu korrigieren. Was der Vergleich von 1931 und 2008 vor allem lehrt, ist die Getriebenheit solcher Interventionen. Wobei auch bemerkenswert ist, wie gut angesichts des Ausmaßes beider Krisen und der jeweiligen Kürze der Reaktionszeit darauf die eindämmenden Maßnahmen funktioniert haben. Trotz aller Kosten, die für die Rettung der Banken sowohl 1931 als auch 2008 aufgebracht werden mussten, ist die Stabilisierung eines vom Kollaps bedrohten Finanzsystems in derart kurzer Zeit jeweils eine Erfolgsgeschichte.

Eine generelle Infragestellung des gegenwärtigen Finanzwirtschaftssystems wie der politischen Interventionen ist also ebenso unangebracht wie die kritiklose Hinnahme dessen, was passiert ist. Was sich besonders lohnt zu prüfen ist, warum die Sicherungen des Systems versagt haben und weshalb dessen unmittelbare Akteure dabei so hilflos erschienen. Die Ereignisse von 1931 wie 2008 sind in der öffentlichen Wahrnehmung Triumphe der Politik, die zum »Lender of Last Resort« wurde, also in eine eigentlich den Zentralbanken zugedachte Rolle schlüpfte, und ein Gefüge wieder stabilisierte, in dem die Grundvoraussetzung des gegenseitigen Vertrauens nicht mehr gewährleistet war. Wenn der preußische Finanzminister

David Hansemann in der Mitte des neunzehnten Jahrhunderts den berühmten Satz geprägt hat: »Bei Geld hört die Freundschaft auf«, so gilt das allemal auch noch heute. In den Bankenkrisen ist sich jedes Institut erst einmal selbst am nächsten, und die politischen Maßnahmen fallen notwendigerweise unfair gegenüber einzelnen Banken aus, weil man nicht unbesehen alle stützen kann. Auch das belegt der Vergleich von 1931 und 2008.

Wobei die minutiösen Rekonstruktionen der Ereignisse, die Johannes Bähr und Bernd Rudolph leisten, auch zeigen, dass die Krisen jeweils deutlich früher begonnen haben, als es ihre Verbindung mit konkreten Jahreszahlen suggeriert. Aber die Vorzeichen wurden lange nicht als solche wahrgenommen. Es brauchte erst den unmittelbar sichtbaren spektakulären Akt – die Schließung der deutschen Bankschalter durch die Reichsregierung im Juli 1931 und die Pleite von Lehman Brothers im September 2008 –, um den Ernst der Lage zu erkennen, obwohl sie auch schon vorher verzweifelt war. Und gleichfalls sind beide in diesem Buch untersuchten Krisen auch nicht schon in dem Jahr, das man mit ihnen verbindet, zu Ende gegangen. Für 2008 lohnt es sich kaum, das nachzuweisen, denn es ist in den meisten Staaten immer noch offensichtlich. Und im anderen Fall muss man nur das Beispiel der Vereinigten Staaten betrachten: Dort erreichte die Bankenkrise ihren Höhepunkt erst 1933, ehe dann der Glass-Steagall Act vom 16. Juni die institutionelle Trennung von Geschäfts- und Investmentbanken festschrieb. Pikanterweise war es just jene damals als zentrale rettende Maßnahme verstandene amerikanische Regelung, die 2008 hauptverantwortlich für die neue Bankenkrise gemacht wurde. Die dortigen Investmentbanken mussten in der Folge ihren bisherigen Status aufgeben, um nun auch jener Aufsicht unterworfen werden zu können, wie sie für Geschäftsbanken üblich war. Das war zwar schon seit 1999 möglich gewesen, als der Gramm-Leach-Bliley Act die strenge Grenzziehung des Glass-Steagall Act wieder beseitigt hatte, aber damals dachte noch kaum eine Investmentbank daran, ihr Geschäftsmodell zu ändern. Was der amerikanische Gesetzgeber 1933 angeregt hatte, wurde also erst fünfundsiebzig Jahre später durch den Druck der Ereignisse wieder beseitigt. Man hatte aus Schaden gelernt. Ob die neue (oder besser, wenn man die Regelung vor 1933 heranzieht: alte) Praxis weniger krisenanfällig sein wird, kann nur die Zukunft weisen. Doch in die Überlegungen zur Rückkehr der amerikanischen Banken zum kontinentaleuropäischen Modell ist selbstverständlich die historische Erfahrung beider Krisen eingeflossen.

An diesem Beispiel sieht man Gemeinsamkeiten wie Unterschiede beider Krisen wie in einem Brennglas. Diesen Vergleich in all seinen Facetten zu führen, ist die Aufgabe der Aufsätze von Bähr und Rudolph, und in einer kurzen abschließenden Übersicht werden die Erkenntnisse beider Analysen zusammengeführt und noch einmal eigens gewürdigt. Wichtig ist dabei vor allem die Feststellung, dass 2008 ein wesentlich ausgeprägteres Spekulationsverhalten speziell der amerikanischen Investmentbanken krisenwirksam wurde, während die meisten Kreditinstitute im Jahr 1931 mit Forderungsausfällen konfrontiert waren, die traditionelle Geschäftsbereiche betrafen, auf denen lang erprobte und als sicher geltende Gepflogenheiten galten. Neuartige Finanzinstrumente spielten 1931 keine Rolle, während wiederum nach gegenwärtigem Wissensstand 2008 keine kriminellen Manipulationen vorlagen, die in der früheren Krise bisweilen zu beobachten waren.

Gleichfalls vollkommen unterschiedlich waren die globalen Interdependenzen. Die Krise von 1931 hatte in den verschiedenen Staaten jeweils eigene Ausprägungen, und es gab kaum grenzübergreifende Effekte. Man müsste eher von einer dichten Abfolge nationaler Erschütterungen der Bankensysteme sprechen als von einer internationalen Krise. Das war 2008 ganz anders, und es waren in der Folge vor allem die europäischen Kreditinstitute und Staaten, die für die ungezügelte Spekulationsbereitschaft der amerikanischen Banken eintreten mussten.

Und doch sind es letztlich auch im Jahr 2008 wieder nationale Maßnahmen gewesen (die natürlich international eng aufeinander abgestimmt waren), mit denen man die Krise wieder unter Kontrolle bekam. Darin beweist das Finanzsystem, aber auch das Handeln der Politik, eine ungebrochene Kontinuität zu seiner Vergangenheit, die den Maximen der behaupteten Globalisierung Hohn spricht. Wo zuvor Risiken durchaus erfolgreich globalisiert worden waren, galt das für die Rettungsprogramme von 2008 gerade nicht. Und wenn man die gegenwärtigen multilateralen Maßnahmen zur ökonomischen Stützung einzelner europäischer Staaten im Euro-Wirtschaftsraum betrachtet, mag man auch zweifeln, ob eine gemeinsame internationale Anstrengung der richtige Weg zur Abwendung von individuellen Finanzierungsschwierigkeiten ist.

Deshalb erweist sich der Vergleich der Krisen von 1931 und 2008 als ein umso zwingenderer, je deutlicher ihre Unterschiede werden. Denn die dann doch feststellbaren Gemeinsamkeiten dürfen eine Gültigkeit für sich beanspruchen, die über die konkreten Fälle hinausgeht. Es sind solche Erkenntnisse, die den Nutzen einer empirischen wirtschaftshistorischen Betrachtung neben allen Modellierungen, die von Ökonomen ersonnen worden sind, deutlich machen. Um diese Einsicht zu vertiefen, erscheint unser Buch.

Zu guter Letzt habe ich die angenehme Pflicht im Namen der Autoren allen denen zu danken, die uns bei der Entstehung dieses Buches unterstützt haben. Dies gilt für alle Mitarbeiterinnen und Mitarbeiter des Historischen Archivs der Commerzbank und der Eugen-Gutmann-Gesellschaft, namentlich Frau Dr. Katrin Lege, die sich nicht nur um die Anfertigung der Register verdient gemacht hat, sondern die uns auch in allen redaktionellen Fragen eine überaus fachkundige und verlässliche Ansprechpartnerin war.

Andreas Platthaus
Frankfurt am Main, im Juli 2011

JOHANNES BÄHR
Die deutsche Bankenkrise 1931

Bankenzusammenbrüche und Bankfeiertage: Der Verlauf der Krise

Am 12. Juli 1931, einem Sonntag, herrschten im Berliner Regierungszentrum hektische Aktivitäten. Die zweitgrößte deutsche Geschäftsbank, die Darmstädter und Nationalbank (im Folgenden: Danatbank), hatte der Reichsregierung am Vortag mitgeteilt, dass sie zahlungsunfähig sei und ihre Schalter zu Beginn der nächsten Woche nicht mehr öffnen könne. Auf diese Hiobsbotschaft waren die Regierung und die deutsche Zentralbank, die Reichsbank, nicht vorbereitet. Es war zwar bekannt, dass sich die Danatbank in einer kritischen Lage befand, doch gab es über ihren Status keine genauen Informationen, was auch damit zusammenhing, dass zu dieser Zeit in Deutschland noch keine zentrale Bankenaufsicht bestand. Nun musste also während eines Wochenendes über Hilfsmaßnahmen für die Danatbank entschieden werden. Ohne Unterstützung durch die Reichsbank oder den Staat konnte das Institut nicht überleben, was kaum vorhersehbare Folgen haben würde. Die Danatbank hatte eine große Bedeutung für das Industriefinanzierungsgeschäft und verfügte über vielfältige Geschäftsverbindungen im In- und Ausland. Ihr Geschäftsinhaber Jakob Goldschmidt war einer der bekanntesten deutschen Bankiers. Er gehörte zu den »Big Playern« der Branche und saß in nicht weniger als 123 Aufsichtsräten.[1]

Die Entscheidung über die Zukunft der Danatbank lag nun bei der Reichsregierung und der Reichsbank. Alle Versuche, für Goldschmidts Institut eine Rettungsaktion anderer Geschäftsbanken zustande zu bringen, waren bereits gescheitert. Am Vormittag dieses 12. Juli erfuhr Reichskanzler Heinrich Brüning, dass noch eine weitere Großbank, die Dresdner Bank, nicht mehr zahlungsfähig sei. Ein Vorstandsmitglied der Dresdner Bank hatte dies dem stellvertretenden Vorsitzenden des Bankenverbands mitgeteilt. Alarmierende Nachrichten kamen auch von der Schröder Bank in Bremen. Die Landesbank der Rheinprovinz, die Girozentrale der rheinischen Sparkassen, konnte sogar schon seit Anfang des Monats nur mit Stützkrediten vor dem völligen Zusammenbruch bewahrt werden. Von ihr hing aber nicht nur die Zahlungsfähigkeit der rheinischen Sparkassen und Städte ab. Wegen der engen Verbindungen mit den anderen Girozentralen konnte mit der Landesbank der gesamte Sparkassensektor in den Abgrund stürzen.[2]

Angesichts einer derartigen Krise wäre es nach der klassischen Zentralbanktheorie Aufgabe der Reichsbank gewesen, den Geschäftsbanken als letztinstanzlicher Kreditgeber (»Lender of Last Resort«) unter die Arme zu greifen und kurzfristig Liquidität gegen einen erhöhten Zins zur Verfügung zu stellen.[3] Die Reichsbank erklärte jedoch, ihr seien die Hände gebunden, weil sie mit einem derartigen Schritt gegen die Vorschriften zur Deckung der deutschen Währung verstoßen würde. Seit 1924 war die Reichsbank gesetzlich verpflichtet, eine mindestens vierzigprozentige Deckung der Reichsmark durch Gold und Devisen zu garantieren. Aufgrund einer massiven Kapitalflucht aus Deutschland war diese Grenze Ende Juni 1931 fast erreicht worden.[4] Eine größere Ausweitung der Geldmenge musste zu einer Unterschreitung führen, was der Reichsbankpräsident Hans Luther unter allen Umständen verhindern wollte. Andernfalls wäre nicht nur die Stabilität der Währung gefährdet worden. Die Reichsbank hätte dann auch die Zentralbanken in London, Paris und New York gegen sich aufgebracht, auf deren Unterstützung sie angewiesen war.

Nur unter großem Druck hatte sich Luther noch zu den Stützkrediten für die rheinische Landesbank bereit erklärt. Zum Schutz der Währung gegen die Devisenabzüge ging die Reichsbank am 20. Juni zu Kreditrestriktionen über. Die von den Banken eingereichten Wechsel wurden nun schärfer gesichtet.[5] Praktisch galt dies zunächst nur für die Provinzbanken, doch gingen der Danatbank in den folgenden Wochen die reichsbankfähigen Wechsel aus, und am 11. Juli weigerte sich die Reichsbank dann, Wechsel von der Dresdner Bank zu diskontieren.[6]

Als nun über das Schicksal der Danatbank beraten wurde, lehnte der Reichsbankpräsident eine Refinanzierung kategorisch ab.[7] Noch entschiedener als Luther trat dessen Vorgänger Hjalmar

16

Schacht gegenüber der Reichsregierung dafür ein, die Danatbank fallen zu lassen. Schacht, der im Unterschied zu Luther eine ebenso anerkannte wie gefürchtete Autorität in allen Finanzfragen war, erklärte die Danatbank für insolvent und wollte lediglich die kleinen und mittleren Guthaben der Kunden – bis zur Höhe von etwa 30 000 RM – durch eine Reichsgarantie geschützt sehen. Diese Konten sollten auf eine andere, sichere Bank übertragen werden.[8]

Notendeckung der Reichsbank durch Gold und deckungsfähige Devisen 15. Mai 1931 bis 15. August 1931 in Prozent[9]

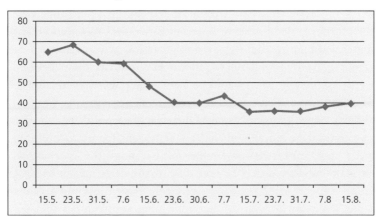

Wäre die Krise vom Juli 1931 eine reine Bankenkrise gewesen, dann hätte die Reichsbank darauf anders reagieren und die Banken mit zusätzlicher Liquidität unterstützen können. Aber damals handelte es sich eben auch um eine Währungskrise und um einen dramatischen Verlust an Vertrauen in die deutschen Verhältnisse. Darauf wies schon Karl Erich Born in der ersten fundierten Studie über die Bankenkrise von 1931 hin, die bis heute ein Standardwerk geblieben ist: »Die Bankenkrise war eben keine rein innerdeutsche Angelegenheit, sondern auch eine Krise des deutschen Kredits im Ausland.«[10] Bereits mehrere Wochen vor der Bankenkrise, zu einem Zeitpunkt, an dem die deutschen Banken noch durchweg als stabil galten, hatte deshalb eine panikartige Kapitalflucht ins Ausland begonnen. Ausländische wie inländische Gläubiger zogen ihre Gelder aus Deutschland ab.[11]

Bis zuletzt hatte Reichsbankpräsident Luther gehofft, von der amerikanischen, britischen und französischen Zentralbank einen weiteren Rediskontkredit zu bekommen. Dadurch hätte die Reichsbank genügend Devisendeckung gehabt, um ein Hilfspaket für die Banken auflegen zu können. Doch Frankreich machte eine Finanzhilfe von außenpolitischen Zugeständnissen der Reichsregierung abhängig. Brüning verfolgte in der Außenpolitik einen zunehmend nationalistischen Kurs und hatte die französische Regierung durch das Projekt einer deutsch-österreichischen Zollunion herausgefordert. Der Gouverneur der Bank of England, Montagu Norman – der wohl angesehenste Zentralbankchef seiner Zeit –, und der Gouverneur des Federal Reserve Board of New York, George L. Harrison, erwarteten von der Reichsbank scharfe Kreditrestriktionen. Sie glaubten, dass dadurch die Kapitalflucht aus Deutschland gestoppt werden könne.[12] Amerikanische Beobachter waren einhellig der Meinung, dass es sich bei den Devisenabzügen um eine Reaktion auf eine verfehlte Finanz- und Währungspolitik handelte.[13] Im Juni 1931 hatten die Notenbanken der Vereinigten Staaten, Großbritanniens und Frankreichs zusammen mit der Bank für Internationalen Zahlungsausgleich (BIZ) der Reichsbank bereits einen Kredit in Höhe von 100 Mio. $ gewährt, damit die Notendeckung der deutschen Währung über das Monatsende hinaus aufrechterhalten werden konnte. Einen weiteren Kredit in Höhe von 50 Mio. $ hatte ein Konsortium New Yorker Banken der Reichsbank-Tochter Deutsche Golddiskontbank vergeben. In der Frage der Reparationen war der amerikanische Präsident Herbert Hoover der Reichsregierung entscheidend entgegengekommen. Wenige Tage vor der Bankenkrise, am 6. Juli, war ein Moratorium für die deutschen Reparationszahlungen in Kraft getreten, das Hoover gegen den Widerstand Frankreichs durchgesetzt hatte.

Am späten Nachmittag des 12. Juli 1931 begann in Berlin die entscheidende Kabinettssitzung über Maßnahmen für die Großbanken. Kanzler Brüning wies zunächst noch einmal darauf hin, dass die Reichsbank an der Grenze der vorgeschriebenen Notendeckung angelangt sei. Damit war klar, dass es keine Stützkredite geben sollte. Das Kabinett beriet anschließend den Entwurf einer Notverordnung, die die Reichsregierung zur Übernahme von Garantien für gefährdete Banken ermächtigen sollte. Reichsbankpräsident Luther schlug – ganz im Sinne seines Vorgängers Schacht – vor, die Reichsgarantie auf kleine Konten zu beschränken, was das Ende der Danatbank bedeutet hätte. In diesem Fall wären aber auch viele ausländische Gläubiger dieser Bank leer ausgegangen, wodurch ein irreparabler Schaden für den deutschen Auslandskredit entstanden wäre. Ein Entgegenkommen der Gläubigerländer, auf das Deutschland angewiesen war, wäre dann ausgeschlossen gewesen. Mit diesem Argument konnte sich Staatssekretär Hans Schäffer vom Reichsfinanzministerium, unterstützt vom Auswärtigen Amt, gegen den Reichsbankpräsidenten durchsetzen.[14]

Brüning hatte die Spitzen der Berliner Finanzwelt gebeten, sich im Ländersaal der Reichskanzlei in der Wilhelmstraße 77 bereitzuhalten. Zunächst wurden Vorstandsmitglieder der Großbanken, darunter Jakob Goldschmidt (Danatbank), Herbert Gutmann (Dresdner Bank), Friedrich Reinhart (Commerzbank) und Oscar Wassermann (Deutsche Bank), zu den Beratungen des Kabinetts hinzugezogen.[15] Im Laufe des Abends füllte sich der Sitzungssaal immer mehr. Schließlich war hier eine »bunt zusammengewürfelte Gesellschaft von 80 Personen« versammelt, wie es ein Insider später schilderte.[16] Unter ihnen befanden sich auch der frühere Reichsbankpräsident Schacht, Repräsentanten der Sparkassenorganisation, Industrielle aus den Aufsichtsräten der Großbanken und zahlreiche Ministerialbeamte. Es kam zu turbulenten Szenen. Die Sitzung wurde mehrfach zu getrennten Beratungen unterbrochen. Schacht schrieb darüber in seinen Memoiren: »In dem einen Raum tagten die Bankdirektoren, die sich gegenseitig mit Vorwürfen über ihren finanziellen Stand und ihre Geschäftsgebarung überhäuften. In einem anderen Raum debattierten Minister, Ministerialräte, Regierungs- und Reichsbankbeamte in einer noch babylonischeren Verwirrung.«[17]

Von den hinzugezogenen Bankiers erhielt die Reichsregierung unterschiedliche Erklärungen und mehrere sich zum Teil widersprechende Vorschläge. Für erhebliche Irritationen sorgte, dass die Zahlungsunfähigkeit der Dresdner Bank, die am Vormittag bekannt geworden war, nun von einem Vertreter dieser Bank abgestritten wurde.[18] Einige Bankiers empfahlen eine Fusion zwischen der Danatbank und der Dresdner Bank, doch wurde dies von der Regierung und der Reichsbank abgelehnt. Reichsbankpräsident Luther wies darauf hin, dass die Reichsbank »an den Grenzen des Möglichen« angekommen sei, und erklärte: »jetzt gälte es, die Währung zu retten«. Oscar Wassermann, der Vorstandssprecher der Deutschen Bank, hielt dem entgegen: »Wichtiger als das Reichsbankgesetz sei die Erhaltung eines deutschen Kreditsystems. Es dürfe nicht heißen ›fiat Reichsbankgesetz, pereat Deutschland‹.«[19] Der vorgelegte Entwurf einer Notverordnung über Reichsgarantien wurde von den Banken abgelehnt. Die Bankiers wollten eine derart generelle Regelung vermeiden und verlangten, Bankfeiertage auszurufen, an denen alle Bankgeschäfte ruhen mussten, um erst einmal Zeit zu gewinnen. Dazu war aber die Reichsregierung nicht bereit. Eine Dreiviertelstunde vor Mitternacht entließ der Kanzler die Bankiers nach Hause.[20] Angeblich gingen die meisten von ihnen in der Annahme, dass die Regierung schon noch eine Lösung zur Rettung der Danatbank finden würde.[21]

Das Kabinett tagte weiter und beriet mit Luther und Schacht, welche Maßnahmen für den nächsten Morgen getroffen werden sollten. Reichsfinanzminister Hermann Dietrich und sein Staatssekretär Hans Schäffer wollten vermeiden, dass die Schalter der Danatbank geschlossen blieben, und die Bank mithilfe des Reichs zahlungsfähig halten. Schacht lehnte dies ab, weil die Danatbank keine Überlebenschance hätte. In völliger Erschöpfung einigte man sich auf einen Kompromiss. Die Danatbank sollte ihre Schalter am Montag nicht öffnen, aber für alle Zahlungsverpflichtungen eine Reichsgarantie erhalten. Die Sitzung endete, wie Schäffer später schrieb, um vier Uhr morgens, »mit allgemeiner Erschöpfung und einer starken Verstimmung, insbesondere derjenigen Minister und Staatssekretäre, die sich um 2 Uhr nach Hause begeben hatten, wie Dietrich annahm, um sich der Abstimmung zu entziehen, und die der Kanzler wieder hatte aus ihren Betten holen lassen«.[22]

Die Öffentlichkeit hatte bis dahin kaum etwas von den dramatischen Vorgängen im Berliner Regierungs- und Finanzviertel erfahren. Weder der Zusammenbruch der Danatbank noch die Zahlungsunfähigkeit der Dresdner Bank waren bekannt geworden. So standen die Kunden der Danatbank am Montagmorgen völlig überrascht vor verschlossenen Schaltern. In Aushängen wurden sie darüber informiert, dass die Bank nicht mehr zahlungsfähig war. Die Nachricht von der Schließung der Danatbank sprach sich an diesem 13. Juli 1931 wie ein Lauffeuer herum. Da die Zeitungen die nächtlichen Beschlüsse der Reichsregierung nicht mehr hatten aufnehmen können, dürfte sich die Nachricht vor allem über den Rundfunk verbreitet haben. Zeitzeugenberichten zufolge kam es vor den Geschäftsstellen der Danatbank rasch zu Ansammlungen fassungsloser Kunden. Josef Neckermann, der damals Lehrling bei einer Bank in Würzburg war, bot sich an diesem Tag schon kurz vor acht Uhr vor der dortigen Niederlassung der Danatbank ein Bild, an das er sich auch sechzig Jahre später noch erinnerte: »Hunderte von Menschen. Verwirrte Mienen, Verzweiflung in den Gesichtern, hilflose Wut.«[23]

Erklärung der Danatbank vom 13. Juli 1931, ausgehängt an den Kassen der Bank[24]
»Nach außerordentlich starken, sich ständig steigernden Kreditkündigungen, zuerst seitens unserer ausländischen, sodann unserer inländischen Gläubiger, sehen wir uns gezwungen, zum Schutze der Gesamtheit unsere Schalter vorübergehend zu schließen. Die Reichsregierung hat uns zu der Erklärung ermächtigt, daß sie auf Grund einer noch im Laufe des heutigen Tages ergehenden Notverordnung des Herrn Reichspräsidenten durch eine Garantieleistung für alle Einlagen und für eine ruhige Abwicklung der Geschäfte der Danatbank Sorge tragen wird.«

Nicht nur die Kunden der Danatbank bangten jetzt um ihr Geld. Sofort kam die Angst auf, dass andere Kreditinstitute in Kürze ebenfalls schließen würden. Vor allem in den Großstädten setzte innerhalb weniger Stunden ein Ansturm auf die Schalter von Banken und Sparkassen ein. Die Menschen, die hier Schlange standen, um ihr Geld zu retten, hatten jegliches Vertrauen in das Bankensystem verloren. Sie ließen sich auch nicht durch die angekündigte Reichsgarantie für die Guthaben bei der Danatbank und durch die zahlreichen Durchsagen staatlicher Stellen im Rundfunk beschwichtigen.[25] Reichsregierung und Reichsbank hatten die Psychologie der Bankkunden völlig verkannt. Bezeichnenderweise erfasste der Run auch die Sparkassen, obwohl diese Institute damals zu den jeweiligen Kommunalverbänden gehörten und die Städte für sie hafteten. Auch vor den Postscheckämtern bildeten sich Schlangen.

Schon nach wenigen Stunden drohten den Banken und Sparkassen die Bargeldbestände auszugehen. Bei der Kölner Sparkasse wurden bis zur Mittagszeit 2,5 Mio. RM abgehoben. Oberbürgermeister Adenauer hatte dem preußischen Innenminister am Vormittag mitgeteilt, dass die Bargeldbestände nur noch einen Tag reichen würden, doch schon im Laufe des Nachmittags musste die Sparkasse geschlossen werden. Die Sparkasse Düsseldorf zahlte an diesem Tag 800 000 RM aus, und bei der Berliner Sparkasse kam es nach Angaben von Oberbürgermeister Sahm zu Abhebungen in Höhe von 7 Mio. RM. Am Abend des 13. Juli war dort nur noch Bargeld in Höhe von 1 Mio. RM vorhanden.[26]

Besorgte Kunden vor der Sparkasse der Stadt Berlin am Mühlendamm nach dem Zusammenbruch der Darmstädter und Nationalbank, 1931

Die Stempelvereinigung der Berliner Banken beschloss schon gegen Mittag, die Auszahlungen zu rationieren. Lediglich 20 Prozent der angeforderten Beträge wurden ausgezahlt. Die Sparkassen nahmen sogar nur noch Auszahlungen bis zu einer Obergrenze von 100 RM vor.[27] Am frühen Nachmittag gab die Reichsregierung die Notverordnung über die Garantie für die Danatbank bekannt und richtete einen Appell an die Bevölkerung: »Es kommt darauf an, dass das deutsche Volk in dieser schwierigen Lage die Nerven behält.«[28] Längst war inzwischen absehbar, dass die Geldinstitute dem Ansturm nicht mehr standhalten konnten. Vertreter der Banken und der Sparkassenorganisation bknieten die Reichsregierung, Bankfeiertage auszurufen, wie es die Banken schon am Vortag gefordert hatten. Auch kam der Vorschlag auf, Ersatzgeld einzuführen. Der Regierung Brüning blieb nun keine andere Wahl. Per Notverordnung des Reichspräsidenten wurden die beiden folgenden Tage zu Bankfeiertagen erklärt. Am 14. und 15. Juli 1931 fanden daraufhin keine Bank- und Börsengeschäfte statt.[29] Die Großbanken stellten auch den Überweisungsverkehr untereinander ein.[30] Es war ein in Friedenszeiten beispielloser und in Deutschland bis heute einmaliger Vorgang.

Angesichts der Tragweite der Geschehnisse vom 13. Juli 1931 ist es bemerkenswert, wie geordnet der Ansturm auf die Banken und Sparkassen ablief. Staatssekretär Schäffer, der an diesem Tag durch Berlin fuhr, um sich einen Eindruck zu verschaffen, konnte feststellen, dass keine größere Unruhe herrschte.[31] Ähnliche Berichte finden sich in der Presse. So schrieb die *Frankfurter Zeitung*, »trotz des zum Teil starken Andrangs und der vielfach beunruhigten Stimmung der Abheber« sei der Tag »ohne irgendwelche Störung« verlaufen.[32] Dabei hatte sich die Berliner Polizei schon auf Ausschreitungen eingestellt und den Streifendienst verstärkt, da an diesem 13. Juli auch eine Kürzung der Arbeitslosengelder umgesetzt werden musste.[33] Selbst vor der Zentrale der Danatbank kam es zu keinen Tumulten, die etwa den Szenen vergleichbar gewesen wären, die sich bei der Schließung der Deutschen Beamtenbank im Oktober 1929 abgespielt hatten oder dann auch beim Zusammenbruch der Kölner Privatbank Herstatt im Jahr 1974 zu beobachten waren.[34] Das Gros der Bevölkerung hatte gar kein Bankkonto,

23

allenfalls ein Sparkassen-Sparbuch. Auch deshalb erfasste der Run vom 13. Juli so schnell die Sparkassen. Sie galten damals als die »Banken der kleinen Leute«. Die Danatbank hatte im Jahr 1931 insgesamt rund 280 000 Kunden.[35] Überwiegend handelte es sich dabei um eine gut situierte Klientel, die nicht gerade ein klassisches Protestpotenzial darstellte. Aber auch den verängstigten Kleinsparern, die Guthaben bei den Sparkassen hatten, konnte nicht daran gelegen sein, sich an Demonstrationen oder Tumulten zu beteiligen. Sie standen vor den Schaltern an, um ihre Ersparnisse zu retten.

Am 16. Juli 1931 arbeiteten die Banken und Sparkassen wieder, doch blieb ihre Geschäftstätigkeit stark eingeschränkt. Zu groß war die Befürchtung, dass die Kreditinstitute durch eine weitere Welle von Abzügen wieder in Zahlungsschwierigkeiten geraten könnten. Drei Tage lang durften überhaupt nur Auszahlungen und Überweisungen vorgenommen werden, die zur Zahlung von Löhnen, Gehältern, Pensionen, Sozialversicherungsleistungen und Arbeitslosengeldern benötigt wurden.[36] Barauszahlungen für andere Zwecke waren erst vom 20. Juli an wieder erlaubt und auch dann zunächst nur bis zu einem Betrag von 100 RM.[37] Vor vielen Geschäftsstellen von Banken und Sparkassen bildeten sich erneut Schlangen. Die Auszahlungsbeschränkungen trafen besonders die Lohn- und Gehaltsempfänger im öffentlichen Dienst, deren Arbeitgeber die Auszahlungen nicht von eigenen Konten vornehmen konnten und dementsprechend auf Überweisungen angewiesen waren. Viele Beamte und Angestellte waren dadurch wiederum nicht in der Lage, größere Rechnungen zu begleichen oder größere Summen abzuheben, wie sie etwa für Ferienreisen benötigt wurden. Die Zwangsvollstreckungen nahmen zu, weil nun auch zahlungswillige Schuldner häufig nicht zahlen konnten.[38]

Die Deutschen gingen in diesen Wochen dazu über, Geld zu horten. Sie vertrauten den Banken und Sparkassen nicht mehr. Schätzungen zufolge soll Bargeld im Umfang von mindestens 1 Mrd. RM unter Matratzen verschwunden sein, was etwa einem Fünftel der im Umlauf befindlichen Geldmenge entsprach.[39] Die Sparkassen mussten feststellen, dass die Auswirkungen der Bankenkrise »in weiten Schichten der Bevölkerung an Stelle des Sparens bei den berufenen Sparinstituten das Horten von Geld (Notenhamstern) treten ließen«.[40] Lebensmittel aus dem Ausland, vor allem Butter und Gemüse, konnten häufig nur noch mit Devisen erworben werden. Den Händlern blieb kaum eine andere Wahl, weil ausländische Buttererzeuger der deutschen Währung nicht mehr vertrauten und nur noch gegen Barzahlung in Devisen lieferten. Die Butterimporte wurden schließlich eingestellt.[41]

In den Schaltzentralen der Politik und der Finanzwelt gingen währenddessen die Krisensitzungen weiter. Reichskanzler Brüning war über das Verhalten der Bankiers zutiefst verärgert. Der Centralverband des Deutschen Bank- und Bankiersgewerbes und der Reichsverband der Deutschen Industrie forderten wiederum den Rücktritt des Reichsbankpräsidenten.[42] Die Reichsbank hielt ungeachtet aller Kritik an ihrem Kurs der Kreditverknappung fest. Da am 15. Juli nur noch eine Gold- und Devisendeckung von 35,8 Prozent bestand, musste der Diskontsatz nach den Bestimmungen des Reichsbankgesetzes erhöht werden. Luther setzte den Diskontsatz von 7 auf 10 Prozent herauf.[43] Reichsfinanzminister Dietrich erklärte daraufhin in der Kabinettssitzung vom 17. Juli, er befürchte, »dass die Wirtschaft zusammenbreche, wenn der Reichsbankpräsident nicht noch weitere 100–170 Mio. Noten beschaffe«, und machte von dieser Frage sein Verbleiben in der Regierung abhängig.[44]

Reichsregierung und Reichsbank waren sich darin einig, dass die Beschränkung des Zahlungsverkehrs erst aufgehoben werden konnte, wenn es gelungen war, die Kapitalflucht aus Deutschland zu stoppen und durch internationale Kredite die Gold- und Devisenreserven aufzufüllen.[45] Die Chancen dafür standen nicht schlecht, da Großbritannien und die USA unter dem Eindruck der deutschen Bankenkrise zu einem weiteren Entgegenkommen bereit waren. Der britische Premierminister MacDonald lud zu einer Konferenz nach London ein. Brüning reiste dorthin über Paris, um zunächst mit der französischen Regierung über eine Anleihe zu verhandeln. Wie fast zu erwarten war, kam es zu keiner Einigung. Frankreich stellte jetzt noch weiter gehende Bedingungen als vor der Bankenkrise. Deutschland sollte nicht nur auf die geplante Zollunion mit Österreich, sondern auch auf den begonnenen Bau von Panzerschiffen verzichten und von einer Revision der 1929 im Young-Plan vereinbarten Reparationsregelungen absehen. Brüning lehnte dies nachdrücklich ab, und auch auf französischer Seite ging man davon aus, dass der Kanzler in dieser Frage innenpolitisch keinen Spielraum hatte.[46] Auf der Londoner Konferenz setzten sich dann Großbritannien und die USA gegen Frankreich durch. Es wurde vereinbart, Stillhalteregelungen für die kurzfristigen ausländischen Kredite an deutsche Schuldner anzustreben und dies mit der Einführung von Devisenkontrollen in Deutschland zu verbinden. Der Kredit der Bank für Internationalen Zahlungsausgleich an die Reichsbank in Höhe von 100 Mio. $ (420 Mio. RM) sollte verlängert werden. Damit war der Weg vorgezeichnet für das Stillhalteabkommen, das vier Wochen später, am 18. August 1931, bei der Bank für Internationalen Zahlungsausgleich in Basel unterzeichnet wurde. Kurzfristig wurden Deutschland mit diesem Abkommen Auslandsschulden in Höhe von 6,3 Mrd. RM gestundet.[47]

Schon am 15. Juli wurde der Devisenverkehr in Deutschland durch eine Notverordnung reglementiert. Nur noch die Reichsbank durfte nun Devisen erwerben. Drei Tage später folgte eine Notverordnung gegen Kapital- und Steuerflucht. Sie führte eine Anzeigepflicht für den Besitz von Devisen ein und schrieb vor, dass Devisen auf Verlangen der Reichsbank an diese abgegeben werden mussten. Durch die Einführung der Devisenbewirtschaftung sollten weitere Abzüge ausländischer Gelder aus Deutschland verhindert werden. Die Notendeckung durch Gold und Devisen lag seit dem 15. Juli allerdings unter 40 Prozent und stieg Ende Juli nur vorübergehend wieder etwas an. Faktisch bedeutete die Abkehr vom freien Devisenverkehr, dass eine der wichtigsten Regeln des Gold- bzw. Golddevisenstandards in Deutschland nun außer Kraft gesetzt war.[48]

Gleichzeitig wurden Maßnahmen zur Stützung der Banken eingeleitet. Die Reichsregierung und die Reichsbank sahen sich jetzt nicht nur gezwungen, die benötigten Mittel bereitzustellen. Durch die Devisenbewirtschaftung und die Stillhalteverhandlungen mit den Gläubigerländern sahen sie sich dazu auch in der Lage. Die Währung musste nicht länger auf Kosten der Banken verteidigt werden. Die Danatbank befand sich nun unter Staatsaufsicht, doch sollte sie durch ein Industriekonsortium privatwirtschaftlich weitergeführt werden.[49]

Die Dresdner Bank hatte den 13. Juli erstaunlich gut überstanden, wenn man bedenkt, dass sie schon vor dem Run praktisch nicht mehr zahlungsfähig war. Offenbar hatte der Vorstand die Reichsbank zu der Zusage bewegen können, die nächsten fälligen Wechsel nicht am 13. Juli zur Zahlung vorzulegen.[50] Doch am 14. Juli teilte die Dresdner Bank der Reichsregierung offiziell ihre Zahlungsunfähigkeit mit. In den folgenden Wochen musste sie durch Liquiditätskredite des Reichs und der Reichskreditgesellschaft gestützt werden.[51] Damit diese Bank wieder den uneingeschränkten Zahlungsverkehr aufnehmen konnte, entschloss sich die Reichsregierung zu einem Eingriff, wie er vor der Bankenkrise undenkbar gewesen wäre: Das Reich beteiligte sich an der Dresdner Bank mit neu ausgegebenen Vorzugsaktien im Nominalwert von 300 Mio. RM. Diese demonstrative Kapitalerhöhung bedeutete nicht weniger als eine Verstaatlichung der Dresdner Bank, die damals die drittgrößte Geschäftsbank Deutschlands war.[52]

Die unmittelbaren Voraussetzungen zur Wiedereröffnung der Banken und Sparkassen wurden mit der Gründung der Akzept- und Garantiebank AG am 25. Juli 1931 geschaffen. Eine Woche zuvor hatten 43 Banken unter dem Eindruck des Runs vom 13. Juli eine Haftungsgemeinschaft gebildet, den Überweisungsverband e.V. Dieser wurde durch die neue Akzept- und Garantiebank abgelöst, an der das Reich beteiligt war. Sie sollte es den Banken und Sparkassen ermöglichen, sich wieder Kredite zu beschaffen, indem sie Wechsel akzeptierte und die Garantie hatte, dass diese Wechsel von der Reichsbank rediskontiert wurden. Banken, die über keine reichsbankfähigen Wechsel mehr verfügten, konnten dadurch wieder flüssig werden. Eine ähnliche Konstruktion war bereits Anfang Juli von einigen führenden Bankiers und Großindustriellen erwogen worden.[53] Der Vorschlag zur Errichtung der Akzept- und Garantiebank ging vermutlich auf Bernhard Dernburg zurück, einen erfahrenen Mann, der sich in Politik und Finanzwelt gleichermaßen auskannte und Reichsfinanzminister Dietrich politisch nahestand.[54] Dernburg wurde denn auch die Leitung dieses Instituts übertragen. Die Akzept- und Garantiebank wurde mit einem hohen Aktienkapital ausgestattet, um keine Zweifel an ihrer Zahlungsfähigkeit aufkommen zu lassen. Dieses Kapital wurde in einer Art öffentlich-privaten Partnerschaft aufgebracht. Das Reich beteiligte sich mit 80 Mio. RM. Weitere 120 Mio. RM Aktienkapital wurden von insgesamt zwölf Banken gezeichnet. Neben der Deutschen Bank, der Dresdner Bank und der Commerzbank beteiligten sich an der Akzept- und Garantiebank u.a. die Reichsbank-Tochter Deutsche Golddiskontbank, die Preußische Zentralgenossenschaftskasse und das Bankhaus Mendelssohn & Co., die damals größte deutsche Privatbank. Bis Ende 1932 vergab die Akzept- und Garantiebank Liquiditätskredite in Höhe von insgesamt 1,44 Mrd. RM.[55]

Bis Anfang August 1931 wurden die Zahlungsbeschränkungen schrittweise gelockert. Am 5. August konnten die deutschen Geschäftsbanken dann wieder den unbegrenzten Zahlungsverkehr aufnehmen. Die Sparkassen folgten drei Tage später. Die Börsen blieben noch bis Anfang September geschlossen.

Einen Sonderfall stellten die Auslandsfilialen der Deutschen Orientbank in der Türkei und in Ägypten dar. An der Orientbank waren die Dresdner Bank und die Danatbank gemeinsam mit anderen Geldinstituten beteiligt. Als die Nachricht von der Schließung der Danatbank in Istanbul und Kairo bekannt wurde, kam es dort am 14. und 15. Juli 1931 zu einem Ansturm auf die Auslandsniederlassungen deutscher und österreichischer Banken. Bei den Istanbuler Filialen der Deutschen Orientbank und der Deutschen Bank wurden innerhalb von zwei Tagen Gelder in Höhe von rund 4 Mio. türkischen Pfund abgehoben. Die Auslandsfilialen der Deutschen Orientbank mussten nach dem Run ihre Schalter schließen, weil sie wegen der Bankfeiertage und der sich anbahnenden Devisenbewirtschaftung in Deutschland kein neues Geld von der Zentrale in Berlin bekamen. Erst am 1. September konnten die Niederlassungen in Kairo und Alexandria wieder öffnen, nun als Filialen der Dresdner Bank. Die Deutsche Orientbank blieb noch bis März 1932 mit ihren türkischen Filialen bestehen und wurde dann mit der Dresdner Bank fusioniert.[56]

Vor den dramatischen Vorgängen am 13. Juli 1931 hatten zögerliches Handeln und fatale Fehleinschätzungen die Krise verschärft. In den folgenden Wochen war es dann durch ein koordiniertes und energisches Krisenmanagement immerhin gelungen, den Blutkreislauf der deutschen Wirtschaft wieder in Gang zu setzen. Ohne die Unterstützung aus London und New York wäre dies freilich kaum möglich gewesen, und der Preis für die Rettung der deutschen Kreditwirtschaft war hoch. Mitten in der Weltwirtschaftskrise mussten nun aus Steuergeldern wesentlich größere Summen für die Stützung und Sanierung von Banken aufgebracht werden, als dies vor dem 13. Juli der Fall gewesen wäre, weil die Schließung der Danatbank das Vertrauen des Publikums in die gesamte Finanzbranche erschüttert hatte. Auch nach Öffnung der Banken und Sparkassen war dieses Vertrauen noch bei Weitem nicht wiederhergestellt. Bei den Sparkonten der Sparkassen erreichte der Auszahlungsüberschuss im August 1931 einen neuen Höhepunkt.[57]

Die Bankenkrise hatte nicht nur das Vertrauen in die Banken und Sparkassen erschüttert. Für viele standen die Kreditinstitute stellvertretend für die gesamte Wirtschaft und das Wirtschaftssystem. Heinrich August Winkler schreibt dazu in seiner Geschichte der Weimarer Republik: »Die Bankenkrise vom Juli 1931 versetzte dem Vertrauen in das kapitalistische Wirtschaftssystem einen schwereren Schlag als die jahrzehntelange Agitation von Marxisten unterschiedlichster Couleur.«[58]

Verheerend waren auch die wirtschaftlichen Folgen. Die Bankenkrise trug maßgeblich dazu bei, dass sich die Weltwirtschaftskrise in Deutschland nochmals verschärfte. Viele Unternehmen gerieten nun in eine Kreditklemme, die Steuerausfälle und die hohen Ausgaben für die Bankenrettung zwangen zu weiteren Haushaltskürzungen. Die Zahl der offiziell registrierten Arbeitslosen stieg bis Februar 1932 auf mehr als 6 Millionen an. Hinzu kamen fast 1,5 Millionen »unsichtbare« Arbeitslose. Die deutsche Finanzbranche litt auch nach dem Ende der Weltwirtschaftskrise noch unter den Auswirkungen der Bankenkrise. Die Großbanken erholten sich erst Mitte der dreißiger Jahre von diesen Verlusten.

Nach Berechnungen der Reichsbank vom November 1933 erlitten die Filialgroßbanken (Deutsche Bank/Dresdner Bank/Danatbank/Commerzbank) durch die Bankenkrise Verluste in Höhe von insgesamt rund 1,17 Mrd. RM, was knapp 10 Prozent ihrer Bilanzsumme und etwa 225 Prozent ihres Aktienkapitals von 1930 entsprach. Hinzu kamen Verluste der Sparkassen, Kommunalbanken und Girozentralen in Höhe von rund 400 Mio. RM und Verluste der Kreditgenossenschaften in Höhe von rund 280 Mio. RM.[59] Unter Einschluss der Regionalbanken und der Privatbanken lagen die Verluste der deutschen Kreditinstitute demnach bei mindestens 2 Mrd. RM.

Chronologie der deutschen Bankenkrise von 1931

15. Mai	Zusammenbruch der Österreichischen Creditanstalt
5. Juni	»Tributaufruf« der Reichsregierung gegen Reparationen
Juni	Kapitalflucht aus Deutschland; massive Abzüge von Einlagen bei den deutschen Banken; die Gold- und Devisendeckung der Reichsmark geht bis 30. Juni auf 40,1 Prozent zurück
1. Juli	Die Landesbank der Rheinprovinz muss die Zahlungen einstellen
4. Juli	Der Bremer Senat informiert die Reichsregierung über die Notlage der Schröder Bank
5. Juli	Die hohen Verluste der Danatbank bei der Nordwolle werden bekannt
9./10. Juli	Reichsbankpräsident Luther verhandelt in London und Paris über einen Rediskontkredit
11. Juli	Die Danatbank ist zahlungsunfähig
12. Juli	Krisensitzungen in Berlin; auch die Dresdner Bank ist nicht mehr zahlungsfähig
13. Juli	Die Danatbank bleibt geschlossen; Reichsgarantie für alle Einlagen der Danatbank; Run auf Banken und Sparkassen
14./15. Juli	Bankfeiertage; in Deutschland dürfen keine Bank- und Börsengeschäfte durchgeführt werden
31. Juli	Die Reichsregierung gibt die Verstaatlichung der Dresdner Bank bekannt
5. August	Wiederaufnahme des uneingeschränkten Zahlungsverkehrs der Banken
8. August	Wiederaufnahme des uneingeschränkten Zahlungsverkehrs der Sparkassen
3. September	Wiedereröffnung der Börsen

Wie es zu der Krise kam und wie sie hätte vermieden werden können

Schon bald nach den dramatischen Geschehnissen des 13. Juli 1931 begann die Suche nach Sündenböcken. Bankiers und Politiker schoben sich gegenseitig wie auch untereinander die Schuld zu. Die meisten Politiker sahen in den Banken die Hauptverantwortlichen, während die Banken die Krise darauf zurückführten, »daß die Politik die Wirtschaft vergewaltigt hat«.[60] Heftige Kritik gab es am Verhalten von Reichsbankpräsident Luther. Andere gaben Jakob Goldschmidt von der Danatbank die Schuld an der Krise, und Goldschmidt wiederum warf der Deutschen Bank vor, sie habe die Danatbank gezielt über die Klinge springen lassen. Derartige Schuldzuweisungen finden sich auch in der Memoirenliteratur wieder.[61] Sie geben Aufschluss über subjektive Wahrnehmungen und Befindlichkeiten, nicht aber über die wirklichen Ursachen der Krise.

Es sollte mehr als dreißig Jahre dauern, bis mit Karl Erich Borns Pionierstudie die wissenschaftliche Aufarbeitung der deutschen Bankenkrise von 1931 begann.[62] Seither sind zahlreiche Veröffentlichungen erschienen, die verschiedene, zum Teil sehr unterschiedliche Erklärungen herausgearbeitet haben.[63] Im Folgenden wird davon ausgegangen, dass diese Krise auf das Zusammentreffen mehrerer Faktoren zurückgeführt werden muss. Ähnlich wie die große Weltwirtschaftskrise, die im Oktober 1929 begann, konnte sie in dieser Form nur in einem besonderen Kontext entstehen.[64] Beide Vorgänge waren so gesehen keine typischen oder »normalen« Krisen, sondern Spezialfälle in der langen und vielfältigen Geschichte der Wirtschafts- und Finanzkrisen.

Dass die Weltwirtschaft in einer schweren Depression versunken war, die sich entgegen vieler Prognosen nicht als kurzes reinigendes Gewitter erwies, hat die deutschen Banken Anfang der dreißiger Jahre zweifellos belastet. Doch lässt sich die Bankenkrise vom Juli

1931 keineswegs allein dadurch erklären, denn die Weltwirtschafts-krise führte damals in allen Industrieländern zu Produktionsrück-gängen, Konzernzusammenbrüchen und Massenarbeitslosigkeit, aber in keinem anderen europäischen Land kam es zu einer Ban-kenkrise von dieser Dimension. Die tieferen Ursachen lagen denn auch in Problemen, die in Deutschland bereits vor der Weltwirt-schaftskrise bestanden hatten und sich unter dem Druck der De-pression nur noch verschärften.

Einer dieser Faktoren war die hohe Auslandsverschuldung, die sich 1930 auf rund 30 Mrd. RM belief, was einem Drittel des deutschen Bruttosozialprodukts entsprach.[65] Nach Einschätzung von Albrecht Ritschl stand das Deutsche Reich schon am Vor-abend der Weltwirtschaftskrise »vor einer auswärtigen Schulden-krise lateinamerikanischen Zuschnitts«.[66] Wie war es dazu ge-kommen? Vor dem Ersten Weltkrieg hatte Deutschland zu den Gläubigerländern gehört, die mehr Kapital exportierten als impor-tierten. Dies änderte sich durch die Folgen des Krieges und der hohen Inflation der Jahre 1922/23. Nun war Deutschland ein Schuldnerland, das nicht nur Reparationsleistungen an die Sieger-mächte zu erbringen hatte, sondern auch auf kommerzielle Kredite aus dem Ausland angewiesen war. Der deutsche Kapitalmarkt war nach der Inflation nicht in der Lage, die Mittel bereitzustellen, die für die Investitionen in die Industrie und die Modernisierung der Infrastruktur benötigt wurden. In zunehmendem Maße gingen die Banken und die Industrie, aber auch das Reich, die Länder und die Kommunen dazu über, sich Geld im Ausland zu leihen. Dies war leicht möglich, weil ausländische Gläubiger bereitwillig Geld nach Deutschland ausliehen. Das Land war wieder international kredit-würdig geworden, verfügte über eine stabile Währung und zog durch ein hohes Zinsniveau Kapital aus dem Ausland an. Der Zentralbankdiskont lag im Durchschnitt der Jahre 1925 bis 1929 in den USA bei 4,1 Prozent, in Großbritannien bei 4,8 Prozent, in Deutschland dagegen bei 7,2 Prozent.[67] Mit Abstand wichtigstes Gläubigerland waren die USA, die in dieser Zeit einen Wirtschafts-boom erlebten. 1928 kamen 61,4 Prozent aller nach Deutschland vergebenen ausländischen Kredite aus den USA. An zweiter Stelle stand Großbritannien mit einem Anteil von 18,1 Prozent, gefolgt von den Niederlanden (6,9 Prozent) und der Schweiz (5,8 Prozent), wobei es sich bei den Krediten aus den beiden letztgenannten Ländern häufig um deutsches Auslandskapital handelte.[68] Die Stabilität der deutschen Währung, der Reichsmark, beruhte auf der gesetzlich vorgeschriebenen Gold- und Devisendeckung. Dem Währungssystem des Golddevisenstandards gehörten damals auch die USA, Großbritannien, Frankreich und die meisten anderen Industrieländer an. Ähnlich wie der klassische Goldstandard der Vorkriegszeit schützte der Golddevisenstandard vor einer Inflation, da sich Gold nicht beliebig vermehren lässt.[69] Die Reichsmark war seit dem Dawes-Plan von 1924 noch zusätzlich durch einen Transferschutz gesichert, der garantierte, dass von den Reparationszahlungen keine Gefahr für die Stabilität der Währung ausgehen konnte.

Die deutsche Wirtschaft hatte nach Krieg und Inflation einen hohen Kapitalbedarf, den sie nun zu einem großen Teil mit den Geldern aus dem Ausland abdeckte. Die finanzklammen Städte waren zum Ausbau von Verkehrs- und Versorgungseinrichtungen ebenfalls auf Kredite angewiesen. Für ausländische Kredite an die Kommunen und Länder war zwar schon Ende 1924 auf Betreiben des damaligen Reichsbankpräsidenten Hjalmar Schacht eine Genehmigungspflicht eingeführt worden. Doch konnte diese Regelung mithilfe der Banken systematisch umgangen werden.[70] Obwohl Schacht fast bei jeder Gelegenheit auf die Gefahren der zunehmenden Auslandsverschuldung hinwies, waren die aus dem Ausland hereinströmenden Gelder auch der Reichsregierung durchaus willkommen. Sie erleichterten es, die Reparationszahlungen an die Siegermächte zu leisten, da die deutsche Wirtschaft damals nicht in der Lage war, Exportüberschüsse zu erzielen. In diesem »System der Reparationszahlung per Kredit« wurden die Reparationsleistungen mit Geldern ausländischer, vor allem amerikanischer Kreditgeber bestritten.[71]

Besondere Risiken wären damit nicht verbunden gewesen, wenn es sich bei den ausländischen Krediten vorwiegend um langfristige Mittelaufnahmen gehandelt hätte. Mitte 1930 hatten aber rund 60 Prozent dieser Kredite eine kurze Laufzeit.[72] Wenn es hier zu einer Welle von Kündigungen kam, musste dies bei der Reichsbank zu massiven Devisenabflüssen führen. Ein noch höheres Risiko bestand bei den Banken. Sie hatten nämlich einen großen Teil der kurzfristigen Kredite aus dem Ausland an Kunden weitergereicht, die damit langfristige Projekte finanzierten.[73] Kündigten die ausländischen Gläubiger die Kredite, konnten diese Gelder nicht kurzfristig flüssig gemacht werden. Die Banken mussten dann mit eigenen Mitteln einspringen. Mit der Vergabe von kurzfristigen Auslandsgeldern für langfristige Finanzierungen hatten die Kreditinstitute gegen die »goldene Bankregel« verstoßen, nach der die Fristigkeit der hereingenommenen und der ausgeliehenen Gelder übereinstimmen sollte. Aus welchen Motiven sie so gehandelt haben, wird an anderer Stelle noch ausführlicher zu erörtern sein.[74]

Kurzfristige Kredite ausländischer Gläubiger an deutsche Kreditnehmer nach dem Stand vom 31. Juli 1931 in Mio. RM[75]

	insgesamt	davon aus den USA
Ausländische Banken an deutsche Banken	4894	1724
Ausländische Banken an deutsche Nichtbankenunternehmen	2385	389
Ausländische Banken an deutsche Körperschaften des öffentlichen Rechts	305	116
Bankkredite insgesamt	7584	2229
Kredite ausländischer Industrie- und Handelsunternehmen	3612	692
Sonstige Kredite	143	12
Insgesamt	11339	2933

Die Missachtung der Fristenkongruenz blieb zunächst folgenlos, weil sich die ausländischen Kredite mit kurzer Laufzeit immer wieder verlängern ließen. Nach Beginn der Weltwirtschaftskrise ging der Kapitalzufluss aus dem Ausland aber zurück, und als im Juni 1931 eine regelrechte Kapitalflucht aus Deutschland einsetzte, gerieten die Banken unter Druck. Besonders galt dies für die Berliner Großbanken, auf die kurzfristige Kredite des Auslands in Höhe von 3,1 Mrd. RM entfielen, das waren 60 Prozent der kurzfristigen Auslandsverschuldung aller deutschen Banken.[76] Sie mussten nun auf ihr Eigenkapital zurückgreifen, das vergleichsweise gering war. Gleichzeitig gingen die Gold- und Devisenreserven der Reichsbank durch die Abzüge so stark zurück, dass die Notendeckung in Gefahr geriet. Nun zeigte sich, dass ein Festkurssystem wie der Golddevisenstandard für eine schwache Wirtschaft zu einer schweren Belastung werden kann, weil es keine Abwertung der Währung zulässt.[77]

Die Juli-Ereignisse von 1931 wurden von den Zeitgenossen häufig als »Kreditkrise« bezeichnet. Brüning etwa erklärte in der Ministerbesprechung zur Lage der Danatbank vom 12. Juli 1931: »Schuld an dieser Entwicklung sei die leichtsinnige Aufnahme kurzfristiger Kredite aus dem Ausland.«[78] Zu einem ähnlichen Urteil kam der zwei Jahre später von Hjalmar Schacht eingesetzte Untersuchungsausschuss für das Bankwesen. Der Abschlussbericht der Bankenenquete stellte fest, »der größte Fehler, der die Kreditkrise des Jahres 1931 auslöste und zuspitzte«, sei die »übermäßige Aufnahme kurzfristiger Kredite aus dem Ausland« gewesen.[79] Diese Erklärung greift entschieden zu kurz, weil sie übersieht, warum es zu der starken Zunahme kurzfristiger Kredite des Auslands gekommen war. Schließlich handelte es sich dabei nicht um das Werk von Spekulanten, sondern um eine Reaktion auf die Schwäche des Kapitalmarkts. Es war in Deutschland nach der Inflationszeit nicht gelungen, einen leistungsfähigen Kapitalmarkt wiederherzustellen. Die Wirtschaft konnte ihren Kapitalbedarf nur mit ausländischen Geldern decken. Da ein großer Teil der ausländischen Gläubiger nicht bereit war, sich langfristig in Deutschland zu binden, kamen die Banken nicht umhin, im Ausland kurzfristige Kredite aufzunehmen. Sicher hätte dies nicht in einem derartigen Umfang geschehen müssen. Doch war die hohe kommerzielle Auslandsverschuldung eben eine Folge der wirtschaftlichen Probleme des Landes und nicht deren Ursache.

Die deutsche Wirtschaft litt schon vor der Weltwirtschaftskrise unter Belastungen, wie es sie vor dem Ersten Weltkrieg nicht gegeben hatte. Dazu gehörten die unmittelbaren Kriegsfolgen und die Folgen der Inflation, aber auch strukturell bedingte Wachstumshindernisse und das ungünstige weltwirtschaftliche Umfeld. Nach Überwindung der Inflation im Spätherbst 1923 kam es in Deutsch-

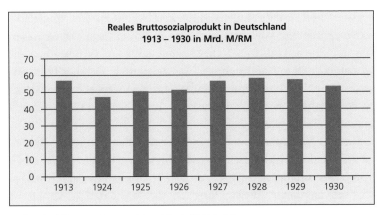

Reales Bruttosozialprodukt in Deutschland
1913 – 1930 in Mrd. M/RM

Quelle: Ritschl/Spoerer, Bruttosozialprodukt, S. 51, Tab. A.1

land nicht zu einem kräftigen wirtschaftlichen Aufschwung, wie ihn die USA damals erlebten.

Die Entwicklung der deutschen Wirtschaft in diesen Jahren, die früher häufig als »Stabilitätsphase« der Weimarer Republik bezeichnet worden sind, wird von der neueren Forschung durchweg kritisch gesehen.[80] Knut Borchardt hat dies mit dem Begriff der »Krise vor der Krise« auf den Punkt gebracht. Die deutsche Wirtschaft der Jahre 1925 bis 1929 beschreibt er als eine »unnormale, ja ›kranke‹ Wirtschaft«.[81] Tatsächlich übertraf das Sozialprodukt erst 1928 den Stand von 1913, die Investitionstätigkeit lag immer noch unter dem Vorkriegsniveau, die Handelsbilanz Deutschlands blieb bis zum Beginn der Weltwirtschaftskrise – mit Ausnahme des Jahres 1926 – passiv, und im Februar 1929 waren bei den Arbeitsämtern bereits drei Millionen Arbeitslose gemeldet.[82] Die Investitionstätigkeit war auch deshalb so gering, weil die Inflation und die Währungsstabilisierung zu hohen Kapitalverlusten geführt hatten. Der deutsche Kapitalmarkt konnte sich davon in den wenigen Jahren zwischen Inflation und Weltwirtschaftskrise nicht erholen. Wie ausgeprägt der Kapitalmangel war, zeigt die Kapitalbilanz Deutschlands, die vor der Weltwirtschaftskrise eine starke Zunahme der Kapitalimporte und vergleichsweise niedrige Kapitalexporte auswies.

Unter diesen Bedingungen hing die Stabilität der deutschen Währung und des deutschen Bankensystems in hohem Maße vom

Kapitalbilanz Deutschlands 1925 bis 1931 in Mio. RM[83]

	1925	1926	1927	1928	1929	1930	1931
Kapitalimporte	1518	1641	4336	5975	3544	3678	3817
Kapitalexporte	87	118	854	2852	2119	2442	3160
Saldo	1431	1523	3482	3123	1425	1236	657

Vertrauen der ausländischen Gläubiger ab. Die politische und wirtschaftliche Entwicklung des Landes trug jedoch nicht gerade dazu bei, dieses Vertrauen zu festigen. Bereits im Frühjahr 1929, also noch vor Beginn der Weltwirtschaftskrise, drohte ein Massenabzug von Auslandsgeldern aus Deutschland.[84] Damals verunsicherte die ausländischen Gläubiger, dass die Verhandlungen um eine neue Reparationsregelung, den Young-Plan, vorübergehend unterbrochen wurden. Zu einer Welle von Abzügen kam es nach dem erdrutschartigen Wahlsieg der NSDAP bei den Reichstagswahlen vom 14. September 1930. Innerhalb von sechs Wochen mussten die Berliner Großbanken Kredite in Höhe von 700 Mio. RM zurückzahlen, und die Reichsbank musste Gold und Devisen im Wert von 600 Mio. RM für die Rückzahlung von Auslandsgeldern zur Verfügung stellen.[85]

Im Juni 1931 hatten dann nicht nur die ausländischen Gläubiger das Vertrauen in die Stabilität der deutschen Währung verloren. Auch die Deutschen transferierten nun große Summen ins Ausland. Als Auslöser dieser Kapitalflucht werden in der Literatur vor allem zwei Ereignisse genannt: der Zusammenbruch der Österreichischen Creditanstalt, der am 11. Mai 1931 bekannt wurde, und der »Tributaufruf« der Reichsregierung vom 6. Juni 1931. Ein unmittelbarer Zusammenhang mit dem Kollaps der größten österreichischen Bank lässt sich jedoch nicht belegen. Die Abzüge bei den Berliner Großbanken stiegen erst im Juni 1931 sprunghaft an, nicht schon im Mai, und die Österreichische Creditanstalt war nicht so eng mit den deutschen Banken verbunden, als dass mit einem Überspringen der Krise ins Nachbarland gerechnet werden musste. Die Reichsregierung reagierte recht gelassen auf die Nachricht aus Wien, da die deutschen Banken zu diesem Zeitpunkt noch für sicher gehalten wurden.[86] Eher schon dürfte der »Tributaufruf« vom 6. Juni die Lawine ins Rollen gebracht haben. In einer Erklärung anlässlich der Verkündung der Zweiten Notverordnung zur Sicherung von Wirtschaft und Finanzen hatte die Reichsregierung damals die Reparationen als Tribute bezeichnet und erklärt, dass die Möglichkeiten, diese Leistungen aufzubringen, erschöpft seien: »Die Grenze dessen, was wir unserem Volk an Entbehrungen aufzuerlegen vermögen, ist erreicht.«[87] Der Aufruf konnte so verstanden werden, dass die Reichsregierung fest entschlossen war, ein Moratorium für die deutschen Auslandsschulden zu erklären, eine Devisenbewirtschaftung einzuführen oder die Golddeckung der Währung aufzugeben und die Reichsmark abzuwerten. Man konnte den »Tributaufruf« auch so deuten, dass die Gold- und Devisenreserven erschöpft waren und die Reichsbank in Kürze kaum noch Mittel für die Rückzahlung von Auslandsgeldern bereitstellen konnte. Derartige Vermutungen lagen umso näher, als sich Reichskanzler Brüning zum Zeitpunkt des Aufrufs zu Gesprächen mit der britischen Regierung in Chequers aufhielt. Nicht nur ausländische, sondern auch inländische Gläubiger transferierten in den folgenden Wochen große Summen ins Ausland.

Nun kann eine Kapitalflucht dieser Größenordnung im Allgemeinen nicht durch eine einzige Erklärung einer Regierung ausgelöst werden. Deshalb wird man in dem »Tributaufruf« vom 6. Juni eher den Tropfen sehen müssen, der das Fass zum Überlaufen brachte. Die internationale Finanzwelt hatte wohl schon länger das ungute Gefühl, dass sich in Deutschland etwas zusammenbraute. Die Staatskrise der Weimarer Republik, der Aufstieg der Nationalsozialisten und die anhaltende Agitation gegen die Reparationen dürften dazu ebenso beigetragen haben wie die hohe Auslandsverschuldung und die Beseitigung des Transferschutzes durch den 1930 in Kraft getretenen Young-Plan. Die Politik Brünings und die Instabilität seiner Regierung waren nicht geeignet, dem Vertrauensschwund entgegenzuwirken. Vielmehr gewannen auch immer mehr deutsche Anleger den Eindruck, dass das Land auf einen Abgrund zusteuerte. Vor diesem Hintergrund konnte jede weitere Verunsicherung eine Kapitalflucht auslösen.

Dass sich der Run im Juni 1931 nicht gegen die deutschen Banken, sondern gegen die deutsche Währung richtete, gilt heute als sicher. Theo Balderston, Thomas Ferguson und Peter Temin kommen in ihren Untersuchungen zu dem Ergebnis, dass die deutsche Krise von 1931 in erster Linie eine Devisen- und Schuldenkrise war (»The German Currency Crisis«), die auch eingetreten wäre, wenn sich die Banken vorbildlich verhalten hätten.[88] Ähnlich argumentiert Christoph Kaserer: »Nicht das Mißtrauen in die Zahlungsfähigkeit der Banken, sondern das Mißtrauen in die Zahlungsfähigkeit der Reichsbank löste also den Run aus.«[89] So gesehen wäre die Bankenkrise nur eine Folge der Währungskrise gewesen. Sie kam demnach zustande, weil die Reichsbank als »Hüterin der Währung« in Bedrängnis geraten war und die Banken nicht mit zusätzlicher Liquidität versorgen konnte.

In der neueren Forschung ist unstrittig, dass die Ursachen der Bankenkrise vom Juli 1931 nicht so sehr im Verhalten der Banken zu sehen sind, wie dies in der älteren Literatur, auch in der Pionierstudie von Born, noch angenommen worden ist. Doch wird man die Banken nicht von jeder Mitverantwortung freisprechen können.[90] Allein durch die Währungskrise wäre wohl keine größere Bank in Zahlungsschwierigkeiten geraten. Dies war nur möglich, weil das deutsche Bankwesen schon länger unter strukturellen Schwächen litt, aber auch, weil die Banken erhebliche Risiken eingegangen waren. Dazu gehörte die bereits erwähnte Verletzung der Fristenkongruenz bei den Geschäften mit kurzfristigen Krediten ausländischer Gläubiger. Zwar hatten die Banken auch kurzfristige Auslandsforderungen. Durch die Folgen der Weltwirtschaftskrise waren diese aber zu einem großen Teil (Beteiligungen, Debitoren u.a.) illiquid geworden und konnten nicht mehr dazu herangezogen werden, kurzfristige Auslandsschulden abzudecken.[91]

Anfällig waren die deutschen Banken auch wegen ihrer relativ geringen Liquidität. Im November 1929 lag die Liquidität ersten Grades der Berliner Großbanken bei 36,5 Prozent und damit weit unter dem Stand der Vorkriegszeit und selbst unter dem Niveau von 1925.[92] Die Relation zwischen der Barliquidität und den Kreditoren lag 1929 nur noch etwa bei 40 Prozent des Stands von 1913.[93] Das Eigenkapital und die Liquidität waren in der Weltwirtschaftskrise auch durch Aktienrückkäufe weiter zurückgegangen, die von den großen Aktienbanken – und auch von vielen anderen Aktiengesellschaften – zur Kursstützung vorgenommen wurden.[94] Gegen einen massiven Abzug kurzfristiger Kredite oder gar einen Run auf die Einlagen waren die Banken denkbar schlecht gewappnet.

Davon ausgehend interpretiert die Wirtschaftswissenschaftlerin Isabel Schnabel die deutsche Währungs- und Bankenkrise von 1931 als eine Zwillingskrise (twin crisis). Bei diesem Krisentyp, der in Untersuchungen über die Finanzkrisen in Schwellenländern während der neunziger Jahre festgestellt worden ist, kommt es innerhalb kurzer Zeit zu einer Währungskrise und einer Finanzmarktkrise. Beide Krisen entwickeln sich parallel und können sich vermengen, obwohl sie unterschiedliche Ursachen haben.[95]

Demnach hätte es 1931 eine durchaus eigenständige, sich neben der Währungskrise entwickelnde Bankenkrise gegeben, die Schnabel auf riskante Geschäftspraktiken der Großbanken, vor allem der Danatbank und der Dresdner Bank, zurückführt. Ob dies der Fall war und in welchem Maße die Banken damals Risiken eingegangen sind, wird im folgenden Kapitel ausführlicher behandelt und soll deshalb hier nicht im Detail dargestellt werden. Offensichtlich ist jedenfalls, dass die großen Bankenzusammenbrüche von 1931 in einem Zusammenhang mit dem Geschäftsgebaren der jeweiligen Institute standen. Die Danatbank wurde zwar vom Abzug ausländischer Gelder hart getroffen. Den entscheidenden Schlag erhielt sie aber erst durch die Verbindung mit dem Bankrott der Norddeutschen Wollkämmerei und Kammgarnspinnerei (Nordwolle), bei der sich die Bank mit Krediten in einer viel zu riskanten Größenordnung engagiert hatte.[96] Bei Banken, die sich zurückhaltender verhalten hatten, gingen die Einlagen nicht in einem derartigen Maße zurück. Sie gerieten dann auch nicht in Zahlungsschwierigkeiten.

Neben den genannten Ursachen der Bankenkrise waren die Fehlwahrnehmungen und das Versagen des Krisenmanagements in der Zeit vor dem 13. Juli 1931 weitere Faktoren. Nach der Erfahrung der letzten Finanzkrise wird man die Bedeutung dieser Vorgänge noch höher zu bewerten haben, als dies bisher der Fall war. Bis zuletzt hätte die sich anbahnende Bankenkrise in Deutschland noch begrenzt werden können, wenn es ein effizientes Frühwarnsystem gegeben hätte und rechtzeitig gegengesteuert worden wäre. Da keine zentrale Bankenaufsicht bestand, hatten die Reichsbank und die Reichsregierung nur vage Informationen über die Lage der einzelnen Kreditinstitute. Die Berliner Großbanken veröffentlichten zwar Monatsbilanzen, doch sagten diese Daten nicht allzu viel aus. Die Reichsbank hatte auch keinen Überblick über den Umfang der kurzfristigen Kredite des Auslands an die deutsche Wirtschaft. Aufgrund dieses eklatanten Informations- und Kontrolldefizits war es möglich, dass die Reichsbank erst viel zu spät von der Schieflage der Danatbank erfuhr und selbst dann noch die Situation falsch einschätzte. Über die hohen Verluste der Nordwolle wurde die Reichsbank erst am 12. Juni durch die Bank von England in Kenntnis gesetzt, die diese Information wiederum vom Berliner Bankier Franz Koenigs erhalten hatte, einem Teilhaber der renommierten Privatbank Delbrück, Schickler & Co. Dort hatte man es anscheinend nicht für angebracht gehalten, die Reichsbank direkt zu informieren.[97] Hans Priester schrieb dazu in seinem 1932 veröffentlichten »Tatsachenbericht« über die Bankenkrise: »Offenbar ging es der Reichsbank so wie dem Ehemann, der von seiner Frau betrogen wird. Alle Welt weiß es, nur der Ehemann nicht.«[98]

Als sich dann das ganze Ausmaß des Nordwolle-Skandals abzeichnete, beschloss die Reichsbank am 2. Juli in völliger Verkennung der Lage, die Nordwolle zu stützen und erst im schlimmsten Fall auch der Danatbank zu helfen. Das Direktorium der Reichsbank hielt die Danatbank damals noch für eine »im Innern gesunde Bank«.[99] Auch über den Status der Dresdner Bank war die Reichsbank nicht im Bilde. Als deren Vorstandsmitglied Herbert Gutmann am 12. Juli mitteilte, dass seine Bank nicht mehr zahlungsfähig sei, kam diese Nachricht für die Reichsregierung wie für die Reichsbank völlig überraschend. Nicht weniger überrascht waren Brüning und Luther dann darüber, dass die Dresdner Bank noch am selben Tag die Nachricht dementierte.[100]

Die Reichsbank hätte durch ein frühzeitiges Eingreifen vermutlich den Zusammenbruch der Danatbank verhindern können. Diese

Ansicht vertraten später immerhin Zeitzeugen wie Hjalmar Schacht und der gut informierte Wirtschaftsjournalist Hans Priester.[101] Stattdessen erließ die Reichsbank am 20. Juni Kreditrestriktionen, die geeignet waren, noch weitere Banken in Bedrängnis zu bringen. Das Verhalten der Reichsbank in diesen Wochen lässt sich nicht allein durch das Informations- und Kontrolldefizit erklären. Ihr Präsident hatte offenbar auch kein Gespür für die drohende Katastrophe. Mit optimistischen Einschätzungen vermittelte er der Öffentlichkeit und den anderen Zentralbanken ein falsches Bild von der Lage. Dem Gouverneur der US-Notenbank Federal Reserve, George L. Harrison, teilte Luther noch am 11. Juni 1931 mit, die deutschen Banken seien sicher.[102] Und am 9./10. Juli flog der Reichsbankpräsident nach London und Paris, weil er hoffte, von den dortigen Zentralbanken einen weiteren Rediskontkredit zu bekommen. Auch dies erwies sich als ein Trugschluss.

Es steht außer Zweifel, dass die deutsche Bankenkrise durch eine international koordinierte Stützungsaktion in den Tagen vor dem 13. Juli hätte eingedämmt werden können. Doch dazu kam es

Reichskanzler Heinrich Brüning (li.) und Reichsbankpräsident Hans Luther (re.) beim Festakt zum 50-jährigen Bestehen des Deutschen Sparkassen- und Giroverbandes, 1931

erst unter dem Eindruck des Dramas vom 13. Juli. Vorher scheiterten alle derartigen Bemühungen an Fehlwahrnehmungen und auch an nationalen Eigeninteressen. Die Zentralbanken in Paris, London und New York hätten die Krise durch einen weiteren Rediskontkredit an die Reichsbank noch in letzter Stunde entschärfen können. Eine Voraussetzung dafür wäre aber eine Verständigung zwischen Deutschland und Frankreich gewesen, zu der beide Regierungen nicht bereit waren.[103] Die Gouverneure der Zentralbanken in London und New York, Norman und Harrison, glaubten wohl tatsächlich, dass die Reichsbank die Krise allein unter Kontrolle bekommen könnte und dass es ihr gelingen würde, die Kapitalflucht aus Deutschland mit Kreditrestriktionen zu unterbinden, was sich als fatale Fehleinschätzung erwies. Norman befürchtete zudem, dass ein weiterer Kredit von der deutschen Regierung dafür verwendet würde, Reparationszahlungen zu leisten.[104] Und schließlich wollte sich die Bank von England wohl auch deshalb nicht engagieren, weil sie schon die im Mai 1931 zusammengebrochene Österreichische Creditanstalt durch einen Kredit gerettet hatte und keinen weiteren Präzedenzfall schaffen wollte. Die USA wiederum hatten damals kein Interesse, eine Führungsrolle gegenüber den europäischen Ländern wie auch innerhalb des internationalen Währungssystems zu übernehmen. Weder in Paris noch in London oder in New York rechnete man damit, dass die deutsche Bankenkrise Auswirkungen auf das eigene Land haben würde. Man sah sie nicht als den Beginn einer internationalen Finanzkrise an, sondern als hausgemachtes Problem der Deutschen, was ja auch durchaus zutraf. Trotz der hohen Auslandsverschuldung Deutschlands geriet keine Bank in den USA, in Großbritannien oder Frankreich durch die deutsche Bankenkrise in Gefahr.

Reichskanzler Brüning hat durch den fatalen »Tributaufruf« vom 6. Juni zur Eskalation der Währungskrise beigetragen, wenn auch unabsichtlich, aus schierer Unkenntnis der Märkte. Der Kanzler wollte mit dem in der Rhetorik der Rechtsparteien gehaltenen Aufruf verhindern, dass er über die rigiden Sparmaßnahmen der am selben Tag verkündeten Notverordnung stürzte. Vermutlich glaubte er auch, dadurch die Verhandlungen über ein Reparationsmoratorium beeinflussen zu können, wie es einen Monat später auf amerikanischen Druck hin zustande kam. Dass Brüning nicht bedachte, welches Signal er damit den Finanzmärkten gab, war durchaus bezeichnend für seine politischen Prioritäten. Der nationalkonservative Zentrumspolitiker sah es als seine Mission an, eine Beendigung der Reparationen zu erreichen. Gegenüber den Banken hatte er stets Vorbehalte. Diese Distanz war so groß, dass der Kanzler auch keinen Vertrauensbankier als Berater hatte. Da er den Reichsbankpräsidenten Luther nicht besonders schätzte, behalf sich Brüning damit, dass er fast jeden um Vorschläge bat, der in der Finanzwelt Rang und Namen hatte. In den entscheidenden Sitzungen vom 11./12. Juli erwies sich dies als verhängnisvoll. Brüning glaubte, in Beratungsrunden mit bis zu achtzig Teilnehmern tragfähige Lösungen finden zu können. So wurde nicht nur kostbare Zeit vergeudet, sondern auch der Eindruck vermittelt, dass die politische Führung orientierungslos war und nicht wusste, was sie wollte.

Gegenüber der Krise der Danatbank verhielten sich aber auch die sonstigen großen Geschäftsbanken in einer Weise, die alles andere als konstruktiv war. Jakob Goldschmidt hatte sich zunächst darauf verlassen, dass die anderen Banken, vor allem die Deutsche Bank, im Interesse der gesamten Branche die Danatbank auffangen würden. Die Deutsche Bank konnte sich darauf nicht einlassen, da immer noch nicht absehbar war, welche Risiken der Status der Danatbank barg.[105] Doch hätten die Berliner Großbanken versuchen können, durch ein abgestimmtes Vorgehen und gemeinsame Lösungsvorschläge dem Vertrauensschwund ihrer Kundschaft zu begegnen. Sie hätten dann auch größeren Einfluss auf die Entscheidungen der Reichsregierung nehmen können. Stattdessen verhielt sich die deutsche Finanzelite in den Tagen vor dem 13. Juli 1931 wie ein aufgescheuchter Hühnerhaufen. Durch Streitereien, persönliche Eitelkeiten und immer neue, sich auch widersprechende Erklärungen und Vorschläge stellten sich die Bankiers selbst ins Abseits. Die Lösung der Krise überließen sie bereitwillig der Politik. Der angesehene Ökonom Gustav Stolper schrieb am 17. Juli 1931: »Niemals hat sich die fachliche Inkompetenz der maßgebenden Personen in Regierung und Wirtschaft (mit sehr wenigen Ausnahmen) so offenbart wie in diesen Tagen, da das Äußerste an Ein-

sicht in die sachlichen Zusammenhänge und an psychologischem
Verständnis für die Vorgänge der Wirtschaft erforderlich war.«[106]
Zusammenfassend kann festgestellt werden, dass die deutsche
Bankenkrise von 1931 entscheidend durch Faktoren aus dem poli-
tisch-ökonomischen Umfeld bedingt war. Der deutsche Kapitalmarkt war als Folge der Inflation zu schwach, um den Kapitalbedarf der Wirtschaft decken zu können. Dies führte in Verbindung
mit den Reparationsregelungen zu einer hohen Auslandsverschuldung. Als es im Juni 1931 zu einer Kapitalflucht aus Deutschland
kam, weil ausländische und inländische Gläubiger das Vertrauen in
die deutsche Währung verloren hatten, gerieten die Reichsbank und
die großen Geschäftsbanken gleichzeitig unter Druck. Die Reichsbank fiel als »letzter Kreditgeber« der Geschäftsbanken aus, weshalb die Danatbank am 13. Juli ihre Schalter schließen musste. Der
Zusammenbruch dieser Großbank war freilich nicht allein eine
Folge der Devisen- und Schuldenkrise, sondern resultierte auch aus
einer riskanten Geschäftsstrategie. Insgesamt waren die deutschen
Großbanken unzureichend abgesichert. Sie hatten eine relativ geringe Liquidität und eine niedrige Eigenkapitalquote. Aber selbst
unter diesen Bedingungen hätte es nicht zwangsläufig zu dem
Drama des 13. Juli kommen müssen. Durch ein frühzeitiges Eingreifen der Reichsbank oder ein internationales Rettungspaket wäre
eine Eskalation zu verhindern gewesen. Der Run vom 13. Juli hätte
auch noch am Tag davor vermieden werden können, wenn die
Regierung sofort nach dem Zusammenbruch der Danatbank Bankfeiertage ausgerufen hätte. Doch dazu konnte man sich erst durch-
ringen, nachdem durch die Schließung der Danatbank eine Panik
ausgelöst worden war, die zeigte, dass die Kunden der Banken und
Sparkassen ihren Geldinstituten nicht mehr vertrauten.

45

Waren die Banken zu große Risiken eingegangen?

Es ist nicht verwunderlich, dass die Banken nach dem 13. Juli 1931 abstritten, für die Krise verantwortlich zu sein, und die Ursachen des Desasters darin sahen, dass »das Bankgeschäft durch wirtschaftspolitische Maßnahmen in einer Weise erschwert worden ist wie nie zuvor«.[107] Wie schon gezeigt wurde, lagen die Banken mit dieser Sicht nicht ganz falsch, doch können daraus keine Rückschlüsse auf das Verhalten der Kreditinstitute gezogen werden, und es lässt sich dadurch auch nicht erklären, warum z. B. die Deutsche Bank die Krise von 1931 relativ gut überstanden hat, während die Danatbank unterging. Wenn man die damaligen Vorgänge mit der jüngsten Finanzkrise vergleichen will, ist es besonders wichtig, die Geschäftspraktiken der Banken näher zu betrachten. Haben die Banken damals leichtfertig gehandelt oder gar eine Art »Kasino-Kapitalismus« betrieben, wie dies vielen Geldinstituten im Zusammenhang mit der Finanzkrise von 2008 bescheinigt worden ist? Aus welchen Gründen gingen die Banken die bereits geschilderten Risiken ein, und wie groß waren diese Risiken? Hatten die Großbanken riskanter gehandelt als andere Kreditinstitute?

Verglichen mit der Zeit vor dem Ersten Weltkrieg hatte das deutsche Kreditgewerbe in den zwanziger Jahren deutlich an Stabilität und Leistungsfähigkeit verloren, bedingt vor allem durch die bereits beschriebenen Veränderungen des wirtschaftlichen Umfelds. Das Eigenkapital der Banken und die Einlagen ihrer Kunden waren durch die Inflation bzw. die Bereinigung in den Goldmarkbilanzen nach der Währungsstabilisierung deutlich zurückgegangen, der deutsche Kapitalmarkt lag als Folge der Inflationsverluste darnieder und konnte sich wegen der Wachstumsschwäche der Wirtschaft auch nur langsam erholen, der Markt für Anleiheemissionen war ausgetrocknet. Gleichzeitig bestand ein enormer Kapitalbedarf, da die Unternehmen und die öffentlichen Körperschaften nach den Kriegs- und Inflationsjahren zurückgestaute Investitionen nachholen mussten. Vor weitere Herausforderungen sahen sich die Banken durch Sanierungen, Rationalisierungsmaßnahmen und große Fusionen in der Industrie gestellt – erwähnt seien hier nur die Bildung der Konzerne IG Farben (1925), Vereinigte Stahlwerke (1926) und Daimler-Benz (1926).

Auf die einzelnen Gruppen des Kreditgewerbes wirkten sich die veränderten Rahmenbedingungen sehr unterschiedlich aus. Dies lässt sich anhand der Eigenkapitalquote[108] verdeutlichen, die als Indikator für die Stabilität und Bonität eines Unternehmens angesehen werden kann, da ein angemessenes Eigenkapital einen Risikopuffer darstellt. Die Eigenkapitalquote betrug 1925 bei den Berliner Großbanken nur noch 54 Prozent des Stands von 1914, bei den Provinzbanken waren es immerhin noch 70 Prozent. Die Kreditgenossenschaften hatten 1925 sogar eine höhere Eigenkapitalquote als 1914 (siehe Tabelle). Bei den Sparkassen hatte die Eigenkapitalquote keine vergleichbare Bedeutung. Die Eigenkapitalanforderungen waren hier ungleich geringer als bei den Kreditbanken, weil für die Sparkassen eine Gewährträgerhaftung der Kommunen bestand.

Der Rückgang der Eigenkapitalquote bei den Großbanken und Regionalbanken war wohl auch dadurch bedingt, dass die Kreditinstitute während des Krieges und der Inflationszeit in großem Umfang Staatspapiere gehalten hatten, die als so sichere Anlage galten, dass die Banken mit einem geringeren Risikopuffer aus-

Eigenkapitalquote von Gruppen des deutschen Kreditgewerbes 1914 bis 1931 in Prozent[109]

Jahr	Berliner Groß- banken	Provinz- banken	Sparkassen	Kredit- genossen- schaften
1914	20,9	27,3	4,9	11,1
1925	11,3	18,8	3,4	12,9
1928	7,1	13,3	2,6	10,3
1929	6,7	13,1	2,5	9,7
1930	6,8	13,5	2,7	10,3
1931	6,5	13,6	3,3	10,9

47

kamen.[110] Bei allen Gruppen ging die Eigenkapitalquote zwischen 1925 und 1929 jedoch nochmals zurück (siehe Tabelle). Bei der Danatbank lag sie im November 1929 nur noch bei 4,8 Prozent. Kaum höher war die Eigenkapitalquote bei der Dresdner Bank (November 1929: 5,7 Prozent) und der Commerzbank (Ende 1929: 6,1 Prozent).[111] Es gelang den Banken in diesen Jahren, das Fremdkapital aufzustocken, nicht aber das Eigenkapital. Entsprechend veränderte sich die Kapitalstruktur. Hatte die Relation zwischen dem Eigenkapital und dem Fremdkapital der Berliner Großbanken vor dem Ersten Weltkrieg noch bei 1:3 gelegen, so lag sie 1929 bei 1:15,5.[112]

Das deutsche Kreditgewerbe um 1930

In der Zeit des Kaiserreichs hatte sich im deutschen Kreditgewerbe das bis heute bestehende Dreisäulensystem aus Kreditbanken, Sparkassen und Genossenschaftsbanken herausgebildet.[113] Unter den Kreditbanken nahmen die sogenannten Berliner Großbanken eine herausragende Stellung ein. Zu ihnen gehörten die Deutsche Bank, die Danatbank, die Dresdner Bank, die Commerzbank, die Reichskreditgesellschaft und die Berliner Handelsgesellschaft. Die Deutsche Bank hatte sich im Oktober 1929 in einer Megafusion mit der Disconto-Gesellschaft zusammengeschlossen und dadurch ihre Stellung als Branchenprimus ausgebaut. Bereits im Februar des gleichen Jahres hatte die Commerzbank durch die Übernahme der Mitteldeutschen Creditbank ebenfalls ihre Position unter den führenden deutschen Instituten gefestigt. Die Großbanken waren durchweg Universalbanken, d.h. sie betrieben Bankgeschäfte aller Art und waren im Kredit- und Wertpapiergeschäft ebenso vertreten wie im Einlagengeschäft. Mit der 1924 gegründeten Reichskreditgesellschaft bestand auch eine Großbank, die sich im Besitz des Reichs befand.

Neben den Großbanken spielten die Privatbanken eine nach wie vor wichtige Rolle, auch wenn ihre Zahl in den zwanziger Jahren stark zurückgegangen war. Die Privatbanken hatten ihren Schwerpunkt im Wertpapier- und Börsengeschäft. Sie waren aber auch im Auslandsgeschäft vertreten. Insgesamt gab es in Deutschland 1929 rund 1100 Privatbanken. Die meisten von ihnen waren kleine Institute. Zu den großen Privatbanken zählten Mendelssohn & Co. in Berlin, M. M. Warburg & Co. in Hamburg, Sal. Oppenheim jr. & Cie. in Köln, Simon Hirschland in Essen und Gebr. Arnhold in Dresden.[114]

Eine weitere Gruppe der Kreditbanken waren die Regionalbanken oder Provinzbanken wie die Allgemeine Deutsche Credit-Anstalt (ADCA) in Leipzig und der Barmer Bank-Verein in Düsseldorf. Zu dieser Gruppe gehörten 1929 sechzig Banken. Ebenso wie die Großbanken waren sie Aktienbanken.

Eine Sonderstellung hatten die Hypothekenbanken inne, zu denen private wie staatliche Institute gehörten. Diese Banken unterlagen seit 1902 einer Staatsaufsicht. Dies galt auch für gemischte Institute wie die Bayerische Hypotheken- und Wechsel-Bank, die sowohl Hypothekenbank als auch Kreditbank waren.

Die Gruppe der Staatsbanken umfasste die landeseigenen Finanzierungsinstitute. Die bedeutendsten und ältesten unter ihnen waren die Preußische Staatsbank (Seehandlung) und die Bayerische Staatsbank.

Die Sparkassen, die als »Banken des kleinen Mannes« galten, erlebten in den zwanziger Jahren einen Aufschwung. Ihre Bilanzsumme übertraf 1930 erstmals die der Berliner Großbanken. Zum Zeitpunkt der Bankenkrise waren die Sparkassen noch keine eigenen Rechtskörperschaften, sondern Abteilungen der jeweiligen Kommunalverwaltungen. Dementsprechend groß war ihre Bedeutung für das Kommunalkreditgeschäft. Die Sparkassen waren durch eine Gewährträgerhaftung der Kommunen abgesichert. Eine immer wichtigere Rolle spielten in den zwanziger Jahren die Girozentralen der Sparkassen, zu denen auch Landesbanken wie die Landesbank der Rheinprovinz und die Landesbank für die Provinz Westfalen gehörten. Als öffentlich-rechtliche Geldinstitute unterlagen sie ebenso wie die Sparkassen einer Staatsaufsicht. Neben dem Spargeschäft drängte die Sparkassenorganisation zunehmend auch in klassische Geschäftsbereiche der Aktienbanken, die wiederum begannen, den Sparkassen im Spargeschäft Konkurrenz zu machen.[115] Die Genossenschaftsbanken waren ihrer Zahl nach die mit Abstand größte Gruppe des deutschen Kreditgewerbes. Anfang der dreißiger Jahre bestanden rund 20.000 gewerbliche und landwirtschaftliche Kreditgenossenschaften. Sie waren in Zentralkassen vertreten, die auf der Ebene einzelner Länder und Provinzen bestanden. Als »Zentralbank« der Genossenschaften firmierte die Preußische Zentralgenossenschaftskasse (seit 1932 Deutsche Zentralgenossenschaftskasse/»Deutschlandkasse«).[116]

Obwohl die Zahl der Banken (und speziell die der Privatbanken) durch Fusionen, Übernahmen, Insolvenzen und Schließungen schon zwischen 1925 und 1929 deutlich zurückgegangen war, galt das deutsche Kreditgewerbe immer noch als stark übersetzt.

Gruppen des deutschen Kreditgewerbes 1930 nach der Bilanzsumme[117]

	Bilanzsumme in Mio. RM
Berliner Großbanken	12 976
Regionalbanken	1913
Hypothekenbanken	8380
Staatsbanken, Landesbanken, Girozentralen	9803
Privatbanken	3556
Sparkassen	13 746
Kreditgenossenschaften und Zentralkassen	6275
Andere Kreditinstitute	10 156
Insgesamt	66 805

Die Krisensymptome der deutschen Wirtschaft in den Jahren vor 1929 schlugen sich also im Großbankensektor stärker nieder als in anderen Bereichen des Kreditgewerbes. Die Berliner Großbanken hatten viel von ihrer früheren Stabilität eingebüßt, mehr als die Provinzbanken und der Sparkassensektor. Sie wirtschafteten in einem bislang nicht gekannten Maß mit Fremdmitteln und hatten dadurch einen vergleichsweise geringen Puffer, um Verluste aufzufangen.[118] Dieses erhöhte Risiko ergab sich schon daraus, dass die Großbanken eine führende Rolle bei der Industriefinanzierung hatten und ihre Kunden stärker als früher auf Kredite angewiesen waren. Zugleich konnten sich die Großbanken wegen ihrer internationalen Verbindungen und ihrer Dominanz im Exportfinanzierungsgeschäft leichter mit ausländischen Krediten versorgen als andere Kreditinstitute, mit Ausnahme der großen Privatbanken. Die meisten von ihnen hatten seit der Inflationszeit auch Tochtergesellschaften oder Kommanditen im Ausland, vorzugsweise in den Niederlanden.[119] Einige Regionalbanken waren zwar ebenfalls stark in der Industriefinanzierung engagiert, so z. B. der Barmer Bank-Verein in Düsseldorf, doch hatte dieses Geschäft bei den Provinzbanken insgesamt eine geringere Bedeutung und natürlich auch einen geringeren Umfang. Die Sparkassen und die Kreditgenossenschaften spielten weder bei der Industriefinanzierung noch im Auslandsgeschäft eine nennenswerte Rolle.

Die Zunahme der Fremdmittel bei den Banken nach 1924 war zu einem erheblichen Teil durch Gelder aus dem Ausland bedingt. In den Jahren 1927 und 1928 stiegen die ausländischen Kredite bei den deutschen Aktienbanken um insgesamt 4,4 Mrd. RM an. Mitte 1929 beliefen sie sich auf 6,5 Mrd. RM, das entsprach einem Anteil von 40 bis 50 Prozent an allen Kreditoren der Banken.[120] Die Institute mit der niedrigsten Eigenkapitalquote, die Berliner Großbanken, hatten den höchsten Anteil ausländischer Gläubiger. Auf sie entfielen im Juni 1930 73 Prozent aller ausländischen Depositen.[121] Auch die anderen Bankengruppen nahmen allerdings in beträchtlichem Umfang Auslandsgelder herein. Es dürfte keine größere Bank in Deutschland gegeben haben, die nicht direkt oder indirekt Auslandsgelder aufgenommen und weitergereicht hätte. Angesichts der Schwäche des deutschen Kapitalmarkts war dies auch fast die einzige Möglichkeit, das lukrative Kreditgeschäft in Schwung zu bringen. Vor allem die großen Privatbanken, die im internationalen Anleihegeschäft vertreten waren und zum Teil Schwesterinstitute oder Beteiligungen im Ausland besaßen, wie Mendelssohn & Co. in Berlin und M. M. Warburg & Co. in Hamburg, hatten einen hohen Anteil ausländischer Kreditoren.[122] Die Staatsbanken traten dagegen eher als Vermittler von Auslandsanleihen auf. So vermittelte die Bayerische Staatsbank in den Jahren 1925/26 zwei Auslandsanleihen des Freistaats Bayern in Höhe von insgesamt 25 Mio. $, die von New Yorker Bankhäusern vergeben und zum Ausbau von Großwasserkraftwerken sowie zur Finanzierung der Rhein-Main-Donau AG benötigt wurden.[123] Die Landesbanken und Girozentralen der Sparkassenorganisation nahmen Auslandsgelder in der Regel verdeckt auf, durch Zwischenschaltung von Kreditbanken.[124]

Der weitaus überwiegende Teil der von den deutschen Banken hereingenommenen Auslandsgelder hatte eine kurze Laufzeit. Insgesamt beliefen sich die kurzfristigen Auslandsverpflichtungen bei den Berliner Großbanken im Juli 1931 auf 3,1 Mrd. RM, bei den Privatbanken auf rund 1,0 Mrd. RM.[125] Im Februar 1931 bestanden 35 Prozent aller Kreditoren der Berliner Großbanken aus Geldern, die innerhalb von sieben Tagen fällig waren, und weitere 43 Prozent aus Krediten mit einer Laufzeit zwischen acht Tagen und drei Monaten. Dass diese Gelder an Kunden weitergegeben wurden, die damit langfristige Vorhaben finanzierten, war gängige Praxis. Es sind keine Daten zur Fristigkeitsstruktur der von den Großbanken ausgereichten Kredite überliefert, doch muss davon ausgegangen werden, dass mindestens 40 Prozent der Debitoren eine Laufzeit von über einem Jahr hatten.[126] Die Großbanken gingen dieses Risiko ein, obwohl ihre Eigenkapitalausstattung schon in den vorangegangenen Jahren stark zurückgegangen war. Anders gesagt: Der hohe Anteil des Fremdkapitals hatte in diesem Fall keine disziplinierende Wirkung.

Ein weiteres Risiko gingen die Banken mit den Aktienrückkäufen ein, wie sie später verboten wurden und auch heute nicht in einem derartigen Umfang zulässig sind. Die Aktienkurse der Banken gingen schon im Frühjahr 1929 deutlich zurück und brachen von Oktober 1929 an durch die Weltwirtschaftskrise ein. Um den Kurs zu stützen, tätigten die vier Filialgroßbanken unter der Hand Aktienrückkäufe, besonders in den Monaten vor der Bankenkrise von 1931. Dieses Kalkül war mit hohen Risiken verbunden, weil die Rückkäufe zu Lasten des Eigenkapitals und der Liquidität gingen, während gleichzeitig kaum Chancen bestanden, den Rückgang der Aktienkurse dadurch stoppen zu können. Das Ergebnis war verheerend: Die Kurse der Bankaktien gingen weiter zurück, weil der Verkaufsdruck wegen der Wirtschaftskrise stärker war als die Kursstützungsmaßnahmen. Gleichzeitig reduzierte sich durch die Rückkäufe das Eigenkapital der Banken, und dringend benötigte Liquidität ging ihnen verloren.[127] Welchen Umfang die Aktienrückkäufe hatten, wird daran deutlich, dass sich im Sommer 1931 mehr als die Hälfte des Aktienkapitals der Danatbank und der Dresdner Bank im Eigenbesitz der jeweiligen Bank befand.[128]

Warum ließen sich die Banken auf derartige Risiken ein, und warum war dies bei einigen von ihnen mehr der Fall als bei anderen? Die deutschen Großbankiers dieser Zeit waren gewiss keine Hasardeure. Harold James bescheinigt ihnen sogar eine gewisse Risikoaversion: »Die Direktoren der Großbanken in der Weimarer Republik waren, bis auf wenige Ausnahmen, solide und ehrbare Geschäftsleute, denen jeder Hang zum Risiko abging.«[129]

Viele zeitgenössische Stellungnahmen zeigen, dass die Banken in den Jahren vor der Weltwirtschaftskrise ihre Lage optimistischer sahen, als sie tatsächlich war. Trotz aller Klagen über die ungünstigen Rahmenbedingungen glaubte man offenbar, dass es mithilfe der Auslandsgelder schon gelingen würde, in Deutschland einen ähnlichen Aufschwung zu entfachen wie in den USA. So äußerte sich die Commerzbank in ihrem Geschäftsbericht für das Jahr 1925 bemerkenswert optimistisch: »Dass die Verschuldung an das Ausland Nachteile mit sich bringen kann, haben wir bereits im vorigen Jahre zum Ausdruck gebracht. Wir können jedoch feststellen, daß bisher im wesentlichen die Vorteile überwogen haben, zumal viele kurzfristige Kredite in langfristige umgewandelt wurden.«[130] Auch in den folgenden Jahren dürften die Großbanken darauf gesetzt haben, dass sich die kurzfristigen Kredite aus dem

Archiv

$20,000,000
Commerz-und Privat-Bank
Aktiengesellschaft
(HAMBURG - BERLIN)
Ten-Year 5½% Gold Notes
(REPRESENTED BY AMERICAN PARTICIPATION CERTIFICATES)

Dated November 1, 1927   Due November 1, 1937

Callable in whole or in part in multiples of $4,000,000 on any interest date on thirty days' notice at par. Principal amount of notes $20,000,000. Interest payable semi-annually on May 1 and November 1 at the rate of 5½% per annum. Principal and interest payable in United States gold coin without deduction for any taxes, present or future, levied by German governmental authorities.

American participation certificates in the aggregate principal amount of $20,000,000 are to be issued by The Chase National Bank of the City of New York, Trustee, against the deposit with it of the above notes of Commerz-und Privat-Bank Aktiengesellschaft. The certificates are to be in coupon form, in denominations of $1,000, registerable as to principal only. Payments received by the Trustee on account of principal and interest are to be payable in New York at the principal office of The Chase National Bank of the City of New York. Also collectible in London in pounds sterling; in Amsterdam in guilders; in Zurich in Swiss francs; in each case at the buying rate for sight exchange on New York on the date of presentation for collection.

The following summary is made from a letter of Mr. Sobernheim and Mr. Harter, Managing Directors of Commerz-und Privat-Bank Aktiengesellschaft:

COMMERZ-UND PRIVAT-BANK: The Bank was founded in 1870 under the name of the Commerz-und Disconto-Bank in Hamburg, and later also established headquarters in Berlin. In 1920 the Bank consolidated with one of Germany's oldest commercial banks, the Mitteldeutsche Privat-Bank, organized in 1856, which owned a network of branches and agencies throughout Central Germany. It was in connection with this merger that the name of the Bank was changed to the Commerz-und Privat-Bank Aktiengesellschaft.

The Bank enjoys a high standing internationally as well as in Germany and conducts a general domestic and foreign banking business.

The Bank maintains offices in over 200 cities with numerous branch offices and has over 200,000 accounts. Its employees number more than 7,500.

CAPITALIZATION: The par amount of the bank's authorized and outstanding capital is $14,285,000, which includes an increase of $4,285,000 in 1927; with reserves of $8,500,000, making a total of capital and reserves of about $23,000,000. The market value of its share capital in accordance with current quotations on the Berlin Stock Exchange is more than $25,000,000.

These $20,000,000 Ten-Year 5½% Gold Notes are the direct obligation of the Commerz-und Privat-Bank and will comprise, upon issuance, its only funded debt (except $303,090 of revalorized mortgages).

DIVIDENDS AND EARNINGS: Dividends have been paid for each year since the organization of the Bank, with the exception of the readjustment year 1923, and for the last three years have been at the rate of 8%, 8% and 11%.

Profits as reported by the Bank, after the deduction of interest and taxes, for the years 1924, 1925 and 1926 were $1,205,825, $1,220,214, and $1,916,592 respectively.

These notes substantially replace funds, the interest charges on which have been accounted for in the foregoing figures.

PURPOSE OF ISSUE: The proceeds of the notes will be used by the Bank in its general banking business, more particularly for the financing of exporting industrial corporations.

Conversions of German into United States currency have been made at par of exchange.

A substantial portion of this issue has been withdrawn for offering in Europe.

The statements presented in this circular, having been obtained partly by cable, are necessarily subject to correction. They are based on information obtained from official and other sources believed to be reliable but are in no event to be construed as representations by the undersigned.

We offer these American participation certificates for delivery when, as and if issued and accepted by us, subject to the approval of legal proceedings by counsel. It is expected that delivery will be made on or about November 1, 1927, in the form of temporary or definitive certificates, or interim receipts of The Chase National Bank of the City of New York.

Price 94½ and accrued interest to yield about 6¼%

Chase Securities Corporation	**Blair & Co., Inc.**	**Halsey, Stuart & Co.** Incorporated
Ladenburg, Thalmann & Co.	**J. Henry Schroder Banking Corporation**	**The Shawmut Corporation** of Boston
A. G. Becker & Co.	**The Marine Trust Co.** of Buffalo	**Anglo London Paris Company**

October, 1927

Anleihe der Commerz- und Privat-Bank über 20 Mio. Dollar, Oktober 1927

Ausland konsolidieren ließen. Dieses Kalkül entsprach den Hoffnungen der deutschen Wirtschaft, die in den Auslandsgeldern quasi den Schlüssel zur Ankurbelung des Wachstums sah.

Für die Banken gab es aber noch einen weiteren Grund, sich an dem Geschäft mit den Geldern aus dem Ausland selbst dann zu beteiligen, wenn es mit wachsenden Risiken verbunden war. Sie mussten befürchten, andernfalls Marktanteile im lukrativen Kreditgeschäft und wichtige Kreditkunden aus der Industrie zu verlieren. Die deutschen Unternehmen – wie auch die Kommunen und Länder – konnten jederzeit direkt mit amerikanischen und britischen Geldhäusern ins Geschäft kommen, da ausländische Gläubiger gern die relativ hohen Zinsen in Deutschland nutzten, um Gelder dort anzulegen, und dazu umso eher entschlossen waren, je weniger sie sich langfristig binden mussten.

Direkte Geschäfte zwischen ihren Kunden und ausländischen Gläubigern wollten die deutschen Banken auch deshalb unbedingt vermeiden, weil ihr Hausbankenstatus bei großen Industrieunternehmen dadurch erschüttert werden konnte und sie damit rechnen mussten, dass ausländische Banken auf dem deutschen Geld- und Kapitalmarkt Fuß fassen würden. Diese Befürchtungen waren nicht aus der Luft gegriffen. Die deutsche Wirtschaft nahm bei amerikanischen Banken hohe Anleihen auf. So erhielt z. B. Krupp im Dezember 1924 von Goldman, Sachs & Co. eine Anleihe über 10 Mio. $. Die August Thyssen-Hütte nahm wenige Wochen später vom New Yorker Bankhaus Dillon, Read & Co. eine Anleihe in Höhe von 12 Mio. $ auf, und auch die meisten anderen Montankonzerne versorgten sich bei ausländischen Banken mit Kapital.[132] Bei den von amerikanischen Banken an deutsche Industrieunternehmen vergebenen Krediten handelte es sich nur selten um Kredite mit kurzfristiger Laufzeit (siehe Tabelle S. 56), wie überhaupt der Anteil amerikanischer Gläubiger bei den kurzfristigen Krediten aus dem Ausland niedriger lag als bei der Gesamtzahl der ausländischen Kredite. Doch dürfte die Konkurrenz durch die direkten Kredite aus dem Ausland die deutschen Banken bewogen haben, ihren Geschäftskunden das dringend benötigte Auslandskapital auch dann anzubieten, wenn es nur mit kurzer Laufzeit hereingeholt werden konnte.

Kurzfristige Auslandsverschuldung deutscher Banken 1927–1931
(Juni/Juli 1931)[131]

	31. März 1927	31. März 1929	
	Kurzfristige Auslandsver-pflichtungen in Mio. RM	Kurzfristige Auslandsver-pflichtungen in Mio. RM	Deckung durch Guthaben im Ausland in %
Deutsche Bank und Disconto-Gesellschaft*	1086	1602	35,5
Dresdner Bank	671	838	46,1
Danatbank	612	867	48,0
Commerz- und Privatbank**	504	622	26,3
Berliner Handelsgesellschaft	247	227	31,2
Reichskreditgesellschaft	147	283	31,0
Mendelssohn & Co.			
A. Levy			
M. M. Warburg & Co.			
Barmer Bank-Verein	87	141	23,9
Hardy & Co.			
ADCA	97	101	38,0

	Juni/Juli 1931		
	Stichtag	Kurzfristige Auslandsver-pflichtungen in Mio. RM	Deckung durch Guthaben im Ausland in %
Deutsche Bank und Disconto-Gesellschaft*	15.7./22.7.	1034	6,5
Dresdner Bank	30.6.	704	10,4
Danatbank	11.7.	625	10,4
Commerz- und Privatbank**	18.7.	393	17,6
Berliner Handelsgesellschaft	30.6.	258	12,4
Reichskreditgesellschaft	10.7.	242	21,9
Mendelssohn & Co.	17.7.	187	13,9
A. Levy	30.6.	148	4,1
M. M. Warburg & Co.	18.7.	143	1,4
Barmer Bank-Verein	20.7.	100	–
Hardy & Co.	30.6.	70	15,7
ADCA	30.6.	68	22,1
Sal. Oppenheim jr. & Cie	18.7.	58	15,5

* 1927 und 1929 Deutsche Bank einschl. Disconto-Gesellschaft
** 1927 und 1929 einschl. Mitteldeutsche Creditbank

Mit dem Hinweis auf die direkten Kredite machten die Banken später geltend, dass die kurzfristige Auslandsverschuldung auch dann gestiegen wäre, wenn sich das deutsche Kreditgewerbe daran nicht beteiligt hätte:»Dem deutschen Kreditbedarf kam ein – zeitweise fast dringliches – Angebot kurzfristigen Auslandsgeldes entgegen. Hätten sich die deutschen Banken diesem Angebot verschlossen, so hätte dies wahrscheinlich nicht zu einer Abbremsung, sondern nur zu einem wahllosen unmittelbaren, auf die Zwischenschaltung der Banken verzichtenden, Eindringen der kurzfristigen Auslandskredite in die deutsche Wirtschaft geführt.«[133] Angesichts der damit verbundenen Risiken ist dieses Argument eine problematische Rechtfertigung, doch hätten die Banken ihre Marktposition eben kaum behaupten können, wenn sie nicht den Bedürfnissen ihrer kredithungrigen Kunden nachgekommen wären.

Das Risiko bei der Verletzung der Fristenkongruenz war in den Jahren vor 1929 auch noch überschaubar, da die im Ausland aufgenommenen Kredite zu einem beträchtlichen Teil durch Auslandsforderungen der Großbanken gedeckt waren und man davon ausgehen konnte, dass sich viele der an private Unternehmen vergebenen Kredite rasch amortisieren würden. Erst durch die Auswirkungen der Weltwirtschaftskrise wurde das Anlageverhalten der Banken zu einem extrem hohen Risiko. Jetzt wurden nicht nur viele ihrer Schuldner in Deutschland illiquide, sondern auch der größte Teil ihrer Auslandsforderungen. Ins Ausland vergebene Kredite konnten nicht mehr eingetrieben werden, und für Kapitalbeteiligungen im Ausland gab es keine Käufer mehr. Nach Berechnungen der Reichsbank waren im September 1929 37 Prozent der kurzfristigen Auslandsverpflichtungen deutscher Banken durch Guthaben im Ausland gedeckt, im Juli 1931 dagegen nur noch 11 Prozent.[134]

Die Banken haben diese Entwicklung sicher nicht voraussehen können, aber sie reagierten darauf eben auch nicht mit einem entsprechenden Abbau der kurzfristigen Auslandsverschuldung. Vielmehr stieg bei den deutschen Banken die kurzfristige Auslandsverschuldung nach Beginn der Weltwirtschaftskrise weiter an, auf rund 7,3 Mrd. RM Ende 1930, das waren 80 Prozent ihrer gesamten Auslandverschuldung.[135] Bemerkenswerterweise ging die kurzfristige Auslandsverschuldung dagegen bei den Berliner Großbanken zwischen März 1929 und Juni/Juli 1931 deutlich zurück, besonders bei der Deutschen Bank und der Commerzbank. Dieser Rückgang stand freilich in keinem Verhältnis zur Abnahme der liquiden Auslandsforderungen (siehe Tabelle Seite 56). Nicht nur die Auslandsforderungen der deutschen Kreditinstitute wurden nach 1929 zu einem großen Teil illiquide. Ihre gesamten Wechselportefeuilles bestanden zunehmend aus Anlagen, die faktisch illiquide waren, selbst wenn sie noch als liquide Mittel ausgewiesen wurden. So mussten z. b. rediskontierbare – also jederzeit in Barwerte umwandelbare – Reichsschatzwechsel durch nichtrediskontierbare ersetzt werden, und durch den wachsenden Kreditbedarf des Reichs nahm der Bestand an nichtrediskontierbaren Schatzanweisungen zu.[136] Zunehmend hing die Liquidität der Banken nun auch von der Kreditpolitik der Reichsbank ab, die die Annahme von Wechseln jederzeit beschränken konnte.

In der neueren Forschung wird das Verhalten der Großbanken vor der Bankenkrise von 1931 auch mit der »Too big to fail«-Doktrin erklärt.[137] Dieser Ansatz geht davon aus, dass Unternehmen von einer bestimmten Größe an eine Überlebensgarantie haben, weil der Staat sie wegen ihrer systemischen Bedeutung für die Wirtschaft vor einer Insolvenz bewahrt. Derart abgesichert, können besonders große Unternehmen höhere Risiken eingehen als kleinere Konkurrenten. Nach Isabel Schnabel trifft dieses Muster auf die Berliner Großbanken in der Zeit der Weimarer Republik zu. Sie wären höhere Risiken eingegangen als andere Bankengruppen, weil sie damit gerechnet hätten, bei einem Scheitern von der Reichsbank gestützt zu werden: »We can conclude that the evidence is consistent with excessive risktaking at the great branch banks due to an implicit Reichsbank guarantee and an increasingly competitive environment.«[138] Als Belege führt Schnabel an, dass die Berliner Großbanken nicht nur über den höchsten Anteil ausländischer Gläubiger verfügten und den größten Teil der kurzfristigen Kredite aus dem Ausland hereingenommen hatten, sondern auch Klumpenrisiken im Kreditgeschäft eingegangen waren und den Risikoausgleich durch Liquidität vernachlässigten.

Bei näherer Betrachtung zeigt sich freilich, dass zwischen der Größe der Banken und ihrem Risikoverhalten keineswegs ein eindeutiger kausaler Zusammenhang bestand. Die Großbankiers waren zwar davon überzeugt, dass sie in einer Krise mit der Unterstützung der Reichsbank und der Reichsregierung rechnen konnten. Jakob Goldschmidt glaubte beim Zusammenbruch der Danatbank fest an eine Rettung, sei es durch ein Bankenkonsortium, sei es durch den Staat.[139] Die Reichsbank hatte ihre Bereitschaft zur Stützung der Danatbank noch Anfang Juli 1931 signalisiert, und Reichsfinanzminister Dietrich sah auch den Staat in der Pflicht. Die besorgte Führungsspitze der SPD ließ er am 10. Juli wissen,»dass Zusammenbrüche von Großbanken schwer zu verantworten seien«.[140]

Gleichwohl lässt sich nicht nachweisen, dass Banken allein aufgrund ihrer Größe und systemrelevanten Bedeutung besonders hohe Risiken eingegangen wären. Die mit Abstand größte deutsche Geschäftsbank, die Deutsche Bank (seit 1929: Deutsche Bank und Disconto-Gesellschaft), hatte im Juli 1931 zwar kurzfristige Auslandsverpflichtungen von rund 1 Mrd. RM, die nur zu 6,5 Prozent durch liquide Auslandsguthaben gedeckt waren,[141] doch verfolgte sie eine vorsichtigere Strategie als die Danatbank. Die Kreditoren nahmen hier in den Jahren 1928/29 in einem geringeren Umfang zu als bei Commerzbank und Dresdner Bank, was für eine gewisse Zurückhaltung bei der Aufnahme von Auslandsgeldern spricht.[142] Der Anteil der ausländischen Gelder an den Kreditoren der Deutschen Bank lag im Juni 1930 bei 38 Prozent und damit deutlich unter dem Durchschnitt der Berliner Großbanken (siehe Tabelle S. 60). Die Deutsche Bank war zudem bemüht, die an ihre Kundschaft weitergereichten kurzfristigen Kredite aus dem Ausland in langfristige Darlehen umzuwandeln. Zu diesem Zweck platzierte sie im September 1927 als erstes deutsches Kreditinstitut eine eigene Auslandsanleihe in den USA in Höhe von 107 Mio. RM, mit einer fünfjährigen Laufzeit. Einen Monat später folgte die Commerzbank mit einer zehnjährigen Anleihe im Umfang von 20 Mio. $ (84 Mio. RM).[143] Das Bankhaus Mendelssohn & Co., die führende deutsche Privatbank, scheint bei der Auslandsverschuldung höhere Risiken eingegangen zu sein als die Deutsche Bank oder die Commerzbank. Mitte Juli 1931 lagen die kurzfristigen Auslandsschulden von Mendelssohn & Co. bei 187 Mio. RM und damit fast halb so hoch wie bei der wesentlich größeren Commerzbank.[144]

**Anteil von Auslandsgeldern an den Kreditoren
der Berliner Großbanken im Juni 1930**[145]

Berliner Handelsgesellschaft	69 %
Commerz- und Privat-Bank	38 %
Darmstädter und Nationalbank	45 %
Deutsche Bank und Disconto-Gesellschaft	38 %
Dresdner Bank	44 %
Reichskreditgesellschaft	51 %

Der Berliner Handelsgesellschaft, einer der beiden kleineren filiallosen Berliner Großbanken, wird auch von Schnabel eine grundsolide Geschäftsstrategie bescheinigt.[146] Der Anteil ausländischer Kreditoren lag hier zwar höher als bei den anderen Großbanken, doch kam die Berliner Handelsgesellschaft durch die im Juni 1931 einsetzende Kapitalflucht aus Deutschland nicht unter Druck.[147] Allerdings hatte die Berliner Handelsgesellschaft – ebenso wie die zweite filiallose Großbank, die Reichskreditgesellschaft – eine ganz andere Geschäfts- und Kundenstruktur als die Filialgroßbanken, weshalb ein Vergleich nur begrenzt möglich ist. Unter der jahrzehntelangen Leitung ihres Gesellschafters Carl Fürstenberg – einer der legendären Persönlichkeiten der deutschen Bankgeschichte – hatte sich die Berliner Handelsgesellschaft auf eine ausgewählte Kundschaft aus der Großindustrie spezialisiert. Mit vielen dieser Kunden bestanden enge langfristige Verbindungen. Entsprechend geringer war hier das Kreditrisiko. Einen Run auf die Schalter, wie er am 13. Juli 1931 stattfand, brauchte die Berliner Handelsgesellschaft schon gar nicht zu fürchten, weil sie kein Depositengeschäft hatte.

Es spricht also wenig dafür, dass sich die deutschen Großbanken generell besonders risikofreudig verhalten hätten, weil sie sich aufgrund ihrer Größe durch eine staatliche Überlebensgarantie abgesichert glaubten. Dagegen erscheint es durchaus plausibel, dass die Banken – und zwar ungeachtet ihrer Größe – in den hereingenommenen Auslandsgeldern einen gewissen Schutz vor einer Insolvenz sahen, denn die Reichsregierung und die Reichsbank konnten nicht zulassen, dass ausländische Gläubiger ihr Geld verloren.

Dadurch wäre die internationale Kreditwürdigkeit Deutschlands aufs Spiel gesetzt, wenn nicht gar zerstört worden. Dies hätte der Staat sowohl wegen des Kapitalbedarfs der deutschen Wirtschaft als auch wegen der Reparationsregelungen nicht zulassen können. Dass sich die Reichsregierung dieser Zusammenhänge sehr wohl bewusst war, zeigen die Protokolle der Krisensitzungen vom 12. Juli 1931. Gegen Schachts Empfehlung, die Danatbank fallen zu lassen, machte Staatssekretär Schäffer vom Reichsfinanzministerium damals geltend,»daß die Auslandsgläubiger voll befriedigt werden müßten, sonst würde Deutschlands Auslandskredit entscheidend geschädigt werden«.[148] Mit diesem Argument setzten das Reichsfinanzministerium und das Auswärtige Amt durch, dass das Reich eine Garantie für alle Einlagen bei der Danatbank übernahm. Sicherlich haben die Banken nicht deshalb so viele kurzfristige Auslandsgelder hereingenommen, weil sie sich davon eine Art Rückversicherung versprachen, aber sie dürften die Risiken dieses Geschäfts in dem Glauben eingegangen sein, dass die Auslandsgelder faktisch eine staatliche Garantie genossen.

Anders als die Kredite an die private Wirtschaft flossen die Kredite an die Städte und Gemeinden fast durchweg in die Finanzierung langfristiger Projekte wie den Bau von Versorgungseinrichtungen und Grüngürteln oder den Ausbau des öffentlichen Nahverkehrs. Eine Refinanzierung durch kurzfristige Kredite aus dem Ausland barg hier ein besonders hohes Risiko, zumal die Städte eine wachsende Verschuldung anhäuften, die in keinem Verhältnis zu ihren Einnahmen stand. Schon Ende 1924 war auf Betreiben des damaligen Reichsbankpräsidenten Hjalmar Schacht eine Genehmigungspflicht eingeführt worden. Über Kredite ausländischer Gläubiger an Länder und Kommunen hatte nun eine sogenannte Beratungsstelle zu entscheiden, deren restriktive Genehmigungspraxis zu scharfen Konflikten zwischen den Vertretern der Städte und der Reichsbank führte.[149]

Da das Kommunalkreditgeschäft weitgehend von den Sparkassen, Landesbanken und Girozentralen bestritten wurde, waren die Großbanken von diesen Beschränkungen kaum betroffen. Die Kreditbanken konnten sogar von der Tätigkeit der Beratungsstelle profitieren, indem sie deren Bestimmungen im Zusammenspiel mit den Landesbanken umgingen. Die Großbanken – und wohl auch die Regional- und Privatbanken – reichten aus dem Ausland hereingenommene Gelder an die Landesbanken und Girozentralen weiter. Da es sich dabei nicht um Kommunalkredite handelte, unterlagen diese Geschäfte nicht der Zuständigkeit der Beratungsstelle. Die Landesbanken und Girozentralen verliehen die Gelder dann an die Kommunen weiter, doch nun handelte es sich nicht mehr um Kredite aus dem Ausland, und deshalb war ebenfalls keine Genehmigung durch die Beratungsstelle erforderlich. Auf diese Weise konnten sich die Großbanken indirekt am Kommunalkreditgeschäft beteiligen, und die Kommunen konnten wiederum indirekt auch an ausländische Kredite mit kurzer Laufzeit gelangen. Das Risiko blieb in der Regel bei den Landesbanken und Girozentralen, da die privaten Geschäftsbanken die meisten Kredite zu den gleichen Fristen weiterreichten, mit denen sie die Gelder aus dem Ausland hereingenommen hatten, während die Endempfänger, also die Kommunen, diese Mittel für langfristige Finanzierungen benötigten.[150] Die Landesbanken und Girozentralen konnten ein derartiges Risiko leichter eingehen als die Geschäftsbanken, da die Länder für sie hafteten.

Insgesamt lassen sich bei den Großbanken wie bei den Landesbanken so unterschiedliche Geschäftsstrategien feststellen, dass auf dieser Ebene kaum fundierte Aussagen über den Umgang mit Risiken getroffen werden können. Vieles spricht dafür, dass das Verhalten der Banken entscheidend von Faktoren bestimmt wurde, die sich erst auf der Unternehmensebene erschließen, nämlich der Geschäftspolitik der jeweiligen Institute und ihrer Marktposition.

Dass die Danatbank damals größere Risiken einging als die Deutsche Bank oder die Commerzbank, hing mit dem spezifischen Geschäftsstil ihrer Leitung, vor allem des maßgebenden Geschäftsinhabers Jakob Goldschmidt, zusammen. Goldschmidt war der prominenteste Vertreter einer »Gruppe unkonventioneller, dynamischer Bankiers« (Harold James)[151], die sich auf die Erschließung neuer lukrativer Geschäftsfelder spezialisiert hatte. Das galt für Fusionen in der Großindustrie, für Konzernsanierungen und Rationalisierungsmaßnahmen wie für das Geschäft mit den Krediten aus dem Ausland. Als einzige Großbank war die Danatbank auch im

Jakob Goldschmidt (re.) mit Curt Sobernheim (Commerzbank, Mitte) und
Johann Friedrich Schröder (Schröder Bank Bremen, li.) an Bord des Passagierschiffs
»Europa«, 1930

Kommunalkreditgeschäft stark engagiert. So sprang sie z. B.
noch im Frühjahr 1930 mit einem Millionenkredit für die Stadt Berlin
ein, nachdem die Reichsbank einen amerikanischen Kredit an Berlin in Höhe von 10 Mio. $ verhindert hatte.[152] Auch ging die
Danatbank stärker als andere Großbanken Klumpenrisiken ein.
Allein an den Nordwolle-Konzern vergab sie einen Kredit in Höhe
von 48 Mio. RM, obwohl sie von allen Berliner Filialgroßbanken
über das geringste Eigenkapital verfügte und ihr Aktienkapital
lediglich einen Nominalwert von 60 Mio. RM hatte.[153]

Goldschmidt, der in der Presse auch als »Napoleon der deutschen Finanzwirtschaft« bezeichnet wurde, war in seinen Geschäftspraktiken erheblich risikofreudiger als etwa die Direktoren der
Deutschen Bank.[154] Aber er war keineswegs der skrupellose Hasardeur und Kreditschleuderer, als der er später im »Dritten Reich«
und auch noch in der Nachkriegszeit verunglimpft wurde.[155] Zu seinen Geschäftspartnern zählten einige der einflussreichsten deutschen Großindustriellen. Besonders in der rheinisch-westfälischen
Schwerindustrie genoss Goldschmidt großes Ansehen.

63

Führende Großindustrielle wie Paul Silverberg und Albert Vögler vertrauten Goldschmidt auch noch nach dem Zusammenbruch der Danatbank. Manche von ihnen waren allerdings selbst riskante Geschäfte mit dieser Bank eingegangen wie Friedrich Flick, der im Mai 1932 nur durch die Unterstützung der Reichsregierung vor dem Konkurs bewahrt blieb.[156] Ähnlich wie Flick betrieb Goldschmidt eine riskante, aber durchdachte Geschäftsstrategie, die ihm in den zwanziger Jahren einen steilen Aufstieg ermöglichte und sich dann in der Weltwirtschaftskrise als verhängnisvoll erwies. Der Aktienkurs der Danatbank spiegelt dies wider. Durch die Erfolge der Bank lag der Kurswert Anfang 1930 anders als bei den großen Konkurrenten noch mehr als 100 Prozent über dem Nominalwert. Umso stärker war der Rückgang im Laufe des Jahres 1930 und des ersten Halbjahrs 1931.

Aktienkurse Berliner Großbanken 1930 bis 1931[157]

Börsentag	Deutsche Bank	Danat-bank	Dresdner Bank	Commerz-bank	Berliner Handels-gesell-schaft
2.1.1930	141	222,25	141	145	171,25
30.12.1930	107,50	144	107,50	109	117,5
27.5.1931	101	120,50	100,25	101	106,75
24.6.1931	101,25	112,50	101,75	103	106
11.7.1931	100	100,25	100	100	101
3.9.1931	60,75	75,50	43	62,50	63

Der Geschäftsinhaber der Danatbank verstand sich als ordnende Kraft in den Umstrukturierungen, die innerhalb der deutschen Großindustrie während der zwanziger Jahre stattfanden. Sein Ziel war es, die von ihm durch eine Fusion zwischen der Nationalbank und der Darmstädter Bank mitgeschaffene Danatbank möglichst rasch im Wettbewerb der Großbanken voranzubringen, ja zum führenden deutschen Geldinstitut auszubauen. Angesichts des geringen Aktienkapitals zwang diese expansive Zielsetzung zu einem hohen Einsatz von Fremdmitteln und einer Konzentration auf besonders profitable Geschäfte, die mit entsprechenden Risiken verbunden waren. Einen empfindlichen Dämpfer erhielten Goldschmidts ehrgeizige Pläne, als die Deutsche Bank ein Fusionsangebot der Danatbank ablehnte und sich stattdessen 1929 mit einer anderen Großbank, der Disconto-Gesellschaft, zusammenschloss.[158] Die Danatbank ging nun eine Interessengemeinschaft mit der Dresdner Bank ein.

»Goldschmidts Fehler wurden bezeichnenderweise erst durchweg in der Krise bekannt. Sie bildeten ganz offensichtlich die Kehrseite großer Aufbauverdienste, die negative Wirkung einer ungewöhnlichen, geistigen Konzeptionskraft, deren großer Schwung mit doppelter Wucht auf ihn selbst zurückprasseln mußte, nachdem er erst einmal von der Krise gelähmt war.«

Hans Baumgarten, Nach der Versammlung, in:
Berliner Börsen-Courier vom 5. April 1932

Fenster mit Werbung der Darmstädter und Nationalbank (Danatbank) in Berlin

Werbeprospekt der Danatbank, 1920er Jahre

65

Die Dresdner Bank geriet in den Wochen vor der Bankenkrise nicht nur wegen ihrer Nähe zur Danatbank unter Druck, sondern auch weil sie eine riskantere Geschäftspolitik betrieb als etwa die Commerzbank oder die Deutsche Bank. So war die Dresdner Bank z. B. neben der Danatbank einer der wichtigsten Kreditgeber des Nordwolle-Konzerns. Im Frühjahr 1931 tätigte sie noch stärkere Aktienrückkäufe als die Danatbank, indem sie mehr als 20 Prozent ihres eigenen Aktienkapitals aufkaufte, was zu Lasten des Eigenkapitals und der Liquidität ging. Der Kurs der Dresdner-Bank-Aktie ging wohl vor allem durch diese riskante Maßnahme nicht stärker zurück als der Aktienkurs der Commerzbank, die in dieser Zeit nur geringe Aktienrückkäufe tätigte. Die Deutsche Bank führte zwar ebenfalls in beträchtlichem Umfang Aktienrückkäufe durch, doch lag hier der Anteil des Eigenbesitzes am Aktienkapital auch weiterhin deutlich niedriger als bei den anderen Filialgroßbanken .

Eigenbesitz von Aktien bei den deutschen Filialgroßbanken 1931[159]

	Anteil der Aktien in Eigenbesitz		Aktien-kapital in RM
	Frühjahr 1931	Sommer 1931	
Deutsche Bank und Disconto-Gesellschaft	12,2 %	36,8 %	285 Mio.
Darmstädter und Nationalbank	46,6 %	58,3 %	60 Mio.
Dresdner Bank	34 %	55 %	100 Mio.
Commerz- und Privat-Bank[160]	49,3 %	51,4 %	75 Mio.

Große Gegensätze gab es auch bei den Privatbanken. Die Bankhäuser Mendelssohn & Co., A. Levy und M. M. Warburg & Co. hatten hier die mit Abstand höchste kurzfristige Auslandsverschuldung (siehe Tabelle S. 56). A. Levy litt zugleich unter spekulativen Geschäften seines Teilhabers Louis Hagen, eines der angesehensten deutschen Bankiers, und stand dann 1932 am Rand des Zusammenbruchs. Dagegen betrieb das in einer Interessengemeinschaft mit A. Levy verbundene Kölner Bankhaus Sal. Oppenheim jr. & Cie. eine vorsichtige Geschäftspolitik. Sal. Oppenheim jr. & Cie.

war bei der Aufnahme von Krediten im Ausland zurückhaltend und hatte eine vergleichsweise hohe Liquidität.[161] Noch ausgeprägter waren die Gegensätze zwischen einzelnen Landesbanken und Girozentralen. Die Landesbank der Rheinprovinz betrieb nach 1924 eine ungezügelte Expansion auf dem Gebiet des Kommunalkreditgeschäfts. Innerhalb von sechs Jahren stieg ihre Bilanzsumme auf das Achtfache an. Dies war nur möglich, weil das Düsseldorfer Institut stärker als andere Landesbanken kurzfristige Mittel aufnahm und entsprechend hohe Risiken einging.[162] Da die rheinische Landesbank wegen der restriktiven Genehmigungspraxis der Beratungsstelle für Auslandskredite allenfalls indirekt, unter Einschaltung von Geschäftsbanken, an Kredite aus dem Ausland gelangen konnte, griff sie auf die bei ihr mit kurzfristiger Laufzeit angelegten Reserven der rheinischen Sparkassen zu und verlieh diese Gelder an die Kommunen weiter, die damit langfristige Vorhaben finanzierten. Auch hier lassen sich Klumpenrisiken erkennen. Rund 50 Prozent der gesamten Kommunalkredite der Landesbank entfielen auf fünf rheinische Großstädte und den Provinzialverband.[163] Größter Kreditnehmer war die Stadt Köln, deren Oberbürgermeister Konrad Adenauer den Vorsitz im Verwaltungsrat der Landesbank innehatte. Doch handelten die Bankdirektoren nicht etwa unter dem Druck der Kommunalpolitiker im Verwaltungsrat, sondern aus eigenem Expansionsdrang.[164] Eine diametral entgegengesetzte Strategie verfolgte die Mitteldeutsche Girozentrale, die keine kurz- oder mittelfristigen Kredite ausländischer Gläubiger aufnahm.[165] Eine solide Geschäftspolitik betrieb auch die Girozentrale der Bayerischen Sparkassen, die Bayerische Gemeindebank. Dieses Institut war 1925 durch den Kreditbetrug eines Kunden in eine existenzbedrohende Schieflage geraten und hatte nur mithilfe des bayerischen Staats und des bayerischen Sparkassen- und Giroverbands überlebt. In den folgenden Jahren vermied man es hier ganz bewusst, größere Risiken einzugehen. Die Bayerische Gemeindebank achtete im Kreditgeschäft auf die Fristenkongruenz und hielt eine hohe Liquidität. Ihre jederzeit verfügbaren Mittel lagen um bis zu 80 Prozent höher als die kurzfristig hereingenommenen Gelder.[166]

Zusammenfassend kann festgestellt werden, dass die deutschen Kreditinstitute in den Jahren vor der Krise vom Juli 1931 mit wenigen Ausnahmen keine Misswirtschaft und auch kein »Glücksspiel« betrieben haben. Dass die Großbanken mit der Verletzung der Fristigkeitsstruktur bei den Auslandsgeldern und der geringen Eigenkapitalquote gleichwohl hohe Risiken eingegangen sind, ergab sich aus den Bedingungen des damaligen Kapitalmarkts und ihren Wettbewerbsinteressen. Die meisten Großbanken setzten sich aus Gründen der Marktkonformität und aus einer zu optimistischen Einschätzung der weiteren Entwicklung über die »goldene Bankregel« hinweg. Hinzu kamen allerdings eine ausgesprochen leichtfertige Liquiditätspolitik und die fatale Praxis des Aktienrückkaufs. Dass die Großbanken bewusst höhere Risiken eingingen als andere Bankengruppen, hing mit ihrer Geschäftsstruktur zusammen, nicht mit dem Kalkül auf eine – faktisch durchaus bestehende – staatliche Überlebensgarantie. Dabei betrieben die Danatbank und in Ansätzen auch die Dresdner Bank eine riskantere Geschäftspolitik als die Deutsche Bank und die Commerzbank. Beiden Instituten wurde dies im Juli 1931 zum Verhängnis. Davon zu unterscheiden ist der Fall der Landesbank der Rheinprovinz, die aufgrund jahrelanger Misswirtschaft zusammenbrach. Bei den Großbanken verhielt es sich hingegen nicht viel anders als bei kleinen Geldinstituten wie den Kreditgenossenschaften. Auch hier waren »sträflicher Leichtsinn oder ein krankhafter Optimismus«[167] verbreitet, und beides spielte auch auf dieser Ebene eine wichtige Rolle bei den Zusammenbrüchen in der Weltwirtschaftskrise.

Zahlungseinstellungen und Insolvenzen: Die Bankenzusammenbrüche

Schon in den Jahren vor der Weltwirtschaftskrise waren in Deutschland zahlreiche Kreditinstitute untergegangen. So nahm die Zahl der Privatbanken zwischen 1925 und 1929 um mehr als 20 Prozent ab, die Zahl der Provinzbanken zwischen 1928 und 1930 um rund 20 Prozent.[168] Da es sich um kleine Banken handelte, geschah dies von der Öffentlichkeit weitgehend unbemerkt, und es lässt sich auch nicht mehr klären, inwieweit dies durch Übernahmen, durch Insolvenzen oder Geschäftsschließungen bedingt war. Die Konkursstatistik weist für 1928 bereits achtzig Konkurse und Vergleiche von Banken aus. Durch die Weltwirtschaftskrise stieg diese Zahl auf 181 im Jahr 1930 an (siehe Tabelle Seite 70). Zu einem großen Teil dürfte es sich dabei um kleine Privatbanken gehandelt haben. Allein als Folge des Konkurses der Frankfurter Allgemeinen Versicherungs AG (FAVAG), des zweitgrößten deutschen Versicherungskonzerns, brachen im Sommer 1929 mehr als dreißig Privatbanken zusammen.[169] Ende Oktober 1929 stellte die Deutsche Beamtenbank die Zahlungen ein. Die Berliner Polizei musste damals aufgebrachte Beamte davon abhalten, das Hauptgebäude dieser Bank zu stürmen, während zugleich etwa sechstausend Polizeibeamte um ihr Gehalt bangten.[170]

Die Privatbanken wurden in der Weltwirtschaftskrise durch den Rückgang der Aktienkurse, den Abzug von Auslandsgeldern und den Ausfall von Krediten an Industrieunternehmen und Kommunen besonders hart getroffen. Selbst so renommierte Bankhäuser wie Ephraim Meyer & Sohn (Hannover) und Lazard Speyer-Ellissen (Frankfurt am Main) gerieten nun unter Druck.[171] Mit staatlicher Hilfe konnten die Privatbanken nicht rechnen. Auch bei anderen Kreditinstituten kam es vor Ende Juni 1931 zu keiner Stützung durch die Reichsbank.

Bei den Kreditgenossenschaften nahmen die Konkurse nach Beginn der Weltwirtschaftskrise ebenfalls deutlich zu, von sechzehn (1928) auf 39 (1930). In den Jahren 1931 und 1932 wurden insgesamt 112 Kreditgenossenschaften insolvent.[172] Gemessen an der großen Zahl der Kreditgenossenschaften war dies freilich nur ein geringer Anteil. Die markantesten Konkurse hingen hier mit geschäftlichem Fehlverhalten zusammen, etwa einer zu großzügigen Kreditvergabe an Hausbesitzer (Reinickendorfer Bank eGmbH, Berlin), unzureichenden Absicherungen von Großkrediten (Beamtenbank Bremen eGmbH) oder satzungswidrigen Kreditgeschäften (Wittgensteiner Gewerbebank eGmbH, Berleburg).[173]

Konkurse und Vergleichsverfahren im deutschen Bankgewerbe 1928 bis 1932[174]

	1928	1929	1930	1931	1932
Konkurse	71	110	119	133	131
Vergleiche	9	24	62	125	104

Mit einer Bankenkrise in Deutschland hatte selbst nach Beginn der Weltwirtschaftskrise kaum jemand gerechnet, obwohl die Labilität des deutschen Bankensystems offensichtlich war. Weder die Finanzwelt noch die Politik rechneten mit einem derartigen Szenario. Wie groß das Vertrauen der Anleger in die Banken und Sparkassen war, zeigt sich daran, dass die Spareinlagen bei den deutschen Sparkassen auch im Jahr 1930 weiter zunahmen und nun erstmals bei mehr als 10 Mrd. RM lagen.[175] Nachdem es im Herbst 1930 als Reaktion auf den Wahlsieg der NSDAP zu einem erheblichen Abzug von Auslandsgeldern gekommen war, wies einer der wenigen Mahner, der Schweizer Bankier Felix Somary, Staatssekretär Schäffer auf die kritische Lage der deutschen Banken hin. Schäffer wandte sich daraufhin an die Reichsbank und erhielt von ihr die beruhigende Auskunft, dass man »einen Überblick über den Status unserer großen Banken und über ihre Liquidität« habe.[176] Die Einlagen bei den Berliner Großbanken lagen noch im ersten Quartal 1931 bei rund 95 Prozent des Stands vom Juni 1930. Auch die Sparer hatten nach wie vor ein ungebrochenes Vertrauen in ihre Insti-

Einlagenabzüge bei den Berliner Großbanken und den Sparkassen März 1931 bis Juli 1931 (Einlagen März 1931 = 100)[178]

	März 1931	April 1931	Mai 1931	Juni 1931	Juli 1931
Deutsche Bank	100	98,1	97,9	90,7	81,1
Danatbank	100	99,8	95,2	80,0	66,8
Dresdner Bank	100	98,9	95,5	87,5	75,3
Commerzbank	100	99,6	97,8	90,6	81,2
Reichskreditgesellschaft	100	100,2	101,4	86,8	83,2
Berliner Handelsgesellschaft	100	101,5	102,6	94,3	84,3
Sparkassen (Giro- und Sparkonten)	100	100,8	101,2	99,5	96,7

tute. Die Sparkassen konnten sogar noch im Mai 1931 einen Einzahlungsüberschuss bei den Spareinlagen verzeichnen.[177]

Bei den Großbanken gingen die Kreditoren dagegen im Mai 1931 deutlich zurück, mit Ausnahme der Berliner Handelsgesellschaft. Am stärksten waren die Abzüge bei der Danatbank (minus 97 Mio. RM) und bei der Dresdner Bank (minus 79 Mio. RM), während sie bei der Deutschen Bank (minus 51 Mio. RM) und der Commerzbank (minus 36 Mio. RM) einen wesentlich geringeren Umfang hatten.[179] Im Fall der Danatbank bedeutete dies immerhin einen Rückgang um rund 4,5 Prozent innerhalb eines Monats, doch kann daraus nicht unbedingt geschlossen werden, dass die Gläubiger gegenüber der Bank Goldschmidts besonders misstrauisch geworden wären. Bei der Dresdner Bank gingen die Kreditoren in einer ähnlichen Größenordnung zurück. Vermutlich lag der Anteil kurzfristiger Kredite aus dem Ausland bei diesen beiden Banken höher als bei der Deutschen Bank und der Commerzbank. Späteren Berichten zufolge soll allerdings auch schon im Mai 1931 in London und New York kolportiert worden sein, dass die Danatbank und die Dresdner Bank auf notleidenden Großkrediten sitzen würden.[180] Als ein Indiz für die kritische Lage der Danatbank wurde angesehen, dass sich die Bank Anfang Juni entschied, den Millionenkredit an die Stadt Berlin nicht zu verlängern. Die Danatbank dementierte zwar, dass sie in Schwierigkeiten sei, doch die Spekulationen gingen weiter.[181]

Selbst innerhalb der Finanzwelt war dagegen zu diesem Zeitpunkt nicht bekannt, dass sich die Landesbank der Rheinprovinz, die Girozentrale der rheinischen Sparkassen, bereits seit Längerem in einer ausweglosen Lage befand. Wie Albert Fischer in seiner Studie über Aufstieg und Fall dieser größten deutschen Landesbank in der Zeit der Weimarer Republik zeigt, stand das Institut schon »lange vor Ausbruch der Bankenkrise am Rande der Zahlungsunfähigkeit«.[182] In beispielloser Weise hatte die Landesbank der Rheinprovinz Risiken im Kommunalkreditgeschäft angehäuft. Der Vorstand hatte die Aufsichtsbehörde, das preußische Innenministerium, mit Bilanzmanipulationen getäuscht. Erst am 12. Juni 1931 wurden diese Vorgänge durch einen misstrauisch gewordenen Ministerialrat des Preußischen Innenministeriums, Simon Abramowitz, aufgedeckt. Am 27. Juni erklärte sich die Reichsbank auf Drängen der preußischen Regierung und des Sparkassenverbandes bereit, der rheinischen Landesbank mit einer Kreditzusage in Höhe von 20 Mio. RM über das Halbjahresende hinwegzuhelfen. Zuvor hatte Oberbürgermeister Adenauer schon mit der Schließung der Kölner Stadtsparkasse und der Einstellung aller Lohn- und Gehaltszahlungen der Stadt Köln gedroht.[183]

Gleichwohl musste die Landesbank der Rheinprovinz schon wenige Tage später, am 1. Juli, mitteilen, dass sie ihren Zahlungsverpflichtungen nicht mehr nachkommen konnte.[184] In der Öffentlichkeit wurde das Ausmaß dieses Desasters zunächst nicht bekannt, da die Landesbank vom Preußischen Innenministerium quasi abgeschirmt wurde und kein Publikumsgeschäft hatte. Ihre Kundschaft bestand hauptsächlich aus Kommunen und Sparkassen. Die Landesbank konnte im Juli mit Stützung durch die Reichsbank, den preußischen Staat und die Deutsche Sparkassen- und Girozentrale weiterarbeiten. Als ihre katastrophale Lage bekannt wurde, nahm die Öffentlichkeit dies zunächst kaum wahr, weil die Nachricht vom Drama der Danatbank überlagert wurde. Erst nach den Bankfeiertagen sprach sich herum, dass die Landesbank der Rheinprovinz schon vor der Danatbank zusammengebrochen war.[185] Bald darauf stellte sich heraus, dass als Folge der Bankenkrise eine weitere Girozentrale, die Landesbank für die Provinz Westfalen, unmittelbar vor dem Zusammenbruch stand.[186]

Werbeblatt der Norddeutschen Wollkämmerei & Kammgarnspinnerei Bremen, 1920er Jahre

Dass sich bei der Danatbank hohe Verluste angehäuft hatten, wurde am 5. Juli 1931 durch eine – von der Danatbank und der Reichsbank dementierte – Notiz in der *Basler Nationalzeitung* publik. Rund sieben Wochen vorher, am 11. Mai, hatte der Danatbank-Direktor Max Doerner entdeckt, dass der größte Kreditkunde seiner Bank, die in Delmenhorst ansässige Nordwolle, zahlungsunfähig war und den Konkurs durch Bilanzmanipulationen verschleppt hatte.[187] Um die Verluste der Nordwolle zu verschleiern, hatte der Vorstand des Unternehmens, der aus den Brüdern Carl, Friedel und Heinz Lahusen bestand, fiktive Forderungen an ein niederländisches Unternehmen ausgewiesen, das die Lahusens in den zwanziger Jahren gegründet hatten. Diese Gesellschaft, die Ultramare, tauchte in der Büchern der Nordwolle nicht auf, weil sie sich formal im Besitz der Lahusens befand, was aber nach

73

außen hin nicht bekannt war. Auf diese Weise hatte der Vorstand die hohen Verluste auch vor den beiden größten Kreditgebern der Nordwolle, der Danatbank und der Dresdner Bank, verheimlichen können, was dadurch erleichtert wurde, dass es noch keine verbindlichen Bilanzierungsvorschriften gab. Beide Banken hatten sich auf die kaufmännische Solidität des Vorstandsvorsitzenden Carl Lahusen verlassen, der ein angesehener Unternehmer war und Anfang 1931 Präses der Bremer Handelskammer wurde. Auf kritische Fragen von Banken zu Kreditanträgen der Nordwolle reagierte Lahusen verärgert. Er sah dies als ehrenrührig an und drohte in einem derartigen Fall auch mit dem Abbruch der Geschäftsverbindung. Carl Lahusen saß im Aufsichtsrat der Danatbank, sein Bruder Heinz im Aufsichtsrat der Dresdner Bank.[188]

Am 12. Mai, einen Tag nach Doerners Enthüllung der Konkursverschleppung, musste Lahusen gegenüber Goldschmidt den Offenbarungseid leisten. Der Bankier soll dabei mit einem Stuhl nach ihm geworfen und ausgerufen haben:»Die Nordwolle ist hin, die Danat-Bank ist hin, die Dresdner Bank ist hin, ich bin hin.«[189] Obwohl sich Goldschmidt offenbar keinen Illusionen über die Folgen eines Nordwolle-Konkurses hingab, hielt er es nicht für angebracht, die Reichsbank zu informieren. Erst am 4. Juli stellte die Danatbank einen Status auf, in dem die Verluste ausgewiesen wurden.[190] Goldschmidt konnte freilich nicht verhindern, dass an den Finanzmärkten schon bald Gerüchte aufkamen und die Danatbank ins Gerede geriet. Am 17. Juni zeigte die Nordwolle die Höhe ihrer Verluste mit 24 Mio. RM an. Später stellte sich heraus, dass das Unternehmen in Wirklichkeit Verluste von rund 200 Mio. RM und Schulden von weiteren 170 Mio. RM angehäuft hatte, bei einem Eigenkapital von 97 Mio. RM und Aktiva im Wert von 140 Mio. RM.[191] Die Danatbank hatte der Nordwolle einen Kredit in Höhe von 48 Mio. RM gewährt und musste dieses Engagement nun als Verlust abschreiben.

Nachdem die Krise der Danatbank am 5. Juli 1931 publik geworden war, wurden bei diesem Institut panikartig Gelder abgezogen. Da die Bank Goldschmidts stärker als andere Großbanken bereits unter der Kapitalflucht aus Deutschland gelitten hatte und über ein relativ geringes Eigenkapital verfügte, konnte sie ihre

Zahlungsfähigkeit nur noch wenige Tage aufrechterhalten. Vergeblich versuchte Luther nun, ein Stützungskonsortium aus Banken und Industrieunternehmen zu bilden. Die Deutsche Bank hatte es zuvor schon abgelehnt, die kollabierende Konkurrentin zu übernehmen. Am 11. Juli mussten die Geschäftsinhaber der Danatbank der Reichsregierung mitteilen, dass ihre Bank nicht mehr in der Lage war, die Schalter zu öffnen.[192] Ob die Danatbank insolvent war oder nur illiquide, ob also ihr Aktienkapital verloren war oder ob es ihr nur an Liquidität fehlte, ist nie geklärt worden. Da nur wenige Akten dieser Bank überliefert sind, können ihre Bilanzen auch nicht mehr überprüft werden. Ein von der Danatbank aufgestellter und von ihren Geschäftsinhabern bestätigter Status per 11. Juli 1931 ergab, dass nach Abschreibungen von rund 100 Mio. RM sämtliche Reserven verloren waren, aber »das Aktienkapital im Großen und Ganzen unversehrt war«.[193] Das Reichswirtschaftsministerium bezifferte die Verluste der Danatbank Ende 1931 – also einschließlich der als Folge der Bankenkrise entstandenen Verluste – dagegen mit rund 225 Mio. RM.[194] In jedem Fall hätte die Bank ohne die am 13. Juli ergangene Reichsgarantie oder eine Eigenkapitalzuführung in beträchtlicher Höhe ihre Schalter auf Dauer schließen müssen.

Die Dresdner Bank war am 12./14. Juli nicht insolvent, aber illiquide. Nachdem ihr die Reichsbank für den 13. Juli offenbar noch eine Schonfrist eingeräumt hatte, musste sie die Zahlungen einstellen, weil sie keine diskontierbaren Wechsel mehr präsentieren konnte. Die Zahlungseinstellung verlief hier auch weniger spektakulär als bei der Danatbank, weil sie in die Bankfeiertage fiel und durch das Drama der Danatbank überlagert wurde. Doch schon bald rückte die Dresdner Bank dann in den Vordergrund der gesamten Stützung und Sanierung des Großbankensektors.[195]

Der Zusammenbruch der Nordwolle brachte neben der Danatbank auch die in Bremen ansässige J. F. Schröder Bank in Zahlungsschwierigkeiten. Die Schröder Bank war an Krediten für die Nordwolle beteiligt und hatte im Rahmen eines Sanierungsplans von Goldschmidt für die Nordwolle im Juni 1931 Vorzugsaktien dieses Unternehmens im Nominalwert von 5 Mio. RM übernommen.[196] Sie war die führende Bank der Hansestadt und ein wichtiger Finanzier von Werften und Reedereien. Für die Wirtschaft im Raum Bremen hatte die Schröder Bank eine systemrelevante Bedeutung. Finanzsenator Heinrich Bömers (DVP) erklärte vor dem Parlament des Stadtstaats, dass bei einer Insolvenz dieser Bank rund 40 Prozent der Bremer Wirtschaft zusammenbrechen würden.[197] Am 4. Juli und am 9. Juli 1931 wandte sich Bömers hilfesuchend an Reichskanzler Brüning. Am 12. Juli, mitten in den Besprechungen über die Lage der Danatbank, erreichte den Kanzler die Nachricht, dass die Schröder Bank ihre Schalter nur noch zwei Tage lang öffnen könne. Die Bankfeiertage am 14. und 15. Juli bedeuteten für das Bremer Institut noch einen letzten Aufschub, doch am 20. Juli musste es seine Schalter schließen.[198] Der Bremer Senat und die Reichsregierung ließen die Schröder Bank aber nicht fallen. Ausschlaggebend waren dafür nicht nur die Bedeutung der Bank für das Land Bremen und ihre Verbindung mit den großen Reedereien Norddeutscher Lloyd und Hapag. Eine Insolvenz der Schröder Bank hätte wegen der engen Verbindungen zu britischen Banken auch den deutschen Auslandskredit beschädigt und zudem die Berliner Handelsgesellschaft in Gefahr bringen können, die an dem Bremer Institut beteiligt war.[199] Die ungleich kleinere Kreditgenossenschaft Beamtenbank Bremen eGmbH, die Ende Juli 1931 in Konkurs ging, wurde dagegen nicht gestützt, weil sie eben keine derartige Bedeutung besaß.[200]

Als Folge der Bankenkrise geriet eine weitere große Regionalbank in Bedrängnis, die Allgemeine Deutsche Credit-Anstalt (ADCA) in Leipzig. Dabei war die ADCA nicht durch die Abzüge von Auslandsgeldern unter Druck geraten. Sie war am Geschäft mit den Krediten aus dem Ausland kaum beteiligt. Durch die besonders schwierige wirtschaftliche Lage der Region hatte die größte private Bank Sachsens schon vor der Währungs- und Bankenkrise erheblich gelitten. Doch war sie auch ein erhebliches Risiko in der Kreditpolitik eingegangen, indem sie sich bei wenigen Großkunden stark engagiert hatte. Ebenso wie die anderen Provinzbanken fürchtete die ADCA nach der Bankenkrise, gegenüber den vom Reich gestützten Großbanken ins Hintertreffen zu geraten. Die Reichsbank sah sich bei der Leipziger Regionalbank zunächst nicht in der Verantwortung und überließ es der sächsischen Regierung, eine Lösung zu finden. Da der Freistaat Sachsen nicht in der Lage war, ein eigenes Bankenrettungspaket zu schultern, entschloss sich die Regierung in Dresden, die ADCA durch einen Zusammenschluss mit der Sächsischen Staatsbank aufzufangen und auf diese Weise eine Staatshaftung für die ADCA zu übernehmen. Nachdem sie am 28. Juli 1931 mit der Sächsischen Staatsbank zu einer offenen Handelsgesellschaft zusammengeschlossen worden war, konnte das Leipziger Institut seine Schalter wieder öffnen. Eine Sanierung war durch diese Lösung aber nicht zu erreichen. Daher wurde die ADCA Ende April 1932 in die zweite Großbankensanierung des Reichs miteinbezogen und wieder von der Sächsischen Staatsbank getrennt. Ihr Aktienkapital wurde nun von 40 Mio. RM auf 20 Mio. RM zusammengelegt. Die Deutsche Golddiskontbank übernahm Aktien im Nominalwert von 14 Mio. RM, was einer Beteiligung von 70 Prozent entsprach. Damit ging eine der größten deutschen Regionalbanken, wenn auch nur indirekt, in den Besitz des Reichs über. Obwohl die ADCA in den Jahren 1931/32 vom Reich und vom Freistaat Sachsen gestützt worden war, ergab sich im Juli 1933 erneut ein Sanierungsbedarf von 30 Mio. RM. Durch eine weitere Kapitalzusammenlegung, eine Reichsgarantie in Höhe von 17,5 Mio. RM und eine Landesbürgschaft über 4 Mio. RM konnte die ADCA erneut vor dem Zusammenbruch bewahrt werden.[201]

Zusammenfassend ist festzustellen, dass die Bankenzusammenbrüche, zu denen es in Deutschland im Juni und Juli 1931 kam, unterschiedliche Gründe hatten und keineswegs nach einem einheitlichen Muster verliefen. Die Landesbank der Rheinprovinz wurde schlichtweg durch Misswirtschaft und Betrug zugrunde gerichtet. Ihr Vorstand hätte auch unter günstigeren Rahmenbedingungen über kurz oder lang den Offenbarungseid leisten müssen. Der Danatbank wurde dagegen zum Verhängnis, dass sie wegen ihrer relativ riskanten Geschäftspolitik jener doppelten Belastung nicht gewachsen war, die im Mai und Juni 1931 auf sie zukam: dem Konkurs des größten Kreditnehmers und dem massiven Abzug von Einlagen als Folge der Währungskrise. Die Dresdner Bank wurde ebenfalls durch die Währungskrise und den Nordwolle-Skandal getroffen, wobei die Kredite an die Nordwolle hier nicht so hoch lagen wie bei der Danatbank. Durch die Kredit-

restriktionen der Reichsbank in den Tagen vor dem 13. Juli wurde
dann aber auch die Dresdner Bank zahlungsunfähig. Die Schröder
Bank wurde wie die Danatbank ein Opfer des Nordwolle-Bank-
rotts. Hier kam noch hinzu, dass sie in einer Region tätig war, die
von der Weltwirtschaftskrise besonders hart getroffen wurde. Letzteres traf auf die ADCA ebenfalls zu, wobei diese Regionalbank
auch Klumpenrisiken bei der Kreditvergabe eingegangen war.
Insgesamt ging die Zahl der Kreditbanken (ohne Privatbanken
und Staatsbanken) in Deutschland von 271 im Jahr 1930 auf 213
im Jahr 1932 zurück, die Zahl der Privatbanken sank allein zwischen 1931 und 1932 von 800 auf 709.[202] Aus der Konkursstatistik ergibt sich, dass in den Jahren 1931 und 1932 insgesamt 264
Banken in Konkurs gingen und 229 Kreditinstitute Vergleich an-
meldeten.[203] Aufgrund dieser Zahlen ist davon auszugehen, dass
der deutschen Bankenkrise von 1931 und ihren unmittelbaren Folgen in den Jahren 1932/1933 rund 500 Kreditinstitute zum Opfer
fielen.

Die Zahl der Institute ging in dieser Zeit bei den Privatbanken,
den Regionalbanken sowie den Spezialbanken besonders stark zurück, weniger dagegen bei den Hypothekenbanken, den Staatsbanken, Landesbanken und Girozentralen. Die Zahl der »sonstigen
öffentlichen Kreditinstitute« nahm in den Jahren 1931 und 1932
sogar zu.[204]

Die neue Rolle des Staats: Stützungen und Verstaatlichungen im Rahmen der Bankensanierung

Nach dem Zusammenbruch der Danatbank am 11. Juli hatte die Reichsbank Stützkredite aus währungspolitischen Gründen abgelehnt. Die Regierung sah sich deshalb nicht in der Lage zu verhindern, dass eine der größten Banken des Landes die Schalter schloss. Auf den ersten Blick scheint dieses historische Beispiel ein klarer Verstoß gegen die »Too big to fail«-Doktrin zu sein, nach der Unternehmen von einer bestimmten Größe an wegen ihrer systemrelevanten Bedeutung eine Überlebensgarantie genießen. Die aufwändigen Stützungs- und Sanierungsmaßnahmen, die in den Wochen und Monaten nach dem Run vom 13. Juli eingeleitet wurden, wären so gesehen eine Art Lehrgeld gewesen, das der Staat für die Verletzung dieser Doktrin zahlen musste. Tatsächlich haben schon damals nicht wenige Experten, unter ihnen auch Reichsfinanzminister Dietrich, den Standpunkt vertreten, dass es ökonomischer sei, die Schließung einer Großbank durch staatliche Rettungsmaßnahmen zu verhindern, als eine Bankenkrise in Kauf zu nehmen und dann ein ganzes Bankensystem zu rekonstruieren. Der Zusammenbruch der Danatbank wäre so gesehen eine historische Parallele zur Insolvenz von Lehman Brothers im September 2008.

Tatsächlich hat die Reichsregierung die Danatbank aber keineswegs völlig fallen gelassen. Die Bank erhielt zwar keinen Stützkredit und musste deshalb vorübergehend die Geschäfte einstellen, doch übernahm das Reich eine Garantie auf alle Einlagen (Kreditoren). Später wurde die Garantie auf die Debitoren ausgeweitet. Die Reichsgarantie hatte u. a. die Konsequenz, dass bei der Danatbank ein Treuhänder des Reichs eingesetzt wurde, der bereits im Protokoll der Ministerbesprechung vom 12. Juli ausdrücklich als »Treuhänder der Reichsregierung für die Sanierung der Danatbank« bezeichnet wurde.[205] Die Entscheidung für die Reichsgarantie bedeutete implizit, dass man die Danatbank sanieren wollte. Hätte die Regierung diese Bank in Insolvenz gehen lassen wollen, hätte sie sich anders verhalten. Der Kanzler folgte nicht der Empfehlung des früheren – und späteren – Reichsbankpräsidenten Hjalmar Schacht, die Danatbank völlig fallen zu lassen, wobei sich Brüning wohl vor allem von außen- und reparationspolitischen Erwägungen leiten ließ.[206]

Weder die Reichsregierung noch die Reichsbank lehnten damals Stützungsmaßnahmen für systemrelevante Banken grundsätzlich ab. Noch am 2. Juli hatte sich das Reichsbankdirektorium bereit erklärt, der Danatbank notfalls unter die Arme zu greifen.[207] Bereits am 27. Juni hatte die Reichsbank, wenn auch widerstrebend, eingewilligt, die Landesbank der Rheinprovinz kurzfristig mit einem Kredit über 20 Mio. RM zu stützen.[208] Dass die Reichsbank in den Krisensitzungen vom 11./12. Juli eine ähnliche Hilfe für die Danatbank ablehnte, ist tatsächlich nur durch die niedrige Notendeckung nach der Kapitalflucht im Juni, also durch die Ausnahmesituation der Währungskrise, zu erklären. Es war unstrittig, dass für eine Stützung der Danatbank ein wesentlich höherer Betrag erforderlich sein würde als bei der Landesbank der Rheinprovinz, wo sich der preußische Staat und die Deutsche Girozentrale an den Hilfsmaßnahmen beteiligten. Allerdings konnte auch schon die Reichsgarantie für die Danatbank hohe Aufwendungen erfordern.[209] Schacht war deshalb gegen die Reichsgarantie, während Dietrich eine (wenn auch nur vorübergehende) Schließung der Danatbank ablehnte. Man einigte sich darauf, die Danatbank zu schließen und sie gleichzeitig durch eine Reichsgarantie für die Einlagen abzusichern. Mit dieser halbherzigen Lösung wurde die Psychologie einer derartigen Krise völlig verkannt.

Nachdem die Schließung der Danatbank am 13. Juli ungeachtet der Reichsgarantie zu einem beispiellosen Run auf die anderen Kreditinstitute geführt hatte, war ein weiteres Eingreifen des Staats unvermeidlich geworden. Nur noch das Reich war nun in der Lage, eine Erosion des Bankensystems zu verhindern. So kam es zu Eingriffen, die vor der Bankenkrise völlig undenkbar gewesen wären, bis hin zur Verstaatlichung mehrerer Großbanken. Seit dem Kaiserreich hatte in Deutschland das Prinzip gegolten, dass sich der Staat nicht in Angelegenheiten des privaten Bankgewerbes einzumischen hatte. Noch in der Ministerbesprechung vom 12. Juli 1931 hatte Staatssekretär Trendelenburg vom Reichswirtschaftsministerium mit allgemeiner Zustimmung erklärt, dass eine Verstaatlichung der Danatbank »unter allen Umständen vermieden werden müsse«.[210] Keine drei Wochen später wurde bekannt, dass eine andere Großbank, die Dresdner Bank, in den Besitz des Reichs überging. Die Bankenkrise, in die die Regierung planlos hineingestolpert war, hatte ihre eigene Dynamik. Innerhalb kurzer Zeit führte sie zu einem Umdenken hinsichtlich der Rolle des Staats in der Wirtschaft, was allgemein als eine grundlegende und langfristige Veränderung wahrgenommen wurde. So stellte die Zeitschrift *Magazin der Wirtschaft* am 7. August 1931 fest, »daß sich im deutschen Bankwesen etwas Neues vorbereitet, daß die öffentliche Hand eine Position eingenommen hat, die sie, selbst wenn sie wollte, nicht so schnell wieder räumen kann«.[211]

Das Amt des Treuhänders für die Danatbank hatte Brüning zunächst Schacht angetragen, wohl auch, um einen prominenten Kritiker der Reichsgarantie ruhigzustellen.[212] Nachdem Schacht abgelehnt hatte, wurden der frühere Staatssekretär Carl Bergmann zum ersten Treuhänder und Reichsbankdirektor Hans Schippel zum zweiten Treuhänder bestellt. Eine direkte Verstaatlichung der Danatbank wollte zu diesem Zeitpunkt nicht nur die Reichsregierung, sondern auch die Industrie vermeiden. Vor allem die rheinisch-westfälischen Schwerindustriellen waren entschlossen zu verhindern, dass eine ihrer wichtigsten Bankverbindungen in öffentliche Hände überging.

Noch am 13. Juli 1931 wurden deshalb einige ihrer wichtigsten Vertreter, die sich an diesem Tag gerade in Berlin aufhielten, bei der Reichsregierung vorstellig. Vermutlich dürfte es sich dabei um Albert Vögler, den Vorstandsvorsitzenden der Vereinigten Stahlwerke, Gustav Krupp von Bohlen und Halbach und Peter Klöckner gehandelt haben. Sie vereinbarten mit dem Reichsfinanzministerium, dass die Kapitalmehrheit der Danatbank an ein Industriekonsortium übergehen sollte, das die Mittel für den Erwerb der Aktien vom Reich vorgestreckt bekam. Die Reichsgarantie für die Danatbank sollte nach dieser Transaktion bestehen bleiben.[213] Das Konsortium wurde unter Führung der rheinisch-westfälischen Schwerindustrie gebildet. Ihm gehörten aber auch Konzerne anderer Branchen, u. a. die IG Farben und Siemens, an. Die Industriellen erklärten, ihre Absicht sei es dabei ausschließlich, »den privaten Charakter des Bankinstituts zu erhalten und ein weiteres Eindringen der öffentlichen Hand in das private Bankwesen zu erübrigen«.[214] Reichskanzler Brüning gewann bei den Verhandlungen allerdings den Eindruck, dass die Industrie auch deshalb so großes Interesse an der Danatbank hatte, weil mehrere Konzerne hier »spekulative Engagements« von beträchtlichem Umfang eingegangen waren.[215] In der Presse wurde später vermutet, dass »Herr Flick, der Großaktionär der Vereinigten Stahlwerke, alles Interesse hat, seine Schulden an die Danatbank in eigene Verwaltung zu bekommen«.[216] Die Reichsregierung hatte ihrerseits aber nicht nur ein ordnungspolitisches Interesse an der Konsortiumslösung. Die Danatbank und die Vereinigten Stahlwerke hatten sich auch gemeinsam bei der getarnten, politisch gewünschten Finanzierung von deutschen Unternehmen in dem an Polen abgetretenen Teil Oberschlesiens engagiert. Erst im Mai 1931 hatte die Danatbank einen von den Vereinigten Stahlwerken und Flicks Charlottenhütte verbürgten Kredit in Höhe von bis zu 430 000 Britischen Pfund über eine Schweizer Gesellschaft an die Kattowitzer AG für Bergbau und Hüttenbetrieb vergeben.[217]

Da die Danatbank durch die Reichsgarantie abgesichert war, hatten die Reichsregierung und das Industriekonsortium Zeit, eingehend über die Modalitäten der Auffanglösung zu verhandeln. Währenddessen rückte die Dresdner Bank in den Vordergrund der Bemühungen um die Rettung der Großbanken. Sie galt nun als der größte Unsicherheitsfaktor unter den führenden deutschen Geschäftsbanken und erhielt in den Wochen nach dem 13. Juli 1931 Liquiditätshilfen des Reichs und der Reichskreditgesellschaft in Höhe von 74 Mio. RM.[218] Die Dresdner Bank hatte durch ihre Illiquidität viel Vertrauen verloren und schien bei einer Wiederherstellung des uneingeschränkten Zahlungsverkehrs gefährdeter zu sein als die Danatbank. Immerhin hatte sie rund 600 Mio. RM Kreditoren mit täglicher Kündigungsfrist. Das war etwas weniger als die Danatbank, aber die inländischen Gläubiger der Danatbank waren vor allem Industriekonzerne, die ein massives Interesse an der Wiederingangsetzung dieser Bank hatten und sich in Verhandlungen mit den Treuhändern entsprechend entgegenkommend zeigten. Die Gläubiger der Dresdner Bank waren dagegen breiter gestreut. Es musste befürchtet werden, dass viele von ihnen ihre Gelder nach Öffnung der Bankschalter abziehen würden. Unter den Kreditnehmern war wiederum der gewerbliche Mittelstand stärker vertreten als bei der Danatbank. Die Dresdner Bank hatte auch eine eigene große Genossenschaftsabteilung. Viele dieser mittelständischen Kreditnehmer waren finanziell angeschlagen. Bei einem Abzug von Geldern würde die Dresdner Bank die ausgereichten Darlehen nicht mit der entsprechenden Frist wieder hereinbekommen. Ihr drohte in diesem Fall erneut die Zahlungsunfähigkeit, und durch die Kreditkündigungen würde sich zugleich die Krise des Mittelstands verschärfen.[219]

Wenn die Dresdner Bank aber nach Wiedereröffnung der Bankschalter in Zahlungsnot geriet, würde dies einen schweren Rückschlag für die gesamten Bemühungen um eine Rekonstruktion des Bankensektors bedeuten. Es konnte dann zu einem ähnlichen Run wie am 13. Juli kommen, und die deutsche Wirtschaft müsste weitere Wochen, wenn nicht gar Monate mit drastischen Beschränkungen des Zahlungsverkehrs auskommen. Anders gesagt: An der Dresdner Bank würde sich erweisen, ob das deutsche Bankensystem dem »Stresstest« der Wiederaufnahme des unbegrenzten Zahlungsverkehrs standhalten konnte.

Im Wirtschaftsausschuss des Kabinetts, der sich mit diesen Fragen beschäftigte, gab es unterschiedliche Auffassungen über die Behandlung der Dresdner Bank. Reichsbankpräsident Luther wollte sie entweder mit der Danatbank zusammenlegen und die Reichsgarantien für die Danatbank auf das fusionierte Institut erweitern oder mit der Reichskreditgesellschaft verschmelzen, die sich vollständig im Besitz des Reichs befand. Auch sollten die Gläubiger zumindest für einen Teil ihrer Gelder einem Stillhaltezwang unterworfen werden.[220] Reichsfinanzminister Dietrich und sein Staatssekretär Schäffer glaubten dagegen, dass das Vertrauen in die Dresdner Bank sich von selbst wieder einstellen würde, wenn die Bank allen Zahlungsverpflichtungen uneingeschränkt nachkam.[221] Die Reichsregierung zog eine Gruppe von Sachverständigen hinzu, die sie damit beauftragte, Maßnahmen zur Wiederingangsetzung des Zahlungsverkehrs und zur Rekonstruktion des Bankensektors vorzuschlagen. Zu diesen Sachverständigen gehörten zwei ausländische und zwei deutsche Experten: der amerikanische Finanzwissenschaftler O. M. W. Sprague und der schwedische Bankier Marcus Wallenberg sowie der Vorstandsvorsitzende der IG Farben, Hermann Schmitz, und der Bankier Carl Joseph Melchior.[222] Sprague und Wallenberg waren schon vor dem 13. Juli 1931 in die Verhandlungen um einen Rediskontkredit für die Reichsbank eingeschaltet gewesen. Sie genossen das besondere Vertrauen der Reichsregierung, und deshalb war es wohl naheliegend, sie auch zu Sachverständigen für die Bankensanierung zu bestellen.

Den Sachverständigen blieb nicht viel Zeit, wenn die deutsche Wirtschaft nicht noch weiteren Schaden erleiden sollte. Am 28. Juli empfahlen sie dem Wirtschaftsausschuss des Kabinetts, dass die Dresdner Bank mit den anderen Banken ohne besondere Sicherung den uneingeschränkten Zahlungsverkehr wieder aufnehmen sollte. Von einer Reichsgarantie wie bei der Danatbank rieten sie ab, weil sonst der Eindruck entstehen würde, »dass die Reichsregierung nun eine Bank nach der anderen garantieren muss«.[223] Nachdrücklich sprachen sich die Sachverständigen gegen die Fusionspläne aus. Einen Zusammenschluss zweier notleidender Banken (Danatbank/ Dresdner Bank) hielten sie nicht für sinnvoll, und bei einer Fusion mit der Reichskreditgesellschaft würden zwei zu unterschiedliche Institute miteinander verschmolzen. Inzwischen wehrte sich auch die Reichskreditgesellschaft vehement gegen eine »Zwangsehe« mit der Dresdner Bank.[224]

Reichsbankpräsident Luther wollte der Empfehlung der Sachverständigen nicht folgen. Er hielt es für zu riskant, die Dresdner Bank ohne Staatsgarantien den uneingeschränkten Zahlungsverkehr wieder aufnehmen zu lassen. Daraufhin entschlossen sich die Sachverständigen am 29. Juli zu einer neuen Empfehlung: Das Reich sollte die Dresdner Bank mit einem zusätzlichen Aktienkapital in Höhe von 300 bis 400 Mio. RM ausstatten, was eine Verstaatlichung dieser Großbank bedeutete. Letzteres wäre freilich auch bei einer Fusion mit der Reichskreditgesellschaft der Fall gewesen. Sprague und Wallenberg vertraten nun die Ansicht, dass es eines eindeutigen Signals an den Markt bedurfte. Nach den Aufzeichnungen Schäffers waren die Sachverständigen der Überzeugung,»halbe Maßnahmen seien in solchen psychologischen Fragen immer das Gefährlichste«.[225] Ähnlich beschrieb es Brüning später in seinen Memoiren:»Sprague und Wallenberg erklärten, daß, wenn man sich nicht zu einer die Phantasie des Publikums beeinflussenden Kapitalshergabe entschlösse, die ganze Lösung ein Fehlschlag würde.«[226] Bei der»ganzen Lösung« ging es eben nicht nur um die Dresdner Bank. Vielmehr sollte an ihr demonstriert werden, dass die Reichsregierung fest entschlossen war, den uneingeschränkten Zahlungsverkehr in Gang zu setzen und gegen Risiken abzuschirmen.

Luther wollte einer Stützung der Dresdner Bank in der nunmehr geplanten Größenordnung von 300 Mio. RM zunächst nicht zustimmen. Doch Brüning blieb unnachgiebig und setzte sich schließlich durch.[227] Widerstand gab es auch noch von anderer Seite. Diejenigen Großbanken, die bislang ohne Stützung durch das Reich ausgekommen waren, wollten es nicht hinnehmen, dass die Dresdner Bank eine Absicherung erhielt, die sie nicht hatten. Der Commerzbank-Vorstand Curt Sobernheim protestierte in der Reichskanzlei gegen den Sanierungsplan. Er teilte mit, die Leitungen der Commerzbank, der Deutschen Bank, der Berliner Handelsgesellschaft und der Bayerischen Hypotheken- und Wechsel-Bank seien sich darin einig, dass»eine so stark und mit amtlichen Mitteln ausgestattete neue Dresdner Bank wie ein Magnet wirken werde und den unaufhaltsamen Ruin aller noch bestehenden gesunden kleineren deutschen Banken zur Folge haben würde«.[228] Bei der Reichsbank gingen so vehemente Proteste ein, dass ihr Vizepräsident Friedrich Dreyse der Regierung vorschlug, die Dresdner Bank nicht zu verstaatlichen, sondern durch ein vom Reich unterstütztes Bankenkonsortium unter Leitung der Akzept- und Garantiebank und der Reichskreditgesellschaft mit Krediten auszustatten oder die Kapitalerhöhung auf 150 Mio. RM zu begrenzen und weitere 150 Mio. RM der Dresdner Bank als Kredit zur Verfügung zu stellen. In der Ministerbesprechung vom 31. Juli wurden diese Vorschläge abgelehnt, da nun schnell gehandelt werden musste.[229] Die Wiederaufnahme des uneingeschränkten Zahlungsverkehrs konnte nicht länger hinausgeschoben werden, und so gab die Reichsregierung noch am 31. Juli bekannt, dass das Aktienkapital der Dresdner Bank durch die Ausgabe von Vorzugsaktien an das Deutsche Reich von 100 Mio. RM auf 400 Mio. RM erhöht und später auf 200 Mio. RM zusammengelegt würde. Die erforderlichen Mittel sollten in Form von Schatzwechseln aufgenommen werden.[230] Gleichzeitig wurde die Danatbank in die Lage versetzt, an der bevorstehenden Bankenöffnung teilnehmen zu können. Das Kabinett beschloss am 30. Juli, die von der Großindustrie vorgeschlagene Lösung anzugehen und die Danatbank als Industriebank zu rekonstruieren. Da die Reichsgarantien für die Einlagen und Zahlungsverpflichtungen verlängert wurden, konnte hier auf eine Erhöhung des Aktienkapitals verzichtet werden. Auch wegen der ausländischen Aktionäre, unter denen sich nach Brünings Angaben »wichtige Firmen und Persönlichkeiten« befanden, wollte man einen derartigen Schritt vermeiden.[231] Die Übernahme der Kapitalmehrheit durch ein Industriekonsortium, dem die Vereinigten Stahlwerke, die Rheinischen Braunkohlenwerke, die IG Farben, die AEG, Siemens, Osram und die Gutehoffnungshütte angehörten, wurde dann am 3. Oktober vertraglich vereinbart. Sie konnte reibungslos durchgeführt werden, da sich durch die Aktienrückkäufe vor der Bankenkrise rund 58 Prozent des Aktienkapitals im Eigenbesitz der Bank und ihrer Gesellschafter befanden. Das Industriekonsortium erwarb diese Aktien im Nominalwert von 35 Mio. RM zu einem Kurs von 125 Prozent – also insgesamt zu einem Preis von 43,75 Mio. RM – und bekam diesen Betrag für die Dauer von fünf Jahren vom Reich vorgestreckt, davon die ersten drei Jahre lang zinslos.[232] Anders als die Dresdner Bank blieb die Danatbank zumindest formal in privatem Besitz. Das Stützungskonsortium der Großindustrie hatte als neuer Mehrheitseigentümer der Bank allerdings nur eingeschränkte Verfügungsrechte. Der Reichsfinanzminister hatte darauf bestanden, dass die Stimmrechte für die Aktien des Konsortiums der Reichskreditgesellschaft übertragen wurden, die auch als Depotbank fungierte.

Mit den Beschlüssen vom 30. und 31. Juli 1931 gewann die Bankenstützung des Reichs nicht nur der Größenordnung nach eine völlig neue Dimension. Durch die Verstaatlichung der Dresdner

Bank, einer der größten Geschäftsbanken des Landes, setzte sich die Reichsregierung auch über die bisherigen Grundsätze der deutschen Bankenpolitik hinweg. Für Experten wie Georg Obst, einen Doyen der deutschen Bankbetriebslehre, war dies »Staatskapitalismus«.[233] Die bayerische Regierung sah darin sogar »Ansätze zu einer Entwicklung, die auf die Verwirklichung staatssozialistischer Ideen gerichtet ist«. Ihr Gesandter in Berlin protestierte bei Brüning gegen »die überraschende Beteiligung des Reiches an der Dresdner Bank mit dem ungeheueren Betrag von 300 Millionen RM« und sah mit dieser Entscheidung »die Verstaatlichung des gesamten Bankwesens eingeleitet und in greifbare Nähe gerückt«.[234] Politisch brisanter als diese Kritik war für die Regierung Brüning der Beifall, den sie für die Verstaatlichung einer Großbank aus dem linken Lager bekam, wo nicht wenige jetzt das Ende des Finanzkapitalismus kommen sahen.

Dass die Reichsregierung 300 Mio. RM zur Absicherung der Dresdner Bank bereitstellte, nachdem sie noch sechs Wochen zuvor einen Stützkredit für die Danatbank abgelehnt und damit den Run vom 13. Juli herbeigeführt hatte, stieß in der deutschen Öffentlichkeit auf wenig Verständnis, zumal Brüning eine drakonische Sparpolitik betrieb und mit der Notverordnung zur Sicherung von Wirtschaft und Finanzen vom 5. Juni 1931 die Leistungen der Arbeitslosenversicherung und der Krisenfürsorge um 10 bis 12 Prozent, die Löhne, Gehälter und Renten im öffentlichen Dienst um 5 bis 8 Prozent gekürzt hatte. Nicht nur die Kommunisten und die Nationalsozialisten, sondern auch die Sozialdemokraten und selbst die wirtschaftsnahe Deutsche Volkspartei (DVP) liefen gegen diese Notverordnung Sturm.[235] Vor diesem Hintergrund musste es die Glaubwürdigkeit der Regierung beschädigen, dass sie der Dresdner Bank einen derartigen Geldsegen zuteil werden ließ. Kurt Tucholsky schrieb im August 1931 in der *Weltbühne*: »Es ist wie in Monte Carlo, die Bank verliert nicht. Und wenn sie wirklich einmal verliert, springt der Steuerzahler ein: also in der Hauptsache wieder Arbeiter und Angestellte.«[236]

Man musste schon ein Insider der Entscheidungszentralen in Berlin sein, um zu wissen, dass die Eigenkapitalzuführung von 300 Mio. RM ja nicht von der Dresdner Bank gefordert worden war und auch nicht auf eine Initiative der Reichsregierung zurückging. Sie beruhte auf einer Empfehlung international renommierter Sachverständiger und war von diesen auch nur deshalb vorgeschlagen worden, weil die Reichsbank ohne eine hohe Staatshilfe für die Dresdner Bank nicht bereit gewesen wäre, der Wiederaufnahme des uneingeschränkten Zahlungsverkehrs zuzustimmen, deren Verschiebung unweigerlich eine Entlassungswelle und weitere Insolvenzen nach sich gezogen hätte. Dass eine Bankenstützung in diesem Umfang nun – anders als noch am 12. und 13. Juli – möglich war, hatte die Reichsregierung dem Einlenken Großbritanniens und der USA zu verdanken. Durch die Einführung der Devisenbewirtschaftung und die Beschlüsse der Londoner Siebenmächtekonferenz vom 20. bis 23. Juli 1931 war die Kapitalflucht aus Deutschland unterbunden worden. Zugleich war der 100-Mio.-Dollar-Kredit der Bank für Internationalen Zahlungsausgleich an die Reichsbank verlängert worden. Jetzt war die Reichsbank bereit, die vorgeschriebene Deckungsgrenze der deutschen Währung zu unterschreiten, um die Banken mit Liquidität und zusätzlichem Eigenkapital zu versorgen. Die Gold- und Devisendeckung der Reichsmark lag Ende Juli 1931 nur noch bei 36,1 Prozent und damit deutlich unter der Grenze von 40 Prozent. Nach den Vorschriften des Reichsbankgesetzes zwang dies zu einer Erhöhung des Diskontsatzes, den Luther Anfang August von 10 auf 15 Prozent schraubte. In dieser Frage setzte er sich gegen die Sachverständigen Sprague und Wallenberg durch, die von einem derart hohen Diskontsatz katastrophale Auswirkungen auf die deutsche Wirtschaft befürchteten, aber nachgaben, weil sie die Wiedereröffnung der Banken für noch wichtiger hielten und Luther diesem Schritt im Gegenzug zustimmte.[237]

Juristisch gesehen war es ein Novum, dass ein privates Unternehmen wie die Dresdner Bank quasi auf Weisung der Regierung an den Staat Vorzugsaktien in Höhe von 300 Prozent seines bisherigen Grundkapitals ausgab. Die Dresdner Bank konnte dazu nicht gezwungen werden, aber sie konnte sich in dieser Situation eben auch nicht widersetzen, ohne ihre Existenz zu riskieren, denn durch eine Ablehnung hätte das Institut das erschütterte Vertrauen seiner Gläubiger vollends verloren.

Die Verstaatlichung der Dresdner Bank war zwar bereits Ende Juli 1931, wenige Tage vor Wiedereröffnung der Bankschalter, bekannt gegeben worden. Sie konnte aber erst nach Zustimmung durch die für den 29. August einberufene Aktionärsversammlung – die damals die Bezeichnung Generalversammlung trug – wirksam werden. Obwohl es um nicht weniger als die Verstaatlichung einer der bedeutendsten deutschen Geschäftsbanken ging, gab es im Vorfeld praktisch keine öffentliche Diskussion über die Kapitalerhöhung. Auf der traditionell in Dresden stattfindenden Generalversammlung vom 29. August opponierten nur wenige Anteilseigner gegen die Ausgabe der Vorzugsaktien an das Reich. Ihr Sprecher, der Berliner Rechtsanwalt Friedmann, kündigte eine Anfechtungsklage an, weil die Stammaktionäre übervorteilt worden seien.[238] Die Kapitalerhöhung um 300 Mio. RM wurde auf Antrag des Vorstands mit einer Mehrheit von 99,3 Prozent der abgegebenen Stimmen angenommen.[239] Allgemein wurde diese Lösung als alternativlos angesehen. Tatsächlich hatte schon die Ankündigung der Kapitalerhöhung Ende Juli alle Spekulationen um die Zahlungsfähigkeit der Dresdner Bank beendet. Die Bank überstand den kritischen Zeitpunkt der Wiederaufnahme des uneingeschränkten Zahlungsverkehrs am 5. August problemlos. Ob es dafür der Staatshilfe von 300 Mio. RM bedurft hätte, ist dennoch fraglich. Möglicherweise hätte die Dresdner Bank die Öffnung der Bankschalter auch ohne diesen Rückhalt überstanden, indem sie allein durch die Tatsache, dass sie auszahlen konnte, das Vertrauen der Kunden wiedergewonnen hätte. Diese Lösung hatten Dietrich, Schäffer und auch die Sachverständigen zunächst vorgeschlagen. Doch war sie eben mit einem Risiko verbunden, das man in der damaligen Situation nicht eingehen wollte.

Die Öffnung der Bankschalter führte auch bei den anderen Banken zu keinen größeren Abzügen. Der Zahlungsverkehr verlief ruhig, die Kunden fassten wieder Vertrauen zu den Geldinstituten. Dies war nicht nur den Stützungsmaßnahmen für die Danatbank und die Dresdner Bank zu verdanken, sondern fast mehr noch der Tätigkeit der Akzept- und Garantiebank, die am 28. Juli gegründet worden war. Das Aktienkapital in Höhe von 200 Mio. RM hatten das Reich und ein Bankenkonsortium zu gleichen Teilen aufgebracht. Die Akzept- und Garantiebank versorgte die Banken rechtzeitig zur Wiederherstellung des uneingeschränkten Zahlungsverkehrs mit Liquidität, indem sie Wechsel ausstellte, die von der Reichsbank diskontiert wurden. Der größte Teil ihrer Liquiditätskredite ging an die Sparkassen, an die Danatbank und die Dresdner Bank. Zu den Empfängern gehörten aber auch mehrere Landesbanken und einzelne Regionalbanken.[240] Ihrer Konstruktion nach war die Akzept- und Garantiebank eine Art Public Private Partnership. Über sie beteiligte sich das Reich nun ganz generell an der Refinanzierung der Kreditinstitute. Diese Aufgabe war bislang der – per Statut vom Reich unabhängigen – Reichsbank vorbehalten gewesen.

Neben der Sanierung der Dresdner Bank und der Danatbank beschäftigte sich die Reichsregierung seit Ende Juli auch mit der Lage der Schröder Bank. Dabei ging es nicht allein um das Schicksal einer nordwestdeutschen Regionalbank. Das Bremer Institut hatte erstklassige Verbindungen ins Ausland, besonders nach Großbritannien. Von den Auslandsschulden der Bank in Höhe von insgesamt 44,6 Mio. RM entfielen jeweils rund 40 Prozent auf britische und amerikanische Gläubiger.[241] Britische Banken drängten nun in Berlin auf eine Rettung der Schröder Bank. Sie drohten der Reichsregierung damit, die Verhandlungen um ein Stillhalteabkommen für die Kredite ausländischer Gläubiger platzen zu lassen, was das Ende aller Bemühungen um eine Überwindung der Bankenkrise bedeutet hätte.[242] Bedrängt wurde die Reichsregierung aber auch vom Bremer Senat. Eine Insolvenz der Schröder Bank hätte nicht nur für die Wirtschaft, sondern auch für die Verwaltung des Stadtstaats eine Katastrophe bedeutet. Die Schröder Bank war die Hausbank des Landes Bremen. Das Land hatte hier ein Guthaben in Höhe von 25,1 Mio. RM, was etwa 20 Prozent des Staatshaushalts der Freien Hansestadt entsprach. An diese Gelder kam das ohnehin unter Finanznot leidende Land seit der Schließung der Schröder Bank nicht mehr heran.[243]

Bis Mitte August ging man bei der Schröder Bank von Verlusten in Höhe von 40 Mio. RM aus, von denen 30 Mio. RM durch das Eigenkapital und die Reserven der Bank gedeckt waren.[244] Durch eine Kursgarantie des Reichs für die von der Schröder Bank gehaltenen Beteiligungen an den Reedereien Hapag und Norddeutscher Lloyd sowie eine vom Reich, der Stadt Bremen und mehreren Banken aufgebrachte Kapitalerhöhung sollte das Institut saniert werden. In einem Abkommen vom 9. August verzichtete die Berliner Handelsgesellschaft auf Forderungen aus gemeinsam mit der Schröder Bank ausgereichten Krediten und konnte dafür ihre Beteiligung an dieser Bank zum Nennwert abgeben.[245] Inzwischen hatte sich herausgestellt, dass die Verluste der Schröder Bank größer waren, als zunächst angenommen worden war. Das Reich unterstützte die Bank zu diesem Zeitpunkt bereits mit 48 Mio. RM – vor allem im Rahmen der Kursgarantie für die Schifffahrtsaktien. Am 10. August bewilligte das Kabinett weitere 20 Mio. RM, nachdem Dietrich dargelegt hatte, dass andernfalls die »Vernichtung nahezu der gesamten Bremer Industrie« drohen würde.[246] Das Aktienkapital der Schröder Bank in Höhe von 15 Mio. RM musste nun abgeschrieben werden. Im Gegenzug erhielt die Bank neue Aktien im Wert von 12 Mio. RM und 3 Mio. RM als Reserve. Von den neu ausgegebenen Aktien entfielen jeweils 3,5 Mio. RM auf das Reich und das Land Bremen, 3 Mio. RM auf Bremer Unternehmer und jeweils 1 Mio. RM auf die Berliner Handelsgesellschaft und die Reichskreditgesellschaft. Zudem übernahm das Land Bremen eine Garantie für alle Aktiva der Schröder Bank und wurde dafür vom Reich durch eine fünfzigprozentige Rückbürgschaft abgesichert.[247] Mit dem Schröder-Bank-Vertrag vom 28. Oktober 1931 war die Sanierungsphase abgeschlossen. Anschließend wurde das Institut umbenannt. Aus der Schröder Bank wurde die Norddeutsche Kreditbank AG.

Otmar Escher kommt in seiner Untersuchung über den Fall der Schröder Bank und die damalige Finanz- und Wirtschaftskrise in Bremen zu dem Ergebnis, dass die Sanierung dieser Bank mit etwa gleich hohen Verlusten für das Reich und das Land Bremen verbunden war. Das Reich verlor 45 Mio. RM, Bremen 45,8 Mio. RM.[248]

Nachdem es Anfang August 1931 gelungen war, den Zahlungsverkehr der Banken in vollem Umfang wiederherzustellen, konnte auch bei den Sparkassen dieser Schritt gewagt werden, sogar zwei Tage früher als zunächst geplant. Zuvor war der Sparkassensektor durch Stützungsmaßnahmen von beträchtlichem Umfang abgesichert worden. Immerhin rechnete der Sparkassenverband mit einem Geldbedarf von rund 1 Mrd. RM bei Wiedereröffnung der Schalter.[249] Das Reich und das Land Preußen hatten sich darauf geeinigt, Schatzanweisungen in Höhe von 250 Mio. RM für die rheinische Landesbank bereitzustellen. Am 3. August erklärte sich die Reichsbank auf Drängen der Reichsregierung bereit, den Sparkassen den Zugang zur Akzept- und Garantiebank zu erlauben, was eine umfassende Kredithilfe für die Sparkassenorganisation bedeutete.[250] Die Sparkassenorganisation erhielt von der Akzept- und Garantiebank in den folgenden sechs Wochen Liquiditätskredite in Höhe von rund 650 Mio. RM. Insgesamt vergaben die Akzept- und Garantiebank und die Reichsbank an die Sparkassenorganisation Kredite in Höhe von rund 1,1 Mrd. RM.[251] Dabei waren die Sparkassen eigentlich schon durch ihre Gewährträger, die Kommunen, abgesichert, doch diese Haftung nahm keine Sparkasse in Anspruch, und angesichts der katastrophalen Finanzlage der Städte hätte dies auch nicht dazu beigetragen, das Vertrauen des Publikums in die Sparkassen wiederherzustellen.

Die Landesbank der Rheinprovinz wurde von verschiedenen Seiten gestützt. Die Reichsbank und die Preußische Staatsbank hatten nach dem ersten Kredit von Ende Juni zunächst jede weitergehende Hilfe abgelehnt. Für die Girozentralen und Landesbanken der Sparkassenorganisation gab es bei der Reichsbank keine großen Sympathien. Bankgeschäfte wollte man hier allein den Geschäftsbanken überlassen. Dass die Landesbank dennoch ihre Zahlungen aufrechterhalten konnte, hatte sie der Deutschen Girozentrale zu verdanken, die mit einem Kredit über 45 Mio. RM einsprang. Am 21. Juli 1932 gründete die Deutsche Girozentrale eine neue Filiale in Köln, die Rheinische Girozentrale, die nun die Funktion einer Girozentrale der rheinischen Sparkassen wahrnahm.[252]

Am 5. August kamen die Reichsregierung, die preußische Staatsregierung und die Reichsbank überein, die Landesbank der Rheinprovinz mit Schatzanweisungen in Höhe von 240 Mio. RM zu sanieren, die jeweils zur Hälfte vom Reich und von Preußen aufgebracht wurden.[253] Die Gläubiger der Landesbank stimmten dem Sanierungsplan erst zu, nachdem die Reichsbank noch einen Sofortkredit über 75 Mio. RM bereitgestellt hatte. Am 17. August wurde Hans Weltzien, ein Direktor der Deutschen Girozentrale, zum Staatskommissar der rheinischen Landesbank bestellt. Der letzten preußischen Regierung unter Ministerpräsident Otto Braun (SPD) gelang es, das Sanierungspaket im Landtag durchzusetzen. An der Sanierung sollte sich nun auch der rheinische Provinzialverband beteiligen, was zu Lasten der Kreise und Kommunen – und damit letztlich der kommunalen Steuerzahler – ging. Das preußische Innenministerium ordnete an, dass per Provinzialumlage ein Betrag von 9,3 Mio. RM aufgebracht werden musste. Nach dem Umverteilungsschlüssel entfielen davon allein auf die Stadt Köln rund 1,2 Mio. RM.

Als Weltzien im März 1932 eine Aufstockung der Reichshilfe für die Landesbank der Rheinprovinz beantragte, war die Reichsbank dazu nicht bereit. Die Reichsbank und die Akzept- und Garantiebank hielten die Landesbank jetzt für ein »Faß ohne Boden« und traten für eine baldige Liquidation ein.[254] Die Reichsregierung und die preußische Regierung wollten diesen Schritt vermeiden. Sie hielten es für »politisch unerträglich, die Landesbank zusammenbrechen zu lassen«.[255] Die Landesbank genoss nicht nur großen Rückhalt unter den Kommunalpolitikern des Rheinlands. Für die Regierungen in Berlin muss die Vorstellung ein Albtraum gewesen sein, dass die Kommunalfinanzen und Sozialversicherungssysteme einer dicht bevölkerten Region mitten im Superwahljahr 1932 zusammenbrächen.

Die Reichsbank blieb in dieser Frage unnachgiebig. Hier sah man die Landesbank der Rheinprovinz als insolvent und somit als einen hoffnungslosen Fall an. Nachdem die Staatsgewalt in Preußen durch den Putsch vom 20. Juli 1932 (»Preußenschlag«) an das Reich übergegangen war, schien das Schicksal der Landesbank besiegelt. Die Präsidialregierung des neuen Reichskanzlers Franz von Papen und der ihr unterstehende Reichskommissar für Preußen ließen die Bank fallen. Bei einer Besprechung im preußischen Innenministerium wurde am 10. August 1932 beschlossen, das Institut auch gegen den Widerstand der Gläubiger in Liquidation gehen zu lassen. Wenige Monate später zeichnete sich das Ende der Weltwirtschaftskrise in Deutschland ab. Die Finanzlagen der Kommunen und des Reichs verbesserten sich entsprechend, und so gelang es schließlich im September 1933 doch noch, bei der Landesbank der Rheinprovinz eine Umschuldung durchzuführen. Zwei Jahre später konnte die Sanierung abgeschlossen werden. Als Fazit stellt Albert Fischer fest:»Staat und Reich ließen sich schließlich all ihre Hilfen auf Heller und Pfennig zurückzahlen. Namentlich in Relation zu den massiven Hilfen, die den Privatbanken zuteil wurden, gewährten sie der Landesbank eine nur mindere und späte Unterstützung. Die Reichsbankspitze hätte am liebsten jeglichen Hilfskredit verwehrt.«[256]

Auch für die Reichsregierung hatte die Sanierung der Großbanken absolute Priorität. Kritik der Sparkassen an dieser einseitigen Ausrichtung wies Finanzminister Dietrich zurück, indem er erklärte:»Die Großbanken würden nicht subventioniert, die Dresdner würde vom Reiche vorläufig übernommen, die Danat würde provisorisch verwaltet. Beide sollten später wieder an die Wirtschaft abgegeben werden. Wenn die Banken nicht wieder in Gang kämen, könnten auch die Sparkassen nicht zahlen.«[257] Als Zugeständnis an die Öffentlichkeit forderte Kanzler Brüning bei der Danatbank wie bei der Dresdner Bank den Rücktritt der Geschäftsleitung und des Aufsichtsrats (»schon wegen der öffentlichen Meinung« sei das eine dringende Notwendigkeit«).[258] In der Presse wurde auch der Ruf nach einer Begrenzung der Gehälter für die Direktoren der Dresdner Bank und der Danatbank laut. So schrieb das sozialdemokratische Parteiorgan *Vorwärts* am 18. August 1931:»Bankdirektorengehälter in Höhe von 300000 bis 800000 Mark darf es nicht mehr geben.«[259] Eine formale Begrenzung der Gehälter wurde nicht erlassen, doch galt für die vom Reich übernommene Dresdner Bank später die Regelung, dass Aufsichtsratstantiemen bei neuen Verträgen zu 75 Prozent abgeführt werden mussten.[260] Eine Notverordnung vom 4. September 1932 führte dann eine generelle Beschränkung der Personalausgaben bei den vom Reich gestützten und subventionierten Unternehmen ein. Die Bezüge von Vorstandsmitgliedern und leitenden Angestellten dieser Unternehmen durften nun nicht mehr den Betrag übersteigen,»der in der Reichsverwaltung für vergleichbare oder gleichwertige Dienstleistungen« gezahlt wurde.[261]

Bei der Dresdner Bank war der Rücktritt des Vorstands leichter zu erreichen als bei der Danatbank, die nicht als Aktiengesellschaft, sondern als Kommanditgesellschaft auf Aktien firmierte. Die persönlich haftenden Gesellschafter der Danatbank mussten sich bereit erklären, auf Verlangen zurückzutreten. Tatsächlich blieben sie dann weiter in der Geschäftsleitung. Dies galt auch für Jakob Goldschmidt, der nach wie vor bei der Industrie großes Vertrauen genoss. Allerdings erhielten Goldschmidt und seine Kollegen in der Geschäftsleitung nur noch eine Vergütung von jeweils 2000 RM im Monat. Das Reich hatte sie bei der Einsetzung des Treuhänders von der Haftung für die Danatbank befreit, doch betraf dies z.B. nicht die persönlichen Kredite der Gesellschafter bei der Danatbank. Aus diesem Grund wurde auch der umfangreiche Immobilien- und Kunstbesitz Goldschmidts sicherungsübereignet.[262]

Bei der Dresdner Bank erklärten die vier Vorstandsmitglieder Herbert Gutmann, Wilhelm Kleemann, Georg Mosler und Paul Schmidt-Branden im September 1931»freiwillig« ihren Rücktritt. Zwei weitere Vorstandsmitglieder, Walther Frisch und Henry Nathan, die führende Persönlichkeit an der Spitze der Dresdner Bank, blieben mit Duldung der Reichsregierung im Amt, zusammen mit Wilhelm Kleemann, den die Reichsregierung nach seinem Rücktritt weiter im Vorstand beließ. Neu in den Vorstand berufen wurde Carl Goetz, ein erfahrener Bankier, der bis dahin dem Vorstand der Commerzbank angehört hatte.[263] Goetz gewann rasch das Vertrauen der Reichsregierung und wurde zur dominierenden Persönlichkeit im Vorstand der Dresdner Bank, nachdem Henry Nathan, der die Bank seit 1920 geleitet hatte, im November 1932 gestorben war. Dass Goetz von der Commerzbank zur Dresdner Bank wechselte und gleichzeitig Gustav Pilster, ein Mitglied des Aufsichtsrats der Commerzbank und anerkannter Organisationsfachmann, für ein Jahr in den Aufsichtsrat der Dresdner Bank delegiert wurde, gab den Gerüchten von einer bevorstehenden Fusion zwischen der Commerzbank und der Dresdner Bank Auftrieb. Für diese Vermutung sprach auch, dass die Commerzbank zusätzliches Kapital benötigte, wie es die Dresdner Bank nach der Kapitalerhöhung Ende August in reichlichem Maße hatte.[264] Die der Ruhrindustrie nahestehende *Deutsche Bergwerkszeitung* schrieb Anfang September 1931: »Der Commerzbank würde es schon behagen, die Dresdner Bank zu schlucken.«[265] Das Reichswirtschaftsministerium versuchte nun, einen Überblick über die Verluste der Banken in der Bankenkrise zu gewinnen. Erste Schätzungen gingen davon aus, dass der Verlust bei der Danatbank 225 Mio. RM betrug, bei der Dresdner Bank 210 Mio. RM. Für die Commerzbank lag die Schätzung bei mindestens 80 Mio. RM, für die Deutsche Bank bei 150 Mio. RM.[266] Diese verheerende Bilanz zwang die Reichsregierung zu neuen Überlegungen. Die Danatbank konnte mit einem Aktienkapital von 60 Mio. RM einen Verlust in dieser Höhe nicht allein tragen und musste fusioniert werden. Damit war der Versuch einer Sanierung der Danatbank durch private Industriekonzerne gescheitert. Aber auch eine Fusion zwischen Dresdner Bank und Commerzbank kam nun nicht mehr in Betracht, weil die Danatbank sonst übrig geblieben wäre.[267] Stattdessen wurde überlegt, die Commerzbank mit der Danatbank zu fusionieren. Es kam auch der Plan auf, die Dresdner Bank in Regionalbanken zu zerschlagen. In jedem Fall wurde die Bankensanierung für den Steuerzahler nun noch kostspieliger, als die Reichsregierung ursprünglich angenommen hatte.

Die Planungen gerieten zunehmend unter Zeitdruck, weil die Banken im Frühjahr 1932 ihre Bilanzen für das Geschäftsjahr 1931 präsentieren mussten. Die Schätzungen über die Höhe der Verluste waren bisher geheim gehalten worden, weil man befürchtete, dass sie bei den Gläubigern eine Panik wie am 13. Juli auslösen könnten.[268] Wenn erst einmal die Bilanzen vorlagen, würden sich diese Zahlen nicht länger verheimlichen lassen. Damit es nicht zu einer erneuten Vertrauenskrise kommen konnte, mussten bis dahin neue glaubwürdige Lösungen für die Sanierung der Großbanken gefunden werden. So kam es im März und April 1932 zu einer zweiten Sanierung, die nicht weniger weitreichend war als die Maßnahmen unmittelbar nach der Bankenkrise. Um die dafür erforderlichen Restrukturierungen sowie weitere Bankenstützungen durchführen zu können, wurde das Aktienkapital der Deutschen Golddiskontbank im März 1932 aus Reserven der Reichsbank um 200 Mio. RM erhöht.[269]

Hermann Dietrich, 1930–1932
Reichsfinanzminister im ersten und
zweiten Kabinett Brüning

Am 20. Februar 1932 informierte Reichsfinanzminister Dietrich den Haushaltsausschuss des Reichstags und zwei Tage später
dann auch die Presse über den Sanierungsplan. Die Regierung
hatte beschlossen, die beiden größten Sanierungsfälle, die Danatbank und die Dresdner Bank, zu fusionieren. Diese auf den ersten
Blick mehr als kühne Entscheidung beruhte auf einem Plan, den
wohl Bernhard Dernburg, der Leiter der Akzept- und Garantiebank, dem Reichsfinanzminister nahegelegt hatte. Dernburg war
sich sicher, dass die Akzept- und Garantiebank das fusionierte Institut refinanzieren konnte, wenn das Reich die Verluste der Danatbank übernahm. Für das Reich hatte diese Lösung den Vorteil,
dass durch die Fusion die Reichsgarantie für die Danatbank weg-
fiel, die vom Finanzminister mit rund 1,6 Mrd. RM beziffert
wurde, von denen allerdings nur 80 Mio. RM tatsächlich bean-
sprucht worden waren.[270]
     Der Vorstand der Dresdner Bank konnte sich für die Fusion mit
der Danatbank nicht begeistern. Angesichts des hohen Verlusts der
Dresdner Bank ist es verständlich, dass sich der Vorstand dagegen
wehrte, eine Bank mit einem noch höheren Verlust zu übernehmen. Doch letztlich hatte man keine Wahl, da das Reich ja Eigentümer der Dresdner Bank war.[271] Ein Trost mag gewesen sein, dass

die Geschäfte unter der Bezeichnung »Dresdner Bank« weitergeführt werden sollten, während der durch die Krise vom Juli 1931
stärker belastete Name Darmstädter und Nationalbank nun in der
Wirtschaftsgeschichte verschwand.

Die Reichsregierung ließ sich mit einer eigenen Notverordnung
über die Sanierung von Bankunternehmen vom 20. Februar 1932
generell ermächtigen, »zum Zwecke der Sanierung von Bankunternehmen die erforderlichen Maßnahmen zu treffen«.[272] Mit
einer Notverordnung vom 11. März 1932 wurden die Dresdner
Bank und die Danatbank fusioniert, und zwar rückwirkend zum
1. Januar 1931.[273] Beide Verordnungen wurden ohne Zustimmung
des Reichstags vom Reichspräsidenten aufgrund des Artikels 48 (2)
Weimarer Reichsverfassung erlassen, was unter Brüning inzwischen zur gängigen Gesetzgebungspraxis geworden war, weil die
Regierung über keine Mehrheit im Parlament verfügte.

In einem komplizierten Procedere wurden zunächst die Vorzugsaktien des Reichs bei der Dresdner Bank im Wert von nominell 300 Mio. RM in 200 Mio. RM Stammaktien umgewandelt
und »alte« Dresdner Bank-Aktien im Wert von nominell 100 Mio.
RM auf 20 Mio. RM zusammengelegt. Bei der Danatbank wurde
die Mehrheitsbeteiligung des Industriekonsortiums in Höhe von
35 Mio. RM eingezogen – diese Aktien waren ja mit einem Vor-
schuss des Reichs erworben worden – und die übrigen Anteilsscheine im Verhältnis 10 : 3 in Dresdner-Bank-Aktien umgetauscht.
Das Aktienkapital des fusionierten Instituts belief sich somit auf
220 Mio. RM. Davon befanden sich Aktien im Nominalwert von
192,5 Mio. RM im Besitz des Reichs bzw. der Reichsbanktochter
Deutsche Golddiskontbank. Vor der Fusion war das Reich an der
Dresdner Bank mit 75 Prozent des Aktienkapitals beteiligt gewesen. Durch die Fusion erhöhte sich diese Beteiligung auf 87,5 Prozent, später lag sie sogar bei 91 Prozent.[274]

Ergänzend wurden Regelungen für die Tochtergesellschaften
und Kommanditen der beiden Großbanken getroffen. Die Deutsch-
Südamerikanische Bank, eine gemeinsame Tochtergesellschaft der
Dresdner Bank und der Danatbank, wurde als Tochter des fusio-
nierten Instituts weitergeführt. Die Kosten für die Sanierung der
Deutsch-Südamerikanischen Bank in Höhe von 20 Mio. RM wur-

den zu gleichen Teilen vom Reich und von der Dresdner Bank übernommen.[275] Die Deutsche Orientbank, an der ebenfalls sowohl die Dresdner Bank als auch die Danatbank beteiligt waren, verlor ihre Selbstständigkeit und wurde in die Dresdner Bank integriert. Ihre türkischen Filialen wurden als Filialen der Dresdner Bank weitergeführt, wie dies bei den früheren ägyptischen Filialen der Orientbank schon seit August 1931 der Fall war.[276] Mehrere Kommanditen der Danatbank wurden nach der Fusion abgewickelt. Darunter befand sich auch das Bankhaus Schwarz, Goldschmidt & Co., das Jakob Goldschmidt und Julius Schwarz 1909 gegründet hatten.

Da die Reichsregierung eine Lösung anstrebte, die den gesamten Großbankensektor auf neue Grundlagen stellen sollte, wurde neben der Dresdner Bank und der Danatbank auch die Commerzbank in das Sanierungspaket einbezogen. Die Commerzbank, die damals unter dem Namen »Commerz- und Privat-Bank« firmierte, hatte die Bankenkrise mit einer relativ guten Liquidität überstanden und musste die Akzept- und Garantiebank nicht in Anspruch nehmen. Allerdings hatte sie einige Forderungen, die problematisch waren, wie z. B. einen Kredit an die Nordwolle über 10 Mio. RM. Durch die Krise hatte sich bei der Commerzbank für das Geschäftsjahr 1931 ein Abschreibungsbedarf von 106 Mio. RM angehäuft, der das Aktienkapital bei weitem überstieg. Dass sich rund 49 Prozent des Aktienkapitals im Eigenbesitz der Bank befanden, ging zu Lasten der Liquidität, und durch die Kursverluste der Aktie war laufend Eigenkapital verloren gegangen. Die Commerzbank benötigte dringend neues Kapital, das nach Lage der Dinge nur durch die Ausgabe neuer Aktien an das Reich aufgebracht werden konnte.[277]

Die Reichsregierung beschloss, wohl auf Initiative von Finanzminister Dietrich, auch in diesem Fall die Sanierung mit einer Fusion zu verbinden und die Commerzbank mit dem Barmer Bank-Verein zusammenzuschließen. Der 1867 gegründete Barmer Bank-Verein war eine westdeutsche Regionalbank, deren Schwerpunkt auf dem Gebiet der Industrie- und Außenhandelsfinanzierung lag. Die Hauptverwaltung befand sich seit 1924 in Düsseldorf. Wegen seiner Geschäftsverbindungen und Filialen in Rheinland-Westfalen ergänzte sich der Barmer Bank-Verein gut mit der Commerzbank, die dort unterrepräsentiert war. Wie die meisten Regionalbanken hatte der Barmer Bank-Verein Anfang der dreißiger Jahre eine höhere Liquidität und eine günstigere Relation zwischen Eigen- und Fremdkapital, als dies bei den Großbanken der Fall war. Ebenso wie die Commerzbank hatte das Institut die Bankenkrise vom Juli 1931 ohne größere Probleme überstanden.[278] Doch hielt der Barmer Bank-Verein, vermutlich als Folge von Rückkäufen, fast zwei Drittel seines Aktienkapitals in Eigenbesitz: Mit 65,2 Prozent lag der Anteil hier noch höher als bei der Commerzbank, und dementsprechend war der Barmer Bank-Verein noch stärker vom Kursverfall der Aktien betroffen. Reichsbankpräsident Luther bescheinigte dem Bank-Verein im Februar 1932 zwar eine »relativ gute Lage«, wies aber darauf hin, dass das Eigenkapital des Instituts »außerordentlich gering« sei.[279] Eine ganz andere Beurteilung ergibt sich aus Brünings Memoiren. Demnach hätte eine vertrauliche Prüfung des Status durch das Reichsfinanzministerium gezeigt, dass der Barmer Bank-Verein entgegen der Auskunft der Reichsbank »in Wirklichkeit völlig bankrott war«. Die Reichsregierung hätte sich dadurch veranlasst gesehen, das Institut mit der Commerzbank zusammenzuschließen und die Commerzbank mit entsprechend höheren Ausfallkrediten abzusichern.[280]

Der Barmer Bank-Verein wollte sich zunächst nicht auf den Fusionsplan der Reichsregierung einlassen und selbstständig bleiben. Anfang Februar 1932 änderte der Vorstand seine Haltung.[281] Dietrich gab nun die Fusion von Commerzbank und Barmer Bank-Verein gemeinsam mit dem Zusammenschluss zwischen der Dresdner Bank und der Danatbank bekannt. Sie erfolgte – ebenso wie die Fusion dieser beiden »D-Banken« – durch die Notverordnung vom 11. März 1932.[282] Das fusionierte Institut behielt den Namen »Commerz- und Privat-Bank«.

Zugleich setzte das Reich eine Restrukturierung der Commerzbank durch, mit der das neue fusionierte Institut verstaatlicht wurde. Die »alte« Commerzbank verkaufte den Eigenbesitz an ihrem Aktienkapital in Höhe von nominell 37,2 Mio. RM an das Reich. Das Aktienkapital wurde von 75 Mio. RM auf 22,5 Mio. RM zusammengelegt, wodurch sich der Wert der Reichsbeteiligung

auf 11,16 Mio. RM reduzierte. Anschließend wurde das Aktienkapital auf 80 Mio. RM erhöht, wobei das Reich neue Aktien im
Wert von 45 Mio. RM erwarb. Diese Aktien wurden an die Reichsbanktochter Deutsche Golddiskontbank weitergereicht. Damit befanden sich im April 1932, nach Abschluss der Restrukturierung,
70 Prozent des Aktienkapitals der Commerzbank direkt oder indirekt in Reichsbesitz. Formal war nun die Deutsche Golddiskontbank mit einer Beteiligung von 56 Prozent Mehrheitseigentümerin
der Commerzbank. Dadurch sollte bewusst ein Kontrast zur reichs-
eigenen Dresdner Bank geschaffen werden.[283]

Bankenübernahmen durch den Staat wurden inzwischen nicht
mehr als Besonderheit empfunden. Anders als noch im August
1931 gab es im Vorfeld der Verordnung vom 11. März 1932 keine
Irritationen in der Öffentlichkeit und keine Kritik am »Staatskapitalismus«. Auch von den Aktionären der »alten« Commerzbank kamen keine Proteste, obwohl der Nominalwert ihrer Anteile
durch die Kapitalzusammenlegung auf ein Drittel zurückging.

Nachdem die hohen Verluste in der Bankenkrise bilanziert worden waren, kam auch die Deutsche Bank nicht mehr ohne Reichshilfe aus. Der Branchenprimus benötigte im Februar 1932 zur
Deckung der Verluste einschließlich der Abschreibungen auf Debitoren, Wertpapiere und Kapitalbeteiligungen einen Betrag von
275 Mio. RM. Zum größten Teil konnte das Institut diese Mittel aus eigener Kraft aufbringen, aus dem Reservefonds und durch
eine Zusammenlegung des Aktienkapitals von 285 Mio. RM auf
144 Mio. RM.[284] Zur Rekapitalisierung wurden im April 1932 die
im Eigenbesitz der Bank befindlichen Aktien im Nominalwert von
72 Mio. RM zu einem Kurs von 115 Prozent ausgegeben, wobei
die Deutsche Golddiskontbank Aktien im Nominalwert von 45
Mio. RM zu diesem Kurs übernahm, da sich das gesamte Paket
nicht am Markt platzieren ließ. Zusätzlich erwarb die Deutsche
Golddiskontbank noch Deutsche Bank-Aktien im Nominalwert
von rund 5,9 Mio. RM auf dem Markt. Dadurch befanden sich
nun 35,3 Prozent des Aktienkapitals der Deutschen Bank im Besitz der Deutschen Golddiskontbank. Berücksichtigt man den
Kurs des von der Deutschen Bank direkt übernommenen Aktien-
pakets, dann lag die Reichshilfe für dieses Institut bei insgesamt

**Eigentumsstruktur der Berliner Großbanken Anfang 1933
in v. H. des Aktienkapitals**

	in Privatbesitz	in Reichsbesitz (direkt u. indirekt)
Deutsche Bank	64,7 %	35,3 %
Dresdner Bank	9 %	91 %
Commerzbank	30 %	70 %
Berliner Handelsgesellschaft	100 %	
Reichskreditgesellschaft		100 %

57 Mio. R M.[285] Der Vorgang überschnitt sich zwar zeitlich mit der Restrukturierung der beiden anderen Filialgroßbanken, kann aber nicht mit diesen Maßnahmen auf eine Ebene gestellt werden, da die Deutsche Bank weiterhin eine private Großbank blieb.

Seit Beginn der Bankensanierung war es Konsens, dass die Verstaatlichung privater Großbanken nur eine vorübergehende Lösung sein konnte und dass diese Institute bis zur Reprivatisierung nach privatwirtschaftlichen Gesichtspunkten geführt werden sollten. Die Reichsregierung und die betroffenen Banken versicherten dies so vehement, dass etwa die Dresdner Bank in der Presse auch als » des Reiches Privatbank« bezeichnet wurde.[286]

Mit den Großbankenfusionen vom März 1932 hatte die Reichsregierung das gewünschte Ziel erreicht. Die katastrophalen Bilanzen der Banken für das Jahr 1931 lösten keine Unruhe an den Finanzmärkten und keine Panik unter den Gläubigern aus. Der Großbankensektor hatte eine neue Struktur erhalten, die sich dann als tragfähig erwies. Doch war damit eines der Herzstücke der deutschen Wirtschaft – wenn auch nur vorübergehend – mehrheitlich in Staatsbesitz übergegangen. Im Frühjahr 1932 befanden sich drei der fünf Berliner Großbanken im Besitz des Reichs bzw. der Deutschen Golddiskontbank, da das Reich ja bereits seit 1924 über eine eigene Großbank, die Reichskreditgesellschaft, verfügte. Das Reich besaß damit direkt und indirekt rund zwei Drittel des Aktienkapitals aller deutschen Großbanken.[287] Zudem wurden die Sparkassen und Kreditbanken weiterhin mit Krediten der Akzept- und Garantiebank gestützt. Im Dezember 1932 gründeten die

Reichsbank und die Deutsche Golddiskontbank zwei Sonderinstitute, die als »Bad Banks« notleidende Kredite von den Geschäftsbanken übernehmen konnten, um deren Bilanzen zu entlasten: die Tilgungskasse für gewerbliche Kredite (Tilka), die mit einem Garantiefonds über 30 Mio. RM ausgestattet wurde, und das Deutsche Finanzierungsinstitut (Finag), eine Aktiengesellschaft mit einem Grundkapital von 30 Mio. RM.[288]

Nachdem der Großbankensektor durch hohe Kapitalzuschüsse des Reichs stabilisiert worden war, erfolgten zwischen Juni 1932 und März 1933 noch mehrere Hilfsmaßnahmen für Genossenschaftsbanken und andere mittelständische Kreditinstitute. Diese letzte Phase der staatlichen Bankenstützung sollte einen Ausgleich für eine Gruppe des Bankgewerbes bilden, die sich durch die Kapitalzuführung an die Großbanken und die umfangreichen Liquiditätskredite für die Sparkassen benachteiligt fühlte. Die Konsumgenossenschaften waren nach der Bankenkrise von der Preußischen Zentralgenossenschaftskasse (ab 1932 Deutsche Zentralgenossenschaftskasse) mit Liquiditätskrediten versorgt worden. Aufgrund einer Notverordnung vom 27. Juli 1931 wurden diese Kredite durch Reichsbürgschaften in Höhe von bis zu 25 Mio. RM gesichert.[289] Auch die gewerblichen Kreditgenossenschaften wurden mit einer Reichsbürgschaft unterstützt, die sich im Mai 1932 schließlich auf 48 Mio. RM belief.[290] Durch die Vierte Notverordnung zur Sicherung von Wirtschaft und Finanzen vom 8. Dezember 1931 wurde zudem ein Fonds von 20 Mio. RM »für Zwecke der Rationalisierung des gewerblichen Genossenschaftswesens« errichtet. Aus diesem Fonds erhielten gewerbliche Kreditgenossenschaften Reichshilfen in Form verlorener Zuschüsse.[291]

Unter Brünings Nachfolger Franz von Papen wurden die Reichsbürgschaft für die Kredite an die Konsumgenossenschaften aufgestockt und eine weitere Finanzhilfe für die Genossenschaftsbanken bewilligt. Eine Notverordnung vom 14. Juni 1932 ermächtigte die Reichsregierung, »für die Rationalisierung und Sanierung gewerblicher Genossenschaften« in den Haushaltsjahren 1932 bis 1934 jeweils fünf Mio. RM auszugeben.[292] Prompt wurden daraufhin mehrere Verbände privater Mittelstands-Aktienbanken bei von

Papen vorstellig, um eine ähnliche Reichshilfe für ihre Klientel durchzusetzen.[293] Als Papens Nachfolger Kurt von Schleicher im Dezember 1932 eine »Beseitigung der Vermischung von Staats- und Privatwirtschaft« ankündigte und sich gegen die »Subventions-Wirtschaft« aussprach, drängte der Deutsche Genossenschaftsverband darauf, den gewerblichen Kreditgenossenschaften vorher noch weitere Hilfsmaßnahmen in Höhe von 50 Mio. RM zuteilwerden zu lassen, da die Einlagenabzüge bei diesen Instituten weiter anhielten.[294] Das Kabinett beriet am 16. Januar 1933 eine Vorlage des Reichswirtschaftsministers zu einer »Schlussaktion« für mittelständische Kreditinstitute, die damit begründet wurde, dass sich die bisherigen Stützungen nicht als ausreichend erwiesen hätten, um gefährdete Kreditgenossenschaften aufrechtzuerhalten. Die Mittelstands-Aktienbanken wurden ausdrücklich in dieses Paket eingeschlossen, das für die Rechnungsjahre 1932 bis 1934 Stützhilfen in Höhe von insgesamt 35 Mio. RM vorsah.[295] Da Schleicher nach kurzer Zeit zurücktreten musste, blieb es der Nachfolgeregierung, dem Kabinett Hitler/Papen, überlassen, über diese Hilfen zu entscheiden. In der Kabinettssitzung vom 21. Februar 1933 einigte man sich darauf, einen Betrag von 30 Mio. RM zu bewilligen, nachdem zuvor die nichtlandwirtschaftlichen Warengenossenschaften aus der Vorlage gestrichen worden waren. Der Reichsfinanzminister stellte damals fest, dass für mittelständische Kreditinstitute und Konsumgenossenschaften bereits 32 Mio. RM verlorene Zuschüsse des Reichs und Reichsgarantien in Höhe von 65 Mio. RM, die zum größten Teils ebenfalls als verloren angesehen werden mussten, bewilligt worden waren.[296]

Gemessen an der Zahl der Konkurse und Vergleiche waren es nur wenige Banken, die durch staatliche Stützung aufgefangen wurden. Mittlere und kleine Kreditinstitute konnten nicht mit einer Rettung durch den Staat rechnen. Andererseits betrafen die Stützungsmaßnahmen aber keineswegs nur die Großbanken. Neben der Danatbank, der Dresdner Bank, der Landesbank der Rheinprovinz und der Landesbank für die Provinz Westfalen wurden auch die Regionalbanken Schröder Bank und ADCA gestützt. Die Deutsche Golddiskontbank übernahm bei drei weiteren Regionalbanken (Oldenburgische Spar- und Leihbank, Schleswig-Holsteinische Bank, Westfalenbank AG) und bei der Bank für Landwirtschaft AG Kapitalbeteiligungen in Höhe von insgesamt rund 4,5 Mio. RM. Reichshilfen in Form von Stützkrediten erhielten auch Banken wie der Hallesche Bankverein, die Handelsbank Chemnitz, die Anhalt-Dessauische Landesbank und die Zentralinstitute der Beamtenbanken.[297] Von der Akzept- und Garantiebank wurden die Sparkassen noch stärker als die Großbanken mit Liquiditätskrediten versorgt. In den ersten sechs Wochen nach ihrer Gründung vergab die Akzept- und Garantiebank Kredite in Höhe von rund 1,2 Mrd. RM, davon entfielen 53,9 Prozent auf Sparkassen, 35,3 Prozent auf die Danatbank und die Dresdner Bank, 8,5 Prozent auf Landesbanken und 1,8 Prozent auf die Schröder Bank.[298] Bei den Kapitalzuführungen und Garantien des Reichs für die Kreditinstitute gab es ebenfalls eine starke mittelständische Komponente, was wohl auch auf politische Gründe zurückzuführen ist. Das Interesse an einer Stützung von Banken, die Finanziers der mittelständischen Wirtschaft waren, zeigte sich nicht nur bei den Hilfsmaßnahmen für die gewerblichen Kreditgenossenschaften. Schon bei der Verstaatlichung der Dresdner Bank und der Stützung der ADCA spielte dieser Aspekt eine Rolle. Die Dresdner Bank hatte eine große Genossenschaftsabteilung, die aus der 1904 übernommenen Deutschen Genossenschaftsbank von Soergel, Parrisius & Co. hervorgegangen war.

Als Folge der Bankenkrise wurden auch mittelständische Banken, die selbst im regionalen Rahmen nicht als »Too big to fail« gelten konnten, in die Reichshilfen eingeschlossen. Die Bank für Mittelsachsen AG in Mittweida erhielt eine Reichsbürgschaft über 300000 RM sowie einen Kredit des Reichs und der Akzept- und Garantiebank von bis zu 450000 RM. Ausschlaggebend dafür war wohl, dass diese Bank eine mittelständische Kundschaft in einer Region hatte, die besonders hart von der Weltwirtschaftskrise getroffen worden war und nach Ansicht der zuständigen Behörden in Berlin »durchaus vorsichtig« gearbeitet hatte, somit also ohne eigenes Verschulden in Not geraten war.[299] Bereits in ihrem Geschäftsbericht für das Jahr 1931 hatte die Bank für Mittelsachsen darauf

hingewiesen, dass in der Gegend um Chemnitz und im Erzgebirge
»an manchen Orten nicht eine einzige Firma mehr arbeitet«.[300]
Bei der Deutschen Mittelstandsbank AG in Berlin-Charlottenburg
sah das Reichswirtschaftsministerium im Dezember 1931 ein »öf-
fentliches Interesse an der Verhinderung des Zusammenbruchs«.[301]
Die Bank hatte ihre Schalter schließen müssen, weil sie von ihrer
Hauptgläubigerin, der Edeka Bank, fallen gelassen worden war,
und wollte ihre Geschäfte in einer neu zu gründenden Genossen-
schaft weiterführen. Die wohlwollende Haltung des Reichswirtschaftsministeriums gegenüber der Deutschen Mittelstandsbank
dürfte vor allem dadurch bedingt gewesen sein, dass hier ein ein-
flussreicher Politiker Aufsichtsratsvorsitzender war, der langjährige
Vorsitzende der Wirtschaftspartei – Reichspartei des deutschen Mit-
telstandes Hermann Drewitz. Die Regierung Brüning war im Reichstag auf die Tolerierung durch die Wirtschaftspartei angewiesen. Aus
diesem Grund hatte die Berliner Bank für Handel und Grundbesitz
AG, deren Aufsichtsratsvorsitzender Carl Ladendorff ein Abgeord-
neter der Wirtschaftspartei war, im Oktober 1931 einen Stützkredit
des Reichs von bis zu 3 Mio. RM erhalten. Brüning hatte diesen
Kredit selbst veranlasst, weil die Wirtschaftspartei damals mit dem
Sturz der Regierung drohte. Die Gelder flossen der Berliner Bank für
Handel und Grundbesitz diskret als Kredit der mittlerweile reichs-
eigenen Dresdner Bank zu. Als die Berliner Bank für Handel und
Grundbesitz im November 1931 auf einen weiteren Stützkredit
drängte und mit der Schließung ihrer Schalter drohte, ließ sich
Brüning nicht mehr erpressen. Die Reichsregierung hatte inzwischen erfahren, dass die Leitung dieser Bank eine jahrelange Misswirtschaft betrieben und einen Verlust von 30 Mio. RM in der Bilanz verschleiert hatte. Der Kanzler schaltete die Staatsanwaltschaft
ein, doch konnte sich das maßgebende Vorstandsmitglied der Berliner Bank für Handel und Grundbesitz den Ermittlungen durch
Flucht entziehen.[302]
In einigen Fällen erhielten auch Privatbanken Hilfen des Reichs,
der Deutschen Golddiskontbank oder der Akzept- und Garantiebank. Zwar kam es nicht zur Gründung eines eigenen Sonder-
instituts für Kredite an Privatbanken, wie es der Dresdner Pri-
vatbankier Rudolf Maron vorgeschlagen hatte, doch sollten die

Privatbanken bei der Vergabe von Krediten der Akzept- und Garantiebank ab dem Frühjahr 1932 in »angemessenem Rahmen« berücksichtigt werden.[303] So wurde das Berliner Bankhaus Hardy & Co. im Mai 1932 gerettet, indem die Dresdner Bank ihre Kapitalbeteiligung an dieser Privatbank im Rahmen einer Reichshilfe in Höhe von insgesamt 17,5 Mio. RM aufstockte.[304] Die Privatbanken S.J. Werthauer jun. Nachf. (Kassel) und Wilhelm Ahlmann (Kiel) erhielten ebenfalls unter Beteiligung der Dredner Bank Kredite der Deutschen Golddiskontbank. Die Deutsche Golddiskontbank half auch den renommierten Bankhäusern Simon Hirschland (Essen), S. Bleichröder (Berlin) und J. Dreyfus & Co. (Frankfurt am Main/Berlin) mit zum Teil umfangreichen Krediten aus. Die Frankfurter Privatbank Gebr. Lismann wurde mit einem Kredit der Akzept- und Garantiebank gestützt. Dem Bankhaus H.F. Lehmann in Halle/Saale, das im August 1931 die Zahlungen eingestellt hatte, räumte die Akzept- und Kreditbank im März 1933 einen Kredit in Höhe von 1,1 Mio. RM für eine weitere Gläubigerquote ein.[305] Insgesamt fühlten sich die Privatbankiers jedoch vom Reich im Stich gelassen, was nicht wenige von ihnen als Unrecht ansahen.[306]

Mit welchen Kosten die Bankensanierungen der Jahre 1931/32 für das Reich verbunden waren, lässt sich nur vage schätzen. Einige Anhaltspunkte ergeben sich aus der »Schlussbilanz« der Regierung Brüning, die Ende Mai 1932 zurücktreten musste. In den Wochen davor hatten vor allem die Nationalsozialisten und die Kommunisten der Regierung vorgeworfen, den Staat zugunsten der Banken ausgeplündert zu haben. Reichsfinanzminister Dietrich verteidigte die Stützung der Großbanken damals mit eindrucksvollen Worten: »Es war nicht möglich, die Banken schließen zu lassen. Es hätte den Zusammenbruch eines großen Teils der Wirtschaft bedeutet. Weil dem so ist, hat die Reichsregierung eingreifen müssen. Jede andere Regierung hätte genau dasselbe tun müssen.«[307]

In seiner letzten Reichstagsrede vom 9. Mai 1932 bezifferte Dietrich das Gesamtengagement des Reichs für Verpflichtungen aus der Bankenkrise mit 1,115 Mrd. RM. Davon entfielen 285 Mio. RM auf Bürgschaften und 185 Mio. RM auf verlorene Zuschüsse. Hinzu kamen 488 Mio. RM für Kapitalbeteiligungen bei der Akzept- und Garantiebank, der Commerzbank, der Dresdner

Bank und der Schröder Bank/Norddeutsche Kreditbank. Wie sich der Wert dieser Beteiligungen entwickeln würde, war im Mai 1932 natürlich nicht absehbar. Dietrich rechnete damit, dass ein erheblicher Teil der Kapitalzuschüsse verloren war. Insgesamt belief sich der Verlust des Reichs aus den Bankenstützungen nach Dietrichs Angaben im Mai 1932 auf 338 Mio. RM, wovon allein 150 Mio. RM auf die Sanierung der Dresdner Bank entfielen.[308] Das Reich musste als Folge der Bankenkrise nicht nur den Verlust durch die Bankenstützung hinnehmen, sondern auch Steuerausfälle, deren Höhe Dietrich mit 200 Mio. RM angab.[309]

Der weitere Verlauf der Bankensanierung zeigte, dass die Kosten schließlich weit über den von Dietrich im Mai 1932 angegebenen Stand hinausgingen.[310] Aus einer Ausarbeitung der Reichsbank vom Januar 1934 ergibt sich, dass die öffentliche Hand mit einem Betrag von etwa 670 Mio. RM an der Abdeckung der Verluste der Kreditbanken beteiligt war, die sich auf insgesamt 1,6 Mrd. RM beliefen (siehe Tabelle).[311] Nach neueren Forschungen kostete allein die Sanierung des Komplexes Dresdner Bank/Danatbank (einschließlich Deutsche Orientbank, Deutsch-Südamerikanische Bank und Bankhaus Hardy & Co.) das Reich bis Ende 1937 rund 550 Mio. RM.[312] Rechnet man noch die Bürgschaften des Reichs für die Banken (ohne die im Februar 1932 ausgelaufene Bürgschaft für die Danatbank) in Höhe von rund 300 Mio. RM, den Reichsanteil an den Liquiditätskrediten der Akzept- und Garantiebank (rund 600 Mio. RM), die Stützkredite für die Landesbanken sowie die Hilfen für mittelständische Kreditinstitute und Konsumgenossenschaften in Höhe von insgesamt rund 125 Mio. RM hinzu, dann lag das Gesamtengagement des Reichs bei mindestens 1,8 Mrd. RM. Da auch die Länder Bremen (Schröder Bank/Norddeutsche Kreditbank), Preußen (Landesbank der Rheinprovinz, Landesbank für die Provinz Westfalen) und Sachsen (ADCA) mit größeren Beträgen an der Stützung und Sanierung der Banken beteiligt waren, wird man davon ausgehen müssen, dass das Gesamtengagement des deutschen Staats bei über 2 Mrd. RM lag und der dadurch erlittene Verlust etwa 1 Mrd. RM betrug.

Vergleicht man die Höhe der damaligen Staatshilfen für die Banken mit den heutigen, dann scheinen sie auf den ersten Blick we-

Deckung der Verluste deutscher Kreditbanken 1931–1933 in Mio. RM[313]

Bank	Abschreibungen und Rückstellungen	Deckung aus eigener Kraft	Deckung mithilfe der öffentlichen Hand
Deutsche Bank und Disconto-Gesellschaft	482	425	57
Dresdner Bank (einschl. Danatbank)	620	159	461
Commerz- und Privat-Bank	247	135	112
ADCA	57	38	19
Sonstige private Kreditbanken	180–200	zusammen 180–200	
Gesamtverluste	rd. 1600	rd. 930–950	rd. 650–670

sentlich niedriger gelegen zu haben. Immerhin hat der von der Bundesregierung im Oktober 2008 zur Bankenstützung gegründete Sonderfonds Finanzmarktstabilisierung (SoFFin) ein Volumen von 480 Mrd. €. Davon wurden auf dem Höchststand im Oktober 2010 Garantien über 174 Mrd. € in Anspruch genommen. Anfang 2011 unterstützte der SoFFin vier Banken (Commerzbank, Hypo Real Estate, WestLB, Aareal Bank) mit Kapitalmaßnahmen im Umfang von 29 Mrd. €. Der größte Anteil entfiel mit 18,2 Mrd. € auf die Commerzbank, die inzwischen 14,3 Mrd. € an den Bund zurückgezahlt hat. Insgesamt erhielten deutsche Banken in den Jahren 2007–2010 staatliche Kapitalhilfen in Höhe von rund 60 Mrd. €. Der Hilfsrahmen, den der Bund bzw. der SoFFin und die Bundesländer in der letzten Finanzkrise für die deutschen Kreditinstitute bereitgestellt hatten, entsprach rund 21 Prozent des Bruttoinlandsprodukts. Eine ähnliche Dimension hatten die Rettungspakete in Frankreich und in den USA.[314]

Tatsächlich hatten die vom Deutschen Reich in den Jahren 1931/32 aufgebrachten Gelder zur Bankensanierung nicht nur ihrem absoluten Umfang nach, sondern auch in Relation zum jeweiligen Bruttosozialprodukt nicht die Dimension der jüngsten Stützungsmaßnahmen. Geht man von Dietrichs Angaben vom Mai 1932 aus, dann entsprach das damalige Engagement etwa 16 Prozent des damaligen Reichshaushalts und etwa 1,5 Prozent des deutschen Bruttosozialprodukts von 1931. Die Schätzung des Gesamtengagements nach Abschluss der Bankensanierung einschließlich der Stützungen durch die Länder und der Kredite für die Sparkassen in Höhe von gut 2 Mrd. RM entspricht rund 3 Prozent des deutschen Bruttosozialprodukts von 1931. Das vom SoFFin zur Verfügung gestellte Eigenkapital und die beim SoFFin in Anspruch genommenen Garantien entsprechen mit insgesamt 203 Mrd. € rund 70 Prozent des Bundeshaushalts 2009 und 8,5 Prozent des Bruttosozialprodukts von 2009. Geringer wird die Differenz, wenn man nur die Kapitalmaßnahmen betrachtet und weder die Garantien noch die Sanierungshilfen miteinbezieht. Die Kapitalbeteiligungen des SoFFin in Höhe von 29 Mrd. € entsprechen etwa 10 Prozent des Bundeshaushalts 2009, die Kapitalzuführungen des Reichs in Folge der Bankenkrise beliefen sich im Mai 1932 nach Dietrichs Angaben auf 488 Mio. RM, was rund 7 Prozent des Reichshaushalts für das Rechnungsjahr 1931/32 entsprach.[315]

Zu berücksichtigen ist bei diesem Vergleich, dass die Mittel für die Bankensanierung von 1931/32 in einer Zeit ungleich größerer Not aufgebracht werden mussten, in der Löhne, Arbeitslosengelder und Sozialleistungen aller Art drastisch gekürzt wurden und ein großer Teil der Bevölkerung unter dem Existenzminimum lebte. So gesehen hatten die Ausgaben für die Bankenrettung in dieser Zeit eine andere politisch-gesellschaftliche Dimension als in den Jahren 2008/09.

Die Reprivatisierung der Commerzbank und der Dresdner Bank

Die Reichsregierung hatte schon bei der Verstaatlichung der Dresdner Bank im Sommer 1931 keinen Zweifel daran gelassen, dass es sich dabei nicht um eine dauerhafte Lösung handeln konnte. Nach der Sanierung sollte die Bank wieder in privaten Besitz übergehen, sobald es ihr Status und das wirtschaftliche Umfeld zuließen. Von Anfang an stand auch fest, dass das Institut bis zu seiner Reprivatisierung nach den Prinzipien einer privaten Großbank geführt werden sollte. Der Aufsichtsratsvorsitzende Fritz Andreae konnte auf der Generalversammlung vom 31. August 1931 den gebeutelten Aktionären versichern, dass die Dresdner Bank nach dem Willen der Reichsregierung »in streng privatwirtschaftlichem Sinne« weitergeführt würde.[316] Ähnliche Erklärungen gab es anlässlich der Fusion zwischen der Dresdner Bank und der Danatbank im Februar 1932 wie auch bei der gleichzeitigen Verstaatlichung der Commerzbank.

Tatsächlich nahmen das Reich und die Deutsche Golddiskontbank keinen Einfluss auf das operative Geschäft der Dresdner Bank und der Commerzbank. In beiden Fällen begnügten sich die Großaktionäre mit Aufsichtsratsmandaten, über die sie die Kontrolle wahrnahmen. So gehörten den Aufsichtsratsgremien der Dresdner Bank sowie der Commerzbank nun jeweils ein Beamter des Reichswirtschaftsministeriums und des Reichsfinanzministeriums an.[317] Gefälligkeitsleistungen der Banken für das Reich blieben auf Ausnahmefälle beschränkt. So wurden vor der Reichspräsidentenwahl 1932 Mittel aus dem Reichshaushalt, die als Stützung für das von der Dresdner Bank übernommene Bankhaus Hardy & Co. getarnt waren, zur Finanzierung des Wahlkampfs von Hindenburg gegen Hitler verwandt.[318]

Auch nach der nationalsozialistischen Machtübernahme galt das Engagement des Reichs bei der Dresdner Bank und der Commerzbank nur als eine vorübergehende Lösung. Beide Banken wurden weiterhin nach privatwirtschaftlichen Grundsätzen geführt. Dies mag zunächst verwundern, da Teile der NSDAP vor 1933 die Verstaatlichung der Banken gefordert hatten und das NS-Regime den Einfluss des Staates auf die Wirtschaft ständig ausweitete. Tatsächlich konnte aber auch die Regierung Hitler kein Interesse daran haben, die Dresdner Bank und die Commerzbank auf Dauer in Reichsbesitz zu halten. Das Regime war auf ein leistungsfähiges Kreditgewerbe angewiesen, um die Rüstungsfinanzierung vorantreiben zu können und an zusätzliche dringend benötigte Devisen heranzukommen. Da in dieser Branche allein schon durch die Staatsbanken, die Sparkassenorganisation und die zur Deutschen Arbeitsfront gehörende Bank der Deutschen Arbeit ein großer öffentlicher Sektor bestand, ergab es keinen Sinn, auf die spezifischen Möglichkeiten privater Großbanken zu verzichten. Das galt für das Auslandsgeschäft und die internationalen Verbindungen ebenso wie für das Industriefinanzierungsgeschäft. Auch verfügte das Regime durch die Kapitalmarktkontrolle über wirksame indirekte Lenkungsmechanismen.[319]

Hinzu kam, dass das private Bankgewerbe mit Hjalmar Schacht, der 1933 erneut Reichsbankpräsident und ein Jahr später Reichswirtschaftsminister wurde, einen starken Fürsprecher in der Regierung hatte. Schacht war vor dem Ersten Weltkrieg bei der Dresdner Bank tätig gewesen, war einige Jahre später in den Vorstand der Nationalbank für Deutschland berufen worden und hatte 1922/23 dem Vorstand der Danatbank angehört. Bei den Beratungen der 1933 einberufenen Bankenenquete vertrat er massiv die Interessen der privaten Geschäftsbanken.[320] Schacht wollte ein weiteres Eindringen der Sparkassen in das Bankgeschäft verhindern. Das private Bankgewerbe, als dessen Anwalt er sich sah, hatte natürlich kein Interesse an einer dauerhaften Konkurrenz durch mehrere reichseigene Großbanken. Mehrere private Geschäftsbanken hatten schon gegen die Verstaatlichung der Dresdner Bank nach der Bankenkrise scharf protestiert, weil sie darin eine Wettbewerbsverzerrung sahen.[321]

Auch die Vorstände der Dresdner Bank und der Commerzbank strebten eine Reprivatisierung an. Die Kapitalmehrheit sollte sich nicht länger als unbedingt notwendig im Eigentum der öffentlichen Hand befinden. Schon durch ihr Berufsethos hatten diese Bankiers den Ehrgeiz, dass ihre Institute bald wieder den Status privater Banken erlangten. Friedrich Reinhart, der Aufsichtsratsvorsitzende und frühere Vorstandssprecher der Commerzbank, wurde 1934 denn auch Vorsitzender der Wirtschaftsgruppe Privates Bankgewerbe.

Ob die Dresdner Bank und die Commerzbank als reichseigene Großbanken einen Wettbewerbsvorteil hatten, lässt sich schwer feststellen, da sie sich 1932 eben auch in einer ungünstigeren Ausgangsposition befanden als die anderen Großbanken. Besonders gilt dies für die Dresdner Bank im Verhältnis zur Deutschen Bank. Hinzu kommt, dass sich die Großbanken nach 1933 wegen der staatlichen Kapitallenkung im »Dritten Reich« nicht allzu unterschiedlich entwickeln konnten. Die Bilanzziffern sprechen dafür, dass die Dresdner Bank bei den Kreditoren, besonders bei den Spareinlagen, höhere Zuwächse verzeichnen konnte als die Deutsche Bank, aber auch als die Commerzbank. Die Debitoren gingen nach 1934 bei allen drei Filialgroßbanken zurück.[322] Hinweise auf einen generellen Wettbewerbsvorteil gibt es weder für die Dresdner Bank noch für die Commerzbank. Beide Banken mussten aber zur Tilgung der Staatshilfen jährlich 15 Prozent des Reingewinns an das Reich zahlen. Bei der Commerzbank setzte das Reich auch durch, dass die Grundgehälter des Vorstands ab Januar 1934 halbiert und die Gehälter der anderen leitenden Angestellten um 10 Prozent abgesenkt wurden.[323]

Obwohl die Commerzbank und die Dresdner Bank ihre Geschäftspolitik nach 1933 in unternehmerischer Autonomie weiterführen konnten, wurden sie als reichseigene Banken nun vom politischen Umfeld stärker beeinflusst als etwa die Deutsche Bank. Die Vorstandsmitglieder der Commerzbank traten 1933/34 bis auf zwei Ausnahmen in die NSDAP ein.[324] Bei der Dresdner Bank wurden die jüdischen Angestellten aufgrund der Bestimmungen des Gesetzes zur Wiederherstellung des Berufsbeamtentums früher und rigoroser entlassen als bei privaten Banken. 1935 wurde mit Emil Meyer ein Vetter von Hitlers Wirtschaftsberater Wilhelm Keppler in den Vorstand der Dresdner Bank berufen. Meyer gehörte der NSDAP und der SS an. Ein weiteres neu berufenes Vorstandsmit-

Friedrich Reinhart, 1931–1934
Vorstandssprecher der Commerz-
und Privat-Bank, ab 1934 Aufsichtsratsvorsitzender

glied, Karl Rasche, trat später in beide Organisationen ein.[325] Ebenso wie Friedrich Reinhart von der Commerzbank waren Meyer und
Rasche Mitglieder eines von Keppler gegründeten Kreises, der
als »Freundeskreis Reichsführer SS« weitergeführt wurde.[326] Die
Reichsregierung konnte damit rechnen, dass diese Regimenähe
nach einer Reprivatisierung der Dresdner Bank und der Commerzbank bestehen blieb.

Eingeleitet wurde die Reprivatisierung der Großbanken mit der
Ablösung der Minderheitsbeteiligung, die die Deutsche Golddiskontbank an der Deutschen Bank übernommen hatte. Schon im
Laufe des Jahres 1933 konnte die Deutsche Bank diese Beteiligung
um 14 Mio. RM reduzieren, indem sie das ehemalige Hauptgebäude der Disconto-Gesellschaft im Berliner Bankenviertel verkaufte, das seit der Fusion von 1929 leer gestanden hatte. Damit
einher ging eine Herabsetzung des Aktienkapitals von 144 auf
130 Mrd. RM. Mit der Verbesserung der Ertragslage durch den
Aufschwung nach der Weltwirtschaftskrise folgten weitere Ablöse-
zahlungen. Seit dem Frühjahr 1935 war die Deutsche Golddiskontbank nur noch mit 8,5 Mio. RM (6,5 Prozent des Aktienkapitals)
bei der Deutschen Bank beteiligt. Im Februar 1936 wurde dann
auch diese Beteiligung abgelöst.[327]

Ungleich schwieriger gestaltete sich die Reprivatisierung der Commerzbank und der Dresdner Bank. Beide Banken litten stärker unter den Folgen der Bankenkrise, und die Beteiligung des Reichs bzw. der Deutschen Golddiskontbank am Aktienkapital hatte hier auch eine ganz andere Größenordnung als bei der Deutschen Bank. Eine Reprivatisierung konnte erst in Erwägung gezogen werden, nachdem sich die Ertragslage stabilisiert hatte. Bei der Commerzbank war dies der Fall, als für das Geschäftsjahr 1935 erstmals seit langem wieder eine Dividende ausgeschüttet werden konnte.

Obwohl bei der Verstaatlichung der Commerzbank im Februar 1932 ausdrücklich ein Rückkaufsrecht der Bank vereinbart worden war, kam der Anstoß zur Reprivatisierung nicht vom Vorstand der Commerzbank, sondern von außen. Willy Dreyfus, Teilhaber des der Commerzbank nahestehenden Bankhauses J. Dreyfus & Co., erkannte die Chance, die sich hier bot, nachdem der Kurs der Commerzbank-Aktie im Juli 1936 wieder den Nennwert erreicht

Berliner Hauptgebäude der Commerz- und Privat-Bank in der Behrenstraße/ Ecke Charlottenstraße, 1937

hatte.[328] Am Markt waren Bankaktien jetzt nach langer Zeit wieder begehrt, weil sie als unterbewertet galten und das Angebot an Aktien als Folge der Beschränkungen des Börsenhandels im Rahmen der Kapitallenkung des NS-Staats recht überschaubar war. Dreyfus konnte für sein Vorhaben einen einflussreichen Partner gewinnen: Hermann Josef Abs vom Bankhaus Delbrück Schickler & Co. Die beiden Bankiers nahmen Verhandlungen mit dem Reichsfinanzministerium auf, wobei Dreyfus wegen seiner jüdischen Herkunft Abs die Führung überlassen musste. Der Vorstand der Commerzbank reagierte auf den Reprivatisierungsplan entgegenkommend. Abs und Dreyfus erhielten Einblick in die Bücher der Bank und stellten daraufhin ein Platzierungs-Konsortium zusammen, dem neben ihren beiden Banken auch die Reichskreditgesellschaft und das der Commerzbank nahestehende Kölner Bankhaus J. H. Stein angehörten. Hinzu kam noch der Industrielle Philipp F. Reemtsma mit einem Anteil von 25 Prozent.[329] Das Konsortium bot dem Reichsfinanzministerium an, Commerzbank-Aktien im Nominalwert von 11,15 Mio. RM zu übernehmen. Dieses Paket konnte bereits im Oktober 1936 am Markt untergebracht werden. Die Käufer waren überwiegend Privatpersonen, darunter auch ausländische Anleger. Wenige Tage später platzierte das Konsortium erneut ein Aktienpaket dieser Größenordnung. Damit ging die Kapitalbeteiligung der Deutschen Golddiskontbank an der Commerzbank auf 42 Prozent zurück. Ab Februar 1937 gab die Golddiskontbank noch weitere Commerzbank-Aktien ab, die ebenfalls platziert werden konnten. Im September konnte die Reprivatisierung der Commerzbank abgeschlossen werden, bis auf ein Aktienpaket im Wert von knapp 3 Mio. RM, das vier Monate später platziert wurde.[330]

Für das Geschäftsjahr 1935 hatte auch die Dresdner Bank erstmals seit fünf Jahren wieder eine Dividende ausgeschüttet. Der Kurs ihrer Aktie stieg allerdings erst im März 1937 auf pari, sodass eine Reprivatisierung mit Aussicht auf Erfolg angegangen werden konnte. Anders als bei der Commerzbank ging die Initiative hier von der Bank selbst aus. Die entscheidenden Anstöße kamen vom Aufsichtsratsvorsitzenden Carl Goetz, der ein Jahr zuvor vom Vorstandsvorsitz in den Aufsichtsratsvorsitz gewechselt war, aber nach wie vor die Geschäftspolitik der Dresdner Bank bestimmte. Wegen des hohen Aktienkapitals der Dresdner Bank war die Reprivatisierung mit erheblichen Risiken verbunden. Die im Besitz des Reichs und der Deutschen Golddiskontbank befindlichen Anteilsscheine im Wert von insgesamt 136 Mio. RM ließen sich nicht in einem Block am Markt unterbringen. Das Reichsfinanzministerium wollte aber entweder alle Dresdner-Bank-Aktien des Reichs verkaufen oder die Mehrheit behalten. Zudem mussten eine gegenüber dem Reich bestehende Gewinnabführungspflicht und eine geheime Verlustgarantie des Reichs über 100 Mio. RM abgegolten werden.

Im Sommer 1937 entwarf Goetz einen Plan, wonach zunächst 49 Prozent des Aktienkapitals in Form einer Option auf drei Monate zu einem Kurs von 112,5 Prozent übernommen und platziert werden sollten. Die restlichen 51 Prozent sollten dann in einem Schlag folgen. Nachdem die Reichsbank und die zuständigen Ministerien – davon das Reichsfinanzministerium nur widerstrebend – zugestimmt hatten, wurde ein Platzierungskonsortium unter Führung der Berliner Handelsgesellschaft gebildet. Die Dresdner Bank deckte zunächst aus stillen Reserven die Verpflichtungen gegenüber dem Reich ab. Im September 1937 begann die Platzierung

Carl Goetz, seit 1931 Mitglied
des Vorstands der Dresdner Bank,
1933 Vorstandsvorsitzender, ab
1936 Aufsichtsratsvorsitzender

der Aktien. Mithilfe der Banken des Konsortiums, die sich verpflichteten, die Papiere erst einmal zu einem niedrigen Kurs zu halten, und einer zusätzlichen Unterstützung durch die Industriellen Friedrich Flick und Gustav Krupp von Bohlen und Halbach, die jeweils Aktienpakete übernahmen, gelang die Transaktion. Schon am 5. Oktober konnte die Dresdner Bank den Abschluss der Reprivatisierung mitteilen. Das Aktienkapital in Höhe von 150 Mio. RM befand sich nun in privatem Streubesitz. Nur einige wenige Aktionäre wie die Vereinigten Stahlwerke und Flick hatten eine Kapitalbeteiligung von mehr als 1 Mio. RM.[331]

Nach der Reprivatisierung der Dresdner Bank befanden sich vier der fünf deutschen Großbanken wieder in privater Hand. Das staatliche Engagement im Großbankensektor beschränkte sich nun – wie schon vor 1931 – auf die Reichskreditgesellschaft. Der Anteil des Reichs am Aktien- und Kommanditkapital aller Großbanken, der als Folge der Bankenkrise bis zum Frühjahr 1932 auf etwa 67 Prozent angestiegen war, lag Ende 1937 bei weniger als 10 Prozent.[332]

Die deutsche Bankenkrise von 1931 im internationalen Vergleich

Europa

Im Unterschied zu heutigen Banken- und Finanzkrisen war die Bankenkrise vom Juli 1931 kein globaler Vorgang. Die Bankenzusammenbrüche in Deutschland waren nicht die Folge von Crashs in anderen Ländern und hatten keine unmittelbaren Auswirkungen auf die Bankensysteme in Großbritannien, Frankreich oder den USA. Aus heutiger Sicht ist dies kaum vorstellbar, doch zeigt sich auch daran, wie sehr diese Krise durch spezifische Probleme der deutschen Wirtschaft bedingt war. Auch hatten die globalen Kapitalströme als Folge des Ersten Weltkrieges an Bedeutung verloren. Handelshemmnisse, Zahlungsbilanzkrisen und nationale Alleingänge belasteten die Weltwirtschaft. Innerhalb des internationalen Währungssystems fehlte eine ordnende Führungsmacht, da Großbritannien diese Rolle nicht mehr wahrnehmen konnte und die USA dazu nicht bereit waren.[333] Durch die Einführung des Golddevisenstandards waren allerdings die Währungen der USA, Frankreichs, Großbritanniens und Deutschlands aneinander gekoppelt, und entsprechend eng war der Kontakt zwischen den Zentralbanken. Mit der Gründung der in Basel ansässigen Bank für Internationalen Zahlungsausgleich (BIZ) entstand 1930 erstmals eine Art Zentralbank der Zentralbanken.

Die Zentralbanken in den USA, in Großbritannien und in Frankreich sahen sich durch die deutsche Bankenkrise dennoch nicht veranlasst, Maßnahmen zur Absicherung der Banken in ihren Ländern zu ergreifen. Sie waren davon überzeugt, dass diese Krise nicht übergreifen würde, da die Ursachen nach dem einhelligen Urteil der Experten primär in den deutschen Verhältnissen lagen. So sah man es auch in der Schweiz, deren Finanzwelt besonders enge Verbindungen mit Deutschland hatte und entsprechend gut informiert war. Nach dem Zusammenbruch der Danatbank schrieb die *Neue Zürcher Zeitung*: »Der eigentliche Schlüssel liegt in der Wiederherstellung des Vertrauens – des Vertrauens in die politische Stabilität und die außenpolitischen Absichten Deutschlands.«[334] Unmittelbar betroffen waren von der deutschen Bankenkrise lediglich Länder mit Banken, die unter starkem Einfluss deutscher Kreditinstitute standen. Dies galt vor allem für die Staaten Ost- und Südosteuropas, die bereits unter den Folgen des Zusammenbruchs der Österreichischen Creditanstalt im Mai 1931 litten. In Polen und im Baltikum kam es nach der Schließung der Danatbank zu einem Run, dem in Lettland und Litauen mehrere Banken zum Opfer fielen. Zuvor hatte bereits die Warschauer Kreditbank, die eng mit der Österreichischen Creditanstalt verbunden war, die Zahlungen einstellen müssen. In Ungarn setzte nach der Krise der Österreichischen Creditanstalt eine Kapitalflucht ein. Der Zahlungsverkehr musste vorübergehend ausgesetzt werden. Zu einer Bankenkrise kam es aber nicht, weil die Nationalbank die Geschäftsbanken mit zusätzlicher Liquidität versorgte und die Kapitalflucht durch die Einführung einer Devisenbewirtschaftung gestoppt wurde. In Rumänien brach die größte Privatbank des Landes zusammen, in Jugoslawien kam es zu Zahlungseinstellungen, und in der Tschechoslowakei erhielten mehrere Banken staatliche Stützkredite.[335]

Bei der österreichischen Bankenkrise, die im Mai 1931 begann, handelte es sich um eine eigenständige, von der Entwicklung in Deutschland unabhängig verlaufende Krise. Sie war durch den Zusammenbruch der Österreichischen Creditanstalt, der größten Bank des Landes, bedingt und letztlich mehr die Krise einer Bank als eine Bankenkrise. Die hohen Verluste der Österreichischen Creditanstalt kamen nicht primär durch den Abzug ausländischer Gelder zustande, wie lange angenommen worden war – vor allem vor dem Hintergrund der französischen Reaktion auf das Projekt der deutsch-österreichischen Zollunion. Dieter Stiefel weist in seiner Studie über die Österreichische Creditanstalt nach, dass dieses Institut durch Managementfehler und falsche Weichenstellungen in der Geschäftspolitik zugrunde gerichtet worden ist.[336] Das Wiener

Geldhaus hatte sich mit der Übernahme angeschlagener Banken und unrentabler Industriebeteiligungen, aber auch mit einer unkontrollierten Expansion in den Nachfolgestaaten des Habsburgerreichs übernommen. Die Verluste waren über Jahre hinweg vor der Öffentlichkeit verheimlicht worden, bis die Bank dann im Mai 1931 einen Verlust von 140 Mio. Schilling bekannt gab. Später stellte sich heraus, dass die tatsächliche Höhe der Verluste bei etwa 1 Mrd. Schilling lag, was 50 Prozent des österreichischen Staatshaushalts entsprach. Die Regierung in Wien wollte die führende Bank des Landes nicht fallen lassen, lehnte aber eine Verstaatlichung ab. Schließlich gelang es dem österreichischen Staat, die Creditanstalt mithilfe eines internationalen Konsortiums aus 130 Banken einschließlich der Bank von England zu sanieren. Ihre Rettung hatte die Creditanstalt vor allem politischen und wirtschaftlichen Interessen des Auslands zu verdanken. Französische Banken engagierten sich, um die größte Bank Österreichs als Bollwerk gegen die geplante deutsch-österreichische Zollunion nutzen zu können. Die Bank von England beteiligte sich wiederum am Stützungskonsortium, um einen allzu großen Einfluss Frankreichs zu verhindern.[337] Als Folge der deutschen Bankenkrise musste am 14. Juli 1931 dann die Mercurbank in Wien, eine Tochtergesellschaft der Danatbank, die Schalter schließen.[338]

Für die Schweizer Banken hatte die deutsche Finanzkrise zwiespältige Folgen. Einerseits gehörte die Schweiz zu den »Kapitalfluchtinseln«. Gläubiger aus ganz Europa, vor allem aber aus Deutschland, brachten ihr Geld dorthin in Sicherheit. Die Schweizer Banken verfügten dadurch über eine hohe Liquidität, was wiederum das Vertrauen in ihre Zahlungsfähigkeit stärkte und weiteres Geld aus dem Ausland anlockte. Beschränkungen des Devisen- und Zahlungsverkehrs brauchte hier niemand zu befürchten. Umgekehrt litten die Schweizer Banken aber unter der in Deutschland eingeführten Devisenbewirtschaftung und dem Basler Stillhalteabkommen durch das ihre nach Deutschland ausgeliehenen Gelder mit kurzer Laufzeit blockiert waren.

Von einer großen Bankenkrise blieb die Schweiz verschont, doch kam es auch hier zu Bankzusammenbrüchen. Am 11. Juli 1931 kollabierte die Banque de Genève, eine lokale Bank, deren Crash vor

dem Hintergrund der Vorgänge in Berlin große Besorgnis in der
Schweizer Finanzwelt auslöste.[339] Zwei Monate später brach die
Schweizerische Volksbank zusammen. Gerüchte über angebliche
Zahlungsbeschränkungen hatten hier zu einem Run geführt. Offensichtlich war das Publikum in der Schweiz zu diesem Zeitpunkt
unter dem Eindruck der deutschen Bankenkrise verunsichert.[340]
Ende September 1931 musste das Züricher Bankhaus C.J. Brup-
bacher die Schalter schließen. Die Schweizer Großbanken erwiesen
sich als stabil, doch mussten die Schweizerische Bankgesellschaft
und die Basler Handelsbank 1933 einen Teil ihres Aktienkapitals
abschreiben. Beide Banken waren stark in Deutschland engagiert.

Die Regierung in Bern und die Schweizerische Nationalbank
(SNB) verhielten sich gegenüber den zusammengebrochenen Banken keineswegs einheitlich. Im Fall der Banque de Genève wollte
die SNB die Sanierung primär dem Kanton und den Genfer Geschäftsbanken überlassen.[341] Nachdem dies nicht zustande gekommen war, wurde die Bank mit der Union Financière zur Schweizerischen Diskontbank fusioniert. Im Frühjahr 1933 legte die
Schweizer Regierung, der Bundesrat, ein Sanierungspaket für die
Diskontbank vor. Die Übernahme einer Bundesgarantie lehnte die
Mehrheit des Bundesrats ab. Nach den Erfahrungen in Deutschland befürchtete man, dass dies zu einer Verstaatlichung führen
würde. Schließlich scheiterte die Sanierung am Genfer Staatsrat,
der seine Beteiligung zurückzog. Nachdem von der Darlehenskasse,
die der Bund zur Unterstützung von Banken gegründet hatte, ein
Kreditantrag abgelehnt worden war, musste die Diskontbank im
April 1934 Konkurs anmelden.

Die Schweizerische Volksbank wurde dagegen nach ihrem Zusammenbruch im September 1931 durch einen Kredit der Nationalbank und des Bundes gestützt.[342] Im Dezember 1933 beschloss der
Nationalrat ein Gesetz zur Sanierung der Volksbank durch eine
Kapitalzuführung des Bundes in Höhe von 100 Mio. Schweizer
Franken. Damit ging die Majorität des Stammkapitals in Bundes-
besitz über. Anders als im Fall der Diskontbank gab es bei der mit-
telständisch ausgerichteten Volksbank einen breiten Konsens in der
Politik und der Öffentlichkeit der Schweiz, mithilfe des Bundes zu
sanieren, und so kam es hier zu einer Verstaatlichung, wie sie die

Regierung im Fall der Diskontbank noch abgelehnt hatte. Jan Baumann, der die gescheiterte Sanierung der Diskontbank und die erfolgreiche Sanierung der Volksbank vergleichend untersucht hat, sieht den entscheidenden Unterschied in der gesellschaftlichen Akzeptanz: »In der Öffentlichkeit erhielt die Diskontbank 1934 kaum noch Beistand, während die Volksbank als Kernbestand des schweizerischen Kreditwesens galt.«[343] Auch in Großbritannien machte sich die deutsche Bankenkrise indirekt bemerkbar. Londoner Merchant Banks hatten mehr noch als die Schweizer Banken kurzfristige Kredite nach Deutschland vergeben. Sofern diese Gelder nicht in den Wochen und Monaten vor der deutschen Bankenkrise abgezogen worden waren, unterlagen sie nun dem Stillhalteabkommen. Eingefroren waren auch britische Gelder in Österreich und in Ungarn. Die Bank von England begrenzte den Schaden, indem sie den betroffenen Banken aushalf.[344] Als das renommierte Bankhaus Lazard Brothers im Juli 1931 zusammengebrochen war und von der Bank von England gestützt werden musste, waren in der Londoner City vorübergehend Besorgnisse über eine mögliche Bankenkrise aufgekommen, doch stellte sich heraus, dass dieser Crash durch einen Betrug in der Brüsseler Niederlassung der Bank ausgelöst worden war.

Im September 1931 kam die Bank von England selbst unter Druck, weil nun eine massive Kapitalflucht aus Großbritannien einsetzte. Die Gläubiger verloren das Vertrauen in das Britische Pfund. Die Bank von England traf daraufhin eine spektakuläre Entscheidung und stellte am 20. September die Goldzahlungen ein. Einen Tag später suspendierte die britische Regierung den Goldstandard.[345] Die Spekulation gegen das Pfund konnte nun durch eine Abwertung gestoppt werden, und Großbritannien blieb so vor einer Bankenkrise bewahrt. Eine derartige Entscheidung hätte die Reichsbank weder in den Wochen vor dem 13. Juli 1931 noch im Anschluss an die Freigabe des Pfunds treffen können, weil dies zu einer Abwertung der Auslandsgelder geführt hätte, die von den Gläubigerländern nicht hingenommen worden wäre.[346]

An Frankreich gingen diese Erschütterungen weitgehend vorbei. Das Land verfügte über große Goldreserven und war auf dem Weg, die führende Finanzmacht Europas zu werden. Dass hier die

Banque Nationale de Crédit Anfang Oktober 1932 in Zahlungs-schwierigkeiten geriet, stand weder mit den Bankenkrisen in Mitteleuropa noch mit den Vorgängen in England in einem Zusammenhang. Die Bank hatte im Industriegeschäft hohe Verluste gemacht und sich angeblich auch auf riskante Geschäfte mit Diamanten und Filmfinanzierungen eingelassen. Die französische Regierung stützte mit einer Staatsgarantie die Banque Nationale de Crédit, die nach einer stillen Liquidierung dann zur Banque Nationale pour le Commerce et l'Industrie umgegründet wurde. Vom französischen Staat gestützt wurden später noch zwei weitere Banken: die Regionalbank Banque de l'Alsace et de Lorraine und die Großbank Union Parisienne.[347]

Ben Bernanke und Harold James listen in ihrem international vergleichenden Beitrag über die Finanzkrisen während der Großen Depression für das Jahr 1931 Bankenkrisen in dreizehn europäischen Ländern (ohne Türkei) auf. In sieben dieser Länder fanden allerdings nur Zusammenbrüche einzelner Banken oder massive Abzüge ausländischer Gelder statt, nicht aber eine Krise des Bankensystems (Belgien, Estland, Frankreich, Großbritannien, Schweiz, Tschechoslowakei, Türkei). Weitere vier Länder gerieten durch die Vorgänge in Österreich und Deutschland in eine Bankenkrise (Lettland, Polen, Rumänien, Ungarn). Einen Sonderfall bildet die Türkei, wo – ebenso wie in Ägypten – nur die Auslandsfilialen deutscher und österreichischer Banken die Zahlungen einstellen mussten. Außerhalb Europas kam es 1931 in den USA und in Argentinien zu Bankenkrisen, wobei die USA das einzige Land waren, das während der großen Weltwirtschaftskrise eine ähnlich schwere Bankenkrise erlebte wie Deutschland.[348]

USA

Die USA waren in dieser Zeit das klassische Land der Bankenkrisen. Während der Weltwirtschaftskrise kam es hier in mehreren Wellen zu solchen Krisen. Die schwerste von ihnen führte dazu, dass im März 1933 – ähnlich wie in Deutschland im Juli 1931 – Bankfeiertage ausgerufen werden mussten. Doch sind die Bankenkrisen in beiden Ländern kaum vergleichbar, weil die USA ein sehr eigenes Bankensystem hatten, dessen strukturelle Schwächen entscheidend zu den Krisen der Jahre 1931 bis 1933 beitrugen. Bankenzusammenbrüche waren in den USA auch schon während des Booms vor der Weltwirtschaftskrise keine Besonderheit. Zwischen 1921 und 1929 stellten dort im Durchschnitt mehr als sechshundert Banken pro Jahr die Zahlungen ein.[349] Dabei handelte es sich zumeist um kleinere lokale Banken, die nicht dem seit 1913 bestehenden Federal Reserve System (Fed), einem dezentral organisierten Zentralbanksystem, angehörten. Die Banken des Fed – zu diesen zählten die meisten größeren Banken des Landes (National Banks, State Banks) – konnten sich über dieses Zentralbanksystem refinanzieren und unterlagen der Bankenaufsicht durch eine der zwölf regionalen Federal Reserve Banks. Etwa 70 Prozent der insgesamt rund 25 000 Banken in den USA waren aber nicht im Fed vertreten.

Die Instabilität des Bankensystems gehörte seit langem zu den Schwachstellen der amerikanischen Wirtschaft. Sie war durch die Zersplitterung des Bankwesens in den USA bedingt, was wiederum mit den rechtlichen Rahmenbedingungen zusammenhing. Landesweit tätige Banken hatten sich aufgrund der gesetzlichen Bestimmungen kaum herausbilden können. Die lokalen Banken waren aber nicht breit genug aufgestellt, um Risiken durch Diversifikation senken zu können. Die meisten von ihnen konnten sich auch nicht refinanzieren.[350] John Kenneth Galbraith beschreibt in seinem Standardwerk über den Börsencrash von 1929, dass die Bankenzusammenbrüche deshalb wie eine Kettenreaktion abgelaufen waren:»Brach eine Bank zusammen, dann wurden die Kapitalanlagen anderer Banken eingefroren. Die Kunden vieler Banken nahmen diesen Zusammenbruch als Warnung und zogen ihre Einlagen ab. Auf diese Weise zog der eine Zusammenbruch andere nach sich.«[351]

Während des Booms vor der Weltwirtschaftskrise hatten sich bei den amerikanischen Banken vor allem durch Immobiliengeschäfte und Eisenbahnfinanzierungen hohe Risiken angehäuft.[352] Nach Beginn der Weltwirtschaftskrise nahmen die Zahlungseinstellungen zu, doch waren davon bis Herbst 1930 nur Banken von lokaler

Bedeutung betroffen. Zwischen November 1930 und Januar 1931 kam es zur ersten landesweiten Bankenpanik in der Weltwirtschaftskrise, ausgelöst durch den Zusammenbruch der Caldwell and Company of Nashville, Tennessee, der größten Investmentbank der Südstaaten.[353] Anders als die deutsche Bankenkrise von 1931 gingen die amerikanischen Bankenkrisen von 1930 bis 1933 nicht vom Finanzzentrum des Landes aus. Die Krise vom Herbst 1930 betraf vor allem Geldhäuser in den Federal Reserve Districts von St. Louis, Richmond und Atlanta.[354]

Am 11. Dezember 1930 brach auch eine große Geschäftsbank in New York zusammen, die Bank of United States, die dem Fed angehörte und trotz ihres Namens eine private Commercial Bank war. Die Bank of United States hatte vor der Weltwirtschaftskrise besonders im Immobiliengeschäft stark expandiert und war für ihre riskanten Geschäftspraktiken bekannt. Ob sie insolvent wurde oder nur illiquide, ist bis heute nicht geklärt. Die New Yorker Federal Reserve Bank lehnte eine Stützung ab, weil sie die Bank of United States für schlecht geführt und insolvent hielt, und die New Yorker Clearing House Association lehnte eine Garantie ab, weil man darin ein unkalkulierbares Risiko sah.[355] Durch Milton Friedman und Anna Schwartz gewann dieser Bankenkollaps später einen prominenten Platz in der Literatur über die Weltwirtschaftskrise. Sie interpretierten den Zusammenbruch der Bank of United States und die damalige Untätigkeit der Federal Reserve Bank als den Auslöser einer Vertrauenskrise gegenüber den amerikanischen Banken, durch die sich die Weltwirtschaftskrise in den USA entscheidend verschärft hätte.[356] Die neuere Forschung hat diese These empirisch widerlegt, etwa anhand von Daten, die zeigen, dass die Depositenabzüge bei den amerikanischen Geschäftsbanken im Dezember 1930 nicht viel höher lagen als im Vormonat. Das spricht nicht für eine Panik.[357] Allerdings stieg die Zahl der Bankenzusammenbrüche im Dezember 1930 deutlich an, und die New Yorker Federal Reserve Bank sah sich gezwungen, den Geschäftsbanken durch Offenmarktkäufe und eine Senkung des Diskontsatzes Liquidität zuzuführen.[358]

Zwischen Februar und August 1931 folgte eine weitere Welle von Zahlungseinstellungen, vorwiegend bei lokalen und regionalen Banken im Mittleren Westen (Fed-Distrikte Chicago, Cleveland, Kansas City, Minneapolis). Die Ursache dürfte, anders als Friedman und Schwartz vermuteten, nicht der Verfall der Wertpapierkurse gewesen sein. Nach Ansicht der neueren Forschung handelte es sich in dieser Phase auch nicht um eine nationale Bankenkrise, sondern um Probleme einzelner Banken bzw. Bankregionen.[359] Die deutsche Bankenkrise wirkte sich auf das angeschlagene US-Bankensystem nicht unmittelbar aus, obwohl die großen amerikanischen Banken von der Einführung der Devisenbewirtschaftung in Deutschland betroffen waren, weil sie nun nicht mehr an die Gelder herankamen, die sie zu diesem Zeitpunkt noch mit kurzer Laufzeit nach Deutschland ausgeliehen hatten.[360]

Als Großbritannien am 21. September 1931 den Goldstandard aufgab, löste dies dagegen bei den amerikanischen Banken beträchtliche Erschütterungen aus. Einlagen bei Banken und Investmenttrusts wurden abgezogen, und ausländische Zentralbanken flüchteten nun aus dem Dollar in Gold, weil sie damit rechneten, dass die USA dem britischen Beispiel folgen und den Dollar abwerten würden. Auf die massiven Goldabzüge reagierte die Federal Reserve mit einer Erhöhung des Diskontsatzes von $1^1/_2$ auf $3^1/_2$ Prozent und verschärfte damit die Wirtschaftskrise in den USA.[361] Die »banking panics« wurden aber nicht erst durch die Geldverknappung ausgelöst, sondern gingen ihr zeitlich voraus. Die Gläubiger sahen durch die Goldabzüge offenbar die Goldkonvertibilität und damit die Stabilität der amerikanischen Währung bedroht, obwohl die Notendeckung nach wie vor weit über der auch in den USA geltenden Mindestgrenze von 40 Prozent lag. Möglicherweise rechnete man damit, dass die Banken durch die Abwertung der britischen Währung hohe Verluste erlitten, da die USA das wichtigste Gläubigerland Großbritanniens waren. Eine Rolle könnte zudem gespielt haben, dass die Berichte über die deutsche Bankenkrise zu einer Verunsicherung geführt hatten.[362]

Auch die Krise vom September 1931 ging nicht vom Finanzzentrum New York aus. Zu Runs kam es vor allem in Chicago, Philadelphia und Pittsburgh. Allein in Chicago mussten elf Banken die Zahlungen einstellen.[364] Die Bankenzusammenbrüche führten landesweit zu einem fatalen Trend der »Geldhortung«. Die Banken

**Zahlungseinstellungen von Geschäftsbanken in den USA
1925 bis 1933**[363]

Jahr	Zahl der Banken mit Zahlungseinstellung	Anteil an der Gesamtzahl der Banken in Prozent	Depositen der Banken mit Zahlungseinstellung in Mio. $	Anteil an den Depositen aller Banken in Prozent
1925	618	0,60	168	0,33
1926	976	0.94	260	0,48
1927	669	0,74	199	0,36
1928	498	0,55	142	0,25
1929	659	0,93	231	0,38
1930	1350	3,48	837	0,40
1931	2293	7,62	1690	2,87
1932	1453	3,64	706	1,43
1933	4000	20,2	3597	7,84

liehen Geld nicht mehr im bisherigen Umfang aus, und die Haushalte horteten Bargeld.[365] Vor diesem Hintergrund errichtete US-Präsident Herbert Hoover am 7. Oktober 1931 die National Credit Corporation. Ähnlich wie die Akzept- und Garantiebank in Deutschland sollte die National Credit Corporation (seit Februar 1932: Reconstruction Finance Corporation) angeschlagene Banken mit Liquiditätshilfen versorgen. Unterstützt wurden auch jene Banken, die nicht dem Fed angehörten, sowie die Versicherungen.[366] Innerhalb weniger Wochen gelang es, den Markt zu beruhigen und das Vertrauen in die Banken, wenn auch nur vorübergehend, wiederherzustellen. Bis August 1932 vergab die National Credit Corporation bzw. Reconstruction Finance Corporation (RFC) an rund 3500 Banken Kredite in Höhe von 679 Mio. $. Kritiker dieser Finanzhilfen sprachen – ähnlich wie in Deutschland – von »financial socialism«.[367]

Ende 1932 nahmen die Zahlungseinstellungen bei den amerikanischen Geschäftsbanken wieder zu. Zwei Monate später ging von Bankenschließungen in Detroit eine weitere Panik aus, die zur schwersten Bankenkrise der USA in den dreißiger Jahren werden sollte. Die beiden führenden Banken Detroits, der Union Guardian Trust und die First National Bank of Detroit, hatten schon seit längerem unter der Krise der Automobilindustrie gelitten. Durch die hohe Arbeitslosigkeit wurden viele Hypothekenkredite notleidend, die an Arbeiter und Angestellte von Ford, General Motors und Chrysler vergeben worden waren. Die als Sicherheit dienenden Immobilien verloren gleichzeitig durch die Krise rapide an Wert. Als der Union Guardian Trust im Februar 1933 die Zahlungen einstellen musste, bestand das Vermögen dieser Bank zu 70 Prozent aus illiquide gewordenen Immobilien. Die RFC war grundsätzlich bereit, Union Guardian zu stützen, verlangte aber, dass sich der Mehrheitseigentümer der Bank, Detroits Automobilkönig Henry Ford, an der Rettung beteiligte. Dazu war Ford nicht bereit. Der Gouverneur von Michigan ordnete daraufhin beginnend mit dem 14. Februar 1933 Bankfeiertage an. Alle Banken dieses Bundesstaats blieben für zunächst acht Tage geschlossen.[368] Prompt kam es nun in den Nachbarstaaten zu panikartigen Runs auf die Bankschalter, bis dort ebenfalls Bankfeiertage ausgerufen wurden. Nach und nach folgten weitere Bundesstaaten, bis Anfang März 1933 schließlich in 48 Bundesstaaten die Banken geschlossen waren oder nur noch in geringem Umfang Zahlungen leisten konnten.[369]

Die RFC und das Fed waren diesem Dominoeffekt nicht gewachsen, zumal die Notendeckung durch Gold und Devisen nun bedenklich zurückging und in New York sogar unter die Mindestgrenze von 40 Prozent sank. Verschärft wurde die Krise noch durch ein Machtvakuum in Washington, da Präsident Hoover nach den verlorenen Wahlen vom November 1932 nicht mehr voll handlungsfähig war, sein Nachfolger Franklin D. Roosevelt aber erst Anfang März 1933 ins Amt kam.

Schon einen Tag nach seiner Inauguration ordnete Roosevelt am 5. März einen viertägigen »bank holiday« an. Wenig später wurde der Goldstandard faktisch aufgehoben. Dass der Präsident private Banken zwang, den Zahlungsverkehr einzustellen, ihnen den Verkauf von Gold verbot und wenige Tage später anordnete, alles in Privatbesitz befindliche Gold in Banknoten umzutauschen, war in der Geschichte der USA ein einmaliger Vorgang. Roosevelt be-

US-Präsident Franklin D.
Roosevelt bei der Unter-
zeichnung des Emergency
Banking Act, 1933

diente sich dafür der kriegsrechtlichen Notstandsvollmachten des
Trading with the Enemy Act von 1917.[370]

Mit Wiedereröffnung der Banken am 9. März erließ der US-
Kongress den von Roosevelt eingebrachten Emergency Banking
Act. Das Gesetz sicherte dem Präsidenten im Krisenfall die absolute Kontrolle über alle Finanzangelegenheiten, einschließlich des
Rechts, Banken zu rekonstruieren und Institute zu schließen. Alle
amerikanischen Geschäftsbanken wurden nun der Bankenaufsicht
des Fed unterstellt.[371]

Nach Verkündung des Emergency Banking Act konnte der Zahlungsverkehr ohne größere Probleme wieder aufgenommen werden. Roosevelts drakonische Maßnahmen hatten das Vertrauen in
das Bankensystem wiederhergestellt. Die vorangegangene Bankenkrise vom Februar/März 1933 war freilich auch psychologisch bedingt. Durch Kompetenzstreitigkeiten, persönliche Konflikte und
Fehlwahrnehmungen seitens der RFC war die durchaus lösbare
Krise einer einzelnen Bank in Detroit zur Bankenkrise eines Bundesstaats und schließlich zu einer schweren nationalen Bankenkrise geworden.[372]

Wenige Monate später kam es im Rahmen des von Roosevelt verkündeten »New Deal« zu einer dauerhaften Neuregelung des amerikanischen Bankrechts. Der Glass-Steagall Act vom 16. Juni 1933 schrieb als Konsequenz aus den Erfahrungen der vorangegangenen Bankenkrisen eine am britischen Vorbild orientierte institutionelle Trennung zwischen Einlagengeschäft und Investmentgeschäft bzw. zwischen Commercial Banks und Investment Banks vor.[373] Dieses Trennbankensystem blieb in den USA bis Ende der neunziger Jahre in weitgehend unveränderter Form bestehen. Zugleich wurde ein Einlagensicherungsfonds geschaffen, die Federal Deposit Insurance Corporation (FDIC). Das Kapital der FDIC brachten das Finanzministerium und die zwölf Federal Reserve Banks auf, wobei sich allein der Beitrag der Treasury auf 150 Mio. $ (das entsprach 630 Mio. RM) belief.[374] Durch diese Institution konnten einige der Schwachstellen des amerikanischen Bankensystems, die zu den häufigen Runs und Paniken geführt hatten, überwunden werden. Auch Banken, die nicht dem Fed angehörten, konnten sich nun refinanzieren, und die Zahlungseinstellung einer Bank konnte nicht mehr so leicht eine Kettenreaktion auslösen. Die Zahl der Bankenzusammenbrüche ging drastisch zurück.[375]

Lehren aus der Krise:
Die Einführung der Bankenaufsicht und die Neuregelung des Bankrechts in Deutschland

Ob die Bankenkrise vom Juli 1931 anders verlaufen wäre, wenn zu diesem Zeitpunkt in Deutschland eine zentrale Bankenaufsicht bestanden hätte, ist keineswegs sicher. Immerhin hat sich damals eines der größten und folgenschwersten Debakel, der Zusammenbruch der rheinischen Landesbank, in einem Segment des Kreditgewerbes abgespielt, das unter Staatsaufsicht stand. Auch war die Bankenaufsicht des Fed in den USA nicht in der Lage gewesen, den Kollaps des dortigen Bankensystems im Februar 1933 zu verhindern. Zahlungseinstellungen im deutschen Bankgewerbe waren trotz fehlender Aufsicht bei weitem nicht so verbreitet wie unter den Banken des Fed. Andererseits spricht vieles dafür, dass die deutsche Bankenkrise von 1931 nicht derart eskaliert wäre, wenn die Banken unter laufender Beobachtung durch eine Bankenaufsicht gestanden hätten. Die Reichsbank und die Reichsregierung wären dann besser informiert gewesen und hätten zu einem früheren Zeitpunkt handeln können. Das eklatante Kontroll- und Informationsdefizit, das durch die Bankenkrise vom Juli 1931 für jedermann erkennbar zutage trat, legte die Einführung einer Bankenaufsicht nahe. Allgemein wurde dies als eine der wichtigsten Lehren aus dieser Krise angesehen.

Dass es im Juli 1931 in Deutschland noch keine zentrale Bankenaufsicht gab, erscheint aus heutiger Sicht schwer verständlich. Im internationalen Vergleich war dies freilich keine Besonderheit. Auch in vielen anderen Ländern – etwa in der Schweiz und in Großbritannien – bestand damals keine Bankenaufsicht. Allerdings hatte es in Deutschland schon vor dem Ersten Weltkrieg Initiativen zur Einführung einer derartigen Institution gegeben. Um zu verstehen, warum diese Vorschläge nicht umgesetzt worden sind, bedarf es eines kurzen Rückblicks auf die Diskussion im Kaiserreich. Nach den Bankenkrisen von 1901/02 und 1907 war in Deutschland erstmals der Ruf nach einer Bankenaufsicht laut geworden. Adolph Wagner, einer der bekanntesten Finanzwissenschaftler dieser Zeit, hatte schon 1901 die Errichtung eines Reichs-Bankkontrollamtes vorgeschlagen, vergleichbar dem im selben Jahr errichteten Kaiserlichen Aufsichtsamt für Privatversicherungen. Die Banken sollten das Kontrollamt über ihre großen Debitoren unter Angabe der Sicherheiten informieren. Das Amt sollte berechtigt sein, Prüfungen vorzunehmen, wenn eine Bank als nicht vertrauenswürdig galt.[376] Ausführlich wurde dann bei der Bankenenquete von 1908/09 über die Einführung einer Bankenaufsicht debattiert. Die Enquete sollte nach den vorangegangenen Bankenkrisen Empfehlungen zur Reform des Bankrechts ausarbeiten.[377] Nachdem sich die Enquete vertagt hatte, brachten die Abgeordneten Martin Faßbender (Zentrum) und Hermann Kreth (Deutschkonservative Partei) im Reichstag einen Antrag auf Errichtung einer Bankenaufsicht und Einführung einer Publizitätspflicht ein, wobei sie sich auf ein Gutachten des Finanzwissenschaftlers Georg Obst stützten. Demnach sollten Banken, die Depositen- und Spargelder verwalteten, einer Publikationspflicht unterworfen werden und ihre Bilanzen nach einem einheitlichen Muster veröffentlichen. Das Aufsichtsamt sollte berechtigt sein, den publizierten Status auf seine Richtigkeit hin zu prüfen.[378] Der Vorstoß richtete sich vor allem gegen die Intransparenz der Geschäftspraktiken kleinerer Kreditinstitute. Die Berliner Großbanken erklärten sich freiwillig, in einer Art »gentleman's agreement« mit dem Reichsbankdirektorium, bereit, von Februar 1909 an Zweimonatsbilanzen zu veröffentlichen. Zwei Jahre später wurde für alle Kreditinstitute die Publizitätspflicht gesetzlich vorgeschrieben.[379]

Von der Mehrheit des Reichstags wie auch von den meisten Experten der Bankenenquete wurde die Errichtung eines Bankenaufsichtsamts abgelehnt. Man sah darin eine »polizeiliche Kontrolle«, die das »deutsche Bankwesen im Ausland diskreditieren« würde.[380] Die Gegner einer Bankenaufsicht wiesen auch darauf hin, dass Beamte des Reichs nicht über die erforderlichen Kenntnisse für eine derartige Tätigkeit verfügten und dass eine Staatsaufsicht die Bankkunden dazu verleiten würde, Risiken nicht mehr wahrzunehmen.[381] Nach dem damals vorherrschenden altliberalen Verständnis von der Rolle des Staats gegenüber der Wirtschaft hatten sich die Behörden aus den Angelegenheiten privater Unternehmen herauszuhalten. Dieser Grundsatz, der aus dem Recht auf Eigentum und dem Prinzip der Gewerbefreiheit abgeleitet wurde, galt allgemein als Fortschritt gegenüber den Zeiten vor 1870, in denen noch eine Konzessionspflicht für Aktiengesellschaften und damit auch für Aktienbanken bestanden hatte.

Die Diskussion um die Einführung einer Bankenaufsicht brach mit Beginn des Ersten Weltkrieges ab und wurde in der Weimarer Republik zunächst nicht wieder aufgenommen. Durch die politischen Veränderungen, die Kriegsfolgen und die Inflation standen nun auch in Bezug auf die Banken andere Fragen im Vordergrund. Durch die Devisen- und Kapitalfluchtgesetzgebung während der Inflation wurde aber quasi durch die Hintertür eine Regelung eingeführt, die neue Ansätze im Bankrecht erkennen ließ. Das Gesetz über Depot- und Depositengeschäfte vom 26. Juni 1925 übernahm diese Bestimmungen und schrieb vor, dass Depositengeschäfte nur von Banken durchgeführt werden durften, die den Nachweis der »zum ordnungsgemäßen Betrieb erforderlichen Mittel« erbrachten.[382] Die obersten Landesbehörden konnten prüfen, ob bei den Banken die entsprechenden Voraussetzungen vorlagen. Wenige Monate zuvor waren die Kreditbanken durch eine Bekanntmachung vom 19. Februar 1925 dazu gebracht worden, wieder regelmäßig Bilanzübersichten zu veröffentlichen. Das nur provisorisch erlassene Gesetz über Depot- und Depositengeschäfte wurde mehrfach verlängert, lief aber am 31. Dezember 1929 endgültig aus – wenige Monate nach Beginn der Weltwirtschaftskrise.[383]

Erst durch den Zusammenbruch der Danatbank sah sich die Reichsregierung veranlasst, die Errichtung einer zentralen Bankenaufsicht anzugehen. Am 13. Juli 1931, während der Beratungen über die Danatbank, beschloss das Kabinett, eine Verordnung über die »Einführung von Bankinspektoren« ausarbeiten zu lassen.[384] Wenige Wochen später teilte Brüning in einer Rundfunkansprache der Öffentlichkeit mit, dass die Regierung entschlossen sei,

»längst überlegte Maßnahmen auf dem Gebiete des gesamten Kredit- und Kapitalverkehrs vorzubereiten«, und begründete dies mit dem Engagement des Reichs bei der Bankenrettung: »Nachdem einmal der Staat auf dringendes Ersuchen der Beteiligten sich rettend und schützend auf diesem Gebiete hat einschalten müssen, kann er sich nicht der Pflicht entziehen, auch Maßnahmen vorbeugender Art für die Zukunft zu treffen, wie es andere Völker längst getan haben.«[385] Mit der Ausarbeitung einer gesetzlichen Regelung beschäftigte sich nun der erweiterte Wirtschaftsausschuss des Kabinetts. Dabei sprach sich Reichsbankpräsident Luther entschieden gegen eine Bankenaufsicht aus. Er wollte stattdessen ein Trennbankensystem nach britischem Vorbild einführen, wie es später durch den Glass-Steagall Act auch in den USA errichtet wurde.[386] Für diesen Vorschlag fand Luther keine Unterstützung. Die Reichsregierung und alle Experten waren fest entschlossen, am deutschen Universalbankensystem festzuhalten. In der Frage der Bankenaufsicht stand der Reichsbankpräsident dagegen nicht allein. Auch Friedrich Reinhart, der Vorstandssprecher der Commerzbank, und Robert Pferdmenges, Teilhaber des Bankhauses Sal. Oppenheim jr. & Cie., sprachen sich gegen eine solche Institution aus. Reinhart war der Auffassung, dass eine Bankenaufsicht das Publikum beunruhigen würde und die Reichsbank bereits genügend Aufsicht ausüben könne.[387]

Die Reichsregierung und die Mehrheit der Experten teilten diese Einwände nicht. Als Luther erkannte, dass sich die Errichtung einer Bankenaufsicht nicht verhindern ließ, wollte er der Reichsbank die Verantwortung dafür sichern. Doch auch damit stieß er auf breite Ablehnung. Die Reichsregierung wollte sich den Einfluss, den sie mit den Stützungen nach der Bankenkrise auf das Kreditgewerbe gewonnen hatte, nicht von der Reichsbank entwinden lassen. Davon ausgehend entwickelte Bernhard Dernburg, der Leiter der Akzept- und Garantiebank, einen Plan, der ein von der Reichsbank unabhängiges Bankamt des Reichs vorsah. Dernburg argumentierte damit, dass es die Aufgabe der Reichsbank sei, die Währung zu schützen, und sie deshalb für die Bankenaufsicht nicht geeignet sei.[388] Dass die Interessen der Währungspolitik in einem scharfen Gegensatz zu denen einer Bankenaufsicht stehen konnten, hatte Luther durch sein eigenes Verhalten am 12./13. Juli eindrucksvoll bewiesen.

Brüning wollte eine Rivalität zwischen Bankenaufsicht und Reichsbank – wie sie sich nach dem Dernburg-Plan fast zwangsläufig ergeben musste – vermeiden. In Abstimmung mit der Reichsbank entschied sich die Reichsregierung für eine Kompromisslösung. Das Reich sollte die Bankenaufsicht im Rahmen eines Kuratoriums bei der Reichsbank ausüben, dem sowohl Vertreter der Reichsregierung als auch Mitglieder des Reichsbankdirektoriums angehörten. Gleichzeitig sollte ein Reichskommissar für das Bankgewerbe eingesetzt werden, der dem Reichswirtschaftsminister unterstellt war und als Exekutivbehörde des Reichs die praktische Durchführung der Bankenaufsicht übernahm.

In dieser Form wurde dann durch die Verordnung des Reichspräsidenten über Aktienrecht, Bankenaufsicht und über eine Steueramnestie vom 17. September 1931 erstmals in Deutschland eine zentrale Bankenaufsicht errichtet.[389] In dem bei der Reichsbank gebildeten Kuratorium für das Bankgewerbe waren die Staatssekretäre des Reichswirtschaftsministeriums und des Reichsfinanzministeriums, der Reichsbankpräsident, ein weiteres Mitglied des Reichsbankdirektoriums und der Reichskommissar für das Bankgewerbe vertreten. Die Reichsbank hatte in diesem Gremium also relativ großen Einfluss, zumal ihr Präsident den Vorsitz erhielt. Zum Reichskommissar für das Bankgewerbe wurde Ministerialdirektor Friedrich Ernst bestellt, der bisherige Leiter der Handelsabteilung im Preußischen Ministerium für Handel und Gewerbe und Staatskommissar für die Berliner Börse.[390]

Die Notverordnung vom 17. September enthielt noch eine weitere wegweisende Reform, die in einem engen Zusammenhang mit den Vorgängen im Vorfeld der Bankenkrise stand: die Einführung der aktienrechtlichen Pflichtprüfung. Bis dahin war es den Unternehmen freigestellt gewesen, ob sie ihre Bücher von externen Wirtschaftsprüfern kontrollieren ließen. Nun wurden die größeren Aktiengesellschaften dazu verpflichtet.[391] Eine Manipulation der Bilanzen, wie sie der Vorstand der Nordwolle betrieben hatte – und dabei handelte es sich um keinen Einzelfall –, war fortan nicht mehr so leicht möglich. Auch wurde den Aktiengesellschaften nun

Friedrich Ernst, ab 1931 Reichskommissar für das Bankgewerbe,
ab 1935 Reichskommissar für
das Kreditwesen

der Aktienrückkauf zum Zweck der Kurspflege verboten, wie ihn
die Großbanken in der Zeit vor der Bankenkrise zu Lasten ihres
Eigenkapitals und ihrer Liquidität intensiv betrieben hatten. Der
Reichskommissar für das Bankgewerbe war für sämtliche Kreditbanken einschließlich der Genossenschaftsbanken zuständig, nicht
aber für die Sparkassenorganisation und die Hypothekenbanken.
Friedrich Ernst und die Mitarbeiter seiner Behörde waren befugt,
von den Banken Auskünfte über alle Geschäfte einzuholen, die
Geschäftsbücher einzusehen, Angaben über die Auslandsverschuldung anzufordern und gegebenenfalls auch die Einberufung der
Aktionärsversammlung zu verlangen. Aufgabe des Reichskommissars war es also, die Informations- und Kontrolllücken auszufüllen, die sich im Vorfeld der Bankenkrise so fatal ausgewirkt hatten. Der Bankenkommissar setzte sich in mehreren Fällen auch für
Reichshilfen an mittelständische Kreditinstitute ein.[392] Insgesamt
handelte es sich aber um eine »beobachtende Bankenaufsicht«.
Regulierende Eingriffe wie z.B. Liquiditätsvorschriften waren zunächst nicht vorgesehen.

Auch einen Gläubigerschutz durch einen Einlagensicherungsfonds, vergleichbar der später in den USA gebildeten FDIC, ent-
hielten die Regelungen vom Herbst 1931 nicht. Von den Banken

ging dazu ebenfalls keine Initiative aus. Dabei mag eine Rolle gespielt haben, dass die größten Gefahren für die Einlagen bei den
Großbanken durch die Reichsgarantie für die Danatbank und die
Verstaatlichung der Dresdner Bank gebannt worden waren und
sich von März 1932 an dann sogar drei von fünf Großbanken
direkt oder indirekt im Eigentum des Reichs befanden. Auch später sah man in Deutschland ein ausreichendes Eigenkapital als
die beste Sicherheit für die Gläubiger an. Ein Einlagensicherungsfonds der deutschen Geschäftsbanken entstand erst 1966. Acht
Jahre später wurde dieser Fonds unter dem Eindruck der Herstatt-
Pleite entscheidend erweitert. Bei den Sparkassen bestand für einen
derartigen Fonds keine Notwendigkeit. Die Einlagensicherung
ergab sich hier aus der Gewährträgerhaftung der Kommunen. Bei
den Genossenschaftsbanken hatten sich schon im Laufe des Jahres
1930 in Franken, Sachsen und Baden regionale Garantiegemein-
schaften gebildet, auch wegen der Konkurrenzsituation gegenüber
den »mündelsicheren« Sparkassen. Den zahlreichen Kreditgenossenschaften, die in der Weltwirtschaftskrise zusammenbrachen,
konnten diese Einrichtungen freilich nicht helfen, weil ein Einsatz
des Sicherungsfonds erst nach drei Jahreszuweisungen, also frühes-
tens 1933, erlaubt war.[393]

Weiter gehende Eingriffe als die Verordnung über die Bankenaufsicht sahen die im Herbst 1931 erlassenen Regelungen für den
Sparkassensektor vor. Die Reichsregierung machte in einer Notverordnung vom 6. Oktober Vorgaben für eine Reform des Spar-
kassenrechts, denen die Länder in eigenen Gesetzen nachkamen.
Die Sparkassen wurden nun selbstständige, von den Kommunalverwaltungen getrennte Rechtspersönlichkeiten. Damit sollte verhindert werden, dass die Kommunen weiterhin so leicht wie bisher
auf Kredite der Sparkassen zugreifen konnten. Die Gewährträgerhaftung der Kommunen für die Sparkassen blieb aber weiterhin
bestehen. Anders als die Banken wurden die Sparkassen strikten
Liquiditätsvorschriften unterworfen. Die Verordnung vom 6. Oktober schrieb vor, dass 30 Prozent der Spareinlagen und 50 Prozent
der anderen Einlagen in flüssigen Werten zu halten waren. 10 Prozent der Spareinlagen und 20 Prozent der sonstigen Einlagen mussten bei der jeweiligen Girozentrale als Liquiditätsreserve angelegt

und von dieser wiederum in flüssigen Werten gehalten werden. Praktiken wie denen der Landesbank der Rheinprovinz, die Liquiditätsreserven von Sparkassen als Kommunalkredite ausgereicht hatte, wurde damit ein Riegel vorgeschoben.[394] Abgeschlossen wurde die Kodifizierung der Lehren aus der Bankenkrise erst mit dem Gesetz über das Kreditwesen (KWG) vom 5. Dezember 1934.[395] Diesem Gesetz waren eingehende Beratungen in einem » Untersuchungsausschuss für das Bankwesen « vorausgegangen, den Hjalmar Schacht nach seiner erneuten Ernennung zum Reichsbankpräsidenten im März 1933 einberufen hatte. Obwohl das KWG vom NS-Regime erlassen wurde, enthielt es keine nationalsozialistische Färbung. Unter dem Einfluss Schachts wurde das Gesetz als Weiterführung der im September 1931 eingeleiteten Reformen verfasst. Christopher Kopper charakterisiert das KWG in seiner Untersuchung über die Bankenpolitik im » Dritten Reich « als » eine systemunabhängige und überständige Modernisierung, die primär die Krisenerfahrungen des Jahres 1931 rezipierte «.[396]

Die Bankenaufsicht wurde durch das KWG auf die Sparkassen und Hypothekenbanken ausgeweitet.[397] Das Aufsichtskuratorium erhielt deshalb nun die Bezeichnung » Aufsichtsamt für das Kreditwesen «, und der Reichskommissar für das Bankgewerbe, der entgegen den Vorstellungen des NSDAP-Apparats als eigenständige Reichsbehörde bestehen blieb, wurde in » Reichskommissar für das Kreditgewerbe « umbenannt. Der Einfluss der Reichsbank im Aufsichtskuratorium blieb unverändert groß, was durch die Einbeziehung der Sparkassen einer Stärkung der Reichsbank gleichkam.

Anders als die Notverordnung vom September 1931 führte das KWG auch eine Konzessionspflicht für Bankgeschäfte sowie Liquiditätsvorschriften und Vorgaben für die Relation zwischen Fremd- und Eigenkapital ein. Insofern lässt das Gesetz auch die Tendenz erkennen, die Bankenaufsicht zu einer staatlichen Bankenregulierung auszuweiten. Es blieb allerdings dem Aufsichtsamt und damit letztlich der Reichsbank überlassen, die Vorschriften über die Liquidität und das Finanzierungskapital auszufüllen. Nach § 11 sollten die Gesamtverpflichtungen eines Kreditinstituts abzüglich der liquiden Mittel » ein vom Aufsichtsamt zu bestimmendes Mehr-

faches des haftenden Eigenkapitals nicht überschreiten«, und nach
§ 16 musste die Barreserve »mindestens einen vom Aufsichtsamt
festzusetzenden Hundertsatz der Verpflichtungen ausmachen«.[398]
Die materiell-rechtlichen Bestimmungen des KWG blieben später in der Bundesrepublik fast unverändert bestehen. Sie entsprachen weitgehend den Regelungen, mit denen z. B. auch in der Schweiz die Lehren aus den Krisen der frühen dreißiger Jahre umgesetzt worden waren. Dort war durch das wenige Wochen vor dem KWG verkündete Bundesgesetz über die Banken und Sparkassen vom 8. November 1934 ebenfalls eine Bankenaufsicht errichtet worden. In Großbritannien, das in den dreißiger Jahren von einer Bankenkrise verschont geblieben war, bestand dagegen weiterhin keine derartige Institution.[399]

Ausblick

Jahrzehntelang gab es in der Bundesrepublik keinen Zweifel daran, dass sich eine Bankenkrise, wie sie Deutschland im Juli 1931 erlebt hatte, nicht wiederholen würde. Das Vertrauen in die Regelungen des Kreditwesengesetzes, in die Fähigkeiten der Bundesbank und in die Interventionsmöglichkeiten des 1944 gegründeten Internationalen Währungsfonds (IWF) war so groß, dass Bankenkrisen nur noch ein Thema für die Geschichtsbücher zu sein schienen. Karl Erich Born wies in seiner 1967 veröffentlichten Studie über die deutsche Bankenkrise von 1931 auf die Unterschiede zur Situation Anfang der dreißiger Jahre hin. Neben der Bankenaufsicht und den Liquiditätsvorschriften für die Banken zählte er dazu auch das Währungssystem, das nun im Unterschied zum Goldstandard keine festen Deckungsvorschriften vorsah, und die Absicherung des internationalen Finanzsystems durch den IWF, nicht aber die Relation zwischen Eigenmitteln und Fremdmitteln der Banken, die sich im Vergleich zu 1931 nicht wesentlich verändert hatte.[400] Zum vierzigsten Jahrestag der Bankenkrise von 1931 schrieb die *Stuttgarter Zeitung* entsprechend der allgemeinen Einschätzung in Finanzwelt, Politik und Öffentlichkeit der Bundesrepublik: »Keine Wiederholungsgefahr.«[401] Diese Prognose änderte sich auch nicht durch die Insolvenz des Kölner Bankhauses Herstatt im Juni 1974, der bis dahin größten Bankenpleite in der Geschichte der Bundesrepublik. Zum fünfzigsten Jahrestag der Krise von 1931 schrieb Rudolf Herlt in der *ZEIT:* »Gefahr einer Wiederholung? Mitnichten.«[402]

Unter dem Eindruck der jüngsten Krise haben Carmen M. Reinhart und Kenneth S. Rogoff diesen Glauben an die Beherrschbarkeit von Finanzkrisen als das »This time is different«-Syndrom bezeichnet und dem entgegengehalten, dass ein Finanzsystem »unabhängig von der scheinbaren Güte der Regulierungen« unter dem »Druck der Gier, der Politik und der Gewinnerzielung« zusammenbrechen kann.[403] Ob diese pessimistische Sicht begründet ist, wird nur aus einer zeitübergreifenden Perspektive deutlich. Auch deshalb ist es sinnvoll, die Krise von 1931 mit der jüngsten Finanzkrise zu vergleichen.

BERND RUDOLPH
Hintergründe und Verlauf
der internationalen Finanzkrise
2008

Warum die Beschäftigung
mit der Finanzkrise notwendig
und spannend ist

Milliardenverluste der Banken, komplexe und undurchsichtige Strukturen von Finanzprodukten, die Intransparenz von Zweckgesellschaften, ein Versagen der Ratingagenturen und das angelsächsische Fair-Value-Prinzip der Bilanzierung waren schon nach dem Ausbruch der Subprime-Krise (der Subprime-Markt bezeichnet den amerikanischen Markt für nicht erstklassige Hypothekenforderungen) in den USA im Frühjahr und Sommer 2007 heftig diskutierte Themen. Sie wurden im September 2008 mit der Insolvenz des Bankhauses Lehman Brothers in den USA und der ebenso plötzlichen wie ausgeprägten Liquiditätskrise an den weltweiten Interbankenmärkten erweitert und von 2009 an um weitere finanzwirtschaftliche Themenschwerpunkte ergänzt. Nun wurde über die Ausgestaltung der Rettungsschirme für die Banken, die Bad-Bank-Modelle, die »Too big to fail«-Problematik und über den neuen Regulierungsrahmen Basel III diskutiert.

Im Bereich der Realwirtschaft dominierten zunächst die Furcht vor einer Kreditklemme sowie die Sorge um die Folgen der Vermögensvernichtung bei vielen institutionellen und privaten Anlegern, um den Absturz der Neuinvestitionen und um steigende Arbeitslosenziffern. Erst danach wurden die internationale Schuldenkrise und die Eurokrise, in deren Gefolge ein europäischer Rettungsschirm für Staaten vereinbart worden ist, das vorherrschende Thema. Es ist nicht ganz leicht, durch diesen Dschungel von »Krisengebieten«, Problembereichen und Rettungsbemühungen eine Schneise zu schlagen, um die wesentlichen Merkmale der internationalen Finanzkrise herauszuarbeiten. Es gibt auch bislang weder in der Wissenschaft noch in der Praxis einen Konsens über das Zusammenspiel der Ursachen der internationalen Finanzkrise, die als Krise des amerikanischen Subprime-Marktes begonnen und sich dann zu einem internationalen Flächenbrand der Finanzmärkte ausgeweitet hat.

Wenn auch die Kombination aus mangelhaften oder fehlenden Kreditwürdigkeitsprüfungen im Subprime-Segment des amerikanischen Marktes für Wohnungsbaufinanzierungen und der Technik des Kreditrisikotransfers durch darüber ausgestellte »Mortgage Backed Securities« (MBS – durch Hypothekensicherungen gedeckte Wertpapiere) als Auslöser der Krise verantwortlich gemacht werden kann, so müssen doch auch tiefer gehende Gründe oder Verstärker am Werke gewesen sein, damit sich die beobachteten dramatischen Entwicklungen entfalten konnten. Das Marktsegment der durch zweifelhafte Hypothekenforderungen gedeckten Wertpapiere machte nämlich insgesamt nur einen Bruchteil des Volumens der amerikanischen oder gar der weltweiten Rentenmärkte aus, sodass selbst große Verluste in diesem Bereich kaum zu einer »Kernschmelze«[1] hätten führen sollen. Auf der Suche nach Ursachen und Treibern der Krise haben die Bundesbank, die Europäische Zentralbank (EZB) und der Sachverständigenrat zur Begutachtung der gesamtwirtschaftlichen Entwicklung sowie weitere Institutionen eine ganze Palette makroökonomischer und finanzmarktspezifischer Faktoren identifiziert, deren gemeinsames Auftreten und Zusammentreffen als Ursache der Finanzmarktkrise ausgemacht werden können. Als Gründe speziell hervorgehoben werden »eine vermutliche zu lange expansive Geldpolitik in den Vereinigten Staaten, die Devisenmarktpolitik einer Reihe von Schwellenländern, die Vernachlässigung der Überwachung individueller Kreditbeziehungen im Rahmen der maßgeblich von den Ratingagenturen begleiteten Verbriefung und Strukturierung von Forderungen sowie die nur scheinbare Disintermediation des Kreditgeschäfts durch die Nutzung von auf Kreditlinien der Banken angewiesenen Zweckgesellschaften eben dieser Banken«.[2] Auch die Bundesanstalt für Finanzdienstleistungsaufsicht (BaFin) stellt in ihrem Jahresbericht 2008 die Bedeutung des niedrigen Zinsniveaus und den stetigen Anstieg der Häuserpreise als Ursachen heraus, verweist aber auch auf die Friktionen im Verbriefungsgeschäft als entscheidenden Treiber der Krise.[3]

Warum hat das Versagen eines vergleichsweise kleinen Marktes

Subprime-Krise in den USA: In New York steht ein Haus zum Verkauf, November 2007

für zweitklassige Hypothekenforderungen in der Folge zu einer weltweiten Finanzmarktkrise geführt und gerade auch in Deutschland bei etlichen Instituten Milliardenverluste bewirkt? Vor der Krise war gerade der weltweiten Streuung von Risiken durch die neuen Instrumente des Kreditrisikotransfers ein wichtiger Beitrag zur Vervollkommnung und Verbesserung der Stabilität auf den Finanzmärkten zugeschrieben worden, während in der Krise diese neuen Instrumente plötzlich als »finanzielle Massenvernichtungswaffen«[4] gebrandmarkt wurden. Dabei müsste ein solcher Begriff doch nach wie vor eher auf die Aktienmärkte angewendet werden, denn schon ein nicht ganz ungewöhnliches Abgleiten des amerikanischen Aktienmarktes um ein Prozent seines Marktwertes führt mit etwa 600 Mrd. $ Verlust zu einer insgesamt größeren Wertvernichtung als die 2007/2008 erwarteten Abschreibungen auf Hypothekenforderungen im Subprime-Segment, die eine Höhe von 200 Mrd. $ erreichten.[5] Dennoch waren die Folgen des Einbruchs auf diesem Teilmarkt des amerikanischen Hypothekenmarktes dann viel dramatischer als die jedes Kursverfalls der letzten Jahre an der Wall Street. Große international tätige Banken wurden zum Ausweis von Verlusten oder zur Aufgabe ihrer Selbständigkeit gezwungen, und später mussten sogar ganze Staaten wie Irland und Griechenland vor der Zahlungsunfähigkeit bewahrt werden.

Offenbar verbarg sich also mehr Zündstoff in der 2007 ausgebrochenen Krise auf dem amerikanischen Markt für verbriefte zweitrangige Hypothekenforderungen als nur die zweifelhafte Kreditpolitik der amerikanischen Wohnungsbaufinanzier und deren

147

Tendenz, neu generierte Forderungen nicht in ihre Bücher zu nehmen, sondern möglichst rasch in strukturierte Anleihen zu verpacken und an international tätige Investoren und Banken zu verkaufen. Dieser Übergang vom »Originate-to-Hold«- zum »Originate-to-Distribute«-Modell des Kreditportfoliomanagements war nur ein Faktor unter mehreren. Auch die Folgen der Insolvenz von Lehman Brothers im September 2008 lassen sich aus der isolierten Bedeutung dieses Bankhauses für die internationalen Finanzmärkte nicht unmittelbar erschließen, zumal nur kurze Zeit später die britische Barclays Bank bekanntgab, dass sie große Teile der Bank einschließlich deren Mitarbeitern übernehmen werde. Auch der oft beschworene Effekt der Lehman-Pleite lässt also noch Fragen offen.

Hintergründe, Ursachen und Treiber der jüngsten Krise beziehungsweise der Abfolge von Krisen sollten aber bekannt sein, bevor Vergleiche mit älteren Finanzkrisen angestellt werden können. Bevor Missstände benannt, Schuldzuweisungen vorgenommen und neue Regulierungsvorschläge diskutiert werden können, muss die Analyse der Voraussetzungen der Krise erfolgen.[6] Wenn die Handlungsspielräume und Ertragsmöglichkeiten der Banken oder anderer finanzieller Institutionen eingeschränkt oder die Kontroll- und Prüfungsgremien von Banken neuen Regelungen unterworfen werden, müssen die Wirkungsmechanismen bekannt sein, damit die überarbeiteten oder neuen Regeln nicht die Zielsetzung verfehlen oder sogar kontraproduktiv wirken. Bestimmte Regulierungen im Bankensektor, die eigentlich zur Risikobegrenzung eingeführt worden waren, haben zu Ausweichhandlungen und zur Regulierungsarbitrage geführt. Andere Regulierungen haben die Banken zu Anpassungen motiviert oder gezwungen, die die Illiquidität und Prozyklik der Finanzmärkte verstärkt haben – mit der Folge, dass die Verluste durch den Umgang mit der Krise die ursprünglichen Verluste noch einmal potenziert haben.

Da die Krise ihren Ausgangspunkt am amerikanischen Markt für nicht erstklassige Hypothekenforderungen (Subprime-Markt) hatte, muss auch die Darstellung der Krise hier beginnen. Dieser Ausgangspunkt hat zudem den Vorteil, dass gezeigt werden kann, dass die heutige Krise eine wesentliche Voraussetzung in den Reaktionen des New Deal auf die große Depression der dreißiger Jahre findet.

Besonderheiten und Probleme der amerikanischen Wohnungsbaufinanzierung

Entwicklungslinien des Marktes für Wohnungsbaudarlehen in den USA

In den USA kommt den Märkten für Hypothekendarlehen bei der sozialen Absicherung der Familien und als Baustein zum »American Dream« seit dem Konjunkturprogramm des New Deal der dreißiger Jahre eine zentrale Rolle zu. Nach dem Börsenkrach von 1929 und auf dem Höhepunkt der Weltwirtschaftskrise versprach Franklin D. Roosevelt am Tag seiner Nominierung zum demokratischen Präsidentschaftskandidaten, dem 2. Juli 1932, einen »New Deal for the American People«. Nach Roosevelts Wahl zum Präsidenten bezeichnete man mit »New Deal« dann ein ganzes Paket von Reformprojekten, das die amerikanische Wirtschaft beleben und die Haushalte mit neuen Kaufanreizen zum Konsum stimulieren sollte. Weitreichende Reformen des Bankwesens hatten in diesem Reformpaket einen ebenso großen Stellenwert wie Fördermaßnahmen für den privaten Wohnungsbau. Zur Unterstützung der Wohnungsbaufinanzierung wurde ein System geschaffen, das aus zwölf regionalen Instituten bestehen sollte, das Federal Home Loan Bank System. Vergleichbar dem 1913 geschaffenen Federal Reserve System, das die Banken durch die Diskontierung geeigneter Finanztitel unterstützen sollte, boten auch die Federal Home Loan Banks Refinanzierungen für die von den Banken den Immobilienkäufern zur Verfügung gestellten Kredite an.[7] Darüber hinaus wurde unter der Präsidentschaft von Roosevelt 1933 die Home Owners' Loan Corporation ins Leben gerufen, die für lokal tätige Immobilienfinanzierer hypothekarisch gesicherte Mittel bereitstellen sollte. 1934 wurde dann noch die Federal Housing Administration (FHA) gegründet, die zusätzliche Mittel und Unterstützungen für solche Interessenten bereitstellen sollte, die sich ansonsten keine Immobilie hätten leisten können.[8] Als Ergebnis der vielfältigen Bemühungen und Programme verfügten bald mehr als 60 Prozent der Haushalte in den USA über Wohneigentum, während dieser Prozentsatz in Deutschland gegenwärtig nur etwas mehr als 40 Prozent ausmacht. Der hohe Anteil in den USA sollte um die Jahrtausendwende noch einmal ansteigen:»U.S. homeownership rates rose over the period 1997 – 2005 for all regions, all age groups, all racial groups, and all income groups. According to the U.S. Census, the homeownership rate increased from 65.7% to 68.9% (which represents an 11.5% increase in the number of owner-occupied homes) over that period. The increase in homeownership were largest in the West, for those under the age of 35, for those with below-median incomes, and for Hispanics and blacks.«[9] In Deutschland stehen einer ähnlich hohen Quote des Wohneigentums markante Hürden entgegen: die geforderten hohen Eigenmittel, die langen Ansparzeiten für Bauspardarlehen und die engen Beleihungsgrenzen für Hypotheken- und Geschäftsbanken. In Deutschland ist es ein wichtiges Ziel der sozialen Wohnraumförderung, günstigen Mietwohnraum für einkommensschwächere Haushalte und insbesondere für Familien und Senioren zu schaffen. Wohneigentum gilt trotz seiner Vorzüge nicht unter allen Umständen als ideale Form der Wohnraumbereitstellung für Einzelpersonen und Familien.[10]

Die Wohnungsbaufinanzierung in den USA wird seit dem New Deal durch ein staatliches bzw. halbstaatliches System von Agenturen (Government Sponsored Enterprises) gestützt, welche die Aufgabe haben, die Abhängigkeit der Wohnungsbaufinanzierung vom Bankensystem zu beseitigen. Das sollte geschehen, weil die Geschäftstätigkeit der Banken in den dreißiger Jahren noch auf jeweils den Bundesstaat, in dem sie lizenziert waren, beschränkt war – mit der Folge, dass kein angemessener Liquiditäts- und Risikoausgleich in den Instituten bewerkstelligt werden konnte. Daher kam die Idee auf, Hypothekenfinanzierungen aus verschiedenen Bundesstaaten zu bündeln und über den Kapitalmarkt zu refinanzieren, sodass die regionale Risikokonzentration überwunden werden konnte. Die Aufgabe einer Entwicklung der Kapitalmarktfähigkeit von Wohnungsbaufinanzierungen wurde verschiedenen Institutionen übertragen, von denen seit ihrer späteren Privatisierung die Agenturen Fannie Mae und Freddie Mac als private Gesellschaften mit staatlichem Auftrag die größte Bedeutung gewonnen haben.

- Fannie Mae war bereits im Februar 1938 unter dem Namen Federal National Mortgage Association (FNMA) im Rahmen des New Deal als staatliche Hypothekenbank durch die Federal Housing Administration (FHA) errichtet worden.[11] Die Gründung sollte einerseits das Bekenntnis des Staates zur Förderung des Marktes für Wohneigentum zum Ausdruck bringen und andererseits die offensichtliche Unfähigkeit privater Banken kompensieren, eine landesweite Versorgung der Bevölkerung mit Wohnungsbaumitteln sicherzustellen. Die neue Institution sollte zu diesem Zweck Hypothekenforderungen der Banken aufkaufen, um auf diese Weise den privaten Kreditgebern wieder Spielraum für neue Finanzierungen zu verschaffen. Sie nahm diese Forderungen ins eigene Portfolio oder veräußerte sie weiter an Investoren. Nach einer bereits 1954 erfolgten Teilprivatisierung wurde die sehr erfolgreiche Bank 1968 in eine Aktiengesellschaft umgewandelt und firmiert seitdem unter der zunächst als Spitzname aus dem Kürzel FNMA abgeleiteten Bezeichnung Fannie Mae. Fannie Mae gilt als weltweit größte Hypothekenbank, die als Government Sponsored Enterprise bis 2007 erstklassige Bonitätsbewertungen von den Ratingagenturen erhielt und sich daher auch nach der Privatisierung ganz besonders günstig refinanzieren konnte.[12]

- Ginnie Mae wurde 1968 unter dem Namen Government National Mortgage Association (GNMA) von Fannie Mae vor der Privatisierung als weiterhin staatliches Unternehmen abgespalten und sollte wie Fannie Mae Hypothekendarlehen refinanzieren. Ginnie Mae nahm aber keine Hypothekendarlehen ins eigene Portfolio, sondern arbeitete am Aufbau einer Verbriefungsplattform, sodass dieses staatliche Institut als Pionier auf dem Gebiet der Verbriefungstransaktionen (Securitisation) gilt.

Die Aufgabe für Ginnie Mae bestand darin, private Finanzinstitute zu motivieren, Hypothekarkredite aufzukaufen und zu Pools zu bündeln, die über die Emission von Wertpapieren, die Mortgage Backed Securities (MBS – durch Hypotheken unterlegte Wertpapiere), refinanziert werden. Die Wertpapiere ihrerseits wurden von Ginnie Mae mit einer Garantie für die Zins- und Tilgungsleistungen versehen. Mit dieser Konstruktion gelang der Aufbau eines Sekundärmarktes für den bis dahin illiquiden Hypothekenmarkt.[13] Das Management der Zahlungsströme basierte zunächst auf einer starren Durchleitungsstruktur (Pass through), wurde aber im Laufe der Zeit um die flexiblere Pay through-Struktur ergänzt, die die Emission verschiedener Wertpapierarten mit unterschiedlichem Risikogehalt ermöglichte.

– **Freddie Mac** als zweitgrößte private Hypothekenbank mit öffentlichem Auftrag in den USA wurde 1970 vom Kongress als Federal Home Loan Mortgage Corporation (FHLMC) gegründet, um ein Wettbewerbselement gegenüber der FNMA zu schaffen. Deshalb trat sie mit den gleichen Zielen wie Fannie Mae an. Die große Schlacht zwischen den beiden Institutionen blieb aber, wie die FAZ am 7. September 2008 bemerkt, aus. »Stattdessen erobern sie gemeinsam den Markt – in wahnsinniger Geschwindigkeit. Während sie 1971 erst sechs Prozent aller amerikanischen Hypothekdarlehen halten oder garantieren, sind es heute mehr als 50 Prozent.«[14] Auch Freddie Mac profilierte sich als innovatives Institut, 1983 entwickelte es die erste Collateralized Mortgage Obligation (CMO), bei der eine Steuerung der aus den Hypotheken zurückfließenden Zahlungsströme insoweit erfolgt, als der Zugriff auf die zurückfließenden Cashflows entweder nach dem zeitlichen Anfall der Zahlungsströme oder nach Risikoklassen geordnet werden kann.[15] Die nachfolgende Abbildung zeigt das Schema eines solchen »Wasserfallprinzips«, bei dem die in den Pool fließenden Zahlungsströme zunächst in die bonitätsmäßig beste Tranche, die »Senior Tranche«, fließen, bis deren Ansprüche vollständig befriedigt sind. Spätere Cashflows stehen dann den nachfolgenden

Tranchen zur Verfügung – bis zur Equity Tranche, die als Erstverlustabschnitt (First Loss Piece) erst dann bedient wird, wenn die Zins- und Tilgungszahlungen für alle anderen Tranchen schon geleistet worden sind. Durch die Anwendung des Wasserfall- oder Subordinationsprinzips wurde es möglich, die spezifischen Präferenzen der Anleger zu berücksichtigen, indem ihnen Tranchen mit unterschiedlichen Laufzeiten, mit unterschiedlichem Rückzahlungsrisiko (Prepayment Risk) oder schließlich – am wichtigsten – mit unterschiedlichem Ausfallrisiko (Credit Risk) angeboten werden konnten.

Die drei Agenturen Fannie Mae, Ginnie Mae und Freddie Mac werden vom amerikanischen Wohnungsbauministerium, dem U.S. Department of Housing and Urban Development, überwacht, das vielfältige Aufgaben verfolgt, insbesondere die Unterstützung des Hausbaus für Geringverdiener über die FHA. Alle drei Agenturen haben in der Vergangenheit die Entwicklung der Märkte für Mortgage Backed Securities vorangetrieben, sodass Hypothekenfinanzierungen in den USA auch außerhalb des Bankensektors von

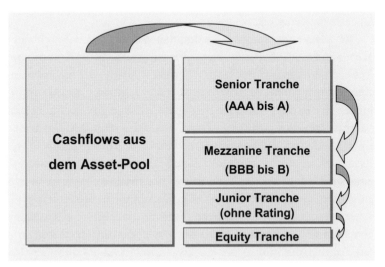

Grundprinzip des Wasserfallmechanismus einer Collateralized Mortgage Obligation (CMO)

Hypothekenfirmen »originiert« werden können. Die damit entstandenen Forderungen werden gebündelt auf Zweckgesellschaften übertragen, die sich ihrerseits über die Ausgabe spezifischer Anleihen, nämlich der Mortgage Backed Securities, refinanzieren. Nach kleinen Anfängen entwickelte sich der Markt seit Anfang der neunziger Jahre mit enormen Wachstumsraten, sodass der Gesamtmarktwert aller Mortgage Backed Securities in den USA vor der Krise Anfang 2007 mit ungefähr 4000 Milliarden $ sogar den aller übrigen forderungsbesicherten Wertpapiere und auch den der US-Schatzanweisungen und Anleihen übertraf.[16]

Die Entwicklung der Wohnungsbaufinanzierung bis 2006

Für die Anleger am amerikanischen Markt für Mortgage Backed Securities war in den achtziger Jahren insbesondere das Risiko der vorzeitigen Rückzahlung von Bedeutung, da die Kreditnehmer häufig ihre Hypotheken bei fallenden Marktzinsen zugunsten neuer Hypotheken mit niedrigeren Zinsen ablösten, sodass – ohne zusätzliche Absicherung – die Inhaber der MBS genau dann ihre Mittel zurück erhielten, wenn die Möglichkeiten einer Wiederanlage für sie wenig attraktiv waren.

Der Markt für Wohnungsbaudarlehen hatte seit den achtziger Jahren mit den Mortgage Backed Securities nicht nur innovative Refinanzierungsinstrumente geschaffen, sondern auch neue Finanzierungsformen hervorgebracht, die die Tilgungs- und Zinszahlungen der Kreditnehmer an deren aktuelle und zukünftige Belastbarkeit anpassen sollten.[17] Dazu zählten Graduated-Payment-, Reverse-Annuity-, Shared-Appreciation-, Growing-Equity- und Pledged-Account-Mortgages,[18] die alle darauf ausgerichtet waren, einer größeren Zahl von Privatleuten die Finanzierung von Wohneigentum zu ermöglichen. Die Konstruktionen arbeiteten typischerweise mit einer negativen Amortisation, d. h. wachsenden Schulden in den Anfangsjahren der Darlehenslaufzeit. Damit sollten z. B. Berufsanfänger mit positiver Entwicklungs- und Gehaltsperspektive (Graduated-Payment-Mortgages) oder ältere Menschen durch die Bereitstellung von Mitteln, die von ihnen persönlich überhaupt nicht verzinst und getilgt werden müssen (Reverse-Annuity- bzw. Lifetime-Mortgages), eine Chance erhalten, Wohneigentum zu erwerben. Bei den Reverse-Annuity-Mortgages war die Fälligkeit des Kredits auf den Todesfall des Kreditnehmers abgestellt, wobei die Erben entscheiden durften, ob sie den Kredit tilgen und das Wohneigentum selbst nutzen oder ob sie die Immobilie der Bank überlassen wollten.

Die Wohnungsbaufinanzierung wurde darüber hinaus durch eine großzügige Förderung des Wohneigentums gestützt, die beispielsweise in den Möglichkeiten des steuerlichen Schuldzinsenabzugs zum Ausdruck kam. Nicht erstaunlich war daher, dass seit Mitte der neunziger Jahre bis 2005 eine durchschnittliche jährliche Preissteigerung von mehr als 7 Prozent zu verzeichnen war, wobei es allerdings durch die großzügige Förderung zu einer Bevorzugung von Regionen mit hohem Hauspreisniveau gekommen war, z. B. der amerikanischen Küstenregionen, von der insbesondere Kreditnehmer mit großen Wohnungen und hohen Einkommen profitieren konnten.[19] Die infolge der wachsenden Nachfrage nach Wohnimmobilien aufgetretenen hohen Preissteigerungen haben nach Ansicht von Marktteilnehmern zu jener Immobilienpreisblase (»Bubble«) geführt, deren Platzen die Krise ausgelöst und dann immer weiter beschleunigt hat. Immerhin hatten sich die durchschnittlichen Preise für Wohnimmobilien in den USA im Zeitraum von 1996 bis 2005 verdreifacht, bis sie dann dramatisch fielen.[20]

Nun hätte das Platzen einer Immobilienpreisblase im Wesentlichen zu großen Verlusten bei den Eigenheimbesitzern geführt und sich vermutlich weniger heftig auf die Finanzmärkte ausgewirkt, wenn nicht die amerikanische Wohnungsbaufinanzierung durch einen ausgeprägten Schuldnerschutz gekennzeichnet wäre. Dieser gibt den Kreditnehmern im Gegensatz zum Kreditmarkt in Deutschland beispielsweise das Recht, jederzeit auch bei fester Laufzeit den Kredit zurückzahlen zu können, was üblicherweise dann geschieht, wenn der Marktzinssatz gesunken ist und eine günstigere Refinanzierung erreicht werden kann. Für die die Kredite gebenden Banken bzw. die Anleger in Mortgage Backed Securities entsteht daraus das Risiko eines vorzeitigen Rückflusses der von ihnen angelegten Mittel (Prepayment Risk). Ein vergleichbar asymmetrisches Risiko zugunsten der Schuldner entsteht dadurch, dass den Gläubigern der Hypotheken – wieder im Gegensatz zu den Verhältnissen in Deutschland – in etlichen Bundesstaaten wie z. B. in Kalifornien nur das Grundvermögen haftet und keine persönliche Haftung des Kreditnehmers besteht. Das führt zu dem bekannten »Jingle Mail«-Effekt: der Feststellung einer Überschuldung des Kreditnehmers, der sich seiner Schulden dadurch entledigen kann, dass er auszieht und den Schlüssel seiner Wohnung an die Bank als Zeichen zurücksendet, dass er das Eigentum an der Immobilie aufgibt und das Objekt der Bank überlässt. Da dieses Verhalten häufig in der Weihnachtszeit beobachtet wurde und die Bankangestellten die Briefe durch das Klingelgeräusch des darin enthaltenen Schlüssels erkannten, hatte sich der Ausdruck »Jingle Mail« gebildet. In einer Periode steigender Immobilienpreise war diese Form des Schuldnerschutzes der »Non Recource Mortgages« für die Hypothekeninstitute unproblematisch, weil der Wert der Kreditposition stets durch den Wert der Immobilie

Langjährige Trends um den amerikanischen Immobilienmarkt

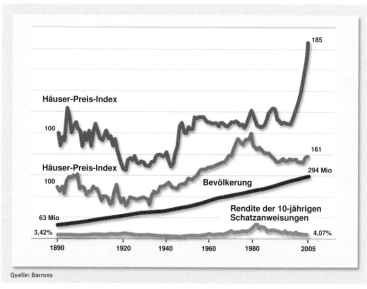

Quelle: FAZfinance.net vom 2. August 2005

gesichert war. Bei fallenden Immobilienpreisen konnten aber die Gläubiger nicht auf eine persönliche Haftung der Kreditnehmer zurückgreifen.

Eine der markanten Folgen der bis 2005 anhaltenden Immobilienpreissteigerungen war auch die Ausweitung der privaten Hypothekenfinanzierung durch »Non Agencies«, also durch private Hypothekeninstitute, die bis dahin vor allem Kredite bereitgestellt hatten, die nicht die von den drei Agenturen Fannie Mae, Ginnie Mae und Freddie Mac verlangten strengen Kriterien erfüllten. Diese Ausweitung wurde durch den Rückzug des Staates aus der Finanzierung bzw. Garantie des Marktes für Hypothekenfinanzierungen im Bereich niedriger Einkommen begünstigt oder sogar notwendig.[21] Die privaten Finanzierungen betrafen zunächst insbesondere Hypotheken mit hohen Kreditvolumina, die oberhalb der staatlichen Fördergrenzen lagen, sowie nachrangige Kredite mittlerer und schlechter Bonitätsstufen. Zu den Non-Agency-Darlehen gehörten neben den Prime-Darlehen mit vergleichsweise niedrigen Beleihungsquoten und einem maximalen Anteil der Zins- und Tilgungsbelastung am verfügbaren Einkommen von unter 55 Prozent insbesondere

- **Jumbo-Kredite** als Darlehen an kreditwürdige Schuldner, deren Höhe allerdings die den Agenturen vom Kongress zugebilligten Grenzen überschritt,
- **Alt-A-Kredite** an kreditwürdige Schuldner, wobei jedoch eine weniger strenge Kreditwürdigkeitsprüfung oder höhere Verschuldung zu verzeichnen war, sowie
- **Subprime-Kredite** an Kreditnehmer, die in der Vergangenheit bereits mit Zahlungsschwierigkeiten zu kämpfen oder Kredite letztlich nicht zurückgezahlt hatten.[22]

Mit dem Wachstum des Subprime-Segments, dessen Kreditvolumen 2001 noch bei 216 Mrd. $ lag und bis 2006 auf 600 Mrd. $ gewachsen war, und mit dem noch eindrucksvolleren Wachstum der Alt-A-Kredite von 68 auf 400 Mrd. $ im gleichen Zeitraum[23] ging zugleich eine höhere Verbriefungsrate der Kreditforderungen einher, wobei unklar bleibt, ob die besseren Verbriefungsmöglichkeiten oder der Glaube, dass im Subprime-Segment zumindest in naher Zukunft keine steigenden Ausfallraten zu erwarten seien, das Wachstum dieses Segments mehr stimuliert haben. Eine Entwicklung hin zu immer geringeren Bonitätsanforderungen an die Kreditnehmer wurde auch durch die Wettbewerbssituation zwischen den großen halbstaatlichen Immobilieninstituten Fannie Mae und Freddie Mac auf der einen und den privaten Finanzinvestitionen auf der anderen Seite gefördert, da sich beide Hypothekenanbieter auf ihren »Too big to fail«-Status stützen und daher mit äußerst günstigen Refinanzierungskonditionen arbeiten konnten. Beide Gruppen nutzten die nicht risikoadäquaten Refinanzierungsmöglichkeiten zu einer Ausweitung der Verschuldung und konnten dementsprechend ihr Wachstum durch die Übernahme immer höherer Kreditrisiken beschleunigen.[24] Die Ausweitung der privaten Immobilienfinanzierung wurde dabei durch den Liquiditätsüberhang an den Märkten sowie das zur Bekämpfung von Rezessionstendenzen angestrebte niedrige Zinsniveau seit dem Zusammenbruch der New-Economy-Blase und den Terroranschlägen von 2001 begünstigt. Diese Konstellation niedriger Zinsen ließ einerseits die Intermediäre verstärkt nach neuen Anlagemöglichkeiten für ihre so günstig aufgenommenen Mittel suchen, andererseits konnten sich nun viele Haushalte in den USA eine Immobilie leisten.»Viele dieser Haushalte hatten sich jedoch nicht für den Prime-Markt qualifiziert. Da in dem Umfeld niedriger Zinsen die Zinsaufschläge für die Kunden von Subprime-Darlehen weniger stark ins Gewicht fielen, beeinträchtigte dies die Nachfrage kaum. Darüber hinaus hatten Banken und vor allem Kreditvermittler diesen Bereich des Marktes besonders stark beworben, weil hier für die Vermittler höhere Provisionen zu erzielen waren. Neue Kundenschichten wurden gelockt mit anfänglichen Zinsrabatten, Tilgungsaussetzungen oder sogar »Negative Amortization Options« (der Möglichkeit, in den ersten Jahren der Laufzeit weder zu tilgen noch ausreichend hohe Zinsen zu zahlen, also im Ergebnis weitere Schulden zu machen)«.[25] Solche Kredite wurden u.a. durch Makler und Privatleute vermittelt, die in vielen Fällen wegen der abschlussorientierten Vergütung einen Anreiz hatten, ihre Vermittlungsaktivitäten auf sehr kurzfristige Abschlusserfolge auszurichten.

Der Ausbruch der Krise am Subprime-Hypothekenmarkt

Es gibt Hinweise, dass von 2004 an die Kreditvergabestandards deutlich aufgeweicht wurden, auch weil die bei dem niedrigen Zinsniveau kaum noch auskömmlichen Margen durch eine Ausweitung der Geschäftsvolumina kompensiert werden sollten. Darüber hinaus wurde ein wachsender Anteil von Hypotheken auf variabler bzw. auf Gleitzinsbasis (Adjustable Rate Mortgages) vergeben. Dieser Anteil soll 2006 auf ca. 50 Prozent des gesamten Kreditvolumens gestiegen sein. Außerdem wurden häufig anfängliche Zinsabsenkungen (Teaser Rates) und verzögerte Tilgungszeitpunkte (2/28- und 3/27-Kredite) vereinbart, was sich auch als Aufbau eines Schneeballsystems interpretieren lässt, da nun Wohneigentum in der Hoffnung auf Hauspreissteigerungen häufig allein mit Fremdmitteln erwoben wurde, wobei der Kredit bereits vor der ersten Tilgungszahlung abgelöst wurde, weil ein neuer Eigentümer gefunden worden war, der für die Immobilie einen noch höheren Preis geboten hatte. Mit dem Verkaufserlös wurde der Kredit zurückgeführt und eine neue Immobilie wieder auf Kreditbasis erworben. Wenn eine besonders optimistische Sicht auf die Hauspreisentwicklung vorherrschte, konnte ein Teil der erwarteten Preissteigerungen auch schon bei Vertragsbeginn mit der Vergabe von Zusatzkrediten für Konsumzwecke (Huckepackkredite, Piggy-backs) eskomptiert werden, die ebenfalls allein aus dem späteren Verkaufserlös getilgt wurden. In das Subprime-Segment fielen auch die berühmt-berüchtigten »Ninja«-Kredite an Kreditnehmer »ohne Einkommen, ohne Arbeit und ohne Vermögen« (no income, no job and no assets). Solche Exzesse waren Ausfluss der Überzeugung, dass es mit den Immobilienpreissteigerungen immer so weitergehen werde. Der amerikanische Nationalökonom Robert J. Shiller brachte in seinem Buch zur Subprime-Krise dieses Bubble-Phänomen auf eine eindrückliche Formel: »Psychological, epidemiological, and economic theory all point to an environment in which feedback of enthusiasm for speculative assets, or feedback of price increases into further price increases, can be expected to produce speculative bubbles from time to time. They make clear that these bubbles can have complicated – sometimes random and unpredictable – dynamics.«[26]

Das spezielle Marktsegment, das schließlich als Subprime-Markt bekannt wurde, betraf Wohnungsbaukredite mit hoher Kreditnehmerbelastung (Debt Service to Income Ratio) und/oder hoher Wertbeleihung (Mortgage Loan to Value Ratio), aber auch Kredite mit unvollständiger Dokumentation der Einkommens- und Vermögensverhältnisse.[27] In diesem Segment musste bei nachlassender Konjunktur oder einem Rückgang der Immobilienpreise sofort mit steigenden Ausfallraten gerechnet werden. Eine Verschlechterung dieser Rahmendaten war aber offenbar nicht erwartet worden, denn immerhin konnten im Rahmen der Bonitätsprüfung beide Kennzahlen im Vorgriff auf zukünftige Einkommens- oder Immobilienpreissteigerungen auch deutlich höher als 100 Prozent angesetzt sein, ohne dass der Kredit verweigert wurde. Vom Jahresende 2005 an stieg dann aber die Ausfallrate der Kredite von weniger als vier Prozent auf mehr als zehn Prozent im September 2007.[28] Dieser Anstieg der Kreditausfälle war auch dadurch bedingt, dass das Zinsniveau in den Vereinigten Staaten seit Mitte 2004 aufgrund der restriktiveren Geldpolitik der Fed wieder anzog und mit den Umschuldungserfordernissen der 2/28-Kredite von 2006 an plötzlich das gewohnte Muster des Ausstiegs aus den Immobilienschulden nicht mehr funktionierte.»Für variable Prime-Darlehen stieg der Zinssatz innerhalb von zwei Jahren um etwa 200 Basispunkte. Für die Subprime-Darlehensnehmer kam neben diesem Zinsanstieg hinzu, dass die häufig vereinbarte anfängliche zweijährige und subventionierte Zinsbindung in diesem Zeitraum endete, wodurch die Belastung oft um 300 Basispunkte und mehr stieg. Ein Anstieg der Ausfallraten war daher zwangsläufig.«[29]

Spätestens seit Beginn des Jahres 2007 war deutlich sichtbar, dass sich in den USA eine Immobilienkrise ausgebreitet hatte, denn die Hauspreissteigerungen waren ausgelaufen und hatten sich vielerorts sogar in einen Preisverfall verwandelt. Das führte auch in Deutschland zu Überlegungen, welche Folgen mit der Krise verbunden sein könnten. Am 4. April 2007 schilderte beispielsweise Mario Müller in der *Frankfurter Rundschau* folgendes Horrorszenario:»Die Immobilienkrise in den USA zieht immer weitere

Kreise. Eine wachsende Zahl von Hausbesitzern kann die Kredite nicht mehr bedienen. Der Konsum, auf den der Löwenanteil der nationalen Wirtschaftsleistung entfällt, bricht ein. Hypothekenbanken und andere Finanzierer geraten in Schwierigkeiten. Die US-Konjunktur stürzt ab. Damit fällt der Motor aus, der die Weltwirtschaft in Gang hält. Auch Europa rutscht in eine Rezession. Besonders betroffen ist die stark vom Export abhängige Bundesrepublik, wo die Arbeitslosigkeit rapide zunimmt.«[30] Der Autor gab aber nach diesem Szenario in gewisser Weise gleich auch Entwarnung:»Doch gemach: Dass die Entwicklung wie oben skizziert verläuft, ist nicht sehr wahrscheinlich.« Mit dieser optimistischen Sichtweise war Müller im Frühjahr 2007 sicher nicht allein, lag aber in der Retrospektive völlig falsch.

Für 2008 wurde ebenfalls mit sinkenden Immobilienpreisen gerechnet, die dazu führen könnten, dass bei ca. 14 Mio. Hauseigentümern in den USA der Marktwert der Immobilien niedriger läge als die zu tilgenden Verbindlichkeiten.[31] Von 2007 bis 2009 soll sich der Wert aller Wohnimmobilien in den USA um rund

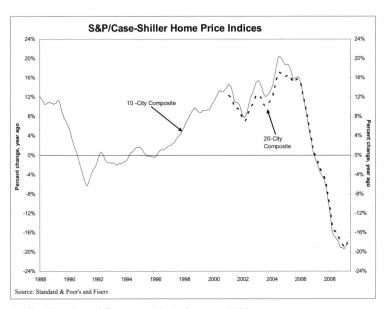

Quelle: S&P / Case Shiller Home Price Index, June 2009

7000 Mrd. $ verringert haben. Ein Verfall der Immobilienpreise kann natürlich auch als zyklisches Phänomen genutzt werden, weil für die Käufer der aktuell verbilligten Immobilien die Chance besteht, in den nachfolgenden Jahren am Wertgewinn zu partizipieren. MFA Financials, eine börsennotierte Gesellschaft in den USA, soll ihre Bestände an Hypothekenanleihen 2010 verdoppelt haben. Die American International Group (AIG), die nach dramatischen Verlusten auf dem Höhepunkt der Krise 2008 vom Staat gerettet wurde, wollte die auf die Fed übertragenen Subprime-Hypotheken im Frühjahr 2011 wieder zurückerwerben, nachdem die Papiere im Schnitt wieder bei 60 Prozent ihres Nominalwertes notierten.[32] Die Entwicklung der S & P/Case-Shiller Home Price Indizes zeigt den dramatischen Verfall der Immobilienpreise nach dem Spitzenwert in 2005, aber auch die Aufwärtsbewegung, die ab 2009 wieder zu verzeichnen war.

Die Märkte für
Mortgage Backed Securities

Die Entwicklung des Marktes für Mortgage
Backed Securities

Wie bereits angedeutet, ist es für Hypothekendarlehen wie für viele andere Forderungen am amerikanischen Markt typisch, dass die Kreditpositionen bzw. die mit den Kreditpositionen verbundenen Ausfallrisiken über verschiedene Kreditrisikotransferinstrumente an die Käufer strukturierter Anleihen weitergegeben werden. Die Errichtung dieses Sekundärmarktes für Kredite und Kreditrisiken war zunächst durch die staatlichen Agenturen initiiert und durch Garantieübernahmen begünstigt worden. Neben Fannie Mae und Freddie Mac haben aber im Lauf der Zeit auch private Investmentbanken und Mortgage Bankers als Arrangeure Hypothekarkredite diverser Originatoren (Broker, Geschäftsbanken, spezialisierte Kreditbanken) aufgekauft, gebündelt und auf Zweckgesellschaften übertragen, die darüber strukturierte Schuldverschreibungen ausgegeben haben, die Mortgage Backed Securities (MBS).

Mortgage Backed Securities stellen den größten Teilmarkt des Marktes für Asset Backed Securities in den USA dar. Am Markt unterschieden wurden dabei seit den achtziger Jahren Pass-through- und Pay-through-Verbriefungen. Bei der Pass-through Technik wird der Inhaber der Anleihen ähnlich wie bei einer Fondsanlage Miteigentümer an einem Pool von Hypotheken, sodass die eingehenden Zins- und Tilgungszahlungen unmittelbar an ihn weitergeleitet werden. Bei einem Pay-through Modell wird dagegen die bloße Durchleitung der Mittel durch ein spezielles, vorab definiertes Management der eingehenden Cashflows ersetzt. Möglich und zugleich typisch ist dabei das Tranchieren des Gesamtpools in Risikoschichten, das zu unterschiedlich risikobehafteten Positionen der Inhaber von MBS führt.[33]

MBS und CDO: Das Prinzip von Pooling und Tranching

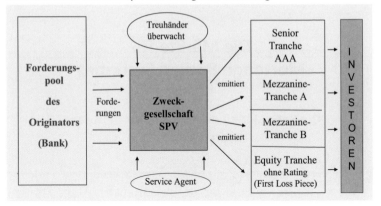

Arrangeure geben Equity Tranche an Investoren ab, übernehmen aber trotz
»originate and distribute«-Modell häufig »unattraktive« Super-Senior-Tranchen.
Quelle: Bernd Rudolph, Kreditrisikosteuerung, S. 7

Auf diese Weise konstruierte Asset Backed Securities werden als
Collateralized Loan Obligations (CLO) bezeichnet und basieren
auf Pools von Hypothekenforderungen, Mortgage Backed Securities oder von Kreditderivaten, bei denen nur das Ausfallrisiko der
Positionen, nicht aber die Kreditpositionen selbst transferiert werden. Über die Besonderheiten des Transfers von Kreditrisiken mit
Hilfe von Kreditderivaten wird im folgenden Abschnitt berichtet.

Die mit Kreditforderungen unterlegten CLO sind wie Collateralized Bond Obligations (CBO), die mit Anleihen unterlegt sind, ein
Teilmarkt der Collateralized Debt Obligations.[34] Beide Arten gehören zur Klasse der Mortgage Backed Securities, die gelegentlich
mit Pfandbriefen verwechselt bzw. verglichen werden. Während
aber Pfandbriefe Bankschuldverschreibungen darstellen, also An-
leiheforderungen gegen eine Bank, die einer spezifischen hypo-
thekarischen Besicherung genügen, stellen MBS zwar auch Anleihen dar, aber gerade keine Forderungen gegen die Bank, die
Kredite vergeben hat, sondern ausschließlich gegen die Zweckgesellschaft. Deckungsmasse für die Pfandbriefe ist das gesamte Vermögen der emittierenden Bank, Deckungsmasse für MBS das gesamte Vermögen der Zweckgesellschaft, die außer dem Pool der
verbrieften Hypothekenforderungen über kein Vermögen verfügt.

Zur Umsetzung der Technik des Poolens und Tranchierens der Kredite werden Zweckgesellschaften genutzt, die eine vom Originator insolvenzferne Position einnehmen, sodass die Inhaber der strukturierten Papiere einerseits ausschließlich Ansprüche gegenüber der Zweckgesellschaft geltend machen können, sie aber andererseits auch von der möglichen Insolvenz des Originators der Kredite nicht betroffen sind, weil ihre Forderungen nicht unter die Insolvenzmasse fallen. Der Originator verkauft also seine Forderungen an die Zweckgesellschaft (Special Purpose Vehicle) ohne Regress (True Sale). Die Zweckgesellschaft, die von einem Administrator geführt und von einem Treuhänder überwacht wird, erhält von einem oder von mehreren Originatoren (»Multi Seller« Struktur) einmalig oder revolvierend Kredite abgetreten (True Sale) bzw. Kreditrisiken über Credit Default Swaps übertragen (synthetisch). Auf der Grundlage dieses Kreditpools werden dann die Asset Backed Securities (ABS) ausgegeben, wobei eine signifikante Streuung der Risiken im Pool und eine gewisse Übersicherung (Credit Enhancement) die Qualität der Emission steigern sollen. Die Zweckgesellschaften ihrerseits emittieren die ABS – insbesondere bei inhomogenen Pools – in Form von Collateralized Loan Obligations (CLO).[35] Treuhänder (Trustees) überwachen die Verteilung und Weiterleitung der aus den Zins- und Tilgungszahlung hereinkommenden Cashflows an die Inhaber der verschiedenen Tranchen.

Die ökonomische Ratio der Zweckgesellschaften besteht für die Inhaber von CLO also insbesondere in der Isolierung eines bestimmten Risikobereichs durch Zusammenlegung von Forderungen in den Pool, durch die Abkoppelung des Kreditrisikos dieses Forderungspools vom Kreditrisiko des Originators und durch die Tranchierung der Verbindlichkeiten, die durch den Aktiva-Pool gedeckt sind.[36] Theoretisch gilt, dass solchermaßen konstruierte Kreditrisikotransferinstrumente zur Vervollkommnung der Kapitalmärkte, zur Vervollständigung und zur Verbesserung der Informationseffizienz beitragen können.[37] So konstatiert auch die Bundesbank, dass der Handel mit Krediten und Kreditrisiken erstens die Diversifizierung von Kreditportfolios erleichtert, zweitens dadurch die Risiken im Finanzsystem breiter gestreut und besser an die spezifischen Präferenzen der Investoren angepasst und drittens neue Handelsstrategien verfolgt werden können, was die Preisfindung auf den Risikotransfermärkten auf eine breitere Basis stellt.[38] Andererseits können solche Konstrukte allerdings auch zur Intransparenz der Märkte beitragen, und im Verlauf der Krise ist deutlich geworden, dass sie unter Umgehung regulativer Eigenkapitalanforderungen zum Aufbau eines riesigen Schattenbanksystems missbraucht worden sind. Erst im Nachhinein wurde das erstaunliche Phänomen deutlich, dass der Großteil der privat generierten Mortgage Backed Securities auch wieder von den privaten Banken als Anlageinstrument genutzt worden war. Diese Banken hatten ihren Sitz nicht nur in den USA, sondern waren beispielsweise auch in Deutschland zu Hause.

Die Technik des Poolens und Tranchierens ist prinzipiell mit diversen Vorteilen verbunden, weil Finanzinstrumente konstruiert werden können, die genau auf den Risikoappetit verschiedener Anlegergruppen bzw. sogar einzelner Anleger zugeschnitten sind. Mit Hilfe strukturierter Anleihen lassen sich also Risiken nicht nur transferieren, sondern auch in ihrer Qualität transformieren. Der Mehrwert der Poolbildung besteht insbesondere im Diversifikationseffekt, der allerdings für die Anleger mit einer Informationsvernichtung einhergeht.[39] Der Mehrwert der Tranchenbildung resultiert vor allem daraus, dass quasi risikofreie bzw. risikoarme und damit informationsinsensitive Wertpapiere konstruiert werden können, die wegen ihres niedrigen Risikos an nichtprofessionelle Anleger bzw. Anleger mit strengen Anlagekriterien abgegeben werden können. Gleichzeitig entstehen informationssensitive risikobehaftete Wertpapiere, für die spezialisierte und besser informierte Anleger, also Profis wie die Hedgefonds, eine Präferenz haben können. Schließlich kann die besonders risikobehaftete Tranche (das Equity Piece, das regelmäßig die erwarteten Kreditausfälle abdeckt) im Portfolio des Originators bzw. des ausgebenden Instituts verbleiben, damit mögliche Moral Hazard-Probleme vermindert werden.[40] Unter Moral Hazard versteht man in diesem Zusammenhang die Neigung von Kreditgebern, in den Fällen, in denen sie ihre Kreditpositionen oder ihre Kreditrisiken rasch und ohne Regress an einen Dritten weiterreichen können, ihre Sorgfalt bei der Kreditwürdigkeitsprüfung und ihre Anforderungen an die Bonität der Kreditnehmer zu vermindern.

Kreditderivate und Finanzkrise

Neben den verschiedenen Formen der Asset Backed Securities, die in der Finanzkrise in der Form von MBS und in »tranchierter« Form als Collateralized Debt Obligations (CDO) eine wichtige Rolle spielten, tauchte im Laufe der Finanzmarktkrise immer wieder das Instrument des Kreditderivats auf, das auch später während der Griechenland-Krise noch einmal ins Kreuzfeuer der Kritik geraten sollte. Damals wurden die Käufer von Kreditderivaten auf Griechenland-Risiken mit Personen verglichen, die eine Feuerversicherung auf das Haus ihrer Nachbarn abschließen, um von einem möglichen Unglück ihrer Nachbarn zu profitieren, und möglicherweise sogar einen Anreiz hätten, dem Eintritt dieses Unglücks tatkräftig nachzuhelfen. Konstruktionsmerkmale und Einsatzmöglichkeiten von Kreditderivaten als moderne Instrumente des Kreditrisikotransfers sind vor und während der Finanzmarktkrise häufig nur unzureichend verstanden worden.

Kreditderivate sind Finanzprodukte, die das Kreditrisiko eines Referenzwertes versichern, indem sie es von diesem separieren und eine isolierte Übertragung auf einen anderen Marktteilnehmer ermöglichen. Dieser Marktteilnehmer fungiert als Sicherungsgeber, da er bei Eintritt eines im Vertrag vereinbarten Kreditereignisses eine Ausgleichszahlung an den Sicherungsnehmer leisten muss. Als Kompensation erhält er dafür eine einmalige oder laufende Prämie vom Sicherungsnehmer, tritt also wie eine Versicherungsgesellschaft auf. Von herkömmlichen Aktien- oder Zinsderivaten unterscheiden sich Kreditderivate im Wesentlichen dadurch, dass ihre Wertentwicklung nicht an die Kurs- oder Zinsänderungen des Basisinstruments geknüpft sind, sondern allein an dessen Kreditrisiken.[41] Ein wichtiger Vertragsbestandteil bezieht sich daher auf die Beschreibung, wann genau ein Kreditereignis als eingetreten gilt. Kreditderivate müssen nicht notwendigerweise nur vorab definierte negative Ereignisse versichern, die Ausgleichszahlungen können auch Wertänderungen des Basiswertes (Total Return), negative Veränderungen der Kreditbewertung oder Änderungen der für bestimmte Finanztitel zu zahlenden Risikoaufschläge (Credit Spreads) betreffen. Die Grundform der Kreditderivate wird am besten durch den Credit Default Swap (CDS) charakterisiert. Die daneben gebräuchlichen Total Return Swaps und Credit Spread Options weisen dagegen kleinere Marktanteile auf. Kreditderivate beziehen sich nicht nur auf einzelne Kreditnehmer, es lassen sich auch die Risiken ganzer Kreditportfolios versichern.

In Deutschland zeigte der Markt für Kreditderivate bis 2008 ein außergewöhnliches Wachstum, das allerdings mit dem Höhepunkt der Finanzkrise 2008 bis Mitte 2010 deutliche Rückschläge hinnehmen musste. Der internationalen Entwicklung hinkte der Markt für Kreditderivate in Deutschland allerdings hinterher.

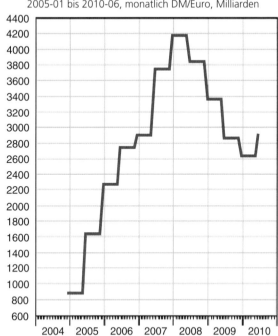

OTC-Derivate: Nominalwerte der Kreditderivate von deutschen Banken 2005-01 bis 2010-06, monatlich DM/Euro, Milliarden

Quelle: Deutsche Bundesbank (Zeitreihe QUY 238)

Der Markt für Kreditderivate war von 2002 bis zu seinem Höhepunkt 2007 von 2 Billionen $ auf 60 Billionen $ gewachsen, wobei er innerhalb von nur drei Jahren (von Dezember 2004 bis Dezember 2007) auf mehr als das Neunfache angewachsen war. Bis zu diesem Zeitpunkt war auch der Anteil der Kreditderivate am Gesamtvolumen der Derivate auf fast 10 Prozent gestiegen, fiel danach aber wieder auf knapp 5 Prozent Marktanteil. Insgesamt ging mit Beginn der Finanzkrise das Volumen innerhalb von zwei Jahren auf fast die Hälfte zurück und betrug im Dezember 2009 nur noch 32 693 Mrd. $. Der Anteil der deutschen Transaktionen am gesamten Markt der Kreditderivate betrug über den gesamten Zeitraum hinweg zwischen 18,5 und 19 Prozent.[42]

Entwicklung der Volumen der Kreditderivate in Deutschland und weltweit

Nominal- volumen am Jahres- ende	Credit Default Swaps CDS in Mrd. $	OTC- Derivate insgesamt	CDS im Verhältnis zu OTC- Derivaten	Von deutschen Banken gemeldete Kredit- derivate
2004	6396	257 894	2,48 %	1180
2005	13 908	297 670	4,67 %	2682
2006	28 650	414 845	6,91 %	3816
2007	58 244	595 738	9,78 %	6063
2008	41 883	547 983	7,64 %	4523
2009	32 693	614 674	5,32 %	3858

Kreditderivate können mit Anleihen zu strukturierten Wertpapieren zusammengesetzt werden, wobei die einfachste Form einer solchen Verbindung darin besteht, einen Credit Default Swap mit einer »normalen« Schuldverschreibung zu einer Credit Linked Note (CLN) zu verbinden, die üblicherweise vom Sicherungsnehmer selbst oder von einer Zweckgesellschaft als Anleihe (Note) emittiert und am Ende ihrer Laufzeit zum Nennwert zurückgezahlt wird, sofern das vorher spezifizierte Kreditereignis beim Referenzaktivum nicht eintritt. Tritt es doch ein, dann wird die CLN nur unter Abzug des vereinbarten Ausgleichsbetrages zurückgezahlt. Dadurch kann wie bei einem Credit Default Swap das Ausfallrisiko des Referenzaktivums abgesichert werden.[43] Während bei True-Sale-Verbriefungen echte Forderungsverkäufe stattfinden, verbleiben die Forderungen bei synthetischen Transaktionen im Eigentum und damit auch in der Bilanz des Originators. Der Sicherungsgeber übernimmt bei der synthetischen Risikoposition nur das Kreditausfallrisiko der zugrundeliegenden Forderung. Bei einem echten Kauf des Basiswertes würde er dagegen auch das gesamte Risiko der Position inklusive Zins- und Währungsrisiken erwerben. Die beiden Risikotransferwege »True Sale« und »synthetisch« unterscheiden sich somit hinsichtlich des Umfangs des transferierten Risikos.[44]

Kreditderivate standen zum Teil »in der Kritik, das Finanzsystem in der Krise zu destabilisieren. Marktteilnehmer, Aufsichts- und Regulierungsbehörden sowie die breitere Öffentlichkeit waren angesichts der vermeintlichen Undurchsichtigkeit des Marktes und des schieren Umfangs der ausstehenden Volumina zunehmend besorgt.«[45] Die Besorgnis war insoweit nicht unbegründet, als sich der Markt für Kreditderivate durch eine hohe Konzentration und Vernetzung auszeichnet. »Die zunehmende Vernetzung und die damit einhergehende Gefahr von Ansteckungseffekten spielte auch bei der Unterstützung des US-Versicherers AIG (American International Group) mit öffentlichen Mitteln eine wichtige Rolle. In der Zeit vor der Krise hatte AIG als Sicherungsgeber beachtliche Risikopositionen aufgebaut, welche bei einem Kollaps von AIG andere Institute mit in den Abgrund zu reißen drohten. Schließlich fiel mit dem Zusammenbruch von Lehman Brothers eine wichtige Referenzeinheit aus, welche zugleich auch eine bedeutende CDS Gegenpartei darstellte.«[46]

AIG hatte bereits für das vierte Quartal 2007 Verluste in Höhe von 11 Mrd. $ melden müssen, weil wegen der Subprime-Krise Versicherungsleistungen aus Credit Default Swaps zu leisten waren, die AIG verkauft hatte. Die Gruppe musste am 15. September 2008 unmittelbar nach der Lehman-Pleite die amerikanische Notenbank um einen Überbrückungskredit von rund 40 Mrd. $ bitten, um eine angekündigte Abstufung ihres Ratings abzuwehren. Am 16. September 2008 gewährte die Fed dem Konzern sogar einen Kredit von 85 Mrd. $, übernahm aber im Gegenzug 80 Prozent der Kapitalanteile an AIG, sodass es de facto zu einer Verstaatlichung kam. Anfang November 2008 musste das Versicherungsunternehmen noch einmal unterstützt werden, schließlich belief sich der Verlust von AIG in 2008 auf fast 100 Mrd. Dollar. Mit insgesamt rund 150 Mrd. Dollar Kapitaleinlage gilt die Unterstützung von AIG als größte finanzielle staatliche Unterstützung für ein privates Unternehmen in der Geschichte der Vereinigten Staaten.[47]

Warum sind Kreditderivate im Zusammenhang mit der Finanzkrise und insbesondere später noch einmal mit der Griechenland-Krise in die Schlagzeilen gekommen, obwohl sie doch – theoretisch betrachtet – die Finanzmärkte effizienter und vollkommener machen? Der wissenschaftliche Dienst des Deutschen Bundestags spricht dazu im Wesentlichen zwei Problembereiche an. Zum einen bestehe die Gefahr des Moral Hazard, dass nämlich die Sorgfalt bei der Auswahl und Betreuung von Kreditrisiken leide bzw. außer Kraft gesetzt werde, also die vor einer Kreditvergabe stattfindende Kreditwürdigkeitsprüfung und das weitere »Monitoring« des Kreditnehmers nicht mehr ordentlich wahrgenommen würden, wenn die mit der Kreditvergabe später möglicherweise verbundenen Verluste nicht selbst getragen werden müssten. Zum anderen könnten die Risiken dadurch steigen, dass die Kreditderivate nicht effizient verteilt sind, weil sie zum Teil auf Akteure außerhalb des Bankensystem übertragen würden, die über kein angemessenes Risikomanagementsystem verfügten und einer geringeren Aufsicht unterworfen seien. Schließlich sei der Markt durch eine hohe Konzentration des Handels bei wenigen großen Akteuren gekennzeichnet, die häufig zugleich als Referenzschuldner und als CDS-Dealer tätig sind. Gerade die mit dem letzten Punkt angesprochene hohe Vernetzung der Marktteilnehmer und die damit einhergehende große Ansteckungsgefahr sind im Falle der AIG entscheidend gewesen.[48]

Probleme der Märkte für den Transfer von Kreditrisiken

Wer die Finanzkrise verstehen will, braucht ein gewisses Wissen um die modernen Finanzmärkte für den Transfer von Kreditrisiken. Das meint auch Gillian Tett, die preisgekrönte Redakteurin der britischen Wirtschaftszeitung *Financial Times*, die nicht nur die modernen Märkte, sondern auch viele ihrer Teilnehmer besonders gut kennt. Ihr Bestseller »Fool's Gold« (Narrengold), der von der Kritik gefeiert wurde, erzählt die Geschichte einer der wichtigsten Finanzinnovationen der vergangenen Jahre, des Credit Default Swap (CDS). Gillian Tett hat mit den Erfindern dieser Kreditderivate und mit vielen Marktteilnehmern gesprochen »und eine Art Insidergeschichte aus der Welt der Bankentürme geschrieben, die gleichzeitig als eine Milieustudie über das Investmentbanking verstanden werden kann. Die Kombination aus Naivität und Hybris, mit der die Banker in die Krise stolperten, wirkt geradezu beklemmend.«[49]

Untersuchungen haben aber auch schon vor der Finanzkrise gezeigt, dass verschiedene Ausprägungsformen und Techniken des Kreditrisikotransfers mit erheblichen Problemen belastet waren. So wurde beispielsweise bereits in einem Beitrag der Bank für Internationalen Zahlungsausgleich vom Juni 2005 darauf hingewiesen, dass die Ratings strukturierter Finanzprodukte zwar nützlich seien, wegen der erkennbaren Unzulänglichkeiten die Risiken dieser Produkte aber nicht voll erfassen könnten.[50] Im gleichen Beitrag wiesen die Autoren auch auf den wesentlichen Unterschied zwischen strukturierten Finanzierungen und anderen Risikotransferprodukten hin: »Strukturierte Instrumente transformieren Risiken, da infolge der Aufteilung der Forderungen in Tranchen Engagements in unterschiedlichen ›Scheiben‹ (Slices) der Verlustverteilung des zugrundeliegenden Forderungspools eingegangen werden können. Diese Aufteilung in ›Scheiben‹ und die hierfür erforderlichen vertraglichen Strukturen können die Einschätzung der Risiko-Ertrags-Merkmale der einzelnen Tranchen enorm erschweren.«[51] Die Autoren schlossen daraus, dass Ratings die Risiken tranchierter Wertpapiere nicht vollständig erfassen können. Im

Gegenzug wiesen sie aber auch darauf hin, dass gerade die Komplexität dieser Transaktionen dazu führe, dass Anleger dazu neigen, sich bei diesen Anlagen stärker als bei anderen Wertpapieren auf die Rating-Urteile der Agenturen zu verlassen. Genau dieses Verhalten wurde später vielen Banken und anderen Institutionen zum Verhängnis. Sie waren zum Teil nur unzureichend über die Qualität der gehaltenen Papiere informiert (bzw. »verstanden« die Konstruktion der Papiere nicht), und verließen sich blindlings auf die Einstufungen der Ratingagenturen. Diese wiederum hatten erstens im Hinblick auf tranchierte Wertpapiere keinen so großen Erfahrungshorizont wie im üblichen Anleihenmarkt für Staaten und Unternehmen, und berieten zweitens die Emittenten bei der ratingadäquaten Konstruktion der Collateralized Mortgage Obligations, sodass auch hier Moral Hazard-Probleme zwangsläufig entstehen mussten.

Auch andere in den Jahren vor der Subprime-Krise publizierte Beiträge konnten Probleme deutlich machen. So wurden Messbarkeit und Isolierbarkeit spezifischer Risiken in Frage gestellt, oder es wurden die Informationen über mögliche Änderungen des Risikos im Zeitablauf in Zweifel gezogen. Sobald es beispielsweise in der Verlusthierarchie einer tranchierten MBS oder eines tranchierten Kreditderivats zu einem Ausfall kommt, verschiebt sich das Risikoprofil über alle nachfolgenden Tranchen hinweg, was die vormalige Bonitätsbewertung obsolet werden lässt. Ebenso verschiebt sich das Risikoprofil, wenn sich die makroökonomischen Faktoren verändern, die auf den Risikogehalt des Pools einwirken. Schließlich ändern sich bei solchen Ereignissen auch die Korrelationen der Cashflows mit den Cashflows anderer Finanzinstrumente.

Wegen der großen Unsicherheit über die Auswirkungen von Risikoänderungen in den eigenen Portfolios wie in denen anderer Marktteilnehmer ist im Zuge der Finanzmarktkrise die Kalkulierbarkeit der Risiken tranchierter Produkte generell in Frage gestellt worden. Zwar war die Wirkung des Wasserfallprinzips beim Verlustübergang im Prinzip bekannt, der konkrete Umfang der Risiken bei einer Verschiebung der Verlustverteilung des ursprünglichen Kreditportfolios aufgrund makroökonomischer Einflüsse aber nur schwer ermittelbar und noch schwerer kommunizierbar.[52]

Es gab aber nicht nur Transparenzprobleme. Auch institutionelle Mängel und die schon angedeuteten adversen Verhaltensanreize haben zur Anreicherung von Risiken in den Portfolios der Investoren und Finanziers strukturierter Produkte beigetragen. Das folgende Schaubild und die nachfolgenden Erklärungen sind dem vierten Finanzstandortbericht der Initiative Finanzstandort Deutschland entnommen. Sie zeigen einige wichtige Friktionen auf, die sich bei der Verbriefung[53] von Subprime-Darlehen gezeigt haben.

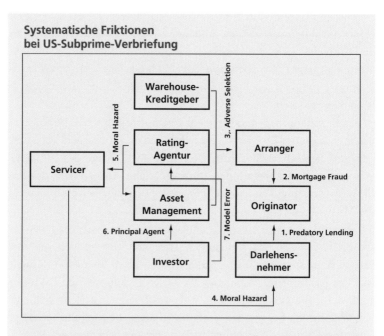

Mit (1) »Predatory Lending« wird die Übervorteilung insbesondere unerfahrener, in finanziellen Dingen unzureichend informierter Kreditnehmer durch Banken bezeichnet. In vielen Fällen ist Subprime-Kreditnehmern vermutlich nicht bewusst gewesen, welche Risiken und zeitverzögerten Belastungen sie auf sich genommen haben. (2) Potenzieller »Mortgage Fraud« ergibt sich aus der Informations-Asymmetrie zwischen Arranger und Originator. Für den Originator kann sich ein Anreiz ergeben, zum Nachteil des Arrangers mit dem

Kreditnehmer zu kooperieren, zum Beispiel die Kreditunter-
lagen zu fälschen. Es besteht wiederum (3) eine erhebliche
Informations-Asymmetrie hinsichtlich der Darlehensqualität
zwischen Arranger und Dritten (z.B. dem Sponsor einer
Warehouse Facility, der Rating-Agentur oder einem Asset
Manager – im Falle einer CDO). Dies kann dazu führen,
dass der Arranger die guten Kredite selbst behält und ledig-
lich die schlechten verbrieft (adverse Selektion). Zwischen
Kreditnehmer und Servicer besteht ein (4) Moral-Hazard-
Problem. Um den Wert des beliehenen Objektes zu erhalten,
muss der Kreditnehmer u.a. Reparaturen, Versicherungen
und Steuern zahlen. Gerät er in finanzielle Not und wird das
Darlehen zahlungsrückständig, besteht grundsätzlich für den
Kreditnehmer kein Anreiz, diese Zusatzverpflichtungen weiter zu erfüllen. Zwischen Servicer und den Dritt-Parteien
Rating-Agentur und Asset Manager besteht ebenfalls ein (5)
Moral-Hazard-Problem. Für den Servicer ist es grundsätzlich
vorteilhaft, die Zwangsvollstreckung aus einem ausgefallenen
Darlehen herauszuzögern, da er umso mehr Provision ver-
dient, je länger er das Darlehen administriert. Verzögerungen
bei der Verwertung mindern jedoch regelmäßig den Wert des
Beleihungsobjektes und den zu erwartenden Verwertungs-
erlös. Im Falle einer CDO tritt noch ein (6) Principal-Agent-
Problem zwischen Investor und Asset Manager hinzu: Der
Investor (Principal) stellt finanzielle Mittel zur Verfügung.
Ihm fehlen jedoch Zeit, Infrastruktur und Expertise, um ein
Portfolio selbst zusammenzustellen, weshalb er die Aufgabe
einem Asset Manager (Agent) überträgt, der nicht zwangsläufig überwiegend im Interesse des Investors agiert. Zwischen Investor und Rating-Agentur besteht letztlich noch
ein Spannungsverhältnis, das als (7) »Modell-Irrtum« oder
potenzieller Interessenkonflikt aufgefasst werden kann. Die
Modelle der Rating-Agenturen sind dem Investor nicht vollständig transparent, sodass sich eine starke Abhängigkeit
ergibt. Zum Teil wird auch zu viel in das Rating hinein-
interpretiert, es entsteht ein »Expectation Gap«. Statt als

Meinung über Ausfallrisiko wird ein Rating häufig auch als Aussage über zu erwartende Liquidität und Marktpreis(stabilität) ausgelegt und auf entsprechende eigene Analysen verzichtet.[54]

Viele Defizite der amerikanischen Märkte für Hypothekendarlehen und der dortigen Verbriefungsmärkte waren bereits vor der Krise bekannt. Was die vor der Subprime-Krise publizierten wissenschaftlichen Beiträge allerdings übersehen oder nicht untersucht haben, war die Tatsache, dass ein Großteil der im Zuge des Kreditrisikotransfers von den Banken an die Kapitalmärkte abgegebenen Kreditrisiken in Form strukturierter Anleihen wieder in ihren Anlagebereich zurückgewandert war. Als wichtige Käufergruppe der strukturierten Anleihen stellten sich nämlich von europäischen Banken betriebene Zweckgesellschaften heraus, die sogenannten Conduits. Conduits erwarben einerseits die strukturierten Wertpapiere (CDO) und refinanzierten diese andererseits über die Emission kurzfristiger Commercial Papers. Da die zukünftigen Zahlungsströme dieser Commercial Papers durch die angekauften Wertpapiere gespeist und gesichert wurden, sprach man von Asset Backed Commercial Papers (ABCP). Wie der folgende Auszug aus dem Untersuchungsbericht der National Commission zeigt, galten Investments in diese Papiere als besonders attraktiv.

Auszug aus dem Untersuchungsbericht der National Commission:

»Foreign investors sought other high-grade debt almost as safe as Treasuries and GSE securities but with a slightly higher return. They found the triple-A assets pouring from the Wall Street mortgage securitization machine. As overseas demand drove up prices for securitized debt, it ›created an irresistible profit opportunity for the U.S. financial system: to engineer ›quasi‹ safe debt instruments by bundling riskier assets and selling the senior tranches,‹ Pierre-Olivier Gourinchas, an economist at the University of California, Berkeley, told the FCIC.«[55]

Die typische Laufzeit eines ABCP betrug drei Monate, während sich die Laufzeit der für das Anlageportfolio erworbenen Wertpapiere an den damit bereitgestellten Wohnungsbaukrediten orientierte und somit bis zu dreißig Jahren betrug. Die zur Absicherung ihrer Refinanzierungsfähigkeit mit einem sehr guten Rating versehenen Conduits betrieben also eine gewaltige Fristentransformation, deren Liquiditäts- und Zinsänderungsrisiken nur durch einen sehr geringen Eigenkapitalanteil oder häufiger durch einen gewissen Überhang der Anlagen oder Zusagen über ein Auffangen von Verlusten abgesichert waren.»So lange der Wert ihrer Portfolios nicht angezweifelt wurde, konnten sich diese Conduits sehr günstig finanzieren und erhielten dafür relativ hohe Zinsen, sodass sie im Jahr abzüglich Kosten oft mehr als zwei Prozent Zinsdifferenz (Spread) auf ihr Portfolio verdienen konnten. Bei einem Volumen von zehn Milliarden US-Dollar sind das immerhin 200 Millionen US-Dollar und umso mehr, je voluminöser das Portfolio angelegt wurde. Nur wenige Banken konnten dieser Versuchung widerstehen, noch dazu waren diese Conduits so konstruiert, dass Notenbanken und Bankenaufsicht weder kostspielige regulatorische Mindestreserven fordern noch die Geschäfte überwachen konnten.«[56]

Es stellt sich nun die Frage, wann und aus welchem Anlass es dazu kam, dass der Wert dieser Portfolios plötzlich angezweifelt wurde. Mit der Absenkung der Diskontrate nach dem Ende der »New Economy Bubble« zur Abfederung der Wirtschaft gerieten bekanntlich viele institutionelle Anleger und Banken in einen gewissen »Anlagenotstand«, weil den hohen Renditeerwartungen der Anleger wegen des niedrigen Zinsniveaus nur mäßige Ertragsmöglichkeiten entgegenstanden. In dieser Situation befanden sich Investmentbanken, Geschäftsbanken, internationale und regionale, private und staatliche Banken gleichermaßen. Einer der Auswege aus dem Ertragsdilemma schien in der Möglichkeit zu bestehen, entweder durch entsprechende Investments auf eigene Rechnung oder über die Conduits als separate Anlagevehikel in die am Markt umlaufenden CDO und Credit Linked Notes mit erstklassigem Rating zu investieren, weil sie eine höhere Rendite erwarten ließen als mit gleichem Rang bewertete »normale« Anleihen. Diese

Spread-Differenzen bei gleichem Rating lassen sich durch Liquiditätsunterschiede, aber auch durch wahrgenommene Bonitätsunterschiede erklären. Die hohe Nachfrage nach CDO in den Jahren 2005 und 2006 hat offenbar einen wichtigen Anreiz geboten, auch qualitativ minderwertige Hypothekenforderungen zu verbriefen, was in der Folge eine weitere Aufweichung der Kreditvergabestandards zur Folge hatte. Auf diese Weise konnten von den Banken sogar die eigenen, nur mit einem schwachen Rating versehenen Kredite ausplatziert und gegen Anlagen in hoch bewertete ABS ausgetauscht werden, womit zusätzlich auch noch eine regulatorische Eigenkapitalentlastung verbunden war.

Da die Conduits als spezielle insolvenzferne Zweckgesellschaften aufgestellt waren, gehörten sie nicht zum Konzernbereich der Kreditinstitute und wurden dementsprechend auch nicht konsolidiert. Die Kreditinstitute traten als Sponsoren und Berater auf und wurden, da sie nicht Eigentümer der Conduits sind, über Beratungshonorare vergütet. Offenbar wegen der großen Attraktivität der Anlagevehikel flossen nun aber nicht nur eigene Mittel in die Conduits, die vom Sachverständigenrat bezeichnenderweise als Quasi-Banken eingestuft wurden.[57] Stattdessen wurden die Anlagevehikel in hohem Maße »geleveraged«, indem sie ihrerseits Asset Backed Commercial Papers als quasi risikofreie Anlagen emittierten. Zugleich mit der Abschöpfung des CDO-Aufschlags konnten damit Erträge aus dem Leverage Effekt, der Fristentransformation und der Risikotransformation realisiert werden. Da die Conduits in der Regel so konstruiert waren, dass sie zumindest regulatorisch (und z. T. wohl auch ökonomisch) kein Eigenkapital vorhalten mussten, konnte bis zum Eintritt der Krise mit einem fast unbegrenzten Hebel gearbeitet werden. Diese Privilegierung und die damit verbundenen günstigen Finanzierungsmöglichkeiten gelten als wichtige Triebfeder zur Aufweichung der Kreditstandards bei den Originatoren der Kredite. In die CLO-Pools konnten nämlich auch qualitativ minderwertige Kredite aufgenommen werden, ohne dass dies die Emissionsbedingungen der verschiedenen Tranchen entscheidend verschlechtert hätte.[58] So überzeugend nämlich »diese Konstruktion den Investoren auch erscheinen mochte, hatte sie doch zwei strukturelle Schönheitsfehler: Zum einen fühlte sich offenbar niemand veranlasst, die Qualität der Hypotheken seriös zu prüfen, zum anderen wurde angenommen, dass die Ausfallraten unterschiedlicher Pools aus Hypothekarkrediten kaum miteinander korreliert wären, es also unwahrscheinlich sei, wenn es in einem bestimmten Pool zu unerwartet hohen Ausfällen kommt, dass dies gleichzeitig auch bei einem anderen Pool der Fall sein werde.«[59] Ein kritischer Punkt dieser Konstruktion war natürlich die Absicherung der Inhaber der Commercial Papers, die nach Ablauf ihres Anlagezeitraums von beispielsweise drei Monaten die Gewähr haben mussten, dass ihre Forderungen zurückgezahlt werden konnten. Die Absicherung wurde durch Kredit- oder Liquiditätslinien erreicht, die die Kreditinstitute als Sponsoren den Anlagevehikeln zur Verfügung stellten. Die Conduits investierten in der Regel in hoch bewertete ABS und Tranchen strukturierter Wertpapiere (CDO). Da sie sich über die Ausgabe kurz laufender Commercial Papers (ABCP) refinanzierten, benötigten sie ein erstklassiges Rating. Eine ähnliche Struktur wie die Conduits zeigten die sogenannten Structured Investment Vehicles (SIV), die sich zusätzlich durch die Ausgabe von »Medium Term Notes« mit einer Fristigkeit von einem bis zu drei Jahren sowie von »Capital Notes« (Nachrangpapiere mit höherer Verzinsung und höherem Risiko als ABCP) mit Gewinnbeteiligung refinanzierten. Gemeinsam sind beiden Konstruktionen die Liquiditätszusagen der Sponsoren im Falle von Marktstörungen über Ankaufs- bzw. Refinanzierungsgarantien. ABCP Conduits verfügen über Liquiditätszusagen, die in ihrer Höhe etwas über den Nominalwert der Vermögenswerte hinausreichen (z. B. 102 Prozent der Assets), die Liquiditätszusagen der SIV beschränken sich dagegen oftmals nur auf 5 bis 10 Prozent der Assets. Zusätzlich setzt man bei SIVs voraus, dass sie bei Marktstörungen die Vermögenswerte verkaufen können. Conduits und SIVs waren bei funktionierenden Märkten hochprovitable »Geldmaschinen«, entpuppten sich aber in der Krise als gefährliche, finanzielle »Sprengsätze«.

Ausbruch der Subprime-Krise und ihre Ausweitung zur internationalen Finanzkrise

Man kann den Überblick über die zeitliche Entwicklung der Subprime-Krise und ihre Ausweitung auf die internationalen Kapitalmärkte mit dem Datum des 2. April 2007 beginnen, als der Immobilienfinanzier »New Century Financial Corporation«, die zweitgrößte Adresse für die Vergabe von Subprime Mortgages in den USA, aufgrund massiver Refinanzierungsprobleme Antrag auf Gläubigerschutz nach Chapter 11 der amerikanischen Insolvenzordnung stellen musste.[60] Vielleicht könnte man sogar auf einen noch früheren Zeitpunkt, den 8. Februar 2007, verweisen, als der Bankkonzern HSBC wegen einer überraschend hohen Risikovorsorge im amerikanischen Hypothekengeschäft für den Abschluss des Jahres 2006 eine Gewinnwarnung veröffentlichte und im September des gleichen Jahres seine Hypothekentochter in den Vereinigten Staaten schloss.[61] Auch im März 2007 gab es Warnungen vor den Folgen weiterer Zinserhöhungen am amerikanischen Markt, die zu einer Krise und einem Preisverfall am Wohnungsmarkt führen könnten, der wiederum den Preisverfall am Verbriefungsmarkt beschleunigen würde.[62] Als weiteres mögliches Datum für einen offensichtlichen Startzeitpunkt der Krise käme auch der 3. Mai 2007 in Frage, als die Schweizer Großbank UBS nach der Realisierung von 125 Mio. $ Verlusten in Subprime-Engagements die Schließung ihrer Hedgefondsabteilung »Dillon Read Capital Management« mitteilte. Für den 14. Juni 2007 wird notiert, dass zwei vom amerikanischen Investmenthaus Bear Stearns gemanagte Hedgefonds, die auch in Mezzanine-Tranchen von CLO investiert hatten, geschlossen wurden und zur Generierung von Zahlungsmittelzuflüssen zur Erfüllung von Sicherheitsanforderungen der Börsen (Margin Calls) hoch bewertete ABS im Gesamtwert von 3,8 Mrd. $ liquidiert werden mussten. Es gab also verschiedene deutliche Signale für die heraufziehende Finanzkrise.

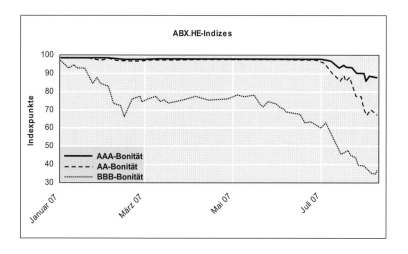

Spiegel Online berichtete am 2. Juli 2007 aus New York, dass Richard Marin, ein Fondsmanager bei Bear Stearns, wochenlang versucht habe, die Katastrophe aufzuhalten: Beide Fonds, der »Bear Stearns High-Grade Structured Credit Fund« und der größere »Bear Stearns High-Grade Structured Credit Enhanced Leveraged Fund«, wurden Opfer der schleichenden Krise an der Wall Street, von der viele fürchteten, dass sie weiter um sich greifen könnte. Die Milliardenfonds, in die auch die Topmanager von Bear Stearns selbst sowie reiche Kunden investiert hatten, waren Fonds mit besonders riskanten Anlagen, die zu einem großen Teil auf Subprime Mortgages gerichtet waren. Kurz und etwas verächtlich fasst *Spiegel Online* das Geschäftsmodell der Hedgefonds zusammen: »Die Einkommen aus solchen windigen Krediten ans mittellose Volk werden nämlich ihrerseits zu festverzinslichen Anleihen gebündelt, die Großbanken wie Bear Stearns dann über die Hedgefonds an Großinvestoren verschachern.«[63] Diese Technik hatte lange Zeit »wundervoll funktioniert«, obwohl es schon früh Anzeichen für unseriöse Praktiken gab. So sollen bereits 2005 Untersuchungen der Börsenaufsicht SEC und von New Yorker Staatsanwälten bei Bear Stearns wegen fragwürdiger Kredit-Wertpapiergeschäfte stattgefunden gefunden haben, die aber ohne Angabe von Gründen wieder eingestellt wurden.[64]

Die diversen Negativmeldungen wiesen bis zur Mitte des Jahres 2007 noch einen gewissen singulären Charakter auf, weil es offenbar bei vielen Banken zu dieser Zeit noch keine Einbrüche in das eigene Portfolio gegeben hatte. Mitte Juni 2007 war allerdings von der Ratingagentur Moody's mitgeteilt worden, dass sie 131 mit Subprime-Wohnungsbaukrediten unterlegte Wertpapiere herabgestuft und etwa 250 Anleihen wegen einer möglichen Herabstufung unter Beobachtung gestellt habe. Am 10. Juli gab auch Standard & Poor's bekannt, dass mit Immobilienforderungen unterlegte ABS aus dem Jahr 2006 im Wert von 12 Mrd. $ (später korrigiert auf 7,3 Mrd. $) von Herabstufungen bedroht seien. In den Tagen und Wochen danach kündigten Standard & Poor's und Moody's immer weitere Herabstufungen und Überprüfungen an, die auch in früheren Jahren zur Verfügung gestellte und nicht nur Subprime-Kredite betrafen. Die Herabstufungen lösten ihrerseits eine Welle von Umschichtungen in den Wertpapierportfolios aus, weil beispielsweise viele institutionelle Investoren auf Anlagen mit Investment-Grade-Charakter beschränkt sind und sich von nicht mehr entsprechend eingestuften Papieren möglichst rasch trennen müssen.[65] Der Verkaufsdruck auf diese Papiere nahm zu, die Verkaufsabsichten konnten von den Marktteilnehmern aber nicht mehr zu »vernünftigen« Preisen umgesetzt werden. Die Unsicherheit über die Qualitätseinstufung ließ die Nachfrage nach den Papieren trotz abstürzender Preise zusammenbrechen. Der ABX Index für Subprime Mortgage Backed Securities verlor von Januar bis August 2007 mehr als 80 Prozent seines Wertes.[66] Der Präsident der Amerikanischen Notenbank, Ben Bernanke, warnte davor, dass die Verluste im Subprime-Sektor des Kreditmarktes bis auf 100 Mrd. $ anwachsen könnten, versicherte aber, dass Vorkehrungen zum Schutz der Kreditnehmer getroffen würden.[67]

Gerüchte über Notverkäufe ließen nun auch die Kurse jener Gesellschaften fallen, bei denen hohe Bestände an direkten oder indirekten Subprime-Investments vermutet wurden. Bei den Banken führte die Krise erstens zu höheren regulatorischen Eigenkapitalanforderungen durch die plötzlich schlechter bewerteten Wertpapieranlagen und die damit einhergehenden Abschreibungen, sowie zweitens zu einem dramatischen Kursverfall ihrer Aktien. Der

Kursverfall machte Kapitalerhöhungen am freien Markt unattraktiv oder sogar unmöglich und verwies die Institute, wenn überhaupt, auf die Möglichkeit, den Eigenkapitalbedarf durch das Engagement einzelner Eigentümer oder großer Staatsfonds auszugleichen.[68] All diese Ereignisse schienen für die Banken und die Öffentlichkeit in Deutschland noch keinen Zusammenhang mit den Wertpapierportfolios deutscher Banken und anderer Investoren aufzuweisen, da diese nicht in die höherverzinslichen Subprime-Qualitäten, sondern fast ausschließlich im Triple-A-Bereich der Märkte für Mortgage Backed Securities investiert waren. Diese zunächst noch unverändert hoch bewerteten Anleihen waren bis zum Juli 2007 mehr oder weniger überhaupt nicht von der Krise betroffen. Die folgende Abbildung macht das Auseinanderklaffen der Wertentwicklung von Triple A- und Triple B-Bonitäten für den Zeitraum von Januar bis Juli 2007 deutlich, als plötzlich auch die hoch bewerteten bzw. gerateten Anleihen in den Sog des Preisverfalls gerieten. Ganze Märkte trockneten Mitte 2007 plötzlich aus und wurden vollständig illiquide, weil irgendein Ereignis oder auch nur ein Gerücht die Anleger daran zweifeln ließen, dass sie ihre Anlagen bei Bedarf noch liquidieren konnten. Auch die Geldmärkte und Interbankenmärkte wurden von dem Misstrauen erfasst. Die Europäische Zentralbank konstatiert im Rückblick auf die internationale Finanzkrise:»Am 9. August 2007 kam es an den Interbankenmärkten weltweit, darunter auch im Euro-Währungsgebiet, zu schweren Spannungen. Die Risikoprämien für Interbankkredite mit verschiedenen Laufzeiten schnellten in die Höhe, und die Marktaktivität ließ rasch nach. ... Diese Spannungen drohten das ordnungsgemäße Funktionieren des Euro-Geldmarktes zu beeinträchtigen und gar den Zahlungsverkehr zum Erliegen zu bringen.«[69]

In Deutschland trat die Entwicklung an den amerikanischen Immobilienmärkten lange Zeit also überhaupt nicht, dann allerdings sehr überraschend am 30. Juli 2007 mit einem Paukenschlag in das Bewusstsein der Marktteilnehmer: Die IKB Deutsche Industriebank in Düsseldorf, die eigentlich auf Industriefinanzierungen für mittelständische Unternehmen spezialisiert war, wies in einer Ad-hoc-Mitteilung auf die Gefahr hin, dass sie für den von

Das Misstrauen wächst

Wertentwicklung von Verbriefungen bonitätsschwacher amerikanischer Hypothekenkredite (in Punkten)[1]

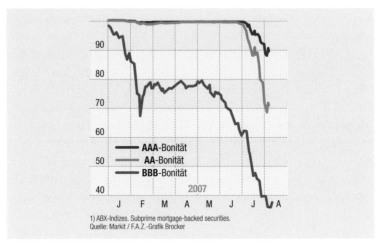

1) ABX-Indizes. Subprime mortgage-backed securities.
Quelle: Markit / F.A.Z.-Grafik Brocker

Auseinanderklaffen der Preisentwicklung verschiedener Tranchen

ihr gemanagten Conduit » Rhineland Funding « in Anspruch genommen werden könnte. Zugleich teilte die Bank mit, dass ihr Hauptaktionär, die KfW (Kreditanstalt für Wiederaufbau, die Förderbank der Bundesrepublik Deutschland), die finanziellen Verpflichtungen der IKB aus den Liquiditätszusagen für » Rhineland Funding « übernommen hatte.[70]

Ad-hoc-Mitteilung gemäß § 15 WpHG: KfW stärkt IKB

Düsseldorf, 30. Juli 2007

Die Krise des US-amerikanischen Hypothekenmarktes im Subprime-Bereich hat sich auf die IKB Deutsche Industriebank AG (IKB) ausgewirkt. Die heftigen Reaktionen der letzten Woche haben zu einer deutlichen Ausweitung der Spreads geführt und zu einer großen Verunsicherung institutioneller Investoren beigetragen. Die Refinanzierung des von der IKB gemanagten Conduits » Rhineland Funding «

erschien gefährdet, und die IKB lief Gefahr, aus ihren Liquiditätslinien für Rhineland Funding in Anspruch genommen
zu werden. Rhineland Funding und in geringerem Maße auch
die IKB selbst sind in strukturierten Portfolioinvestments
engagiert, zu denen auch US-amerikanische Immobilienkre-
dite aus dem Subprime-Bereich gehören. ...
   Die KfW, 38 %iger Hauptaktionär der IKB, hat unmittelbar reagiert und die notwendigen Maßnahmen getroffen, um
die Bonität der IKB zu sichern. Die KfW wird mit Wirkung
zum 30. Juli 2007 in die Liquiditätslinien gegenüber Rhineland Funding eintreten und darüber hinaus die IKB gegen
Risiken abschirmen, die aus bestimmten Portfolioinvestments
resultieren. Diese Maßnahmen gewährleisten, dass die IKB
ein bonitätsstarkes Bankinstitut, insbesondere für den deutschen Mittelstand, bleibt. ...

Bei anschließenden Nachforschungen aufgedeckte weitere Verluste führten am 1. August zu der Mitteilung, dass die KfW mit
einer Gruppe staatlicher und privater Banken ein Rettungspaket
von 3,5 Mrd. € schnüre. Nach Durchführung einer Sonderprüfung
durch eine Wirtschaftsprüfungsgesellschaft wurde im Oktober
2007 deutlich, dass die IKB ein Wertpapierportfolio aufgebaut
hatte, dessen Risiken ihre Tragfähigkeit bei weitem überstieg.»Allein das von der Zweckgesellschaft ›Rhineland Funding‹ bis zum
31. Juli auf 13,2 Mrd. € hochgeschraubte Portfolio, davon 52 Prozent mit höherem Ausfallrisiko, habe mit Liquiditätszusagen von
mehr als 8 Mrd. € die Risikotragfähigkeit der Bank bei weitem
überstiegen.«[71] Nicht wegen dieser überzogenen Risikoübernahme,
sondern wegen einer Börsenkursmanipulation wurde übrigens der
frühere Vorstandsvorsitzende der IKB, Stefan Ortseifen, im Juli
2010 zu einer zehnmonatigen Bewährungsstrafe verurteilt. Das
Urteil stützte sich auf die Pressemitteilung des Vorstands kurz vor
dem Desaster am 20. Juli 2007, die eine Kurssteigerung verursacht
haben soll.

Aus der Pressemitteilung der IKB vom 20. Juli 2007

Die Entwicklung im europäischen Bankensektor – insbesondere in den Aktien- und Kreditmärkten – ist in den letzten Wochen von einer hohen Volatilität geprägt gewesen. Anlass hierfür waren insbesondere die Unsicherheiten im US-Hypothekenmarkt. Die jüngste sehr umfassende Moody's-Analyse für dieses Marktsegment hat im Hinblick auf IKB-Engagements in internationale Portfolioinvestments und auf die Beratungsmandate der IKB Credit Asset Management GmbH praktisch keine Auswirkung. Von den in diesem Zusammenhang von Moody's auf die Watchlist gesetzten Tranchen ist die IKB lediglich mit einem einstelligen Millionen-Betrag betroffen. Von der jüngsten Analyse, die Standard & Poor's für den CDO-Markt erstellt hat, ist die IKB in keinerlei Hinsicht betroffen. Schwerpunkt unserer Engagements bilden Investments in Portfolien von Unternehmenskrediten.

Unabhängig von dem tatsächlichen Wissensstand des IKB-Vorstands und unabhängig davon, ob durch diese Mitteilung überhaupt Kurse manipuliert worden waren, bestätigte die Pressemitteilung die in den Wochen danach häufiger gemachte Beobachtung, dass dem Versuch der Entwarnung bei einer Bank gelegentlich nur wenige Tage später die Mitteilung über eine dortige Schieflage folgte, weil bestimmte Teilmärkte für strukturierte Produkte plötzlich austrockneten bzw. sogar ganz zusammenbrachen. Auch im Falle der Sachsen LB wurden die Marktteilnehmer von der Veröffentlichung hoher Verluste völlig überrascht, nachdem die Bank noch am 10. August 2007 keine Anzeichen für eine erhöhte Ausfallwahrscheinlichkeit der von ihrer Tochtergesellschaft Sachsen LB Europe gemanagten ABS-Strukturen gesehen hatte. Der Vorstand der Sachsen LB hatte sogar darauf hingewiesen, dass die Zweckgesellschaft Ormond Quay ausschließlich in ABS-Papiere investiert habe, die von den Ratingagenturen mit Triple A bewertet waren. Außerdem verfüge die Sachsen LB über ausreichend Liquidität. Bereits am 17. August musste die Bank allerdings bekannt

geben, dass ihr ein Pool der Sparkassen-Finanzgruppe eine Kredit-
linie in Höhe von 17,3 Mrd. € zur Verfügung gestellt hatte, um die
Liquidität ihres Conduits »Ormond Quay« zu sichern.[72] Offenbar
war zu diesem Zeitpunkt aus dem Anlagerisiko schon ein Liquidi-
täts- und Solvenzrisiko der Bank geworden, die seit mehreren Jahren einen immer größeren Anteil ihrer Erträge an den internationalen Kapitalmärkten erwirtschaftet und dabei das mit dem Wegfall
der Gewährträgerhaftung ab 2005 entstandene Refinanzierungs-
risiko vernachlässigt hatte.[73]

Der Zusammenbruch von Zweckgesellschaften gab zu dieser
Zeit Anlass, auch bei anderen Instituten nachzuforschen, welche
Verpflichtungen aus Liquiditätszusagen gegenüber den Conduits
entstehen könnten. Eine Übersicht der *FAZ* vom 25. August 2007
listet eine stolze Zahl an Zweckgesellschaften deutscher Geschäftsbanken auf:

Zweckgesellschaften deutscher Banken im Oktober 2006

Conduits	Banken	in Milliarden Dollar Oktober 2006
Arabella	Hypo-Vereinsbank	2,8
Bills	Deutsche Bank	0,6
Checkpoint Charlie	Landesbank Berlin AG	1,8
Compass	WestLB	7,9
Coral	DZ Bank	3,4
Giro Lion	Bayerische Landesbank	7,1
Kaiserplatz	Commerzbank	6,8
Lake Constance	Landesbank Baden-Württemberg	8,2
Opusalpha	Helaba	1,1
Ormond Quay	Landesbank Sachsen	14,8 *
Poseidon	HSH Nordbank	4,4
Rheingold	Deutsche Bank	3,8
Rheinmain	Deutsche Bank	7,5
Rhineland	IKB Deutsche Industriebank	14,8
Salome	Hypo-Vereinsbank	1,2
Silver Tower	Dresdner Bank	7,0
Total	–	**93,1**

* im Juni 2007: 17,5 Milliarden Dollar   Quelle: Moody's / F.A.Z.-Grafik

Spätere Übersichten und Mitteilungen bezifferten das Gesamtengagement der Deutschen Bank gegenüber ihren Conduits sogar mit 38 Mrd. €, das der Sachsen LB mit 18,11 Mrd. € und das der IKB mit 18,37 Mrd. €. In der *Neuen Zürcher Zeitung* konnte man am 25. August 2007 lesen, dass deutsche Finanzinstitute für Conduits Liquiditätszusagen in Höhe von insgesamt rund 250 Mrd. $ gemacht hatten. An den Märkten und in der Öffentlichkeit herrschte also große Unsicherheit über den Umfang problematischer Engagements im Schattenbanksystem und über die Verteilung dieser Engagements auf die verschiedenen Banken. Diese doppelte Unsicherheit zeitigte nun ernsthafte Auswirkungen auf die Geldmärkte.

Spannungen am Geldmarkt wurden von der Europäischen Zentralbank insbesondere von Anfang August 2007 an beobachtet, und ab dem 8. August wurde auch versucht, sie durch zusätzliche Operationen abzubauen. Die Europäische Zentralbank stellte in ihrem Monatsbericht vom September 2007 fest, dass es am Vormittag des 9. August zu Verwerfungen am Geldmarkt gekommen sei, weil sich die Nachfrage der Banken nach Euro-Guthaben auf Girokonten aufgrund von Spannungen am US-Dollar-Geldmarkt erhöht hatte. Die Risikoprämien für Interbankkredite zogen mächtig an, die Marktaktivität ging drastisch zurück. Zur Stabilisierung der Verhältnisse am Geldmarkt führte die EZB eine sogenannte Feinsteuerungsoperation durch, bei der sie den Banken im Euroraum so viel Liquidität gegen Sicherheiten zur Verfügung stellte, wie sie benötigten. Das waren immerhin 94,8 Mrd. €.[74] Der Jahresbericht listet dann für den Monat August ähnliche Operationen der EZB am 10., 13., 14., 20. und 22. August auf, doch auch in den Folgemonaten ließen die Spannungen am Geldmarkt nicht nach: »Banken knausern mit ihrer Liquidität – Geldmarkthändler flehen EZB um Hilfe an« überschrieb die *Börsen-Zeitung* am 6. September 2007 ihren Leitartikel und wies darauf hin, dass die Tagesgeldsätze auf ein Sechsjahreshoch geschnellt waren, der DAX deutlich nachgegeben hatte und die Notenbank zum Eingreifen bereitstand.

In der zweiten Jahreshälfte 2007 wurde die krisenhafte Situation im Bankenbereich im Wesentlichen immer noch als eine Liquiditätskrise wahrgenommen, während die Solvenz der Kreditinstitute zu dieser Zeit noch wenig kritisch betrachtet wurde. »Die Risikotragfähigkeit der deutschen Banken hat sich auf hohem Niveau stabilisiert«, fasste der Vizepräsident der Deutschen Bundesbank die Situation noch in seiner Präsentation zur Vorlage des Finanzstabilitätsberichts 2007 am 29. November zusammen: »Die Banken agieren auf einer insgesamt gestärkten Eigenkapitalbasis.«[75] Problematisch sei die Liquiditätslage, weil sich die Finanzmarktturbulenzen negativ auf die Refinanzierung der Banken am Kapitalmarkt auswirkten.

Die vom Subprime-Markt auf die Bankenmärkte übergesprungene Krise beschränkte sich keineswegs auf deutsche Banken. Nachdem in Frankreich am 9. August 2007 der BNP Paribas Anteilsrücknahmen für drei Investmentfonds einfrieren musste, die im aktuellen Marktumfeld nicht angemessen bewertet werden konnten, stellte nicht nur die Europäische Zentralbank den Interbankmärkten Liquidität zur Verfügung. Auch andere Zentralbanken unternahmen für einen längeren Zeitraum ähnliche Schritte. Die Fed in den USA beschloss am 17. August die Senkung des Diskontsatzes um 50 Basispunkte und kündigte die Bereitstellung von Finanzierungen für bis zu dreißig Tage an. Nachdem ein Run der Einleger auf ihre Schalter eingesetzt hatte, musste Mitte September die britische Bank Northern Rock die Bank von England um Hilfe bitten. Obwohl die Regierung und die Bank von England die Sicherheit aller Einlagen bei Northern Rock garantierten, ging, wie das *Handelsblatt* in seiner Ausgabe vom 18. September 2007 schreibt, der Run auf die Filialen der britischen Immobilienbank weiter.[76] Im November stuften Moody's und Standard & Poor's jeweils etwa 2500 weitere Subprime Mortgage Bonds im Umfang von ca. 80 Mrd. $ Nominalwert herab, und im gleichen Monat tauchten Gerüchte auf, dass es dem Investmenthaus Merrill Lynch nicht gelingen werde, die aufgelaufenen hohen Verluste in den Griff zu bekommen. Ähnlich negative Einschätzungen kolportierte die Presse bezüglich der Ertragssituation der Citigroup.

Auch ohne weitere gravierende Ereignisse waren die Marktteilnehmer also extrem verunsichert und warteten auf die Jahresabschlüsse der Kreditinstitute, in denen die Auswirkungen der Krise deutlich werden würden. Dementsprechend führte der Zeitraum der Bilanzpressekonferenzen und Veröffentlichungen der Jahresabschlussanalysen im Frühjahr 2008 wieder zu erheblichen Anspannungen an den Märkten, wobei nun auch deutlich wurde, dass die negativen Ergebnisse keineswegs nur auf Verlusten auf den amerikanischen Subprime-Märkten, sondern auch auf Verlusten aus Titeln angrenzender Märkte beruhten. So waren beispielsweise die Märkte für Leveraged Loans betroffen – mit der Folge, dass zahlreiche noch 2007 verabredete Transaktionen für Übernahmen und Private-Equity-Finanzierungen nicht mehr abgewickelt werden konnten. Auch andere Teile der Kreditmärkte waren betroffen und wiesen schrumpfende Volumina sowie steigende Spreads auf. Es wurden immer mehr Befürchtungen geäußert, die Krise werde bald auch in der Realwirtschaft ankommen und dort massive negative Folgen nach sich ziehen.

Diese Befürchtungen zur Entwicklung des Bankensystems und zu den Auswirkungen auf den nichtfinanziellen Bereich der Wirtschaft beschäftigten im Sommer 2008 die Unternehmen, die Notenbanken und die Politik gleichermaßen. Immer wieder tauchten Gerüchte über neuerliche Verluste auf und sorgten auf den Interbankenmärkten wie auf den Aktienmärkten für Unruhe. Fannie Mae und Freddie Mac mussten wegen der Erosion des Wertes ihrer Hypothekenforderungen hohe Abschreibungen vornehmen, sodass massive Kapitalzufuhren durch den Staat und letztlich eine vollkommene Verstaatlichung empfohlen wurden, um das Rating der beiden Institutionen zu stabilisieren.[77] Weltweit kämpften die Banken um den Erhalt ihrer Eigenkapitalbasis und ihrer Refinanzierungsmöglichkeiten. »Die Sorgen der Anleger über negative Auswirkungen der Finanzmarktturbulenzen auf die Profitabilität der Finanzinstitute, auf die Wirtschaftsaktivität besonders betroffener Länder sowie auf das Geschäft mit Fusionen und Übernahmen, das zuvor die Aktienkurse gestärkt hatte, führten im Juli und August zu einer massiven Umschichtung von Aktien in sichere Staatsanleihen. Auch auf dem Markt für Dividendentitel führte das rasche Eingreifen der Zentralbanken zwar zu einer vorübergehenden Erholung, die teils mit Rekordhöchstständen einiger Leitindizes einherging. Ende Oktober setzte dann allerdings wieder

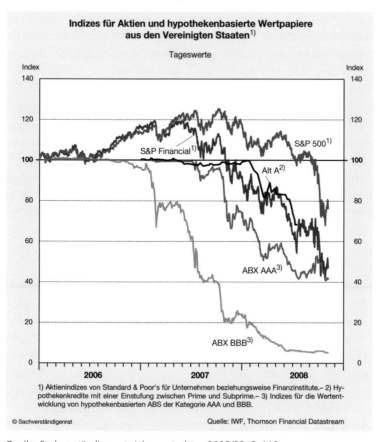

Indizes für Aktien und hypothekenbasierte Wertpapiere aus den Vereinigten Staaten[1)]

Tageswerte

1) Aktienindizes von Standard & Poor's für Unternehmen beziehungsweise Finanzinstitute.– 2) Hypothekenkredite mit einer Einstufung zwischen Prime und Subprime.– 3) Indizes für die Wertentwicklung von hypothekenbasierten ABS der Kategorie AAA und BBB.

© Sachverständigenrat   Quelle: IWF, Thomson Financial Datastream

Quelle: Sachverständigenrat, Jahresgutachten 2008/09, S. 119.

ein Kursverfall ein, der sich insbesondere im Januar 2008 verstärkt fortsetzte.«[78]

Die Grafik zeigt, dass die Aktienmärkte relativ spät auf die Krise an den Finanzmärkten reagierten, die Finanztitel aber deutlich früher als die Aktien nichtfinanzieller Werte. Die Rufe nach der Feststellung von Verantwortlichkeiten wie nach einer strengeren Regulierung der Banken waren bereits Ende 2007 lauter geworden. Auch die Bundesbank ging in ihrem Finanzstabilitätsbericht im November 2007 schon von weiteren Maßnahmen aus, gab aber zu bedenken, dass auch zusätzliche Regulierungen Verwerfungen an den Finanzmärkten nie vollständig verhindern könnten:» Mit Regulierung wird immer auch ein Anreiz zur Umgehung beziehungsweise zur (Regulierungs-)Arbitrage verbunden sein. Allerdings haben die Ereignisse im Sommer 2007 Schwachstellen im bisherigen Regulierungswerk aufgezeigt, die behoben werden können und sollten.«[79] Zu diesen deutlich gewordenen Schwachstellen gehörte mit Sicherheit die Regulierungslücke, dass die Liquiditätszusagen für Conduits bis dahin so hatten gestaltet werden können, dass sie von ihren Sponsoren überhaupt nicht mit Eigenkapital unterlegt werden mussten.[80] Der Betrieb von Schattenbanken als» Geldmaschinen« hatte sozusagen kostenfrei organisiert werden können. Dieses Schlupfloch wurde zum Jahresende 2007 mit der Pflicht zur Eigenkapitalvorsorge für Liquiditätszusagen geschlossen. Da war aber bereits die Refinanzierung der Conduits und SIVs zusammengebrochen, sodass die Zweckgesellschaften in die Bücher der Sponsoren genommen werden mussten.

Auch andere Umstände wurden in der Öffentlichkeit und in der Presse als mögliche oder erwiesene Ursachen der Krise ins Feld geführt, so die» Gier der Banker« oder der» Renditehunger der Investoren«. Selbst in der *Börsen-Zeitung* wurde nicht mit kräftigen Hieben gespart. In der Jahresschlussausgabe konnte man lesen, die Ursache liege» in einer unheiligen Allianz von Kreditvermittlern in den USA, die bonitätsschwachen Hauskäufern massenhaft scheinbar günstige Hypothekendarlehen andrehten, renditegierigen Investoren sowie provisionshungrigen Banken. Letztere waren mit innovativen Verbriefungs-, Strukturierungs-, Verpackungs- und Platzierungstechniken gerne zu Diensten, um die passenden Finanzkunstwerke zu konstruieren. Nicht zu vergessen die internationalen Notenbanken, die die Hybris mit spottbilligem Geld alimentierten.«[81]

Das Jahr 2008 und die Pleite
des Bankhauses Lehman Brothers

Die Verschärfung der Liquiditätskrise

Obwohl der Jahresbeginn 2008 für die Öffentlichkeit wenig spektakulär verlief und in dieser Zeit hauptsächlich in den Bilanzabteilungen der Kreditinstitute besonderes Augenmerk auf die Wertansätze der verschiedenen Anleiheformen gelegt wurde, bezeichnete die Bank für Internationalen Zahlungsausgleich (BIZ) die Monate bis März 2008 als Auftakt der Finanzkrise. Schwache Unternehmensdaten und die schlechten amerikanischen Arbeitsmarktdaten ließen auf eine deutliche Konjunkturabschwächung in den USA schließen. Die Geldmärkte waren immer noch angespannt, sodass nicht nur die Fed und die EZB, sondern beispielsweise auch die Schweizerische Nationalbank zusätzliche Refinanzierungsmöglichkeiten in Dollar anboten. Die Ratingagenturen setzten ihre Überprüfungen und Herabstufungen fort, wobei nun auch die Schuldtitel von Finanzinvestoren und insbesondere die Schuldverschreibungen einiger Monoline Versicherungsgesellschaften im Rating nach unten korrigiert wurden.[82]

Nachdem die schon 2007 wegen der Schließung von Hedgefonds in die Schlagzeilen geratene New Yorker Investmentbank Bear Stearns noch am 10. März 2008 Gerüchte über Liquiditätsprobleme als »absolut unwahr« bezeichnet hatte, musste die Bank bereits vier Tage später eine »deutliche Verschlechterung der Liquiditätslage in den letzten 24 Stunden« einräumen. Diese sei auch durch anhaltende Gerüchte verursacht worden, welche die Bank von ihren Refinanzierungsquellen abgeschnitten hatten. Zur gleichen Zeit schnürten J.P. Morgan Chase & Co. und die amerikanische Notenbank ein Rettungspaket in Form eines Überbrückungskredits. Am 16. März wurde die Öffentlichkeit von dem Übernahmeangebot von J.P. Morgan Chase für Bear Stearns überrascht. Bear Stearns war es offenbar nicht gelungen, sogenannte Repo-Geschäfte zur kurzfristigen Mittelbeschaffung zu erneuern oder zu verlängern, sodass die Inanspruchnahme der Fed erforderlich wurde.[83] Mit deren Hilfe und der Unterstützung verschiedener US-Behörden wurde zur Vermeidung einer Insolvenz Ende Mai 2008 Bear Stearns von J.P. Morgan Chase übernommen. Im Juni des gleichen Jahres stuften die Ratingagenturen die Bewertung der Monoline-Versicherer MBIA und Ambac herab, was erneut Befürchtungen über Wertverluste bei den von diesen Unternehmen versicherten Wertpapieren auslöste. Am 11. Juli 2008 stellte die Federal Deposit Insurance Corporation die Indymac Bank in Los Angeles unter Zwangsverwaltung, nachdem diese von der Sparkassenaufsichtsbehörde wegen hoher Verluste geschlossen worden war. Das war die größte Bankenpleite in den USA seit der Schließung der Continental Illinois National Bank im Jahr 1984.

Die Krise erreichte Anfang September 2008 einen ersten Höhepunkt, als Fannie Mae und Freddie Mac weitere staatliche Hilfe erhielten und schließlich unter Zwangsverwaltung und die Kontrolle der Federal Housing Finance Agency, ihrer Aufsichtsbehörde, gestellt wurden. Dabei war noch kurz zuvor im Juli das amerikanische Finanzministerium ermächtigt worden, den beiden privaten Hypothekenfinanzierern im Notfall mit Krediten unter die Arme zu greifen oder sogar neue Eigenmittel in Form von Vorzugsaktien zur Verfügung zu stellen.

Die Insolvenz von Lehman Brothers

Besonders spektakulär und für die weitere Entwicklung geradezu dramatisch war dann am 15. September 2008 die Verweigerung der Liquiditätshilfe der Fed für die Investmentbank Lehman Brothers, die erstens zur Insolvenz von Lehman führte (was durch die Verweigerung der Hilfe bewusst in Kauf genommen worden war) und zweitens die weltweiten Interbankenmärkte kollabieren ließ, weil sich die Kreditinstitute von diesem Zeitpunkt an untereinander selbst kurzfristig keine Mittel mehr zur Verfügung stellten.

Das bereits 1850 gegründete Bankhaus Lehman Brothers hatte sich mit großen Beträgen am amerikanischen Hypothekenmarkt engagiert und musste im Gefolge der Subprime-Krise mehrere Milliarden Dollar abschreiben, die nur zum Teil wieder durch Kapitalzuführungen ausgeglichen werden konnten. Als die Bank daraufhin einen Verlust für das dritte Quartal 2008 in Höhe von 3,9 Mrd. $ bekannt geben musste, brach ihre Refinanzierung vollends zusammen. Notverkäufe von Beteiligungen und Geschäftsbereichen zur Liquiditätsbeschaffung scheiterten, sodass Lehman die Insolvenzeröffnung nach Chapter 11 der amerikanischen Konkursordnung beantragen musste. Zu dieser Zeit hatte die amerikanische Regierung bereits drei große Banken (Bear Stearns, Fannie Mae und Freddie Mac) gestützt, sodass der politische Druck groß war, keine weiteren Engagements dieser Art einzugehen. Nach der Absage der englischen Barclays Bank, sich an Lehman zu beteiligen, und dem Abbruch von Gesprächen mit der Bank of America verweigerte auch die amerikanische Regierung weitere Hilfe – entgegen der bis dahin als sakrosankt geltenden »Too big to fail«-Garantie. Die Insolvenz von Lehman war unter diesen Bedin-

Sitz von Lehman Brothers am Times Square in New York

Nach der Pleite: Ein Mitarbeiter von Lehman Brothers, London, mit seinen Habseligkeiten, September 2008

gungen unausweichlich. Zwei Tage später am 17. September 2008 gab Barclays allerdings bekannt, dass man einen großen Teil des Geschäfts von Lehman Brothers aus der Insolvenzmasse heraus übernehmen werde. Einen Monat später übernahm der japanische Finanzkonzern Nomura das Asiengeschäft sowie die Investmentbanksparte von Lehman Brothers in Asien und in Europa.

Die dramatischen Folgen der Lehman-Insolvenz lassen sich wie folgt zusammenfassen:»Es kam unmittelbar zu Domino-Effekten bei Vertragspartnern von Lehman Brothers, vornehmlich AIG, der weltgrößte Versicherer, der über Kreditabsicherungsverträge, Credit Default Swaps, betroffen war. Es kam weiter zu einem Zusammenbruch verschiedener Derivatemärkte, in denen Lehman Brothers eine zentrale Rolle gespielt hatte. Schließlich führte die Verweigerung der Staatshilfe für Lehman Brothers zu einer allgemeinen Vertrauenskrise im Finanzsektor. Infolge mangelnden Vertrauens kamen die Interbankmärkte praktisch zum Erliegen. Die Börsen weltweit verzeichneten einen dramatischen Einbruch.«[84]

Ein aus damaliger Sicht nachvollziehbares Motiv, das für die Fed und die US-Regierung bei der Verweigerung der Hilfe für Lehman eine entscheidende Rolle gespielt haben dürfte, war die Absicht, den Marktteilnehmern deutlich zu machen, dass sie sich nicht einfach auf die »Too big to fail«-Doktrin verlassen dürften, sondern selbst durch eine vorsichtige Anlagepolitik und einen ausreichenden Eigenkapitalpuffer Vorsorge treffen müssten. Die implizite Staatsgarantie für die großen Institute hatte dazu beigetragen, dass die Banken – in Erwartung der Hilfe des Staates bzw. der Notenbanken in kritischen Situationen – recht sorglos Risiken übernommen hatten, ja sogar in einen gewissen Wettlauf um immer höhere Fremdkapitalhebel geraten waren. Mit dem Signal der Lehman-Insolvenz sollte unmissverständlich klar gemacht werden, dass weder die Eigentümer noch das Management von Banken auf die Dauer Gewinne auf Kosten der Allgemeinheit erzielen könnten, sondern die mit den hohen Eigenkapitalrenditen verbundenen Risiken selbst tragen müssten. Das Exempel der Insolvenz einer Großbank – das in der öffentlichen Diskussion wie auch im akademischen Bereich durchaus Anhänger hatte und gelegentlich bereits eingefordert worden war – führte allerdings zu einem völligen Kollaps des Finanzsystems, zu einer »Kernschmelze«, um einen in den Jahren danach vielfach verwendeten Begriff zu zitieren. Die Insolvenz führte auch dazu, dass alle verbliebenen Investmentbanken in den USA ihren bisherigen Status aufgeben mussten und sich wie die Commercial Banks zur Sicherung ihrer Liquidität unter den Schutz des Federal Reserve Systems als »Lender of Last Resort« begeben mussten.

Bereits im Sommer 2007 hatten die Fed wie die Europäische Zentralbank den Banken Mittel zur Verfügung gestellt, nachdem der Subprime-Markt zusammengebrochen und auch auf anderen Teilmärkten plötzlich die Liquidität ausgetrocknet war. Das amerikanische Notenbanksystem senkte zugleich auch Schritt für Schritt seine Leitzinsen von 5,25 bis auf 2 Prozent Ende April 2008. Im Gegensatz dazu reagierte die EZB zunächst nicht mit Zinssenkungen, sondern hob im Sommer 2008 ihren Leitzins, den Mindestrefinanzierungssatz, sogar noch einmal leicht auf 4,25 Prozent an. Erst als Reaktion auf die Insolvenz von Lehman Brothers wurden dann auch von der EZB die Leitzinsen sukzessive auf einen historisch niedrigen Zinssatz von einem Prozent gesenkt (der erst im April 2011 wieder leicht um 0,25 Prozent angehoben wurde). Die Europäische Zentralbank beschreibt im Monatsbericht Oktober 2010 ihre damaligen Reaktionen und Maßnahmen aus der Perspektive der Geldpolitik:

Verschärfung der Finanzkrise

»Nach dem Zusammenbruch der US-Investmentbank Lehman Brothers am 15. September 2008 weiteten sich die Finanzmarktturbulenzen zu einer globalen Finanzkrise aus. Die zunehmende Unsicherheit hinsichtlich der finanziellen Solidität großer Banken weltweit führte zu einem Einbruch an zahlreichen Finanzmärkten. Da der Geldmarkt praktisch austrocknete, kam es sowohl innerhalb des Euro-Währungsgebiets als auch außerhalb zu ungewöhnlich großen Differenzen bei den kurzfristigen Zinssätzen. In dieser Phase hoher Unsicherheit bildeten die Banken umfangreiche Liquiditätspuffer, während sie gleichzeitig Risiken aus ihren Bilanzen ausgliederten und die Kreditkonditionen verschärften. Die Krise begann auch auf die Realwirtschaft überzugreifen, wobei es zu einer raschen und synchron verlaufenden Verschlechterung der wirtschaftlichen Bedingungen in den meisten großen Volkswirtschaften sowie einem Einbruch des Welthandels kam.

Die EZB reagierte rasch und entschlossen auf diese Entwicklungen, indem sie ihre Leitzinsen senkte und eine Reihe geldpolitischer Sondermaßnahmen einleitete. In einer konzertierten und historisch einmaligen Aktion mit anderen großen Zentralbanken, nämlich der Bank of Canada, der Bank of England, dem Federal Reserve System, der Sveriges Riksbank und der Schweizerischen Nationalbank, wurde der Leitzins am 8. Oktober 2008 um 50 Basispunkte reduziert. Mit diesem Beschluss wurde dem stark nachlassenden Inflationsdruck angesichts der Tatsache, dass sich die Konjunkturaussichten durch die Zuspitzung der Finanzkrise eingetrübt und die Aufwärtsrisiken für die Preisstabilität auf mittlere Sicht deutlich verringert hatten, Rechnung getragen. In den darauffolgenden Monaten kam es zu weiteren Zinssenkungen mit dem Ergebnis, dass die EZB ihren Hauptrefinanzierungssatz von Oktober 2008 bis Mai 2009 (d.h. innerhalb von nur sieben Monaten) um insgesamt 325 Basispunkte auf 1,00 % zurückführte. Ein derart niedriges Niveau hatte es seit Jahrzehnten in den Euro-Ländern nicht gegeben.«

Quelle: Europäische Zentralbank (2010), S. 69–70.

Die Zentralbanken hatten bereits im Sommer 2007 mit ihren verschiedenen Programmen den Banken zwar Refinanzierungsmöglichkeiten eröffnet, im Gegenzug aber auch die zusätzliche Liquidität dadurch wieder aus dem Markt genommen, dass sie in mehr oder weniger gleichem Umfang die kurzfristigen Refinanzierungsmöglichkeiten der Banken kürzten.[85] Von Juni 2007 bis Juni 2008 war daher die Menge an Zentralbankgeld, die Geldbasis, in den USA beispielsweise nur von 820 Mrd. auf 833 Mrd. $ angestiegen. Was sich allerdings geändert hatte, waren die Begünstigten der neuen Fazilitäten und die Art der beliehenen Wertpapiere.

Zum einen ermöglichte nämlich die Fed über neue Instrumente wie die im Dezember 2007 eingeführten Term Auction Facilities (TAF) einem größeren Kreis von Geschäftsbanken die Beschaffung von Liquidität und erhöhte gleichzeitig die Laufzeit der Refinanzierungsgeschäfte, zum anderen wurde die Struktur der im Portfolio der Fed gehaltenen Vermögenswerte verändert: »Während die Fed bislang fast ausschließlich Wertpapiere des amerikanischen Staates gehalten hat, wurden nun in großem Umfang US-Treasuries gegen andere Wertpapiere (insbesondere Immobilienanleihen) getauscht. Im Grund hat die amerikanische Notenbank mit diesem neuen Instrument letztlich die erfolgreichen Auktionsverfahren der EZB kopiert.«[86] Die EZB hatte immer schon private Anleihen als Sicherheit akzeptiert, während die Fed im Wesentlichen nur Staatspapiere als Beleihungsgrundlage hatte gelten lassen.

Die Fed tauschte also liquide US-Staatsanleihen aus ihrem Portfolio gegen illiquide private Mortgage Backed Securities (MBS) und versuchte damit, auf die Risikoprämien am Markt für hypothekengesicherte strukturierte Anleihen mäßigend einzuwirken.

Bereits während der Bear-Stearns-Krise im März 2008 hatte die Fed eine weitere Fazilität eingeführt, die sogenannte Primary Dealer Credit Facility (PDCF), die auch den Investmentbanken direkten Zugang zur Zentralbankliquidität verschaffte.[87] Nach der Lehman-Pleite im September 2008 reagierte die Fed nun aber nicht mehr nur mit drastischen Zinssenkungen, sondern sah sich gezwungen, die Märkte für riskante und illiquide gewordene Wertpapiere wie MBS, ABS und CDO zu stützen und teilweise diese Risiken aus den Bilanzen der Banken zu übernehmen. Sie stützte speziell den Markt für Commercial Papers, der von den Banken und Unternehmen zur kurzfristigen Finanzierung benutzt wird, sowie den Markt für MBS.[88]

Illing und Watzka interpretieren die Bilanzausdehnung der Fed als Rekapitalisierungsmaßnahme des Bankensektors: »Banken kommen aktuell zu sehr günstigen Konditionen an Zentralbankgeld mit ungewöhnlich langer Laufzeit. Sofern diese niedrigen Zinsen nicht an Haushalte und Unternehmen weitergegeben werden, erhöhen die Banken ihre Margen und können sich über einbehaltene Gewinne leichter rekapitalisieren.«[89]

Nationale Rettungspakete für die Banken

Nicht nur die Notenbanken sprangen als Lender of Last Resort dem in heftige Turbulenzen geratenen Bankensystem bei, sondern auch die Regierung. Eine besonders beeindruckende Rettungsaktion wurde am 15. September 2008 – also zeitgleich mit der Lehman-Insolvenz – für die Versicherungsgesellschaft AIG organisiert, die als Sicherungsgeber an den Märkten für Credit Default Swaps eine herausragende Stellung hatte und mit dem Verfall der Hypothekenmärkte Verluste von zunächst 20 Mrd. $ angehäuft hatte.[90] Die Fed war dem angeschlagenen Versicherungskonzern mit einem Notfallkredit in Höhe von 85 Mrd. $ und einer Laufzeit von zwei Jahren zu Hilfe gekommen, um damit ein »unkontrolliertes Versagen« des Instituts zu verhindern – die Pleite der weltweit größten Versicherungsgesellschaft hätte die internationalen Finanzmärkte in noch schwerere Turbulenzen gestürzt. Die amerikanische Regierung übernahm laut Medienberichten knapp 80 Prozent der Aktien des Konzerns und erhielt ein Vetorecht bei der Ausschüttung der Dividende. Die Interessen der Steuerzahler seien durch die Bedingungen des Kredits geschützt und das Paket in enger Abstimmung mit dem Finanzministerium erarbeitet worden.[91] In den Folgetagen wurden weitere Hilfen zugesagt und die AIG schließlich am 17. September verstaatlicht.[92]

Am 18. September wurde ein Plan bekannt, wonach die US-Regierung Garantien über mehr als 50 Mrd. $ zur Rettung der Märkte für Geldmarktfonds bereitstellen wolle, da diese Gefahr liefen, wegen hoher Mittelabzüge und damit notwendiger Notliquidationen große Verluste zu realisieren und den das Geld benötigenden Institutionen die Mittel zu entziehen. Die Reaktion an den Märkten war überaus positiv, da die Fed gleichzeitig über den ambitionierten Plan informierte, eine bundesstaatliche Bad Bank zu schaffen. Am 19. September verdichtete sich das Gerücht, dass der amerikanische Finanzminister Henry Paulson an einem 700-Mrd.-$-Plan für eine solche Bad Bank arbeite. Gleichzeitig mit diesem Gerücht drangen allerdings auch immer mehr Informationen durch, dass die Opposition gegen den Rettungsplan stimmen würde. Dementsprechend wuchs in den folgenden Tagen die Besorgnis, der Rettungsplan könne scheitern, und in der Tat lehnten Senat und Repräsentantenhaus am 28. September den Rettungsplan des Finanzministeriums zunächst ab. Erst am 3. Oktober konnte Präsident George W. Bush den vom Kongress am Vortrag verabschiedeten Emergency Economic Stabilization Act of 2008, der das 700 Mrd. $ schwere Troubled Asset Relief Program (TARP) beinhaltete, unterzeichnen. Dieses Programm sollte die Banken von »toxischen« Wertpapieren befreien, indem sie die Möglichkeit erhielten, ihre Papiere auf eine Bad Bank auszulagern.[93]

Am 21. September schon hatten die beiden letzten großen Investmentbanken Goldman Sachs und Morgan Stanley ihren Sonderstatus aufgegeben und sich als Geschäftsbanken unter den Schutz der Fed gestellt. Investmentbanken waren in den USA nach dem Glass-Steagall Act von 1933, also als Teil des New Deal, zur Verminderung von Interessenkonflikten entstanden. Das Gesetz schrieb eine strenge Trennung des Geschäftsbankengeschäfts (Commercial Banking) vom Investmentbanking vor. Obwohl diese Trennung der Geschäftbereiche 1999 aufgehoben worden war, genossen Investmentbanken bis zur Finanzkrise immer noch eine sehr laxe Regulierung und konnten daher auch profitabler als die strenger regulierten Geschäftsbanken arbeiten. Da die Investmentbanken in den USA aber weniger gut diversifiziert waren als die in Europa typischen Universalbanken, gab es in den achtziger und neunziger Jahren verschiedene Übernahmen von Investmentbanken durch europäische Universalbanken. Markante Beispiele waren der Kauf von First Boston durch die Credit Suisse 1988 und die Übernahme von Morgan Grenfell 1998 und Bankers Trust 1998/1999 durch die Deutsche Bank. Die Dresdner Bank hatte 1995 Kleinwort Benson und 2000 Wasserstein Perella übernommen, die amerikanische Citigroup in verschiedenen vorausgegangenen Stufen Smith Barney und Salomon Brothers. Mit der Bankenkrise von 2008 verschwanden in den USA im Umfeld der Lehman-Insolvenz die fünf letzten amerikanischen Investmentbanken wegen Refinanzierungsschwierigkeiten. Das Geschäft der Investmentbanken verschwand natürlich nicht, sondern erzielte nach der Finanzkrise als wichtige Sparte im Bankgeschäft wieder hohe Renditen. Die Fusionswelle bei den Finanzintermediären rollte aber noch weiter und betraf auch den Geschäftsbankensektor. Am 29. September teilte die FDIC nach Gerüchten über Fusionsverhandlungen zwischen Morgan Stanley und der mit hohen Verlusten arbeitenden Bank Wachovia mit, dass die Citigroup das Bankgeschäft der Wachovia Corporation kaufen werde, woraufhin sich Gerüchte verdichteten, die notleidende Bank solle zwischen den Kaufinteressenten Citigroup und Wells Fargo aufgeteilt werden. Ende 2008 wurde Wachovia schließlich komplett von Wells Fargo übernommen. Am 20. November 2008 kündigte die US-Regierung ein 20-Mrd.-$-Rettungspaket für die Citigroup an, nachdem deren Aktien in der Woche zuvor um mehr als 60 Prozent gefallen waren. Bereits vier Tage später, am 24. November, teilte die Fed mit, dass sie weitere 800 Mrd. $ in die Wirtschaft pumpen werde. Davon sollten 600 Mrd. $ dazu genutzt werden, Mortgage Backed Securities aufzukaufen und damit den Markt für Immobilienfinanzierungen zu stützen, während 200 Mrd. $ dazu dienen sollten, unmittelbar den Markt für Konsumentenkredite zu beleben, um die Nachfrage nach Gütern und Leistungen zu stützen.

Die Reaktion auf die Krise beschränkte sich nicht auf den amerikanischen Markt. Vielmehr reagierten viele Staaten und Notenbanken, indem sie aus ihrer Sicht geeignete Hilfspakete für die Banken und zur Beruhigung der Märkte bzw. der Marktteilnehmer schnürten. Island musste am 6. Oktober 2008 die Zahlungen einstellen, nachdem eine Anleihe der bereits verstaatlichten Glitnir Bank in Höhe von 750 Mio. € nicht bedient werden konnte. »Island konnte zwar durch Kredite des Internationalen Währungsfonds vor dem Staatsbankrott gerettet werden, doch haben die Kapitalmärkte diese Rettungsaktionen nicht für glaubhaft gehalten, weil sich das Land mit der Verstaatlichung aller seiner Banken verhoben zu haben schien.«[94] In Deutschland erinnert man sich besonders gut an das letzte Septemberwochenende, an dem die Hypo Real Estate (HRE) mit einer Kapitalspritze von 50 Mrd. € gerettet werden musste,[95] und an den 5. Oktober 2008, an dem Bundeskanzlerin Angela Merkel eine Garantie für alle privaten Bankeinlagen gab: »Wir sagen den Sparerinnen und Sparern, dass ihre Einlagen sicher sind.« Der damalige Bundesfinanzminister Peer Steinbrück ergänzte, dass keine Sparerin und kein Sparer befürchten müsste, auch nur »einen Euro ihrer Einlagen zu verlieren.«[96] Am 7. Oktober folgte dann noch eine Erklärung der EU-Wirtschafts- und Finanzminister, dass systemrelevante Institute geschützt und die Einlagen privater Sparer bis 50 000 € gesetzlich garantiert seien.« Diese Erklärungen genügten aber nicht, um das Vertrauen im Finanzsystem wiederherzustellen und die Talfahrt der Börsen zu stoppen. Deshalb vereinbarten die Regierungen führender Industriestaaten konzertierte Maßnahmen zum Schutz des internationalen Finanzsystems. Diese Maßnahmen wurden im Wesentlichen bei einem am 10. Oktober 2008 in Washington stattfindenden Treffen der Finanzminister der G7-Staaten und bei einer am 12. Oktober in Paris durchgeführten Zusammenkunft der Staats- und Regierungschefs der Länder der Euro-Zone beschlossen.«[97]

Zur Umsetzung der abgestimmten Beschlüsse wurde in Deutschland am 17. Oktober 2008 das Finanzmarktstabilisierungsgesetz verabschiedet, auf dessen Grundlage der Sonderfonds Finanzmarktstabilisierung (SoFFin) errichtet wurde, der für die deutschen

Sichere Spareinlagen: Bundeskanzlerin Angela Merkel und Finanzminister Peer Steinbrück bei der Abgabe einer Garantie für alle privaten Spareinlagen, 5. 10. 2008

Kreditinstitute Liquiditätshilfen bzw. Eigenkapitalzuschüsse oder Garantien zur Verfügung stellen sollte. Ein Teil dieses Hilfspakets wurde von den Banken abgerufen, andere Teile blieben ungenutzt, weil die Banken die mit einer Inanspruchnahme verbundenen Beschränkungen und negativen Informationseffekte vermeiden wollten. Der 2008 amtierende Finanzminister Steinbrück stellt in seinem Buch »Unterm Strich« die dramatische Situation Ende September bis zum 5. Oktober dar:

Auszug aus Peer Steinbrück: »Unterm Strich«

»Montag, 15. September 2008/Dienstag, 16. September 2008

An diesen beiden Tagen stand die Welt an einem Abgrund. Am Montag musste das 150 Jahre alte Investmenthaus Lehman Brothers, bis dato eine der renommiertesten und ehrwürdigsten Adressen der Wall Street, Konkurs anmelden, weil es die US-Regierung ablehnte, sich erneut mit Steuergeldern an einer Bankenrettung zu beteiligen. Am Dienstag stand der größte Versicherungskonzern der Welt, AIG, bei dem 470 der 500 größten US-Unternehmen versichert sind und der Handelsbeziehungen zu fast allen international bedeutenden Banken unterhält, Millimeter vor dem Absturz – und wurde von der US-Regierung in letzter Minute aufgefangen. Lehman Brothers war schon eine Katastrophe gewesen, aber ein Untergang von AIG wäre zum Super-GAU geworden, vergleichbar einer Kernschmelze. Es gab Stimmen, die vom Ende des Kapitalismus sprachen. (S. 200)

Dienstag, der 16. September 2008, war einer der dramatischsten Tage meines Politikerlebens. Um 10:00 Uhr musste ich im Deutschen Bundestag die Einbringungsrede zum Entwurf des Haushaltsplans für das Jahr 2009 halten. In der Nacht hatte ich an dem Redeskript gefeilt und mir den Kopf zerbrochen, wie direkt und ungeschminkt ich auf die seit diesem Tag aus den Fugen geratene Welt eingehen solle. Kritiker haben mir hinterher vorgeworfen, ich hätte die Lage zu kursorisch behandelt und die Wucht der Ereignisse heruntergespielt. Aber kaum ein Wort wird von den Märkten und ihren Akteuren so auf die Goldwaage gelegt und hat so unmittelbare Reaktionen zur Folge wie das eines Finanzministers – und erst recht in einer der größten Finanzkrisen. Solche Erfahrungen waren mir nicht fremd.« (S. 202)

[...]

»Sonntag, 5. Oktober 2008

Die zweite Krisensitzung endete an diesem Sonntag gegen 23:00 Uhr mit dem Ergebnis, dass die Banken ihren Beitrag zum HRE-Rettungspaket um 15 Milliarden aufstockten, ohne dass der bestehende Bürgschaftsrahmen des Bundes hierfür erweitert werden musste. Aus Bundessicht war das in der Tat kein schlechtes Ergebnis. Der Opposition fehlte später jede Souveränität, dies anzuerkennen.

In die Geschichte der Finanzkrise geht dieser Tag allerdings aus anderen Gründen ein. Zum Wochenende hatten uns Hinweise der Bundesbank und einzelner Banken erreicht, dass die Menschen zunehmend nervös wurden und um die Sicherheit ihrer Ersparnisse bangten. Es sei die klare Tendenz erkennbar, dass immer mehr Bürger ihr Geld vom Konto abhöben und in den Wäscheschrank oder unter die Matratze legten. Die Befürchtungen waren nicht von der Hand zu weisen, dass nach Öffnung der Bankfilialen am Montag ein Ansturm stattfinden könnte und dem Markt damit noch mehr Liquidität verloren gehen würde. Das Bild von Menschenschlangen vor den Filialen deutscher Banken – das mich schon im September 2007 bei der Krise von Northern Rock beunruhigt hatte – empfand ich als höchst alarmierend.

Bundeskanzlerin Angela Merkel war mit ihrem Abteilungsleiter Jens Weidmann und meinem Staatssekretär Jörg Asmussen auf Einladung des französischen Staatspräsidenten Nicolas Sarkozy am Samstag zu einem Treffen der europäischen G7-Staaten nach Paris gereist. In dauerndem Kontakt über unsere beiden Mitarbeiter wurde zwischen ihr in Paris und

mir in Berlin der Gedanke ausgebrütet und am Sonntag-
morgen geboren, der deutschen Öffentlichkeit eine Garantie-
erklärung für Spareinlagen zu geben. Das Ergebnis war der
gemeinsame Fernsehauftritt der Bundeskanzlerin und des
Bundesfinanzministers an diesem Sonntag um 15.00 Uhr,
kurz vor einer Sitzung des Koalitionsausschusses. Diesen
Auftritt nennen heute noch einige legendär ...« (S. 209)

Quelle: Peer Steinbrück:»Unterm Strich«, Hamburg 2010.

Auch die Bankenaufsicht musste sich intensiv mit der Insolvenz
des Bankhauses Lehman Brothers befassen:»Auf die Lehman-
Pleite reagierten die Finanzmärkte überaus nervös. Die hohe Unsicherheit begünstigte spekulative Marktmanipulationen. Die BaFin
verhängte deshalb ebenso wie einige andere Finanzaufsichtsbe-
hörden ein zeitlich befristetes Verbot für ungedeckte Leerverkäufe
auf elf deutsche Finanztitel. Wegen der anhaltenden Marktturbu-
lenzen wurde das Leerverkaufsverbot zweimal verlängert, zuletzt
bis Ende Mai 2009. Erkenntnisse aus der Finanzkrise sind auch
eingeflossen in das Rundschreiben Mindestanforderungen an das
Risikomanagement von Versicherern (MaRisk VA), das die BaFin
im Januar 2009 nach langen Vorarbeiten veröffentlicht hat. So
äußert sich die Aufsicht in den MaRisk VA etwa zu Anreizen im
Vergütungssystem oder der Trennung unvereinbarerer Funktionen.«[98]

Die Finanzkrise kommt in der Realwirtschaft an

Nachdem die Arbeitslosenzahlen in den USA 2008 auf den höchsten Stand seit 26 Jahren gestiegen waren, versprach Präsident
Bush, die drei großen US-Autobauer General Motors, Ford und
Chrysler mit bis zu 17,4 Mrd. $ der 700 Mrd. $ aus dem Rettungspaket für die Banken zu stützen. Die Finanzkrise war in der Realwirtschaft angekommen. In Deutschland wies der Sachverständigenrat in seinem Jahresgutachten 2008/2009 darauf hin, dass es

bei so gravierenden Schocks im Finanzsystem unvermeidlich sei, »dass auch die Realwirtschaft in Mitleidenschaft gezogen wird, zumal die Weltkonjunktur nach einer sehr langen und kräftigen Expansionsphase ohnehin in eine zyklische Abschwächung geraten war.«[99] Hilfsprogramme zielten zu dieser Zeit auf den Finanzsektor und die Realwirtschaft. Am 10. Februar 2009 legten die US-Behörden Pläne für umfassende Maßnahmen zur Unterstützung des Finanzsektors vor, darunter ein »Public Private Investment Program« von bis zu 1000 Mrd. $ für den Erwerb notleidender Aktiva. Am 18. März kündigte in den USA die Federal Reserve den Erwerb längerfristiger Schatzpapiere im Umfang von bis zu 300 Mrd. $ über einen Zeitraum von sechs Monaten an und erhöhte den Rahmen für die geplanten Käufe von Agency Papieren. Analog zum Fall der Citigroup im November 2008 erklärten sich die US-Behörden bereit, die Bank of America durch eine Beteiligung in Form von Vorzugsaktien sowie Garantien für einen Pool von notleidenden Vermögenswerten zu stützen.

Nicht nur in den USA liefen die Rettungsbemühungen auf Hochtouren. Die irischen Behörden übernahmen am 16. Januar 2009 die Kontrolle über die Anglo Irish Bank, drei Tage später wurde im Rahmen eines breit angelegten britischen Bankenhilfspakets die staatliche Beteiligung an der Royal Bank of Scotland aufgestockt. Ähnliche Maßnahmen folgten während der nächsten Tage in anderen Ländern. Schließlich legte am 5. März die Bank von England ein Programm im Umfang von rund 100 Mrd. $ auf, mit dem über einen Zeitraum von drei Monaten der Ankauf von Vermögenswerten des privaten Sektors und Staatsanleihen finanziert werden sollte.

Am 10. Februar bekräftigten die G7-Finanzminister und -Zentralbankpräsidenten ihre Entschlossenheit, das gesamte politische Instrumentarium einzusetzen, um Wachstum und Beschäftigung zu fördern und den Finanzsektor zu stärken. In einem Kommuniqué des G20-Gipfeltreffens (2. April 2009) verpflichteten sich die Regierungen zu gemeinsamen Bemühungen um die Wiederherstellung des Vertrauens und des Wachstums sowie zu Maßnahmen zur Stärkung des Finanzsystems. Am 7. Mai beschloss die EZB, auf

Euro lautende gedeckte Schuldverschreibungen anzukaufen.[100] Seit
dieser Zeit wird von den Banken ein großer Teil der Asset Backed
Securities so konstruiert, dass er als Beleihungsgrundlage für Kredite bei der Zentralbank dienen kann. Mitte März 2009 konnte
die BIZ davon sprechen, dass der Abschwung zwar noch an-
halte, aber an Dynamik verliere. Der Internationale Währungsfonds prognostozierte am 15. Juni, dass sich die amerikanische
Wirtschaft besser und schneller erholen dürfte, als ursprünglich
angenommen. Amerikanische Banken begannen mit der Rückzahlung in Anspruch genommener staatlicher Finanzhilfen aus dem
Troubled Asset Relief Program. Das Eingreifen der Notenbanken und des Staates hatte also dazu geführt, dass die realwirt-
schaftlichen Auswirkungen der Finanzkrise zunächst begrenzt blieben und dass zumindest bei den Finanzinstitutionen auch erste
Anzeichen für eine Entspannung der Situation zu verzeichnen waren.

Finanzmarktstabilisierung und SoFFin

Auf dem Höhepunkt der Finanzkrise am 17. Oktober 2008 wurde
in Deutschland mit dem Finanzmarktstabilisierungsgesetz der Sonderfonds Finanzmarktstabilisierung (SoFFin) geschaffen, dessen
übergeordnete Aufgabe es sein sollte, das Vertrauen der Marktteilnehmer in das Finanzsystem wiederherzustellen. Gemeinsam
mit der Bundesregierung sollte der SoFFin darüber hinaus für eine
Abmilderung der Folgen der Finanzkrise sorgen und auf diesem
Wege dazu beizutragen, die Kreditversorgung der Wirtschaft trotz
der anhaltenden Finanzkrise zu gewährleisten.

Um dieses Ziel zu erreichen wurde der SoFFin mit verschiedenen Instrumenten ausgestattet. Im Sonderfall der Hypo Real Estate
(HRE), die insbesondere wegen der enormen Fristentransformation der Depfa Bank und der daraus resultierenden Refinanzierungsprobleme mehrfach kurz vor der Insolvenz gestanden hatte,
erfolgte eine vollständige Übernahme der Bank. Der auf der Basis
des spezifischen »Rettungsübernahmegesetzes« am 5. Oktober
2009 von der Hauptversammlung der HRE beschlossene Squeeze-

out mit der Abfindung der letzten privaten Aktionäre der HRE stellte einen politischen wie finanziellen Kraftakt dar, weil mit dem Engagement und den Hilfszusagen immer wieder neue Belastungen und Risiken für den Bundeshaushalt bedacht und diskutiert werden mussten. Die verstaatlichte HRE hat letztlich bis Ende 2010 insgesamt 123,98 Mrd. € an Garantien und 7,7 Mrd. € an Kapitalmaßnahmen aus dem SoFFin erhalten.

Um der HRE einen neuen Start und die Konzentration auf ihr Kerngeschäft der Immobilien- und Staatsfinanzierung zu ermöglichen, wurde am 8. Juli 2010 eine Bad Bank als Abwicklungsvehikel der HRE-Gruppe, die FMS Wertmanagement, gegründet. Im Herbst 2010 sollten sogenannte nichtstrategienotwendige Vermögenswerte sowie Risikopositionen von bis zu insgesamt 210 Mrd. € dorthin ausgelagert werden. Tatsächlich sind nach der Genehmigung durch die Europäische Kommission rund 173 Mrd. € an Nominalwerten in diese Bad Bank ausgelagert worden, was von der Presse als überhaupt größte Finanztransaktion in der deutschen Geschichte eingestuft wurde. Der FMS Wertmanagement wurde als Ziel vorgegeben, zum einen den möglichst günstigen Abbau der übernommenen Vermögenspositionen sowie die operative Umsetzung und Weiterentwicklung adäquater Abwicklungsstrategien für das ihr übertragene Portfolio voranzutreiben und zum anderen die kostengünstige Refinanzierung des Vermögenspools durch den eigenen Marktzugang der Treasury FMS Wertmanagement zu nutzen.

Der SoFFin war aber nicht allein für die HRE geschaffen worden, sondern sollte nach dem Willen des Gesetzgebers allen betroffenen Banken ein Instrumentarium anbieten, mit dem deren Bilanzrelationen wieder in einen üblichen Rahmen gestellt werden konnten. Dazu sollten entweder auf der Passivseite der Bilanz die Refinanzierung der Banken durch Garantien mit Fremdkapital gesichert und im Zuge einer Rekapitalisierung das Eigenkapital aufgestockt werden, oder es sollte auf der Aktivseite der Bilanz dafür gesorgt werden, dass die Problemaktiva weitgehend aus der Bilanz entfernt werden konnten. Dementsprechend zählten zu den verfügbaren Instrumenten des SoFFin Garantien, Rekapitalisierungen und Risikoübernahmen.

– Der SoFFin konnte erstens **Garantien** für neu begebene Anleihen der begünstigten Institute zu deren Refinanzierung stellen, was allerdings eine angemessene Eigenmittelausstattung der begünstigten Bank voraussetzte, sodass sich auch die Obergrenze für die Garantien an der Eigenmittelausstattung der Bank orientieren musste. Die Bankanleihen durften eine Laufzeit von bis zu 60 Monaten haben. Als Preis für die Stellung der Garantie verlangte der Fonds eine Prämie in Abhängigkeit vom garantierten Höchstbetrag, der das Ausfallrisiko abbildet.

– Der Fonds konnte sich zweitens an **Rekapitalisierungsmaßnahmen** der Banken beteiligen, sodass diese nach der Kapitalerhöhung über eine angemessene Eigenmittelausstattung verfügen. Für die Kapitaleinlagen verlangt der Fonds eine marktgerechte Vergütung, die nach Angaben der Bundesanstalt für Finanzmarktstabilisierung (FMSA) zwischen 9 und 10 Prozent liegen soll. Der SoFFin kann die bereits übernommenen Eigenkapitalanteile zwar noch über einen längeren Zeitraum halten oder sogar aufstocken, aber sich seit dem Jahresende 2010 an keinen neuen Rekapitalisierungen mehr beteiligen.

– Schließlich bestand die dritte Form der möglichen Hilfestellung in einer **Risikoübernahme** durch den Kauf von Problemaktiva, soweit diese von der Bank noch vor dem 13. Oktober 2008 erworben worden waren. Im Gegenzug übertrug der Fonds den Banken Bundestitel. Auch für diese Form konnte der Fonds eine angemessene Vergütung verlangen.

Die verschiedenen Programme wurden über drei verfügbare Rahmen gesteuert. Für Rekapitalisierungen und Risikoübernahmen standen dem SoFFin insgesamt Mittel in Höhe von 80 Mrd. € zur Verfügung, wovon 70 Mrd. € aus Kreditaufnahmen finanziert werden sollten. Die faktische Inanspruchnahme des Fonds bis Ende August 2009 lag im Bereich der Garantien bei 130,7 Mrd. € und bei den Rekapitalisierungen bei 33 Mrd. €. Mitte 2011 war die Gesamtinanspruchnahme auf 49,9 Mrd. € zurückgeführt worden. Risikoübernahmen im Zuge einer Bad-Bank-Lösung bzw. der Übertragung toxischer Wertpapiere auf den Fonds wurden überhaupt nicht vorgenommen.[101]

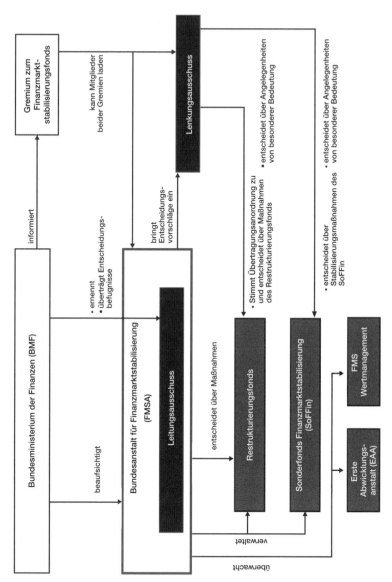

Organisation der Institutionen zur Finanzmarktstabilisierung
Quelle: Bundesanstalt für Finanzmarktstabilisierung

Im Juli 2009 wurde die Bundesanstalt für Finanzmarktstabilisierung (FMSA) durch das Finanzmarktstabilisierungsfortentwicklungsgesetz in eine bundesunmittelbare, rechtsfähige Anstalt des öffentlichen Rechts umgewandelt. Dabei wurde zugleich der Handlungsspielraum der Anstalt insoweit erweitert, als der Weg zur Gründung von sogenannten Bad Banks freigemacht wurde. Weshalb das Gesetz kurz auch Bad-Bank-Gesetz genannt wurde.[102] In der ersten Jahreshälfte 2009 konnte man übrigens weltweit geradezu von einem Bad-Bank-Boom[103] sprechen, da auch in den USA und Großbritannien sowie weiteren Ländern Bad Banks, allerdings mit unterschiedlicher Konstruktion, aufgelegt wurden.

Das Restrukturierungsgesetz, das zu Beginn des Jahres 2011 in Kraft trat, bedeutete insoweit eine Zäsur und Erweiterung des Aufgabenbereichs der FMSA, als nun auch Restrukturierungsaufgaben geleistet werden sollten, um systemrelevante Banken zu sanieren und zu restrukturieren. War bis dahin die Annahme von Hilfsmaßnahmen in das Ermessen der Institute gestellt, so konnten von nun an Restrukturierungsmaßnahmen auch von der Bankenaufsicht angeordnet werden. Zu einer solchen Anordnung ist es aber bislang nicht gekommen. Vielleicht liegt das auch daran, dass die Anteilseigner in allen Varianten für die späteren Verluste der übertragenen Wertpapiere haften, da die Bank die Differenz zwischen dem Übertragungswert und dem Fundamentalwert ermitteln und diesen über die gesamte Laufzeit in jeweils gleichen Teilen verzinslich an den Staat zurückzahlen muss. Soweit der Betrag zur Verlustdeckung nicht ausreichen sollte, muss der Fehlbetrag über eine Ausschüttungssperre akkumuliert werden. Die Verluste werden demnach zeitlich gestreckt, aber nicht erlassen.[104]

Als weitere Initiative wurde im Herbst 2010 ein Bankenrestrukturierungsgesetz beschlossen, das Gesetz zur Restrukturierung und geordneten Abwicklung von Kreditinstituten, zur Errichtung eines Restrukturierungsfonds für Kreditinstitute und zur Verlängerung der Verjährungsfrist der aktienrechtlichen Organhaftung. Ziel dieser Regelung ist es, durch ein Reorganisationsverfahren in Schwierigkeiten geratene systemrelevante Banken sanieren und reorganisieren zu können. Das Gesetz beinhaltet außerdem die Errichtung eines Restrukturierungsfonds für Kreditinstitute, in den die sogenannte Bankenabgabe fließen wird, die den Finanzsektor an den Kosten künftiger Krisen beteiligen soll.[105] Mit der Banken-abgabe sollen die Banken an den Kosten künftiger Krisen beteiligt werden. Die FMSA verwaltet dazu einen Fonds als Sondervermögen des Bundes. Alle Kreditinstitute sollen für diesen Fonds Beiträge entrichten. Deren Höhe sich danach richtet, wie hoch das jeweilige systemische Risiko der Bank einzuschätzen ist. Dieses errechnet sich insbesondere aus der Größe eines Kreditinstitutes und seiner Vernetzung auf den Finanzmärkten. Bei zukünftigen Rettungsmaßnahmen soll auf diese Weise die finanzielle Beteiligung des Finanzsektors sichergestellt werden.

Da das herkömmliche Insolvenzrecht sowie bankenaufsichtsrechtliche Instrumente darauf abzielten, den Geschäftsbetrieb einzufrieren, sei eine Neuregelung erforderlich, teilte das Bundesfinanzministerium mit. Die derzeitige Regelung könne negative Auswirkungen auf andere Finanzmarktteilnehmer und auf das Finanzsystem insgesamt haben. Staatliche Stützungsmaßnahmen, wie sie seit dem Ausbruch der Krise 2008 eingesetzt wurden, könnten zwar kurzfristig die Folgen einer Schieflage für die Finanzmärkte begrenzen. Doch das Krisenbewältigungspotenzial des Staates bleibe beschränkt, wenn keine geordnete Restrukturierung bzw. Abwicklung möglich sei. Gleichzeitig schwäche es die unternehmerische Verantwortung der Beteiligten, wenn sie fest damit rechnen könnten, dass der Staat im Notfall einspringt. So entstünden Anreize, unbeherrschbare Risiken einzugehen.

Die Sondersituation der Commerzbank in der Krise

Am 31. August 2008 hatten die Aufsichtsräte der Allianz SE und der Commerzbank AG dem Verkauf der im Besitz der Allianz befindlichen Dresdner Bank an die Commerzbank für einen Gesamtpreis von insgesamt 9,8 Mrd. € zugestimmt. Darin war ein Beitrag zu einem Trust zur Risikoabdeckung spezieller ABS-Anlagen der Dresdner Bank von bis zu 975 Mio. € enthalten. Der Verkauf sollte in zwei Schritten erfolgen und spätestens Ende 2009 abgeschlossen sein. In einem ersten Schritt sollte die Commerzbank die Mehrheit der Anteile an der Dresdner Bank erwerben, im zweiten Schritt die Dresdner Bank mit der Commerzbank verschmolzen werden und im Gegenzug die Allianz Anteile an der Commerzbank erhalten. Die Firma »Dresdner Bank« sollte aufgegeben, ihre Filialen, Technik und Verwaltung in der Commerzbank aufgehen. Für den 31. August 2008 kann man im Presseportal der Commerzbank die optimistische Überschrift finden: »Commerzbank übernimmt Dresdner Bank und wird führende Bank für Privat- und Firmenkunden in Deutschland«. Diese hohen Erwartungen wurden aber durch die Krise in Frage gestellt und zeitweilig teilweise sogar in ihr Gegenteil verkehrt. Darüber hinaus wurde öffentlich debattiert, ob nicht die ebenfalls im August 2008 bekanntgewordene Möglichkeit hätte vorgezogen werden sollen, die Dresdner Bank an die China Development Bank zu verkaufen, die einen höheren Kaufpreis geboten und diesen im Gegensatz zur Commerzbank komplett bar bezahlt hätte. »Verlockend sei ein Verkauf an die Chinesen für die Allianz auch, weil sich damit attraktive Vertriebsmöglichkeiten in dem wichtigen Wachstumsmarkt knüpfen könnten und die Dresdner Bank zum Brückenkopf für alle Bankgeschäfte mit China würde. Allerdings dürfte der Verkauf einer der größten deutschen Geschäftsbanken an ein chinesisches Staatsunternehmen auf erheblichen Widerstand aus der Politik stoßen.«[106] Die Allianz entschied sich für die Commerzbank als Käufer, die aber durch den kurz nach dem Kauf eintretenden Zusammenbruch des internationalen Finanzsystems in schwieriges Fahrwasser geriet. So musste der neue Vorstandsvorsitzende der Commerzbank, Martin Blessing, auf seiner ersten Hauptversammlungsansprache am 15. Mai 2009 bekennen, dass sein Unternehmen trotz intensiver Prüfung der Bücher nicht vorhergesehen habe, »in welch einem Ausmaß und in welcher Geschwindigkeit sich die in den Büchern der Dresdner Bank enthaltenen Risiken realisieren würden. Denn schon zwei Wochen nachdem wir mit der Allianz handelseinig wurden, meldete am 15. September in New York die Investmentbank Lehman Brothers Insolvenz an. Und aus einem Schwelbrand an den Finanzmärkten wurde von einem auf den anderen Tag ein Flächenbrand.«[107]

Im Nachhinein hatte sich also herausgestellt, dass das Timing der

Übernahme eher unglücklich war, sodass auch der Wert der strategischen Logik der Übernahme zeitweise kaum noch erkennbar war. Stattdessen hatte mit der sich verschärfenden Finanzkrise plötzlich die Commerzbank ein Vertrauensproblem, das am 19. Dezember 2008 mit einem Vertrag über den Einstieg des SoFFin mit einem Kapitalbetrag von zunächst 8,2 Mrd. € in Form einer stillen Einlage gelöst werden musste. Der SoFFin räumte der Commerzbank darüber hinaus eine Garantie für Schuldverschreibungen über bis zu 15 Mrd. € ein. Schließlich wurde auf Basis einer Ergänzungsvereinbarung vom 8. Januar 2009 eine Eigenkapitalerhöhung der Commerzbank um insgesamt 10 Mrd. € durchgeführt, die vom SoFFin übernommen wurde und im Juni zu einer staatlichen Beteiligung von 25 Prozent am Aktienkapital plus einer Aktie führte. Der SoFFin bekam also eine Sperrminorität, bekräftigte aber seine Absicht, nicht in die Geschäftspolitik der weiterhin privaten Commerzbank einzugreifen. Als restriktive Maßnahmen wurden der Commerzbank allerdings vom SoFFin Vergütungsbeschränkungen und der Verzicht auf Dividendenzahlungen auferlegt. In der nachfolgenden Hauptversammlung musste der Vorstandsvorsitzende für das Geschäftsjahr 2009 bekennen: »Wir können Ihnen auch für 2009 keine Dividende zahlen. Wir dürfen es gemäß der Vereinbarung mit dem SoFFin auch gar nicht. Wir bedienen auch die Stille Einlage des SoFFin und andere Instrumente wie zum Beispiel Genussscheine nicht. So haben wir es mit dem SoFFin verabredet. Aber dieser Zustand ist für uns als Vorstand natürlich ebenfalls unbefriedigend.«[108]

Anfang 2011 gab die Commerzbank bekannt, dass sie die bestehenden Stillen Einlagen des SoFFin durch teilweise Rückzahlung und teilweise Umwandlung in Aktien zurückführen wolle. Dazu wurde auf der Hauptversammlung am 6. Mai 2011 eine Kapitalerhöhung im Umfang von 11 Mrd. € beschlossen und durchgeführt, mit deren Hilfe die Stillen Einlagen durch Aktienkapital ersetzt werden konnten. Diese Transaktion, die als erster Schritt zur Befreiung der Commerzbank aus dem teilweisen Staatsbesitz angesehen werden kann, wurde auch dadurch motiviert, dass nach den Vorgaben von Basel III in Zukunft Stille Einlagen aufsichtsrechtlich nur noch für Banken relevant sein sollen, die nicht als Aktiengesellschaften organisiert sind.

Einige Daten zur Chronologie der internationalen Finanzkrise von 2008

09. Januar	Bear Stearns meldet Abschreibungen bei Subprime-Engagements in Höhe von 1,9 Mrd. $.
21. Januar	Größte weltweite Kursverluste seit dem 11. September 2001. Kurseinbruch des DAX um rund 500 Punkte. Mitteilung über hohe Verluste von Citigroup und Merrill Lynch.
17. Februar	Die britische Regierung verstaatlicht Northern Rock, nachdem es im September 2007 zu einem Run auf deren Schalter gekommen war und keines der Angebote zur Übernahme der Bank als angemessen betrachtet wurde.
11. März	Der EZB-Rat beschließt, den Geschäftspartnern des Eurosystems gemeinsam mit der Fed im Rahmen der »Term Auction Facility« eine Refinanzierung im Umfang von 15 Mrd. $ für 28 Tage anzubieten; am 2. Mai wird der Umfang auf 25 Mrd. $ erhöht.
16. März	Die Fed unterstützt die Übernahme von Bear Stearns durch J. P. Morgan Chase.
01. April	Die im Oktober 2007 übernommene Sachsen LB wird mit der LBBW verschmolzen und erlischt.
22. Mai	Die Schweizer Großbank UBS begibt nach hohen Verlusten bei US-Hypothekenanleihen von 37 Mrd. $ eine Bezugsrechtsemission über 15,5 Mrd. $.
03. Juli	Die EZB erhöht den Mindestbietungssatz für Hauptrefinanzierungsgeschäfte um einen Viertelprozentpunkt auf 4,25 Prozent.
21. August	Lone Star übernimmt die IKB.
07. September	Fannie Mae und Freddie Mac werden unter Zwangsverwaltung gestellt und von der US-Regierung übernommen.
10. September	Lehman Brothers gibt einen Verlust von 3,9 Mrd. $ für Juni bis August bekannt. US-Finanzminister Paulson erklärt, dass für eine Rettung von Lehman keine staatlichen Mittel verwendet werden.
14. September	Lehman Brothers kämpft gegen drohende Illiquidität, Barclays zieht sein Kaufangebot zurück. Die US-Behörden versuchen, ein 20-Mrd.-$-Rettungspaket für das Versicherungsunternehmen AIG zusammenzustellen.
15. September	Lehman Brothers beantragt Gläubigerschutz nach Chapter 11 der US-Insolvenzordnung. Die US-Regierung übernimmt die Kontrolle über den Versicherungskonzern AIG, dem 85 Mrd. $ zur Verfügung gestellt werden.

18. September	Die Zentralbanken stellen weltweit mehr als 180 Mrd. $ zur Verfügung, um die angespannte Lage auf den Interbanken-märkten zu beruhigen und den Mittelabfluss aus Geldmarkt-fonds zu stoppen. AIG wird verstaatlicht.
19. September	US-Finanzminister Paulson kündigt einen Rettungsplan (Paulson-Plan) für die Bankmärkte über 700 Mrd. $ an.
22. September	Goldman Sachs und Morgan Stanley beenden ihren Sonder-status als Investmentbanken und stellen sich unter den Schutz und die Aufsicht des Federal Reserve System.
25. September	Washington Mutual, die größte amerikanische Spar- und Darlehensbank, wird geschlossen und an J. P. Morgan Chase verkauft.
28. September	Die Bundesregierung gewährt der Hypo-Real-Estate-Gruppe eine Bürgschaft im Umfang von 26,5 Mrd. €; die Bundesbank stellt einen Kredit von 20 Mrd. € zur Verfügung.
03. Oktober	Präsident Bush unterzeichnet den Emergency Economic Stabilization Act of 2008 mit dem Troubled Asset Relief Program als modifiziertem Paulson-Plan über 700 Mrd. $.
05. Oktober	Die Bundesregierung gibt eine formlose Staatsgarantie für alle privaten Bankeinlagen in Deutschland.
05. Oktober	Ein Krisengipfel von Bundesregierung und Bankwirtschaft einigt sich auf ein Rettungspaket von 15 Mrd. € für die angeschlagene HRE.
08. Oktober	Die Fed und die EZB senken ihre Leitzinsen um einen halben Prozentpunkt.
16. Oktober	Die Regierung Islands erklärt, dass sie eine fällige Anleihe über 750 Mio. $ nicht zurückzahlen kann. Im Zuge der Finanzkrise hatte Island die drei größten Banken verstaatlicht, deren Verbindlichkeiten auf 900 Prozent des Bruttoinlandsprodukts angewachsen waren.
18. Oktober	Das Finanzmarktstabilisierungsgesetz (FMStG) tritt in Kraft, zu dessen Durchführung der Sonderfonds Finanzmarktstabilisie-rung (SoFFin) gegründet wird.
29. Oktober	Die Fed senkt die Zinsen von 1,5 auf 1 Prozent. Der Dow Jones reagiert mit einer Indexsteigerung von fast 900 Punkten.
03. November	Die Commerzbank gibt bekannt, dass sie vom SoFFin eine Stille Einlage in Höhe von 8,2 Mrd. € erhalten wird. Außer-dem wird ein Garantierahmen von 15 Mrd. € vereinbart.
24. November	Die Federal Reserve kündigt an, weitere 800 Mrd. $ zur Verfügung zu stellen. 600 Mrd. $ sollen für den Ankauf von Mortgage Backed Securities genutzt werden, der Restbetrag soll den Markt für Konsumentenkredite anregen.
04. Dezember	Die EZB senkt den Zinssatz für Hauptrefinanzierungsgeschäfte auf 2,50 Prozent.

16. Dezember	Präsident Bush kündigt Unterstützungsmaßnahmen für die drei großen US-Autobauer über 17,4 Mrd. $ aus dem Rettungspaket an.
31. Dezember	Die Finanzmarktstabilisierungsanstalt erbringt bei der Commerzbank eine Einlage der Stillen Gesellschaft Finanzmarktstabilisierungsfonds von 8,2 Mrd. €.
08. Januar 2009	Die Commerzbank soll vom SoFFin weitere 10 Mrd. € Eigenkapital vor allem in Form Stiller Einlagen erhalten. Der SoFFin übernimmt dadurch im Juni einen Anteil von 25 Prozent plus einer Aktie an der Commerzbank.

Ansätze zur Ursachenanalyse
und zur Krisenbewältigung

Die Analyse des Zusammenbruchs des amerikanischen Marktes für Wohnungsbaufinanzierungen und dessen Refinanzierung über die Märkte für Mortgage Backed Securities zeigt, dass offenbar viele verschiedene Mechanismen und Fehlentwicklungen zusammengewirkt haben, die plötzlich zu einer großen internationalen Vertrauenskrise der Banken untereinander geführt und insbesondere die davor sehr reibungslos arbeitenden Märkte für den Interbankenhandel lahmgelegt haben. Wenn im Folgenden versucht wird, wichtige Störquellen zu identifizieren und zu isolieren, die die Krise verursacht, verstärkt oder verbreitet haben, dann soll dabei ebenso das Augenmerk auf Geschäftspraktiken gelenkt werden, die sich als Ansatzpunkte für notwendige Reformen am amerikanischen Markt für Hypothekendarlehen herauskristallisiert haben, wie auf Probleme und Defizite der Risikosteuerung und Risikoüberwachung an den internationalen Bankmärkten. An den passenden Stellen wird auch das Verhalten anderer Akteure im Intermediations- und Anlageprozess wie der Hegdgefonds oder Ratingagenturen angesprochen, die in die Prozessschritte des Kreditrisikotransfers eingebunden waren.

Ashcraft und Schuerman (2008) haben verschiedene Friktionen zwischen den einzelnen Parteien der Wertschöpfungskette im Kreditrisikotransferprozess herausgearbeitet, die dabei identifizierten Informationsprobleme benannt und Hinweise gegeben, wie diese Probleme gelöst werden können. Dabei haben sie auf das übergreifende Problem hingewiesen, dass die Zerlegung der Wertschöpfungskette in viele kleine Schritte (Kreditanbahnung, Prüfung, Bereitstellung, Weitervermittlung, Abtretung usw.) dazu führt, dass regelmäßig eine der beiden Parteien über bessere Informationen z. B. über die Bonität des Kreditnehmers oder Qualität der Kreditposition verfügt als die andere. Diese Friktionen, die das Risiko für die einzelnen Akteure vermindern, das Systemrisiko aber erheblich vergrößern, müssten aber behoben werden, wenn der Markt für den Kreditrisikotransfer auch in der Zukunft eine Chance haben soll, erfolgreiche und für die Verbesserung des Finanzsystems sorgende Transaktionen zu ermöglichen.[109] Die Informationsprobleme werfen kein vorteilhaftes Licht auf die sehr weitgehende Aufspaltung der Wertschöpfungskette auf die verschiedenen Beteiligten, wie sie sich am amerikanischen Markt herausgebildet hatte.

– Friktionen wurden zwischen den Kreditnehmern und den Kreditoriginatoren festgestellt, also jenen Banken, die die Kredite vergeben. Die Friktionen resultieren daraus, dass die Kreditnehmer über ihre Rechte und Pflichten beim Abschluss des Kreditvertrages nur unzureichend aufgeklärt wurden. Darüber hinaus konnten die Kreditgeber offenbar gegenüber den Schuldnern mit Verweis auf die seit Jahren ansteigenden Immobilienpreise die Konsequenzen verharmlosen, die sich aus Änderungen des gesamtwirtschaftlichen Umfeldes und dem Zinsniveau für deren persönliche Situation ergeben könnten.
– Die Friktionen zwischen den Kreditoriginatoren und den Arrangeuren, die die Zusammenstellung der Kreditpositionen zu einem Pool von Forderungen vornehmen, können aus einem Zusammenwirken der Kreditgeber und Kreditnehmer resultieren, das zum Ziel hat, die Kreditwürdigkeit des Kreditnehmers besser darzustellen als sie ist (Kollusionsgefahr).[110]
– Weitere Friktionen betreffen die unterschiedlichen Interessen und Informationen der Arrangeure der Pools und der Refinanciers der Kredite bzw. jener Asset Manager, die die emittierten Papiere in ihre Portfolios aufnehmen, jedoch die Qualität der den Papieren zugrunde liegenden Kreditpools nicht oder nur unzureichend kennen (Adverse Selection Problem).
– Auf die Friktionen zwischen den Investoren und den Ratingagenturen, die sich daraus ergeben, dass Ratingagenturen neben der Beurteilung der Papiere die Emittenten bei der Strukturierung der Transaktionen – gegen Gebühren – beraten und somit bei der Vergabe der Ratings Interessenkonflikten ausgesetzt sind, wird weiter unten gesondert eingegangen.

Die Friktionen können in unterschiedlichem Umfang für den Ausbruch der Subprime-Krise verantwortlich gemacht werden. »While we have identified seven frictions in the mortgage securitization process, there are mechanisms in place to mitigate or even resolve each of these frictions, including for example anti-predatory lending laws and regulation. As we have seen, some of these mechanisms have failed to deliver as promised.«[111] Die angesprochenen Friktionen beziehen sich allerdings ausschließlich auf Prinzipal-Agenten-Probleme, die unmittelbar die Zusammensetzung und das Monitoring der den tranchierten Anleihen zugrundeliegenden Pools betreffen. Weitere Treiber müssen also in dem nachfolgenden Prozess des Kreditrisikotransfers gesucht werden.

Eine spezifische Untersuchung der Determinanten für die Performance europäischer Arbitrage Collateralized Loan Obligations im Jahr 2009 weist im Übrigen auf den möglichen Einfluss der Eigenschaften von CLO-Managern und der Transaktionscharakteristika auf die Rating Performance hin. Die Untersuchung ergibt, dass Transaktionen, bei denen dem CLO-Manager der finanzielle Anreiz einer Incentive Management Fee gewährt wird, mit einer höheren Wahrscheinlichkeit herabgestuft werden als Transaktionen ohne eine solche Incentive Fee. Der Befund bestätigt die Vermutung, dass durch die Incentive Fee Risikoanreize für CLO-Manager geschaffen werden. Des Weiteren kann ein positiver Zusammenhang zwischen der Erfahrung bzw. der institutionellen Größe eines CLO-Managers und der Rating Performance festgestellt werden. Der Einfluss des Managers auf die Performance einer Transaktion wird auch durch weitere managerspezifische Charakteristika wie Typ und Unternehmenssitz bestätigt. Für die Transaktionscharakteristika wird hingegen im betrachteten Untersuchungszeitraum kein signifikanter Einfluss auf die Rating Performance nachgewiesen.[112]

Die für das Management von CLO-Pools erarbeiteten Ergebnisse können Hinweise darauf geben, dass Vergütungssysteme das Risikoverhalten von Entscheidungsträgern im Bankbereich sehr ernsthaft beeinflusse können. »Vergütungsexzesse«, »Manager-Boni« und »Zockermentalität« waren in der Krise vielfach benutzte Begriffe, die darauf hinweisen sollten, dass nicht nur die

Eigentümer der Banken, sondern auch die für sie agierenden Vorstände und zum Teil auch die in den Banken tätigen Mitarbeiter Risiken zu Lasten Dritter und ohne eigene Haftung eingingen. Martin Hellwig rekurriert bei seiner Analyse der Governance-Probleme der Banken auf dem 68. Deutschen Juristentag 2010 auf einen Bericht über die Ursachen der Wertberichtigungen der UBS AG, in dem das Verhalten der Bank teilweise mit dem Entlohnungssystem für die Investment Banker erklärt wird: »Diese erhielten Boni, die sich am kurzfristigen Geschäftserfolg orientierten. Die Risiken, die sie eingingen, spielten solange keine Rolle, wie es keine Probleme gab. Auch waren die Boni nicht auf die mittel- oder langfristige Nachhaltigkeit des Geschäftserfolgs ausgerichtet. Bei dieser Struktur der Bonussysteme lag es im Interesse der Investment Banker, die Super Senior Tranches der selbst erzeugten Verbriefungen ins eigene Portefeuille der Investment Bank zu nehmen. Der Überschuss der Ertragsraten dieser Papiere über die Refinanzierungskosten (und über die Ertragsraten anderer AAA-Papiere) ging unmittelbar in die Boni ein, die Risiken, denen die Bank durch diese Anlagenentscheidungen ausgesetzt wurde, dagegen nicht. Mit anderen Worten: Das hier zur Diskussion stehende Fehlverhalten ergab sich unmittelbar aus dem von UBS praktizierten Anreizsystem.«[113] Im Rahmen der Überarbeitung der Bankenrichtlinie hat die Europäsche Union auf die problematische Vergütungspraxis reagiert und Vorgaben für Vergütungs- und Bonussysteme erarbeitet, die die Anreize zur Übernahme kurzfristiger Risikopositionen vermindern sollen. So sollen Bonuszahlungen nicht mehr im Voraus geleistet werden dürfen und Teilbeträge müssen nach ihrer Feststellung zumindest drei Jahre im Institut verbleiben, sodass sie auch als Haftungsmasse für nachfolgende Verluste herangezogen werden können. Fixgehalt und erfolgsbasierte Vergütungsanteile sollen ganz generell in einem angemessenen Verhältnis zueinander stehen. In Deutschland sind die Vorgaben der EU durch die Instituts-Vergütungsverordnung vom 21. Juli 2010 konkretisiert worden, wonach »die Vergütungssysteme auf die Erreichung der in den Strategien des Instituts niedergelegten Ziele ausgerichtet sein müssen. Mit den Strategien sind insbesondere eine nachhaltige Geschäftsstrategie und die dazu konsistente Risikostrategie im Sinne der MaRisk gemeint. Die Ausrichtung der Vergütungssysteme auf die Institutsstrategien ist eine logische Notwendigkeit, weil Vergütungssysteme zumindest faktisch auch ein Instrument zur Unternehmenssteuerung sind.«[114] Häufig angesprochene Ursachenbündel der Krise setzen direkt bei den Defiziten im Portfolio- und Risikomanagement der Investoren an und weisen auf technische Mängel im Risikomanagement der Banken hin. So ist festgestellt worden, dass wegen fehlerhafter Einschätzungen der Ausfallkorrelationen ein Großteil der Verluste aus der Subprime-Krise bei vielen Banken in den sogenannten Super-Senior-Tranchen der CLO aufgetreten ist, also in jenen Tranchen, die eine über alle Zweifel erhabene Qualitätseinstufung erhalten hatten und in der Regel mehr als 80 Prozent des gesamten Emissionsvolumens ausmachten. Einschätzungen des Risikos einer Tranche reagieren nämlich sehr stark auf Änderungen der Ausfallkorrelationen der Schuldner im Kreditpool. CLO sind darüber hinaus häufig »klumpig«, d. h. weniger granular als sonstige ABS, und zeigen bei steigenden Korrelationen eine Verschiebung der Risiken in die Senior-Tranchen.[115] Die wirkliche Komplexität der Kreditportfolio-Tranchierung liegt nach Ansicht von Gisdakis (2008) weniger in der mathematischen Modellierung als in der Einschätzung der Parameter und in der ökonomischen Interpretation der Ergebnisse.[116] Bei der Beurteilung des damaligen Risikomanagements muss man allerdings noch auf die große Euphorie verweisen, die zumindest bis 2006 die Märkte dabei beflügelt hatte, auch Privatkunden immer gewagtere und komplexere Konstruktionen anzubieten. So stellte beispielsweise im März 2006 die Credit Suisse ein Zertifikat namens »CX Polo« vor, mit dem vermögende Privatanleger in die Eigenkapitaltranche einer Credit Loan Obligation (CLO) investieren konnten. Es handelte sich dabei um einen Kreditpool von Unternehmenskrediten, die »Sub-Investment-Grade« eingestuft waren.[117] Kurze Zeit zuvor waren Mezzanine-Programme deutscher Banken populär geworden, durch die mittelständische Unternehmen nachrangiges Kapital zur Verfügung gestellt bekamen. Die Forderungen bzw. Beteiligungen nicht erstklassiger Bonität wurden in Fonds gebündelt und über tranchierte Asset Backed Securities refinanziert. Mittel dieses

Marktes, der sich bis zur Finanzkrise wegen des erhofften Diversifikationseffekts außergewöhnlich positiv entwickelt hatte, stehen seit der Finanzkrise nicht mehr zur Verfügung, sodass die begünstigten Unternehmen, sofern sie nicht in die Insolvenz geraten sind, nach anderen Möglichkeiten Ausschau halten müssen, Beteiligungskapital zu erhalten.[118] Als gravierendes Problem im Risikomanagement der Kreditinstitute erwies sich in der Krise aber nicht nur die Messbarkeit der Risikointerdependenzen, also die Veränderung der Rückflüsse, Ausfallkorrelationen und geschätzten Ausfallzeitpunkte, sondern ganz generell die Interdependenz verschiedener Risikoarten.[119] Für Marktrisiken und Kreditrisiken auf der einen und Liquiditätsrisiken auf der anderen Seite gibt es kein einheitliches Messinstrument. Während sich das formale Risikomanagement in den letzten Jahren intensiv mit der Messung und Steuerung von Marktrisiken auseinandergesetzt hat, existieren nur rudimentäre Ansätze zur Messung und Steuerung von Liquiditätsrisiken von Vermögensgegenständen sowie von Refinanzierungs- und Kündigungsrisiken auf der Passivseite der Institute. Quantitative Methoden zur Messung der Interdependenzen dieser Risiken mit den Markt- und Kreditrisiken fehlen weitgehend. Mit der im Zuge der Entwicklung der Finanzmärkte immer weitergehenden Vervollkommnung und Vervollständigung der Kapitalmärkte konnte man darauf vertrauen, dass Liquiditätsrisiken vergleichsweise in den Hintergrund getreten sind. Überraschend hat dann aber die internationale Finanzkrise gezeigt, dass neue Unvollkommenheiten entstehen können, die zu einer extremen Illiquidität der Märkte führen.

Jenseits der technischen Mängel bei der Einschätzung der Risiken ist auch auf eine mangelhafte Risikokultur hinzuweisen, die zu Fehlern im Risikomanagement geführt hat. »Bei diesen Fehlern der Risikomodellierung handelt es sich nicht einfach um technische Fehler, die durch eine Verbesserung der Vorschriften und der Verfahren zu beheben sind. Hinter diesen Fehlern stehen grundsätzliche Probleme, die das System der modellbasierten Eigenkapitalregulierung insgesamt infrage stellen.«[120] Auch Praktiker des Risikomanagements wie James Lam, der Präsident einer Risikoberatungsfirma, machen eine Überbetonung der rechnerischen (harten) Komponenten für die Vernachlässigung bzw. sogar Verdrängung der inhaltlichen (weichen) Aspekte des Risikomanagements verantwortlich:»If you look at the hard side versus the soft side, the soft side is equally, if not more important. The reason we have the hard side is to influence the soft side, so people can make the right decisions and be driven by the right incentives. In same cases, addressing many hard-side risk management issues might have lulled companies into a false sense of comfort about the soft side.«[121] Die hier zum Ausdruck kommende Überzeugung ähnelt den Überlegungen der psychologischen Ökonomik, dass unter bestimmten Voraussetzungen ein Verdrängungseffekt der intrinsischen Motivation durch den Einsatz extrinsischer Anreize beobachtet werden kann.[122] Es liegt nahe zu vermuten, dass die Konzentration auf das quantitative Risikomanagement die rechenbaren Aspekte überbetont und nicht nur viele Ressourcen im quantitativen Bereich bindet, sondern auch aus psychologischer Perspektive die qualitativen weichen Elemente des Risikomanagements zurückdrängt oder beeinträchtigt. Da sowohl die rechenbaren quantitativen Elemente als auch die Anforderungen der regulatorischen Mindesteigenkapitalanforderungen auf Restriktionen ausgerichtet sind, die mit Hilfe von Vergangenheitsdaten arbeiten, befasst sich das Risikomanagement zu wenig mit Szenarien, die bislang unbekannte ökonomische Entwicklungen betreffen.

Die These von der Vernachlässigung der Risikokultur betrifft nicht nur den amerikanischen Markt, sondern ebenso die Banken in anderen Finanzsystemen, die gemeinsam mit den amerikanischen Banken als Investoren in strukturierte Finanztitel aufgetreten sind.[123] Wie die nachfolgende Abbildung zeigt, haben sich die Fehler in der Risikoeinschätzung und Risikoübernahme in Deutschland insbesondere bei den Landesbanken kumuliert, die erstens eine schwache Ertragsbasis aufwiesen, zweitens zur Vorsorge für die Zeit höherer Refinanzierungskosten wegen des Wegfalls der Gewährträgerhaftung einen Mittelüberhang aufgebaut und drittens unter Umständen aufgrund des Haftungsverbunds der Sparkassenorganisation (implizite Bail-out-Option durch den Staat und die Sparkassenorganisation) zu geringe Anreize für ein strengeres Risikomanagement hatten.

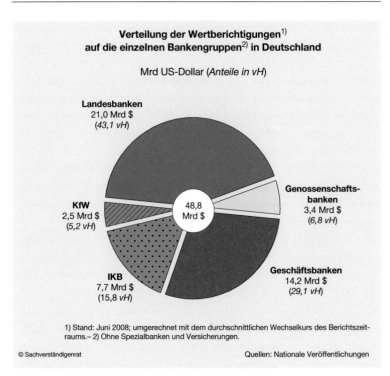

**Verteilung der Wertberichtigungen[1)]
auf die einzelnen Bankengruppen[2)] in Deutschland**

Mrd US-Dollar (*Anteile in vH*)

Landesbanken
21,0 Mrd $
(*43,1 vH*)

KfW
2,5 Mrd $
(*5,2 vH*)

48,8
Mrd $

**Genossenschafts-
banken**
3,4 Mrd $
(*6,8 vH*)

IKB
7,7 Mrd $
(*15,8 vH*)

Geschäftsbanken
14,2 Mrd $
(*29,1 vH*)

1) Stand: Juni 2008; umgerechnet mit dem durchschnittlichen Wechselkurs des Berichtszeitraums.– 2) Ohne Spezialbanken und Versicherungen.

© Sachverständigenrat   Quellen: Nationale Veröffentlichungen

Quelle: Sachverständigenrat, Das deutsche Finanzsystem S. 132

Aus deutscher Sicht ist auch auf die mangelnden Erfahrungen der Banken bei den Umstellungen der Bewertung und im Bilanzausweis von Forderungen und Wertpapieren hinzuweisen. Waren die verbrieften strukturierten Finanzprodukte nach dem Standard des IAS 39 (Bewertung von Finanzinstrumenten) in die Kategorien »Held for Trading«, »Available for Sale« oder »Designated at Fair Value through Profit and Loss« eingeordnet worden, so unterlagen sie der Bewertung nach dem Fair Value-Prinzip. Danach waren nicht die fortgeführten Anschaffungskosten (wie bei Krediten und Forderungen), sondern der beizulegende Zeitwert anzusetzen. Die Anwendung des Fair Value-Prinzips war aber in der Krise mit besonderen Schwierigkeiten verbunden, weil wegen der Turbulenzen am Markt keine Marktpreise vorhanden waren. In diesem Fall konnten die anzusetzenden Preise nur aus Vergleichszahlen zu

Notverkäufen oder Rettungserwerben resultieren und mussten dementsprechend niedrig sein.[124] Nicht nur in Deutschland, sondern auch international wurden die Probleme des Fair Value-Ansatzes strukturierter Produkte weitergehenden Analysen unterworfen.[125]

Von den identifizierten Treibern der Krise zu wichtigen Reformansätzen

Im Verlauf und nach der internationalen Finanzkrise wurden verschiedene Studien internationaler Organisationen und wissenschaftlicher Einrichtungen publiziert, die sich mit Einzelfragen oder mit dem Gesamtsystem der Regulierung auseinandersetzen und darauf abzielen, während der internationalen Finanzkrise erkennbar gewordene Schwächen im Verhalten der Finanzmarktakteure zu identifizieren. So beschäftigt sich das Institute of International Finance (IIF) in seinen Überlegungen zur »Best Practice« an den Märkten mit den Themenfeldern Risikomanagement und Anreizsteuerung, Conduits und Liquiditätsrisiken, Bewertung und Kreditvergabestandards, Ratingprozesse, Transparenz und Offenlegungspflichten sowie mit dem übergreifenden Thema der Rolle einer effizienten und effektiven Regulierung.[126] Aus wissenschaftlicher Perspektive sind grundsätzliche Fragen zur internationalen Finanzkrise aufgeworfen worden, die sich mit den Hintergründen der Krise sowie Verbesserungsmöglichkeiten der Regulierung beschäftigen. Sie gehen von der Überzeugung aus, dass der Trend zur Securitisation an den Finanzmärkten, das heißt das Vordringen kapitalmarktorientierter Finanzierungen gegenüber den herkömmlichen (insbesondere auf dem europäischen Kontinent noch vorherrschenden) Buchfinanzierungen, allenfalls verzögert, nicht aber zurückgeschraubt wird. Die Krise sollte allerdings zum Anlass genommen werden, notwendige Korrekturen anzubringen, die die Entwicklungen an den internationalen Finanzmärkten sinnvoll abstützen und ordnen können.

Zur Abmilderung der bereits erwähnten verschiedenen Probleme der adversen Selektion und des Moral Hazard wird vorgeschlagen, dass die emittierenden Banken einen bestimmten Prozentsatz jeder emittierten Tranche einbehalten. Der Einbehalt bzw. Rückkauf des First Loss Piece als Equity Tranche (die vor der Krise häufig teilweise oder ganz an institutionelle Investoren verkauft wurde) ist in der Zwischenzeit von den Europäischen Gremien sogar verbindlich vorgeschrieben worden.[127] Diese Verpflichtung reicht aber gegebenenfalls dann nicht aus, wenn Ausfall- und Bewertungsrisiken in anderen »sicheren« Tranchen versteckt sind. Ein nennenswerter Selbstbehalt bei jeder Tranche könnte daher nach Barry Eichengreen die Aufmerksamkeit der Beteiligten auf die Risikoverteilung über alle Tranchen hinweg lenken. Eichengreens Vorschlag erscheint darüber hinaus aus deutscher Sicht nicht unrealistisch, da vergleichbare Konstruktionen bereits im Genossenschafts- und Sparkassensektor verwirklicht sind. Die Kreditkörbe dieser beiden Institutsgruppen werden nämlich aus den von den einzelnen Instituten eingebrachten Kreditrisiken gespeist und jeweils zu einem Pool zusammengestellt, der hauptsächlich über die Investitionen der einliefernden Banken refinanziert wird. Insofern erhält jedes Institut, das Kreditrisiken abgibt, erstens (im Rahmen eines diversifizierten Portfolios) einen Anteil der selbst eingebrachten Risiken wieder zurück und sorgt zweitens zugleich für die Anschlussfinanzierung, weil der Pool gar nicht bei Dritten refinanziert werden muss.[128] Das Geschäft mit solchen Basket-Transaktionen im Genossenschafts- und Sparkassensektor war im Zeitraum der Finanzmarktkrise nach eigenem Bekunden der Beteiligten nicht beeinträchtigt.

Hinsichtlich der Bankenregulierung wies der Ansatz von Basel II gegenüber Basel I Fortschritte auf, weil die Tendenz, risikobehaftete Positionen aus den Bankbilanzen auszulagern, durch die verbesserte Risikomessung vermindert wurde. Nicht gerechtfertigt erscheint allerdings die Praxis, aus der Bilanz genommene Positionen völlig ohne Risikovorsorge zu lassen. Aus verschiedenen Gründen, die auch die Reputationsrisiken der Bank betreffen, kann es sein, dass die Banken für die verkauften Positionen oder Risiken doch wieder einstehen müssen. Insofern müssen Regelungslücken geschlossen werden, um einen Missbrauch des Risikotransfers bei Arbitragetransaktionen zu verhindern.

Im Rahmen der Bankregulierung werden auch solche Risiken zu wenig berücksichtigt, bei denen große Verluste nur mit sehr geringer Wahrscheinlichkeit eintreten. Hier stoßen die Messsysteme von Basel II mit der Einführung des Value-at-Risk in Krisensituationen schnell an ihre Grenzen. Problematisch erscheint auch, dass der Value-at-Risk-Ansatz die Anwender zu einem aktiven Management der Bilanzstruktur bzw. des Verschuldungsgrades zwingt, sobald aktuelle (negative) Daten in die Berechnung einfließen. Da in einer marktweiten Krisensituation alle Marktteilnehmer vergleichbare Anpassungsmaßnahmen vornehmen müssen, verlaufen die Marktreaktionen synchron, verstärken den Preisverfall und verschlechtern damit das Datenbild für den Value-at-Risk.[129] Eine andere Zielrichtung der Reform wird von Jan Pieter Krahnen mit der Bindung der Kapitaladäquanz der Banken an deren Korrelationsrisiken gefordert. Während die derzeitige Bankenaufsicht auf die Vermeidung des Einzelausfalls eines Instituts abstellt, bedarf es der Erweiterung des aufsichtsrechtlichen Handlungsrahmens von der Ebene des Einzelinstituts zu der des Gesamtmarktes, um systemische Bankenrisiken zu begrenzen. In der Tat hat die jüngste Finanzmarktkrise gerade die Bedeutung der Transparenz von Interdependenzen und die Abhängigkeit aller oder einer großen Anzahl von Banken weltweit vom Eintritt bestimmter Makrorisiken deutlich gemacht. Deshalb müssen noch Anstrengungen unternommen werden, die Bankregulierung mehr auf die Zielsetzung der Vermeidung einer Instabilität des gesamten Banken- bzw. Finanzsystems auszurichten.

Die Finanzmarktkrise hat auch Anlass gegeben, verstärkt weitergehende prinzipielle Änderungen am Regulierungssystem zu diskutieren, die hier nicht im Detail aufgegriffen werden können. Zu prüfen wäre aber neben der Forderung nach einer integrierten Aufsicht zumindest auf europäischer Ebene der Übergang zu einem eher »prinzipienorientierten« als »regelbasierten« Regulierungssystem, das auf die Einhaltung bestimmter Kennziffern ausgerichtet ist und für die während der Finanzmarktkrise aufgetretenen Probleme mitverantwortlich gemacht wird. Kritisiert wird oft die mangelnde Flexibilität solch eines Systems, die zur Prozyklik der Regulierung beitrage.[130] Hinter einer an Prinzipien ausgerichteten Regulierung verbirgt sich dagegen ein Regulierungsansatz, »der den beaufsichtigten Instituten zwar vorgibt, welchen aufsichtlichen Zielen sie zu entsprechen haben, nicht aber, auf welche Weise sie dies im Detail tun. Die aufsichtlichen Prinzipien sind demzufolge eher qualitativer als quantitativer Natur.«[131] Anpassungen im Regelwerk von Basel II wurden schon gut zwei Jahre nach dessen nationaler Umsetzung vorgenommen. »Dabei handelt es sich neben Korrekturen von Unschärfen, die im Praxisbetrieb festgestellt wurden, auch um Anpassungen aufgrund von Lehren aus der Finanzkrise. Die Schwerpunkte der Regelungen liegen in den Bereichen Großkreditvorschriften, Anerkennung hybrider Kernkapitalbestandteile sowie aufsichtliche Kooperation und Krisenmanagement. Es wurden aber auch umfangreiche technische Änderungen, unter anderem im Verbriefungsbereich sowie beim Liquiditätsrisiko, vorgenommen. (...) Daneben wurden die Mindestanforderungen für das Risikomanagement (MaRisk) angepasst, um erkannte Schwächen des Risikomanagements zu adressieren. Beispielsweise mit Blick auf die Behandlung von Risikokonzentrationen, die Anforderungen an Stresstests und das Liquiditätsmanagement sowie bei den Regelungen zu Vergütungssystemen werden auch hier Konsequenzen aus der Finanzkrise gezogen.«[132]

Der Ansatz des Risikomanagements ist nicht nur im Hinblick auf die Eigenkapitalunterlegung, sondern auch hinsichtlich des Ausbaus der seit etlichen Jahren üblichen Stresstests zu überdenken. Wie die Deutsche Bundesbank in ihrem Monatsbericht vom Oktober 2004 bemerkt, können Kreditinstitute mit Hilfe von Stresstests »die potenziellen Auswirkungen krisenhafter Entwicklungen im Detail untersuchen und bereits im Vorfeld geeignete Gegenmaßnahmen ergreifen.« Über die Ergebnisse einer im Sommer 2004 von der Bundesbank durchgeführten Analyse bemerkt die Bundesbank, dass sich »trotz des beachtlichen Ausmaßes der unterstellten Schocks zurzeit keine Gefährdung der Finanzstabilität erkennen« lasse.[133] Offenbar waren damals (wie später bei den umstrittenen EU-weiten Stresstests)[134] die berücksichtigten Szenarien nicht umfassend genug, um die später tatsächlich eingetretene Krisensituation abzubilden. Es gibt zahlreiche Ansätze, die Aussagekraft von Stresstests zu steigern, sodass sie ihrem Anspruch auch gerecht werden können, die Institute in die Lage zu versetzen, die Angemessenheit der regulatorischen (regulatorische

Stresstests) und ökonomischen (ökonomische Stresstests) Kapitalausstattung bei unterschiedlichen Szenarien selbst zu beurteilen.[135]
Die Subprime-Krise hat deutlich gemacht, dass sich der Regulierungsrahmen für die Kreditinstitute nicht auf die Solvenzregeln beschränken darf, weil in angespannten Kapitalmarktsituationen keineswegs aus einer gesicherten Solvenz auf die Zahlungsfähigkeit der Bank geschlossen werden kann. Daher muss auch die Liquidität der Kreditinstitute durch geeignete eigenständige Maßnahmen gesichert werden. Hierzu sind unmittelbar nach der Krise einige Vorschläge unterbreitet worden, ohne dass die technischen Systeme zur Messung der Liquidität heute bereits als ausgereift gelten könnten. Als problematisch hatte sich insbesondere herausgestellt, dass im Bankensektor insgesamt zwar genug Liquidität vorhanden war, die Banken aber ihren Interbankhandel in weiten Teilen ausgesetzt hatten und daher auf die Liquiditätszufuhr durch die Zentralbanken angewiesen waren. Die Liquiditätsrisiken aus der Fristentransformation der Conduits und den zur Refinanzierung notwendigen Liquiditätszusagen sind von den Sponsoren also bei weitem unterschätzt worden. Außerdem hat sich gezeigt, dass das Liquiditätsrisikomanagement der Kreditinstitute in der Krise Lücken aufwies, was in der Zwischenzeit zu verschiedenen Initiativen geführt hat. So haben die Bundesanstalt für Finanzdienstleistungsaufsicht (BaFin) und die Deutsche Bundesbank eine gemeinsame »Range-of-Practices« Studie zum Liquiditätsrisikomanagement in deutschen Kreditinstituten veröffentlicht.[136] Darüber hinaus hat im Juni 2008 der Baseler Ausschuss für Bankenaufsicht 17 Grundsätze für ein effizientes Liquiditätsrisikomanagement vorgeschlagen, die derzeit einem Konsultationsprozess mit der Praxis unterzogen werden.[137]
Ein vieldiskutiertes Thema beim Ausbruch und im weiteren Verlauf der Finanzmarktkrise war die Rolle der Ratingagenturen, deren Verhalten für den Ausbruch und weiteren Verlauf der Finanzkrise mitverantwortlich gemacht wurde. Daraufhin wurde einerseits ihre Zerschlagung oder zumindest strenge staatliche Beaufsichtigung, andererseits der Aufbau einer europäischen Ratingagentur gefordert, um die quasi Monopolstellung der drei

führenden und weltweit tätigen Agenturen zu brechen. Den Rating-agenturen wurde insbesondere vorgeworfen, dass sie über keine ausreichenden Modelle zur Abbildung und Benennung der Risiken strukturierter Finanztitel verfügten und dass sie die Informationen über Risiken nicht in ausreichender Weise kommunizierten.[138] Dazu waren allerdings auch schon vor der Krise warnende Stimmen zu vernehmen gewesen. So haben Ingo Fender und Janet Mitchell darauf hingewiesen, »dass tranchierte Wertpapiere eine besondere Herausforderung für die Anwendung ratingbasierter Restriktionen darstellen, weil die höhere Wahrscheinlichkeit von Kreditereignissen in den Randbereichen der Verlustverteilung von den Ratings nicht erfasst wird«.[139] Die transaktionsspezifische Dokumentation macht die Aufgabe, den Risikogehalt tranchierter Instrumente zu bewerten, noch schwieriger, weshalb sich die Anleger bei der Ausübung ihrer Sorgfaltspflichten (Due Diligence) womöglich noch stärker auf Ratings verlassen.

Als ersten Ansatzpunkt zur Lösung der Probleme schlug das Institute for International Finance (IIF) eine weitgehende Standardisierung der Produkte sowie eine standardisierte Dokumentation vor, die der Emittent vorzugeben hat.[140] Darüber hinaus regte das Institut an, den Ratingprozess der Agenturen einer unabhängigen externen Überprüfung zu unterziehen, wie er beispielsweise für die internen Ratings der Banken erfolgt, wenn diese zur Ausfüllung der Mindesteigenkapitalvorschriften eingesetzt werden, und den Agenturen aufzugeben, für die strukturierten Instrumente eine eigenständige Ratingskala zu verwenden.[141] Als problematisch ist auch erkannt worden, dass Ratingagenturen einem erheblichen Interessenkonflikt ausgesetzt sind, wenn sie einerseits die Emittenten der strukturierten Produkte beraten, wie die Tranchen zu bilden sind, damit sie ein bestimmtes Rating gerade noch erhalten, und andererseits dann dieses Rating selbst vergeben. Damit werden die Ratingklassen in der Tendenz an ihrem unteren Rand gefüllt, was zu einer Verschlechterung der Durchschnittsqualität führen muss. Gegebenenfalls werden die Einstufungen auch insgesamt zu günstig vorgenommen, weil mit der Erteilung der Ratings der Umsatz der Agentur und damit deren Erlös steigt. Schließlich kann sich der Emittent durch ein »Rating Shopping« gegebenenfalls die Agentur aussuchen, die seinem Produkt die beste Einstufung verschafft. Die International Organization of Securities Comissions (IOSCO) hat einen Verhaltenskodex erarbeitet, der die verschiedenen Interessenkonflikte zu entschärfen und die Qualität der Modelle und Methoden zu verbessern sucht.[142] Ein prinzipiell überdenkenswerter Ansatzpunkt für eine Lösung könnte darin bestehen, den Ratingurteilen ihre zum Teil bedeutende Funktion in der Markt- und Bankenregulierung ganz oder teilweise zu nehmen. So stützt sich beispielsweise derzeit das Regelwerk Basel II in der ersten Säule bei der Berechnung der vom Risikogehalt der Kreditpositionen abhängigen Mindesteigenkapitalanforderungen u. a. auf externe Ratings. Diese Ratings sind aber im Laufe ihrer Entwicklung von den Agenturen keineswegs für aufsichtsrechtliche Zwecke konzipiert worden, sondern als Instrumente zur Marktinformation. Die derivativen Funktionen der behördlich sanktionierten Qualitätseinstufung in den Regelwerken der Asset Manager und der Bankenaufsicht wurden ihnen erst nachträglich zugeschrieben. Sie wurden mit ihren Funktionen nicht nur in das Basler Regelwerk und die entsprechenden EU-Richtlinien, sondern sogar auch in die Ankaufs- und Beleihungsbedingungen der Europäischen Zentralbank einbezogen und dementsprechend aufgewertet. Mit einer solchen Aufwertung können Ratingagenturen als »Brandverstärker« wirken, wobei der Begriff »Brandverstärker« auch von Peter Bofinger, Mitglied des Sachverständigenrates zur Begutachtung der gesamtwirtschaftlichen Entwicklung, im Zusammenhang mit der Verschuldungskrise europäischer Staaten und insbesondere Griechenlands verwendet wurde. Die »Brandverstärkungsfunktion« ist besonders dann zu befürchten, wenn Anleger sich nicht nur über die Ratingagenturen Informationen bereitstellen lassen, sondern aus ihren eigenen oder anderen Regelwerken heraus unmittelbar zu Portfolioanpassungen gezwungen werden. Darüber hinaus trägt der behördliche Rekurs auch dazu bei, dass Anleger und darunter auch Kreditinstitute ihre eigenen Bonitätsprüfungen vernachlässigen und sich stattdessen auf die »offiziellen« Ratings verlassen.[143] Es ist leicht nachvollziehbar, dass die Ratingagenturen selbst eine Entlastung von regulativen Funktionen begrüßen würden: »Wir haben überhaupt kein

Problem damit, wenn Ratings aus den regulatorischen Vorgaben entfernt würden,« stellte der Deutschland-Chef von Standard & Poor's, Torsten Hinrichs, in einem Interview fest.[144]

Im Verlauf der internationalen Finanzkrise hat sich die mangelnde Transparenz der Risiken und der Risikoverteilung auf die Marktteilnehmer als wichtiges Hindernis bei den Bemühungen erwiesen, das Vertrauen unter den Marktteilnehmern wiederherzustellen. Den Marktteilnehmern war während der Lehman-Krise offensichtlich ebenso wenig wie den Bankaufsichtsbehören und den Zentralbanken bekannt, welche Institute letztlich welche Risiken in ihren Büchern hatten oder als Sponsoren für die Refinanzierung dieser Finanztitel Sorge tragen mussten. Dazu kam die Gepflogenheit, dass einerseits die Emissionen der Conduits auch von den eigenen Sponsoren gekauft und andererseits über Wiederverbriefungen (CDOsquared) mehrstufige Transfertransaktionen arrangiert wurden.[145] Die Intransparenz hat dazu beigetragen, dass viele Investoren trotz guter Ratings ihrer Schuldner bzw. deren Drittschuldner ihre Geldanlagen nicht verlängert haben, Kreditinstitute aus dem Interbankenhandel ganz ausgestiegen sind und die von ihnen »verweigerten« Geldanlagen durch die Geldzufuhr der Notenbanken substituiert werden mussten. Im Gegensatz dazu sollen im Herbst 2007 beispielsweise Equity Tranchen noch platzierbar gewesen sein, weil sie sehr gut dokumentiert waren, sodass die asymmetrische Informationsverteilung weniger kritisch war als bei den hoch bewerteten Titeln, die als informationsinsensitiv galten, sich aber dann doch nicht als risikolos darstellten. Finanztitel ohne gute Informationsbasis weisen in kritischen Situationen ein »Headline-Risiko« auf, das eintritt, wenn plötzlich Nachrichten auftauchen, dass mit Positionen Risiken verbunden sein könnten, deren Qualität nicht eingeschätzt werden kann. Das Risiko wird nicht mehr als Risiko, sondern als Ungewissheit betrachtet, sodass dann eine besonders ausgeprägte Verlustvermeidungsstrategie der Investoren Platz greift.

Die EU-Kommission hat der Finanzindustrie Eigeninitiativen nahegelegt, um die Transparenz bei strukturierten Produkten zu verbessern und eine »Best Practice« vorzugeben.[146] Eichengreen hat 2008 sogar vorgeschlagen, die regulatorischen Eigenkapitalerfordernisse von der Komplexität der Finanzprodukte abhängig zu machen, sodass der Anreiz, immer weitergehende Intermediationsketten zu eröffnen, vermindert würde. Dieser Vorschlag erinnert an den Vorschlag der Tobin-Steuer für den internationalen Devisenhandel und dürfte auch vergleichbare Vor- und Nachteile haben. Insbesondere dürfte es schwierig sein, einen zielgerichteten und unbürokratischen Komplexitätsbegriff zu finden. Ein anderer Weg bestünde darin, dass die Zentralbanken als Besicherungsgrundlage für ihre Geldmarktoperationen und Repo-Geschäfte nur einfache Finanzprodukte akzeptieren, also zu komplexe strukturierte Finanzprodukte diskriminieren, um für die Kreditinstitute einen Anreiz zu schaffen, sich in ihrer Anlagepolitik auf relativ einfache Produkte zu konzentrieren. Schließlich könnte die Transparenz auch durch die Einführung eines verbindlichen Handelssystems verbessert werden.[147] Die unzureichende Risikobegrenzung vor und in der Krise kann nämlich auch dadurch gefördert worden sein, dass die meisten fraglichen Produkte bilateral (Over the Counter, OTC) und nicht an einer Börse gehandelt wurden. Die Derivatebörsen sorgen mit ihrem System von Marginzahlungen dagegen dafür, dass hohe Sicherheitsstandards eingehalten werden und die gehandelten Produkte einer weitgehenden Standardisierung unterliegen. Daher könnten die Transparenz- und Gegenparteirisiken der OTC-Märkte Anlass dazu geben, einen größeren Teil der Geschäfte über die etablierten Börsen mit ihren strengen Regelwerken abzuwickeln oder, wie offenbar von der US-Notenbank geplant, eine zentrale Clearingstelle für komplexe Finanzprodukte einzurichten und zu überwachen.[148] Der Börsenhandel würde zudem für eine breitere Diversität der Nachfrage sorgen, während die Anzahl der potenziellen Nachfrager am OTC Markt sehr begrenzt ist.[149] Die Förderung und Etablierung eines Börsenhandels für Benchmarkprodukte des Kreditrisikotransfers würde die Standardisierung der Produkte ebenso verbessern wie die Liquidität der Märkte.

Die bislang angeführten und diskutierten Ursachen und Treiber können natürlich nur ein unvollständiges Bild vermitteln, das aber wesentliche Elemente der Reformbemühungen aufzeigt. Der Reformbedarf hat in Teilbereichen der Kreditwirtschaft zu weitreichenden Verschärfungen der Regulierungen geführt. Wenn auch von vielen Wissenschaftlern und Praktikern der Vorwurf erhoben wird, die Antwort der Politik auf die Krise sei zu zögerlich, zu wenig umfassend, nicht grundsätzlich genug, international zu wenig abgestimmt oder nicht den Kern der Krise betreffend, so darf nicht übersehen werden, dass die vielen G20-Treffen, Krisenkonferenzen und Initiativen der Regulierungsstellen zu einer Fülle neuer Gesetze und Maßnahmen geführt haben. Für die Weiterentwicklung der Finanzmärkte sind neben den Initiativen zur Schaffung eines spezifischen Insolvenzrechts für Kreditinstitute, wie es in den USA mit dem Dodd-Frank Act vom Juli 2010[150] und in Deutschland mit dem Restrukturierungsgesetz bereits geschaffen wurde, vermutlich die Vorschläge des Baseler Ausschusses für Bankenaufsicht am wichtigsten. Diese Vorschläge werden unter dem Namen »Basel III« bereits in europäisches und in nationales Recht umgesetzt und von den Banken zum Teil schon vor Ablauf der vorgesehenen Übergangsvorschriften beachtet, bis sie in vollem Umfang zum 1. Januar 2019 in Kraft getreten sein werden.

Zu den besonders markanten Neuerungen von Basel III gehört, dass die aufsichtsrechtlichen Voraussetzungen für die Zurechnung von Kapitalinstrumenten zum regulatorischen Eigenkapital der Kreditinstitute wesentlich strenger gefasst sind und die Banken insgesamt mehr regulatorisches Eigenkapital vorhalten müssen. Die Qualität des Bankeigenkapitals soll im Fortführungsfall (Going Concern) wie im Insolvenzfall (Gone Concern) durch die Konzentration auf zwei Kapitalschichten (Tier 1 und Tier 2) verbessert werden. In der Krise hatte sich nämlich gezeigt, dass viele regulatorische Eigenkapitalbestandteile faktisch nicht in Anspruch genommen werden konnten. Darüber hinaus soll die Risikodeckung durch Eigenkapital bei Handelsgeschäften, bei Verbriefungen und bei außerbilanziellen Positionen und Kontrahentenrisiken erhöht werden. Schließlich zeigen die neuen Eigenkapitalvorschriften auch, dass die Pufferfunktion des Eigenkapitals gestärkt und prozyklische Effekte der Eigenkapitalregulierung abgebaut werden sollen. Das kommt in den konkreten Kapitalvorschriften zum Ausdruck.[151]

- Die verschärften **Mindesteigenkapitalanforderungen** sehen vor, dass nicht mehr nur 4 Prozent, sondern zukünftig 8 Prozent der bankaufsichtsrechtlich relevanten Risiken durch Eigenkapital zu unterlegen sind. Von den gemessenen Risikoäquivalenten sind mindestens 4,5 Prozent durch hartes Kernkapital, 1,5 Prozent durch zusätzliches Kernkapital und 2 Prozent durch sogenanntes Ergänzungskapital darzustellen.

- Die Banken sollen außerdem einen **Kapitalerhaltungspuffer** bilden, sodass als Vorsorge für besondere finanzielle Belastungen zusätzliches hartes Kernkapital in Höhe von mindestens 2,5 Prozent der gemessenen Risiken zur Verfügung steht. Bei einer Unterschreitung dieser Anforderung kann die Bankenaufsicht die Ausschüttung von Dividenden und Erträgen sperren, bis das aufsichtsrechtlich erforderliche harte Kernkapital wieder erreicht ist.

- Besonders erwähnenswert erscheint der vorgeschlagene **variable Puffer** als ein kontrazyklisches Instrument, das zur Verminderung prozyklischer Effekte der Eigenkapitalregulierung im Bereich von bis zu 2,5 Prozent der Risiken vorgesehen ist. Dieser Puffer soll in Krisensituationen ohne weitreichende Konsequenzen für die Anlage- und Kreditpolitik der Banken eingetretene Verluste auffangen können. Dazu soll in Zeiten eines exzessiven Kreditwachstums Vorsorge für den Abschwung und etwaige Abschreibungserfordernisse getroffen werden, wobei die technischen Einzelheiten einer solchen Anforderung aber im Baseler Ausschuss für Bankenaufsicht noch nicht abschließend geklärt sind.

Zusätzlich zu den Mindesteigenkapitalvorschriften wird durch die Einführung einer Verschuldungsobergrenze (Leverage Ratio) ein ungebremstes Bilanzwachstum im vermeintlich risikofreien Bereich verhindert. Sie ist zunächst nur als Beobachtungskennziffer vorgesehen. Über eine bindende Einführung soll aber 2017 nach Beobachtung der Zusammensetzung der Leverage Ratio und der Prüfung ihrer Eignung für unterschiedliche Geschäftsmodelle der Banken mit Wirkung von 2018 an entschieden werden.

In der Finanzkrise hat sich vielfach gezeigt, dass auch solvente

Institute plötzlich auf staatliche Hilfe angewiesen sind, weil Refinanzierungsmärkte unvorhersehbar weggebrochen oder bis dahin liquide Wertpapieranlagen unverkäuflich geworden sind. Zur Sicherung der Liquidität im Sinne sowohl der Liquidierbarkeit von Anlagen als auch der Sicherstellung der Mittelbeschaffung bzw. Refinanzierung der Banken werden nun vom Baseler Ausschuss zwei neue Kennzahlen vorgeschlagen, die von den Banken eingehalten werden müssen. Eine sogenannte **Liquidity Coverage Ratio** für die kurzfristige Liquidität soll darauf hinwirken, dass die Bank kurzfristige, möglicherweise durch eine Krise ausgelöste Abflüsse von Zahlungsmitteln durch die Auflösung hochwertiger liquider Vermögensanlagen kompensieren kann. Die zweite Liquiditätskennzahl, die sogenannte **Net Stable Funding Ratio**, zielt dagegen auf die langfristige Liquidität der Bank und definiert dazu ein Mindestverhältnis von langfristig stabilen Refinanzierungsquellen und den Liquiditätserfordernissen in Krisensituationen. Beide Anforderungen sollen 2013 zu Probezwecken eingeführt und zwei Jahre lang getestet werden, bevor über ihre verbindliche Einführung befunden wird.[152] Jenseits der mit einer Fristentransformation verbundenen Liquiditätsrisiken sind auch Zinsänderungsrisiken zu beachten, die nicht nur aber auch aus Fristentransformationen hervorgehen können. Hier weisen die aufsichtlichen Regelwerke einschließlich der geplanten Neuerungen noch erheblichen Nachholbedarf auf. Es scheint nämlich nicht sehr schlüssig zu sein, auf der einen Seite bei den Markt- und Ausfallrisiken auf eine immer größere Präzision der Messinstrumente hinzuarbeiten und auf der anderen Seite die für die Solvenz der Institute ebenso wichtigen Zinsänderungsrisiken mehr oder weniger unbeachtet zu lassen.

Die Krise könnte im Übrigen auch Anlass dazu geben, die internationale und nationale Organisation der Bankenaufsicht zu überdenken. So fehlt es einerseits an einer die weltweiten Finanzmärkte umspannenden Aufsicht, die wegen der globalen Aktivitäten der Finanzmarktakteure immer notwendiger wird.[153] Andererseits ist nicht nur die regionale Spannbreite zu überdenken, sondern auch die inhaltliche, weil in die Zerlegung der Wertschöpfungsketten im Finanzbereich auch Finanzintermediäre wie z. B. die Hedgefonds einbezogen werden, die nicht der Bankenaufsicht unterliegen. Die

Unterbrechung der regulatorisch eingeforderten Informationen entlang der Wertschöpfungskette verhindert die Möglichkeiten für die Aufsicht, die ihr gemeldeten Positionen auf die letzen Schuldner »durchzurechnen«.

Schließlich gibt es in vielen Aufsichtssystemen abweichende Zielsetzungen der Bankenaufsicht und der Notenbanken, die Anlass zu der Forderung geben könnten, die Bankenaufsicht streng an die Notenbanken zu binden.[154] So hat sich auch der Sachverständigenrat für eine integrierte Lösung ausgesprochen, »bei der die Notenbank für die Bankenaufsicht zuständig sein soll, um Synergien aus der Marktpräsenz und der Aufsichtsrolle zu nutzen und um im Krisenfall eine effiziente Wahrnehmung der Rolle des ›Lender of Last Resort‹ zu gewährleisten«.[155]

Gerhard Illing vertritt allerdings die These, dass eine wirksame Geldpolitik nur in einem Umfeld betrieben werden kann, das durch vernünftige makroprudenzielle Regulierung »Finanzmarktstabilität gewährleistet. Stabilisierungspolitik und Finanzmarktstabilität sind zwei komplementäre wirtschaftspolitische Aufgaben, die (...) mindestens zwei unterschiedliche Instrumente erfordern: einerseits klassische Geldpolitik zur Stabilisierung makroökonomischer Schwankungen (über Zinsänderungen); andererseits die Regulierung von Eigenkapital- und Liquiditätsanforderungen zur Vermeidung hoher Finanzfragilität und zum Eindämmen des Aufbaus systemischer Risiken.«[156] Die Deutsche Bundesbank befasst sich unabhängig von der zukünftigen institutionellen Zuordnung der Finanzmarktaufsicht mit den methodischen Fragen der Messung systemischer Risiken und den darauf aufbauenden makroprudenziellen Instrumenten. Die Messansätze richten sich auf mögliche Ansteckungseffekte im Bankensystem. Die einzusetzenden Instrumente beinhalten auch mikroprudenzielle Maßnahmen, wobei es darauf ankommt, »nach marktwirtschaftlichen Prinzipien die Anreize für die Finanzinstitute so zu setzen, dass sie in ihrem Entscheidungskalkül die Folgen ihres Handelns für die Systemstabilität adäquat berücksichtigen.«[157]

Nach Eichengreen sollte darüber hinaus der Organisation des Finanzsystems in einer bankorientierten Form wieder mehr Aufmerksamkeit entgegengebracht werden. Zwar relativiere sich die

Bedeutung des Bankensystems im Zuge der Disintermediation und Securitisation und gebe der Entwicklung des Kapitalmarktes einen breiteren Raum. Dieser Trend dürfe aber keine Vernachlässigung der Banken als Institutionen bewirken, die auch weitgehend die Träger des kapitalmarktorientierten Finanzsystems seien. Diesen Forderungen Eichengreens wird man sich gerade aus der Perspektive des bankorientierten deutschen Finanzsystems anschließen, wenn auch der Sachverständigenrat im Jahr 2008 erhebliche Schwachstellen des Systems aufgezeigt hat.

Die hier zusammengestellten, zum Teil kommentierten, zum Teil aber auch nur kurz erwähnten Reformansätze beziehen sich auf die Regulierung der Bank- und Finanzmärkte. Mindestens genauso wichtig wie Reformen in diesem Bereich sind aber auch Maßnahmen zur Koordinierung der Wirtschaftspolitik im Euroraum und weltweit sowie zum Abbau und zur Vermeidung globaler realwirtschaftlicher Ungleichgewichte. Die der Finanzkrise nachfolgenden Budget- und Länderkrisen sowie die daraus erwachsene Eurokrise haben deutlich werden lassen, wie eng Mikro- und Makrorisiken sowie finanz- und realwirtschaftliche Risiken zusammenhängen.

JOHANNES BÄHR/BERND RUDOLPH
Die Bankenkrise 1931
und die Finanzkrise 2008
im Vergleich

Der Vergleich zwischen 1931 und 2008 zeigt vor allem die grundsätzlichen Unterschiede zwischen beiden Krisen. Das gilt für die Ursachen, den Verlauf und die Folgen, was zu einem erheblichen Teil schon durch das unterschiedliche wirtschaftliche und politische Umfeld bedingt war.[1]

- Die Bankenkrise von 1931 fand mitten in der bislang schwersten Weltwirtschaftskrise statt. Ihr gingen mehr als eineinhalb Jahre wirtschaftlicher Depression voraus. Da sie in Deutschland eine geschwächte, bereits am Boden liegende Volkswirtschaft traf, waren die Auswirkungen dieser Krise auf die Industrie, den Handel und den Arbeitsmarkt besonders fatal. 2008 ging die Krise dagegen vom Finanzsektor aus, der sich zumindest nach der damaligen Meinung der meisten Finanzexperten und der für das Finanzsystem verantwortlichen Institutionen in einer stabilen Verfassung befand. Betroffen war eine Wirtschaft, die sich im Wachstum befand und erst durch die Finanzkrise in eine kritische Phase und den anschließenden Abschwung geriet. Dieser realwirtschaftliche Einbruch hatte bei weitem nicht die Dimension der Krisenjahre 1931/32.
- Das Epizentrum der Finanzkrise von 2008 waren die USA. Von dort aus breitete sie sich im Anschluss an die Subprime-Krise des Jahres 2007 und nach der Lehman-Insolvenz im September 2008 in kurzer Zeit über den gesamten Globus aus. Die Krise vom Juli 1931 blieb dagegen im Wesentlichen auf Mitteleuropa beschränkt. Die schweren Bankenkrisen, die in den USA während der frühen dreißiger Jahre stattfanden, verliefen unabhängig von der Bankenkrise in Deutschland und umgekehrt. Die Krise von 2008 fand dagegen unter den Bedingungen einer globalisierten Finanzindustrie statt. Nur so war es möglich, dass sich Banken in aller Welt schlagartig misstrauten und gegensei-

tig kein Geld mehr zur Verfügung stellten bzw. keine Kredite mehr untereinander vergaben.

- Die Krise vom Juli 1931 war in hohem Maße durch makroökonomische Faktoren bedingt. Sie stand in einem engen Zusammenhang mit den Problemen des deutschen Kapitalmarkts nach der Inflation, der hohen kommerziellen Auslandsverschuldung, den Reparationsregelungen und der Krise der deutschen Währung im Frühjahr 1931 wie auch mit dem Währungssystem des Golddevisenstandards. Eine derartige Verknüpfung mit makroökonomischen Problemen, wirtschafts- und währungspolitischen Fragen gab es bei der globalen Finanzkrise von 2008 nicht, wobei aber durchaus auch globale makroökonomische Ungleichgewichte im Spiel waren. So waren die Finanzanlagen Chinas in den USA Folge der chinesischen Leistungsbilanzüberschüsse und umgekehrt die Verbindlichkeiten an den amerikanischen Anleihemärkten Ausdruck der Leistungsbilanzdefizite der USA. Der Anlagedruck der internationalen Investoren verführte im Rahmen des Originate-and-Distribute-Modells die amerikanischen Hypothekenschuldner wie Hypothekengeber zu immer waghalsigeren Finanzierungen. Es war somit kein Zufall, dass die Krise vom amerikanischen Subprime-Markt und damit von Fehlentwicklungen innerhalb eines Sektors des amerikanischen Finanzmarkts ausging. Ähnliche Ursachen hatten auch frühere Bankenkrisen, etwa die durch eine Überspekulation am Aktienmarkt bedingte Krise von 1873.[2] So gesehen war die Krise von 1931 ein Sonderfall, in dem sich spezifische Verwerfungen der deutschen Wirtschaft wie auch der Weltwirtschaft nach dem Ersten Weltkrieg widerspiegelten.[3]

- Die Zentralbanken reagierten auf die Krise von 2008 mit einer Senkung der Diskontsätze und der Bereitschaft, der Kreditwirtschaft in großem Umfang Liquidität zur Verfügung zu stellen. Die Reichsbank verfolgte 1931 dagegen eine restriktive Geldpolitik, zu der sie durch das Währungssystem des Goldstandards gezwungen war. Auch die Zentralbanken anderer Goldwährungsländer, vor allem die Fed, reagierten nicht – oder erst viel zu spät – auf die Verknappung der Geldmenge in den damaligen Bankenkrisen. Daraus wurde die Lehre gezogen, dass Bankenkrisen nur mit einer expansiven Geldpolitik begegnet werden kann.[4] Diese Lehre wurde 2008 nicht nur durch die Refinanzierungserleichterungen der Notenbanken, sondern auch in Form staatlicher Rettungspakete umgesetzt, die eine beispiellose Größenordnung hatten (700 Mrd. $ in den USA, 480 Mrd. € in Deutschland). Durch das Eingreifen der Zentralbanken wie der Staaten und Staatengemeinschaften gelang es, die Auswirkungen der internationalen Finanzkrise zu begrenzen.

– Auf die Finanzkrise von 2008 reagierten die Regierungen und Zentralbanken der OECD-Staaten mit einem effizienten, international abgestimmten Krisenmanagement, wie es in Deutschland in den entscheidenden Wochen vor dem 13. Juli 1931 gefehlt hatte. Auch dies trug wesentlich dazu bei, dass die Finanzkrise von 2008 sich weniger katastrophal auswirkte, als dies 1931 der Fall war. Damals standen einem international koordinierten Vorgehen zunächst Fehlwahrnehmungen und nationale Egoismen entgegen. Erst nach dem Drama des 13. Juli wurde der Weg zu einer internationalen Einigung frei.

– Die Investmentbank Lehman Brothers wurde im September 2008 von der amerikanischen Regierung in absichtlicher Verletzung der »Too big to fail«-Doktrin fallen gelassen und musste daraufhin Insolvenz anmelden – mit katastrophalen Folgen. Der Fall der Danatbank ist damit nicht direkt vergleichbar. Hier sah sich die Regierung in der Pflicht. Die Danatbank erhielt zwar keinen Stützkredit und musste daher vorübergehend ihre Schalter schließen, sie wurde aber mit einer Reichsgarantie ausgestattet und ging nicht in Insolvenz, sondern wurde später mit der Dresdner Bank fusioniert. Auch Lehman Brothers endete nicht in der reinen Liquidation, sondern wurde in wesentlichen Teilen von anderen Instituten, insbesondere von Barclays, übernommen.

– Der Vergleich zwischen 1931 und 2008 macht auch deutlich, dass sich der Ablauf einer Bankenkrise mit dem Wandel der Finanzbranche verändert. 1931 brachte noch ein klassischer Run, ein Sturm der Einleger auf die Schalter, das deutsche Bankensystem an den Rand des Zusammenbruchs. Erst dann stellten die Banken untereinander den Überweisungsverkehr ein. Die

Krise vom Herbst 2008 zeigte ein anderes Muster. Dem Bankensystem insgesamt fehlte es nicht an Liquidität, und es gab auch keine Panik des Publikums.[5] Entscheidend war, dass die Banken sich gegenseitig nicht mehr vertrauten und der Interbankenverkehr zusammenbrach. Als kritisch erwiesen sich jene Geschäftsmodelle, die zu sehr auf die Refinanzierung an den Geldmärkten gesetzt hatten und mit einer ausgeprägten Fristentransformation arbeiteten.

Die Unterschiede zwischen beiden Krisen sind so offensichtlich, dass die Wirtschaftshistoriker im Herbst 2008 leicht erklären konnten, warum der Lehman-Insolvenz kein »neues 1931« folgen würde[6] – zu einem Zeitpunkt, als die Medien die Bilder von 1931 in Erinnerung riefen und sich in voreiligen Gleichsetzungen übertrafen. Die wirtschaftliche Entwicklung hat inzwischen bestätigt, dass 2008 eben kein 1931 war. Doch ist ein Vergleich zwischen beiden Krisen – und vergleichen heißt bekanntlich nicht gleichsetzen – deshalb nicht weniger lehrreich. Neben den fundamentalen Unterschieden werden dabei auch manche Gemeinsamkeiten deutlich.

– In beiden Fällen herrschte vor der Krise eine zu optimistische Einschätzung, aus der heraus Risiken unterschätzt und Krisensymptome nicht als solche wahrgenommen wurden. Man könnte dies durch das bekannte Phänomen erklären, dass mit den Kursen und Gewinnen auch die Stimmung, der Leichtsinn und die Gier steigen.[7] Für die jüngste Krise von 2008 mag dies zutreffen, doch in den Jahren 1924 bis 1929 gab es in Deutschland wenig Grund zu einer derartigen Stimmung. Hier war man wohl eher der Meinung, dass es nach Krieg und Inflation nur noch bergauf gehen könne. Der Effekt war dann offenbar ähnlich.
– Gemeinsam war beiden Fällen auch, dass die Anleger, die Öffentlichkeit und die Politik von der Krise überrascht wurden. Für 1931 lässt sich dies dadurch erklären, dass es weder eine zentrale Bankenaufsicht noch feste Bilanzierungsregeln gab und die Reichsbank über die Lage der einzelnen Banken unzurei-

chend informiert war. Der Vergleich mit 2008 zeigt freilich, dass eine Bankenaufsicht keine Garantie gegen solche Informations- und Kontrolldefizite darstellt. Die Krise bahnte sich in einem regulierten Markt an, dessen Teilnehmer sich aber Geschäftspraktiken wie z. B. der Bildung von Schattenbanken bedienten, die keiner direkten Kontrolle unterlagen. Die Banken verlagerten die Risiken in dieses Schattenbanksystem, das die Basis für eine ausgeprägte Regulierungsarbitrage bot. Beiden Fällen war gemeinsam, dass es sich offenbar »um das unerwartete Zusammentreffen mehrerer, als solcher von Vielen durchaus erkannter Krisenelemente«[8] handelte.

– Die auffälligste Parallele ist sicher die Rolle der Staaten, die 1931 wie 2008 anstelle der Zentralbanken zum letzten Kreditgeber (»Lender of Last Resort«) für die Finanzbranche wurden. In beiden Krisen wurden mehrere systemrelevante Institute durch Verstaatlichung gerettet und andere durch eine staatliche Beteiligung gestützt. Allerdings kamen Verstaatlichungen von 2007 bis 2009 in Deutschland nur in wenigen Ausnahmefällen vor: bei der Hypo Real Estate und kurzfristig bei der IKB Deutsche Industriekreditbank. An der Commerzbank übernahm der Bund bzw. der SoFFin nur eine fünfundzwanzigprozentige Beteiligung. Andere gestützte Banken, die WestLB und die BayernLB, befanden sich bereits in öffentlicher Hand. 1931/32 übernahm das Reich dagegen zwei der größten Geschäftsbanken, die Dresdner Bank und die Commerzbank. Danach befanden sich 70 Prozent des Aktienkapitals aller deutschen Großbanken direkt oder indirekt in Reichsbesitz. Anders als bei der jüngsten Finanzkrise griff der Staat damals auch gestaltend in die Finanzbranche ein, indem die Reichsregierung mehrere große Bankenfusionen per Verordnung durchsetzte.

– Beide Krisen gaben den Anstoß zu Veränderungen des Bankrechts und der Bankenregulierung. Für die aktuelle Entwicklung können diese Auswirkungen freilich noch nicht abschließend beurteilt werden, da das Reformpaket Basel III des Basler Ausschusses der Bank für Internationalen Zahlungsausgleich in der Europäischen Union erst von 2012 an umgesetzt wird. Es sieht als Lehre aus der jüngsten Finanzkrise verschärfte Mindesteigenkapitalanforderungen vor. Viele Einzelmaßnahmen zur Regulierung der Ratingagenturen, zur Verbriefungspraxis, zu Veränderungen im Bilanzrecht, zur Ausgestaltung der Risikomanagementsysteme sowie der Vergütungspraxis der Banken sind aber bereits umgesetzt worden. Die Lehren aus der deutschen Bankenkrise von 1931 führten zu nationalen Regelungen, die nicht international vereinheitlicht waren. Dazu gehörten die Errichtung einer Bankenaufsicht und die Einführung von Liquiditäts- und Eigenkapitalvorschriften. In Deutschland wurde das Kreditwesengesetz von 1934 zur »Magna Charta« des Bankrechts. Eine ähnliche Funktion hatte in den USA der Glass-Steagall Act, der eine Reaktion auf die amerikanische Bankenkrise von 1933 war. Während in den USA fortan ein Trennbankensystem vorgeschrieben war, hielt man in Deutschland nach der Bankenkrise von 1931 an dem bestehenden Universalbankensystem fest. Das Trennbankensystem in den USA hatte sich bis zur Finanzkrise zwar fast aufgelöst, beließ aber einen Restbestand nur rudimentär regulierter Institute – die großen Investmentbanken. Diese Institute mussten in den Wochen vor und nach der Lehman-Pleite allesamt ihren Status als Investmentbanken aufgeben, sofern sie nicht schon vorab von Wettbewerbern geschluckt worden waren.

Die jüngste Finanzkrise wäre zweifellos anders verlaufen, wenn die Lehren der frühen dreißiger Jahre nicht berücksichtigt worden wären. Das gilt für die Geldpolitik, das fiskalische Eingreifen des Staates und für die bankrechtlichen Regelungen. 2008 zeigte sich zwar, dass die bestehenden gesetzlichen Regelungen und das moderne Instrumentarium der Zentralbanken eine Finanzkrise nicht verhindern konnten, obwohl man das lange geglaubt hatte (»This time is different«-Syndrom).[9] Es zeigt sich aber im Vergleich von 1931 mit 2008, dass Krisenerfahrungen dazu beitragen können, die nächste Krise besser – das heißt: schneller und schonender – zu überwinden. Mit der Geschichte der Finanzkrisen geht ein Lernprozess einher, der immer neue Anforderungen stellt und auch nicht zum Stillstand kommen wird, weil es Finanz- und Bankenkrisen auch in Zukunft geben wird.

Anhang

Anmerkungen

JOHANNES BÄHR, Die deutsche Bankenkrise 1931

Bankenzusammenbrüche und Bankfeiertage:
Der Verlauf der Krise

1 Karl Erich Born, Die deutsche Bankenkrise 1931. Finanzen und Politik, München 1967, S. 102 ff. Zu Goldschmidt vgl. Michael Jurk, Jakob Goldschmidt [1882–1955], in: Hans Pohl (Hg.), Deutsche Bankiers des 20. Jahrhunderts, Stuttgart 2008, S. 153–164.

2 Born, Bankenkrise, S. 95 ff. u. S. 102 f.; Otmar Escher, Die Wirtschafts- und Finanzkrise in Bremen 1931 und der Fall Schröderbank (Schriftenreihe des Instituts für bankhistorische Forschung e. V., Bd. 11), Frankfurt am Main 1988, S. 159 f.; Albert Fischer, Die Landesbank der Rheinprovinz. Aufstieg und Fall zwischen Wirtschaft und Politik (Wirtschafts- und Sozialhistorische Studien, Bd. 6), Köln/Weimar 1997, S. 323 ff. u. S. 333 ff.

3 So hätte es der vom britischen Ökonomen Walter Bagehot in den 1870er Jahren entwickelten Zentralbanktheorie entsprochen. Vgl. Charles P. Kindleberger, Manias, Panics and Crashes. A History of Financial Crises, New York 1989, S. 178 ff.; Hans-Joachim Stadermann/Otto Steiger, Allgemeine Theorie der Wirtschaft, Bd. 1, Tübingen 2001, S. 81 ff.

4 Siehe Grafik S. 17. Die Goldeinlösungspflicht sollte nach der Inflation die Stabilität der damals neu eingeführten Reichsmark garantieren. Die Deckungsvorschrift nach § 28 des Reichsbankgesetzes vom 30. August 1924 verpflichtete die Reichsbank, »für den Betrag ihrer im Umlauf befindlichen Noten« jederzeit eine »Deckung von mindestens 49 Prozent in Gold oder Devisen (Golddeckung)« zu halten. Bankgesetz. Vom 30.8.1924, RGBl. 1924 II, S. 242; Vgl. hierzu Harold James, Die Reichsbank 1876 bis 1945, in: Deutsche Bundesbank (Hg.), Fünfzig Jahre Deutsche Mark. Notenbank und Währung in Deutschland seit 1948, München 1998, S. 54 f.

5 Born, Bankenkrise, S. 77 ff.; Albrecht Ritschl, Deutschlands Krise und Konjunktur 1924–1934. Binnenkonjunktur, Auslandsverschuldung und Reparationsproblem zwischen Dawes-Plan und Transfersperre (Jahrbuch für Wirtschaftsgeschichte, Beiheft 2), Berlin 2002, S. 149.

6 Hans E. Priester, Das Geheimnis des 13. Juli. Ein Tatsachenbericht von der Bankenkrise, Berlin 1932, S. 57 u. S. 64.

7 Born, Bankenkrise, S. 95.

8 Stellungnahme des Reichsbankpräsidenten a. D. Dr. Schacht zum Fall der Danatbank (Vermerk des Staatssekretärs der Reichskanzlei, Hermann Pünder), 12. Juli 1931, Bundesarchiv (BArch) R 3101/18564, Bl. 4 f. Vgl. hierzu Christopher Kopper, Hjalmar Schacht. Aufstieg und Fall von Hitlers mächtigstem Banker, München/Wien 2006, S. 185.

9 Historisches Archiv der Commerzbank (HAC), Bestand Dresdner Bank 120851.

10 Born, Bankenkrise, S. 100.

11 Harold James, Deutschland in der Weltwirtschaftskrise 1924–1936, Stuttgart 1988, S. 289 ff.; Thomas Ferguson/Peter Temin, Made in Germany. The German Currency Crisis of July 1931. Working Paper. University of Massachusetts at Boston and Massachusetts Institute of Technology, Boston 2001.

12 Born, Bankenkrise, S. 92 ff. u. S. 100.

13 James, Deutschland, S. 286.

14 Protokoll der Ministerbesprechung vom 12. Juli 1931, in: Akten der Reichskanzlei (AdR), Weimarer Republik, Die Kabinette Brüning I u. II, 30. März 1930 bis 10. Oktober 1931; 10. Oktober 1931 bis 1. Juni 1932, Bd. 2, Bearb. von Tilman Koops, Dok. Nr. 379, Boppard 1982, S. 1338 ff. (auszugsweise abgedruckt in: Born, Bankenkrise, S. 184 ff.).

15 Ebd.; Heinrich Brüning, Memoiren 1918–1934, Stuttgart 1970, S. 317 f. Vgl. auch Rolf E. Lüke, 13. Juli 1931. Das Geheimnis der deutschen Bankenkrise, Frankfurt am Main 1981, S. 116 ff.

16 Priester, Geheimnis, S. 70. Hans E. Priester war Wirtschaftsredakteur des *Berliner Tageblatts* und schrieb diese Broschüre auf Veranlassung des damaligen Pressesprechers der Deutschen Bank, Maximilian Müller-Jabusch, der ihm hochrangige Kontakte vermittelt haben dürfte. Schreiben Müller-Jabusch an Walther Frisch, 17. September 1959, HAC, Bestand Dresdner Bank 120851.

17 Hjalmar Schacht, 76 Jahre meines Lebens, Bad Wörishofen 1953, S. 360.

18 Die Reichsbank hatte der Dresdner Bank am 11. Juli mitgeteilt, dass sie deren Wechsel nicht mehr diskontieren und bereits eingereichte Tratten zur Einlösung zurückreichen würde. Daraufhin informierte Herbert Gutmann, ein Vorstandsmitglied der Dresdner Bank, in der Nacht vom 11./12. Juli Oscar Wassermann, den Vorstandssprecher der Deutschen Bank und Disconto-Gesellschaft und stellvertretenden Vorsitzenden des Bankenverbandes, darüber, dass die Dresdner Bank nicht mehr zahlungsfähig sei. Wassermann teilte dies wiederum Reichskanzler Brüning mit. Bei der Krisensitzung in der Reichskanzlei am 12. Juli dementierte dann der anwesende Vertreter der Dresdner Bank, Walther Frisch, die Zahlungsunfähigkeit. Vermutlich wollte Frisch damit verhindern, dass die kritische Lage seiner Bank sofort in der Öffentlichkeit bekannt wurde. Priester, Geheimnis, S. 67 f. u. S. 70 f.; Hans G. Meyen, 120 Jahre Dresdner Bank. Unternehmens-Chronik 1872 bis 1992, Frankfurt am Main 1992, S. 80 ff.; Dieter Ziegler, Der Ordnungsrahmen, in: Johannes Bähr, Die Dresdner Bank in der Wirtschaft des Dritten Reichs, München 2006, S. 47.

19 Protokoll der Ministerbesprechung vom 12. Juli 1931, AdR, Brüning I u. II, Bd. 2, Dok. Nr. 379, S. 1340 (abgedruckt in: Born, Bankenkrise, S. 187).

20 Ebd., S. 1341 f. (abgedruckt in: Born, Bankenkrise, S. 188 f.).

21 Priester, Geheimnis, S. 75.

22 Hans Schäffer, Marcus Wallenberg und die deutsche Bankenkrise 1931. Ein Insider berichtet, Wiesbaden 2008, S. 47. Ähnlich: Priester, Geheimnis, S. 75; Hans Luther, Vor dem Abgrund 1930–1933. Reichsbankpräsident in Krisenzeiten, Berlin 1964, S. 193; Rolf E. Lüke, Von der Stabilisierung zur Krise, Zürich 1958, S. 305. Nach dem offiziellen Protokoll der Reichskanzlei endete die Sitzung um 2 Uhr morgens. AdR, Brüning I u. II, Bd. 2, Dok. Nr. 379, S. 1343.

23 Josef Neckermann, Erinnerungen, Frankfurt am Main/Berlin 1990, S. 35.

24 Zitiert nach: Erklärungen der Danatbank, in: *Frankfurter Zeitung* vom 14. Juli 1931.

25 Zur Rolle des Rundfunks in der Bankenkrise vgl. Ulrich Heitger, Vom Zeitzeichen zum politischen Führungsmittel. Entwicklungstendenzen und Strukturen des Rundfunks in der Weimarer Republik 1923–1932, Münster/W. 2003, S. 116.

26 Fischer, Landesbank, S. 336; Born, Bankenkrise, S. 108; ders., Vom Beginn des Ersten Weltkrieges bis zum Ende der Weimarer Republik (1914–1933), in: Deutsche Bankengeschichte, hg. vom Institut für bankhistorische Forschung, Bd. 3, Frankfurt am Main 1983, S. 120.

27 Born, Bankenkrise, S. 107.

28 Aufruf der Reichsregierung, in: Wolff's Telegraphisches Büro, Nachmittags-Ausgabe, BArch R 43 I/2373, Bl. 379. Die Notverordnung konnte nicht früher verkündet werden, weil Reichspräsident von Hindenburg, der sie unterschreiben musste, sich auf seinem Gut in Ostpreußen befand.

29 Verordnung des Reichspräsidenten über Bankfeiertage. Vom 13. Juli 1931, RGBl. 1931 I, S. 361; Verordnung zur Durchführung der Verordnung des Reichspräsidenten über Bankfeiertage. Vom 13. Juli 1931, ebd.; Born, Bankenkrise, S. 108 f.; Hermann Dietrich, Bankenkrach (Ms., Niederschrift Schäffer), BArch N 1004/38, Bl. 52 f.; Priester, Geheimnis, S. 77; Wilhelm Treue (Hg.), Deutschland in der Weltwirtschaftskrise in Augenzeugenberichten, Düsseldorf 1967, S. 236.

30 Protokoll der Chefbesprechung vom 14. Juli 1931, AdR, Brüning I u. II, Bd. 2, Dok. Nr. 385, S. 1356.

31 Fortlaufende Aufzeichnungen des Staatssekretärs Schäffer über die Geheimgeschichte der Bankenkrise (19. Juli – 8. August 1931), in: Politik und Wirtschaft in der Krise 1930–1932, bearb. von Ilse Maurer und Udo Wengst, Teil I (Quellen zur Geschichte des Parlamentarismus und der politischen Parteien, Reihe 3, Die Weimarer Republik, Bd. 4) Düsseldorf 1980, S. 830.

32 Ruhe in Berlin, in: *Frankfurter Zeitung* vom 14. Juli 1931.

33 Ebd.; Horst Wagner, Schaltersturm durch Bankenkrach, in: *Berlinische Monatsschrift* Heft 7, 2001, Teil 2, S. 203.

34 Zur Schließung der Deutschen Beamtenbank siehe S. 69. Zu den Vorgängen bei der Herstatt-Pleite: Bankenkrach: »Die Bilder sind bedrückend«, in: *Der Spiegel* Nr. 27/1974, S. 17 ff.

35 Treue, Weltwirtschaftskrise, S. 231.

36 Born, Bankenkrise, S. 114 f.

37 Ebd., S. 115.

38 Wagner, Schaltersturm, S. 204.

39 James, Deutschland, S. 303.

40 Geschäftsbericht des Deutschen Sparkassen- und Giroverbandes 1931, zitiert nach: Dietrich Golz, Das Liquiditätsproblem der Girozentralen (Untersuchungen über das Spar-, Giro- und Kreditwesen, Bd. 3), Berlin 1956, S. 67.

41 Wagner, Schaltersturm, S. 204; *Deutsche Allgemeine Zeitung* vom 17. Juli 1931 (nach: AdR, Brüning I u. II, online edition, Protokoll der Chefbesprechung vom 16. Juli 1931, Dok. Nr. 391, Anm. 5), http://www.bundesarchiv. akten-reichskanzlei/1919–1933, zuletzt abgerufen am 26. März 2011.

42 Born, Bankenkrise, S. 110.

43 Ebd., S. 114.

44 Protokoll der Ministerbesprechung vom 17. Juli 1931, AdR, Brüning I u. II, Bd. 2, Dok. Nr. 392, S. 1376.

45 Protokoll der Chefbesprechung vom 16. Juli 1931, ebd., S. 1372 ff.

46 Born, Bankenkrise, S. 135 ff.; Philipp Heyde, Frankreich und das Ende der Reparationen. Das Scheitern des französischen Stabilisierungskonzepts in der Weltwirtschaftskrise 1930–1932, in: Vierteljahrshefte für Zeitgeschichte 48 (2000), H. 1, S. 54.

47 Born, Bankenkrise, S. 135 ff. u. S. 147 ff.

48 Ebd., S. 120 ff. Zur Notendeckung siehe Grafik S. 17. Zur Einführung der Devisenbewirtschaftung durch die Notverordnung vom 15./18. Juli 1931 vgl. Ralf Banken, Das nationalsozialistische Devisenrecht als Steuerungs- und Diskriminierungsinstrument 1933–1945, in: Johannes Bähr/ Ralf Banken (Hg.), Wirtschaftssteuerung durch Recht im Nationalsozialismus. Studien zur Entwicklung des Wirtschaftsrechts im Interventionsstaat des »Dritten Reichs« (Veröffentlichungen des Max-Planck-Instituts für europäische Rechtsgeschichte Frankfurt am Main, Bd. 199), Frankfurt am Main 2006, S. 125 ff.

49 Siehe S. 82 und S. 86.

50 So die Darstellung bei Priester, Geheimnis, S. 64. Demnach hätte es sich um einen Betrag in Höhe von insgesamt 20 Mio. RM gehandelt, der am 13. und 14. Juli zur Zahlung fällig gewesen wäre.

51 Protokoll der Chefbesprechung vom 14. Juli 1931, AdR, Brüning I u. II, Bd. 2, Dok. Nr. 385, S. 1356; Harald Wixforth, Bankenkrise und Bankenrettung – Die Reichs-Kredit-Gesellschaft in der Banken- und Finanzkrise des Jahres 1931, in: Jahrbuch für Wirtschaftsgeschichte 2011/2 (im Druck).

52 Siehe hierzu S. 85 f. und S. 89.

53 Born, Bankenkrise, S. 115 ff.; Manfred Pohl, Konzentration im deutschen Bankwesen (1848–1980), Frankfurt am Main 1982, S. 379 ff.; Fritz Seidenzahl, Die Wechsel-Hilfe der DD-Bank für die Danatbank auf der Höhe der Juli-Krise 1931, in: Beiträge zu Wirtschafts- und Währungsfragen und

zur Bankgeschichte Nr. 1 bis Nr. 20, hg. von der Deutschen Bank AG, Mainz 1984, S. 142 ff.

54 Bernhard Dernburg (1865 bis 1937) machte zunächst als Bankier Karriere. Von 1901 bis 1906 gehörte er dem Vorstand der Darmstädter Bank für Handel und Industrie – einer der Vorgängerbanken der Danatbank – an und wechselte dann in die Politik. 1919 war er Reichsfinanzminister, von 1920 bis 1930 Reichstagsabgeordneter der linksliberalen DDP. Zur Biografie Dernburgs vgl. Felix Pinner, Deutsche Wirtschaftsführer, Berlin 1924, S. 135–141.

55 Born, Bankenpolitik, S. 115 ff.; Manfred Pohl, Konzentration im deutschen Bankwesen (1848–1980), Frankfurt am Main 1982, S. 379 ff.; Dieter Ziegler, After the Crisis. Nationalisation and re-privatisation of the German great banks 1931–1937, in: Jahrbuch für Wirtschaftsgeschichte 2011/2 (im Druck).

56 BArch R 8129/13174 (Presseausschnitte zur Deutschen Orientbank 1931); Johannes Posth, Betrifft D.O.B. Istanbul (März 1971), HAC, Bestand Dresdner Bank 15 841– 2001; Wolfgang G. Schwanitz, Gold, Bankiers und Diplomaten. Zur Geschichte der Deutschen Orientbank 1906–1946, Berlin 2002, S. 201 ff.

57 Golz, Liquiditätsproblem, S. 66.

58 Heinrich August Winkler, Weimar 1918–1933. Die Geschichte der ersten deutschen Demokratie, München 1993, S. 418.

59 Volkswirtschaftliche und Statistische Abteilung der Reichsbank, Die Verluste der deutschen Kreditinstitute in der Krise, Nov. 1933, BArch R 2501/6918, Bl. 56 ff.

Wie es zu der Krise kam und wie sie hätte vermieden werden können

60 Was lehren die Juli-Ereignisse, in: Bank-Archiv 30. Jg., Nr. 21, 7.8.1931, S. 462.

61 Gegen Goldschmidts Vorwürfe wehrte sich die Deutsche Bank im Herbst 1931 mit einer Denkschrift. Denkschrift der Deutschen Bank und Disconto-Gesellschaft über die Juli-Ereignisse im Bankgewerbe (1. Oktober 1931), in: Politik und Wirtschaft, S. 843–854. Heinrich Brüning schloss sich in seinen posthum veröffentlichten Memoiren Goldschmidts Kritik am Verhalten der Deutschen Bank an. Brüning, Memoiren, S. 314. Brüning war ebenso wie Goldschmidt nach der nationalsozialistischen Machtübernahme in die USA emigriert und hatte sich dort mit ihm angefreundet. Heute ist davon auszugehen, dass diese Vorwürfe gegen die Deutsche Bank unbegründet waren. Die Deutsche Bank war in den Wochen vor dem 13. Juli 1931 vor allem darauf bedacht gewesen, nicht von der Krise der Danatbank mitgerissen zu werden. Noch am 10. Juli 1931 hatte sie der Danatbank mit eigenem Akzept ausgestellte Wechsel über 30 Mio. RM zur

Verfügung gestellt. Gerald D. Feldman, Jakob Goldschmidt, the History of the Banking Crisis of 1931 and the Problem of Freedom of Manoevre in the Weimar economy, in: Christoph Buchheim/Michael Hutter/Harold James (Hg.), Zerrissene Zwischenkriegszeit. Wirtschaftshistorische Beiträge. Knut Borchardt zum 65. Geburtstag, Baden-Baden 1994, S. 309 ff.; ders., Die Deutsche Bank vom Ersten Weltkrieg bis zur Weltwirtschaftskrise 1914–1933, in: Lothar Gall/Gerald D. Feldman/Harold James/Carl-Ludwig Holtfrerich/Hans E. Büschgen, Die Deutsche Bank 1870–1995, München 1995, S. 301 f.; Jurk, Goldschmidt, S. 161; Seidenzahl, Wechsel-Hilfe, S. 144 ff.

62 Born, Bankenkrise.

63 Harold James, The Causes of the German Banking Crisis of 1931, in: The Economic History Review Vol. 37, No. 1, Febr. 1984, S. 68–87; Theo Balderston, The Banks and the Gold Standard in the German Financial Crisis of 1931, in: Financial History Review 1, 1994, H. 4, S. 43–68; Christoph Kaserer, Die deutsche Bankenkrise von 1931. Marktversagen oder Staatsversagen?, in: Bankhistorisches Archiv 26. Jg. (2000), H. 1, S. 3–26; Ferguson/Temin, Germany; Isabel Schnabel, The German Twin Crisis of 1931, in: Journal of Economic History 64, 2004, H. 3, S. 822–871; Carsten Burhop, Banking Crises in Germany: 1873–1974, in: Die internationale Finanzkrise: Was an ihr ist neu, was alt? Worauf muss in Zukunft geachtet werden? (Bankhistorisches Archiv, Beiheft 47), Stuttgart 2009, S. 73–88; ders., The historiography of the 1931 crisis in Germany, in: Jahrbuch für Wirtschaftsgeschichte 2011/2 (im Druck).

64 Werner Plumpe, Wirtschaftskrisen. Geschichte und Gegenwart, München 2010, S. 89.

65 Ritschl, Krise, S. 110.

66 Albrecht Ritschl, War 2008 das neue 1931?, in: Aus Politik und Zeitgeschichte 20, 2009, S. 31.

67 Gerd Hardach, Weltmarktorientierung und relative Stagnation. Währungspolitik in Deutschland 1924–1931 (Schriften zur Wirtschafts- und Sozialgeschichte, Bd. 27), Berlin 1976, S. 148.

68 Franz Gutmann, Auslandskredite und Auslandsverschuldung, Berlin 1930, S. 20; James, Causes, S. 77 f.

69 Barry Eichengreen, Golden Fetters. The Gold Standard and the Great Depression 1919–1939, New York/Oxford 1992; ders., The Gold Standard in Theory and History, New York/London 1985.

70 Siehe S. 62. Zur Schuldenpolitik der Kommunen in den Jahren 1924–1931 vgl. Karl-Heinrich Hansmeyer (Hg.), Kommunale Finanzpolitik in der Weimarer Republik, Stuttgart 1973.

71 Ritschl, Krise, S. 18.

72 Anmeldestelle für Auslandsschulden, Die Entwicklung der Auslandsverschuldung Deutschlands nebst einer Devisenbilanz-Schätzung für das Jahr 1933, BArch R 2501/7694, Bl. 2.

73 Born, Bankenkrise, S. 22.

74 Siehe hierzu S. 53 ff.

75 James, Deutschland, S. 142.

76 Statistische Abteilung der Reichsbank, Zur gegenwärtigen Höhe der kurzfristigen Auslandsverschuldung und kurzfristigen Auslandsforderungen
der deutschen Banken, 15. August 1931, BArch R 2501/6491, Bl. 83.

77 Wirtschaftswissenschaftler wie Barry Eichengreen sehen in den »Goldenen
Fesseln« des damaligen Währungssystems einen der entscheidenden Fak-
toren für die Weltwirtschaftskrise der frühen dreißiger Jahre. Eichengreen,
Golden Fetters; ders./Peter Temin, The Gold Standard and the Great
Depression. National Bureau of Economic Research. Inc., Working Paper
6060, Cambridge/Mass. 1997.

78 Protokoll der Ministerbesprechung vom 12. Juli 1931, AdR, Brüning I
u. II, Bd. 2, Dok. Nr. 379, S. 1338.

79 Bericht des Untersuchungsausschusses für das Bankwesen 1933/Reichs-
gesetz über das Kreditwesen vom 5. Dezember 1934, Berlin 1934, S. 5.

80 Andreas Wirsching, Die Weimarer Republik. Politik und Gesellschaft (Enzyklopädie Deutscher Geschichte, Bd. 58), 2. Aufl., München 2008, S. 70.

81 Knut Borchardt, Die ›Krise vor der Krise‹. Zehn Jahre Diskussion über die
Vorbelastungen der Wirtschaftspolitik Heinrich Brünings in der Weltwirtschaftskrise (Münchener Wirtschaftswissenschaftliche Beiträge, Nr. 89–25,
Discussion Papers), München 1989; ders., Zwangslagen und Handlungsspielräume in der großen Weltwirtschaftskrise der frühen dreißiger Jahre.
Zur Revision des überlieferten Geschichtsbildes, in: ders., Wachstum, Krisen, Handlungsspielräume der Wirtschaftspolitik. Studien zur Wirtschaftsgeschichte des 19. und 20. Jahrhunderts, Göttingen 1982, S. 179.

82 Albrecht Ritschl/Mark Spoerer, Das Bruttosozialprodukt in Deutschland nach den amtlichen Volkseinkommens- und Sozialproduktsstatistiken 1901–1995, in: Jahrbuch für Wirtschaftsgeschichte 1997/2, S. 51;
Borchardt, Zwangslagen, S. 176; ders., Wirtschaftliche Ursachen des
Scheiterns der Weimarer Republik, in: ders., Wachstum, S. 195.

83 Ritschl, Krise, Anhang Tabelle B.4.

84 Alfred Lansburgh, Die Banken im Krisenjahr 1931, in: Die Bank Jg. 1932,
S. 460 ff.

85 Born, Bankenkrise, S. 57.

86 Harold James, The Reichsbank and Public Finance in Germany 1924–
1933. A Study of the Politics of Economics during the Great Depression,
Frankfurt am Main 1985, S. 174; ders., Causes, S. 75; Gerhard Schulz,
Zwischen Demokratie und Diktatur. Verfassungspolitik und Reichsreform
in der Weimarer Republik, Bd. 3: Von Brüning zu Hitler. Der Wandel des
politischen Systems in Deutschland 1930–1933, Berlin 1993, S. 390.

87 Zitiert nach: Winkler, Weimar, S. 408.

88 Balderston, Banks; Thomas Ferguson/Peter Temin: Made in Germany. The
German Currency Crisis of July 1931. Working Paper. University of Massachusetts at Boston and Massachusetts Institute of Technology, Boston
2001.

89 Kaserer, Bankenkrise, S. 21.

90 Gänzliche Absolution erteilen den Banken z. B. Balderston, Banks, S. 64; Kaserer, Bankenkrise, S. 25.

91 Siehe S. 56 ff.

92 Schnabel, Twin Crisis, S. 837.

93 Hardach, Weltmarktorientierung, S. 155.

94 Zu den Aktienrückkäufen der Banken vor der Bankenkrise vgl. Eva Terberger/Stefanie Wettberg, Der Aktienrückkauf und die Bankenkrise von 1931 (University of Heidelberg, Department of Economics, Discussion Paper Series No. 418), Heidelberg 2005.

95 Schnabel, Twin Crisis.

96 Siehe S. 73 f.

97 Feldman, Deutsche Bank, S. 297. Das Bankhaus Delbrück Schickler & Co. hatte wenige Monate vorher auf Anraten seines Mitarbeiters Hermann Josef Abs einen Kreditantrag der Nordwolle abgelehnt. Lothar Gall, Der Bankier. Hermann Josef Abs. Eine Biografie, München 2004, S. 32 f.

98 Priester, Geheimnis, S. 38.

99 Feldman, Deutsche Bank, S. 298.

100 Siehe Anm. 18.

101 Schacht, 76 Jahre, S. 363; Priester, Geheimnis, S. 24 f. u. S. 36 ff.

102 James, Causes, S. 75.

103 Es gibt zwar Hinweise, wonach Brüning am 10. Juli zu einem Einlenken in der Frage der Zollunion bereit gewesen wäre. In den Verhandlungen nach der Bankenkrise lehnte er dies aber entschieden ab, da er nun mit britischem und amerikanischem Druck auf Frankreich rechnen konnte. Philipp Heyde, Das Ende der Reparationen. Deutschland, Frankreich und der Youngplan 1929–1932, Paderborn 1998, S. 230.

104 Ebd., S. 229.

105 Siehe hierzu Anm. 61.

106 Gustav Stolper, Panik, in: Der Volkswirt vom 17.7.1931, zitiert nach: Lüke, Stabilisierung, S. 307.

Waren die Banken zu große Risiken eingegangen?

107 Was lehren die Juli-Ereignisse, in: Bank-Archiv 30. Jg., Nr. 21, 7. August 1931, S. 462.

108 Kapital plus Reserven in Prozent der Bilanzsumme.

109 Carl-Ludwig Holtfrerich, Die Eigenkapitalausstattung deutscher Kreditinstitute 1871–1945, in: Das Eigenkapital der Kreditinstitute als historisches und aktuelles Problem (Bankhistorisches Archiv, Beiheft 5), Stuttgart 1981, S. 27 f.

110 Ebd., S. 21 f.

111 Schnabel, Twin Crisis, S. 837; Commerz- und Privat-Bank, Geschäftsbericht 1929, Berlin 1930.

112 Born, Bankenkrise, S. 20.

113 Vgl. hierzu: Geschichte und Perspektiven des Dreisäulenmodells in der deutschen Kreditwirtschaft (Bankhistorisches Archiv, Beiheft 46), Stuttgart 2007.

114 Ingo Köhler, Die »Arisierung« der Privatbanken im Dritten Reich. Verdrängung, Ausschaltung und die Frage der Wiedergutmachung (Schriftenreihe zur Zeitschrift für Unternehmensgeschichte, Bd. 14), München 2005, S. 92 f.

115 Hans Pohl, Die Sparkassen vom Ausgang des 19. Jahrhunderts bis zum Ende des Zweiten Weltkriegs, in: ders./Bernd Rudolph/Günther Schulz, Wirtschafts- und Sozialgeschichte der deutschen Sparkassen im 20. Jahrhundert, Stuttgart 2005, S. 249–428.

116 Vgl. Arnd Holger Kluge, Geschichte der deutschen Bankgenossenschaften. Zur Entwicklung mitgliederorientierter Unternehmen (Schriftenreihe des Instituts für bankhistorische Forschung, Bd. 17), Frankfurt am Main 1991.

117 Deutsche Bundesbank (Hg.), Deutsches Geld- und Bankwesen in Zahlen 1876–1975, Frankfurt am Main 1976, S. 121.

118 Ebd., S. 56 ff. Obwohl die Eigenkapitalquote der Kreditinstitute zwischen 1914 und 1930 durchweg – und zum Teil sehr drastisch – abgesunken war, ist in der wirtschaftshistorischen Forschung umstritten, ob von einer Unterausstattung gesprochen werden kann. Holtfrerich schrieb Anfang der achtziger Jahre, dass die Eigenkapitalausstattung »nach den heute festgelegten Grundsätzen des Bundesaufsichtsamts für das Kreditwesen noch durchaus ausreichend« gewesen sei. Ritschl zufolge bestand dagegen eine Unterausstattung, weil die Eigenkapitalanforderungen in den Jahren 1924–1931 deutlich höher gelegen hätten. Holtfrerich, Eigenkapitalausstattung, S. 22; Ritschl, 2008, S. 30.

119 Vgl. Christoph Kreutzmüller, Händler und Handlungsgehilfen. Der Finanzplatz Amsterdam und die deutschen Großbanken (1918–1945), Stuttgart 2005.

120 Gutmann, Auslandskredite, S. 17.

121 Schnabel, Twin Crisis, S. 834.

122 Siehe Tabelle S. 57. Zu den Privatbanken in der Weltwirtschaftskrise vgl. Köhler, »Arisierung«, S. 43 ff.

123 Die Bayerische Staatsbank von 1780 bis 1955. Geschichte und Geschäfte einer öffentlichen Bank, München 1955, S. 286.

124 Siehe Seite 62.

125 Statistische Abteilung der Reichsbank, Zur gegenwärtigen Höhe der kurzfristigen Auslandsverschuldung und kurzfristigen Auslandsforderungen der deutschen Banken, 15. August 1931, BArch R 2501/6491, Bl. 83.

126 Joachim Blatz, Die Bankenliquidität im Run 1931. Statistische Liquiditätsanalyse der deutschen Kreditinstitutsgruppen in der Weltwirtschaftskrise 1929–1933, Köln 1971, S. 149 ff.

127 Terberger/Wettberg, Aktienrückkauf.

128 Ebd., S. 15.

129 James, Deutschland, S. 148.

130 Zitiert nach: Nicolai Zimmermann, Die veröffentlichten Bilanzen der Commerzbank 1870–1944. Eine Bilanzanalyse unter Einbeziehung der Bilanzdaten von Deutscher Bank und Dresdner Bank, Berlin 2005, S. 64.

131 Ausarbeitung der Statistischen Abteilung der Reichsbank vom 6. April 1929, BArch R 2501/6709; Statistische Abteilung der Reichsbank, Zur gegenwärtigen Höhe der kurzfristigen Auslandsverschuldung und kurzfristigen Auslandsforderungen der deutschen Banken, 15. August 1931, BArch R 2501/6491, Bl. 88.

132 Alfred Reckendrees, Das »Stahltrust«-Projekt. Die Gründung der Vereinigten Stahlwerke A. G. und ihre Unternehmensentwicklung 1926–1933/34 (Schriftenreihe zur Zeitschrift für Unternehmensgeschichte, Bd. 5), München 2000, S. 140 f.; Harald Wixforth, Banken und Schwerindustrie in der Weimarer Republik, Köln 1995, v. a. S. 164 ff., S. 224 ff. u. S. 493 ff.

133 Bayerische Staatsbank, S. 302.

134 Statistische Abteilung der Reichsbank, Zur gegenwärtigen Höhe der kurzfristigen Auslandsverschuldung und kurzfristigen Auslandsforderungen der deutschen Banken, 15. August 1931, BArch R 2501/6491, Bl. 88; Ausarbeitung der Statistischen Abteilung der Reichsbank vom 6. April 1929, BArch R 2501/6709, Bl. 92. Diese Daten der Reichsbank sprechen gegen die Annahme Gerd Hardachs, dass Mitte 1930 noch rund 40 Prozent der kurzfristigen Auslandsverschuldung der deutschen Banken durch kurzfristige Auslandsforderungen gedeckt gewesen seien. Hardach, Weltmarktorientierung, S. 154.

135 Hardach, Weltmarktorientierung, S. 149.

136 Blatz, Bankenliquidität, S. 145 ff. u. S. 149 ff.

137 Schnabel, Twin Crisis; dies., Die Bankenkrise von 1931 und das »Too-big-to-fail«-Problem, in: Börsen-Zeitung vom 25. November 2010; Michael D. Bordo/Harold James, The Great Depression analogy, in: Financial History Review Vol. 17 (2010), S. 136 f.

138 Schnabel, Twin Crisis, S. 842.

139 Priester, Geheimnis, S. 53 u. S. 66 f.

140 Protokoll der Besprechung mit Reichstagsabgeordneten der SPD vom 10. Juli 1931, AdR, Brüning I u. II, Bd. 2, Dok. Nr. 374, S. 1315.

141 Statistische Abteilung der Reichsbank, Zur gegenwärtigen Höhe der kurzfristigen Auslandsverschuldung und kurzfristigen Auslandsforderungen der deutschen Banken, 15. August 1931, BArch R 2501/6491, Bl. 88.

142 Zimmermann, Bilanzen, S. 77 u. S. 79.

143 Fritz Seidenzahl, 100 Jahre Deutsche Bank 1870–1970, Frankfurt am Main 1970, S. 288 f.; Zimmermann, Bilanzen, S. 125 u. S. 131; Mitteilung des Historischen Archivs der Commerzbank an den Verfasser vom 6. Mai 2011.

144 Statistische Abteilung der Reichsbank, Zur gegenwärtigen Höhe der kurzfristigen Auslandsverschuldung und kurzfristigen Auslandsforderungen der deutschen Banken, 15. August 1931, BArch R 2501/6491, Bl. 88.

145 Schnabel, Twin Crisis, S. 834; James, Causes S. 78 f.

146 Schnabel, Twin Crisis, S. 854.

147 Rolf E. Lüke, Die Berliner Handelsgesellschaft in einem Jahrhundert deutscher Wirtschaft 1856–1956, Berlin/Frankfurt am Main 1956, S. 228.

148 Protokoll der Ministerbesprechung vom 12. Juli 1931, AdR, Brüning I u. II, Bd. 2, Dok. Nr. 379, S. 1339.

149 James, Reichsbank, S. 19 ff.; Hermann Dietrich-Troeltsch, Die Errichtung der Beratungsstelle für Auslandskredite und ihre Funktionsweise, in: Hansmeyer (Hg.), Kommunale Finanzpolitik, S. 174–186. In der Beratungsstelle waren die Reichsbank, das Reichsfinanzministerium, das Reichswirtschaftsministerium, die Preußische Staatsbank (Seehandlung), die Bayerische Staatsbank und die Regierung des Landes, aus dem der jeweilige Antrag gestellt wurde, vertreten.

150 Albert Fischer, Nicht nur ein Fall von Risikosozialisierung. Das »mittelbare« Kommunalkreditgeschäft privater Banken nach der Währungsreform, in: Scripta Mercaturae 33 (1999), S. 46–65.

151 James, Deutschland, S. 149.

152 Ebd., S. 111.

153 Jurk, Goldschmidt, S. 153.

154 Ebd., S. 159.

155 Ebd., S. 162.

156 Kim C. Priemel, Flick. Eine Konzerngeschichte vom Kaiserreich bis zur Bundesrepublik, Göttingen 2007, S. 237 ff.; Johannes Bähr/Axel Drecoll/Bernhard Gotto, Der Flick-Konzern im Dritten Reich, München 2008, S. 44 ff.; Norbert Frei/Ralf Ahrens/Jörg Osterloh/Tim Schanetzky, Flick. Der Konzern, die Familie, die Macht, München 2009, S. 98 ff.

157 Escher, Wirtschafts- und Finanzkrise, S. 215.

158 Jurk, Goldschmidt, S. 160.

159 Terberger/Wettberg, Aktienrückkauf, S. 15.

160 Nach den Daten bei Terberger/Wettberg, Aktienrückkauf, S. 15, lag der Anteil der in Eigenbesitz befindlichen Aktien bei der Commerzbank im Frühjahr 1931 und im Sommer 1931 jeweils bei 49,3 Prozent. Aus den Akten des Aufsichtsrats geht dagegen hervor, dass die Commerzbank im Juni 1931 eigene Aktien im Wert von 1,57 Mio. RM zurückgekauft hat, was etwas mehr als 2 Prozent ihres damaligen Aktienkapitals von 75 Mio. RM entsprach. Protokoll der Sitzung des Arbeitsausschusses des Aufsichtsrats vom 16. Juni 1932, HAC, Bestand Commerzbank 1/186.

161 Statistische Abteilung der Reichsbank, Zur gegenwärtigen Höhe der kurzfristigen Auslandsverschuldung und kurzfristigen Auslandsforderungen der deutschen Banken, 15. August 1931, BArch R 2501/6491, Bl. 88; Michael Stürmer/Gabriele Teichmann/Wilhelm Treue, Wägen und

Wagen. Sal. Oppenheim jr. & Cie. Geschichte einer Bank und einer Familie, München/Zürich 1989, S. 361 ff.

162 Fischer, Landesbank, S. 124 f.

163 Ebd., S. 132.

164 Ebd., S. 523.

165 Fischer, Risikosozialisierung, S. 61 ff

166 Johannes Bähr/Axel Drecoll/Bernhard Gotto, Die Geschichte der BayernLB, München 2009, S. 124; zur Krise von 1924/25: ebd., S. 82 ff.

167 Zitat aus dem Jahrbuch 1930 des Deutschen Genossenschaftsverbandes, zitiert nach: Horst-Dieter Schultze-Kimmle, Sicherungseinrichtungen gegen Einlegerverluste bei deutschen Kreditgenossenschaften, Würzburg 1974, S. 65.

Zahlungseinstellungen und Insolvenzen: Die Bankenzusammenbrüche

168 Deutsche Bundesbank (Hg.), Geld- und Bankwesen, 1.04 und 1.23.

169 Köhler, »Arisierung«, S. 46.

170 »6000 Polizisten ohne Oktober-Gehalt«, in: B.Z. vom 31. Oktober 1929, zitiert nach dem Auszug in: http:///www.bz-berlin.de/archiv/31-oktober-1929-article107667.html (zuletzt abgerufen am 7. Mai 2011).

171 Köhler, »Arisierung«, S. 53.

172 Schultze-Kimmle, Sicherungseinrichtungen, S. 60. Die Angaben beziehen sich ausschließlich auf Mitglieder des Deutschen Genossenschaftsverbands (DGV).

173 Ebd., S. 61.

174 Köhler, »Arisierung«, S. 45.

175 Bähr/Drecoll/Gotto, Geschichte, S. 123.

176 Fortlaufende Aufzeichnungen des Staatssekretärs Schäffer über die Geheimgeschichte der Bankenkrise (19. Juli–8. August 1931), in: Politik und Wirtschaft, S. 825.

177 Schnabel, Twin Crisis, S. 856; Bähr/Drecoll/Gotto, Geschichte, S. 123; Robert Bauer, Die Gefährdung der deutschen öffentlichen Sparkassen durch die Wirtschaftskrise seit 1929. Diss. Universität München, Regensburg 1934, S. 30 f.

178 Schnabel, Twin Crisis, S. 854.

179 Born, Bankenkrise, S. 67; Priester, Geheimnis, S. 18; Monatsbilanzen der Berliner Großbanken vom 31. Mai 1931, in: Magazin der Wirtschaft Jg. 1931, Nr. 27.

180 Priester, Geheimnis, S. 18.

181 James, Causes, S. 79.

182 Fischer, Landesbank, S. 522.

183 Ebd., S. 323.

184 Ebd., S. 317 ff.

185 Vgl. ebd., S. 526.

186 Harald Wixforth, Die langfristigen Folgen der Bankenkrise und die Zeit des Nationalsozialismus 1931–1945, in: Die DekaBank seit 1918. Liquiditätszentrale, Kapitalanlagegesellschaft, Asset Manager, hg. vom Institut für bankhistorische Forschung, Stuttgart 2008, S. 97.

187 Feldman, Deutsche Bank, S. 294.

188 Ebd.; Born, Bankenkrise, S. 75 ff.; Escher, Wirtschafts- und Finanzkrise, S. 107 ff.; Jurk, Goldschmidt, S. 161 f.; Gall, Bankier, S. 33. Carl Lahusen (1888 bis 1973) hatte 1921 von seinem Vater die Leitung der Nordwolle übernommen. Nach dem Konkurs der Nordwolle wurde er verhaftet und zunächst gegen eine hohe Kaution wieder freigelassen. Im Dezember 1933 wurde Lahusen wegen Bilanzverschleierung, Konkurs- und Kreditbetrug zu fünf Jahren Haft verurteilt. Vgl. Dietmar van Reeken, Lahusen. Eine Bremer Unternehmerdynastie 1816–1933, Bremen 1996.

189 Zitiert nach: Feldman, Deutsche Bank, S. 294. Feldman stützt sich hier auf einen Brief Max Doerners an Georg Solmssen aus dem Jahr 1956.

190 Priester, Geheimnis, S. 39.

191 Jurk, Goldschmidt, S. 161.

192 Born, Bankenkrise, S. 74 ff.; James, Deutschland, S. 298 ff.; Dietrich, Bankenkrach (Ms., Niederschrift Schäffer), BArch N 1004/38, Bl. 53.

193 Vertrauliches Schreiben der Treuhänder Bergmann und Schippel vom 16. November 1931 betr. Reichsgarantie für die Danatbank, Thyssen-Krupp Konzernarchiv (TKA) RSW/6714.

194 Ziegler, Ordnungsrahmen, S. 55.

195 Zur weiteren Entwicklung bei der Dresdner Bank siehe Seite 82 ff.

196 Escher, Wirtschafts- und Finanzkrise, S. 157.

197 Ebd., S. 158.

198 Ebd., S. 159 ff.

199 Ebd., S. 184 ff. u. S. 289 ff. Zur Sanierung der Schröder-Bank siehe S. 90 f.

200 Harald Wixforth, »Unserer lieben ältesten Tochter«. 150 Jahre Bremer Bank. Eine Finanz- und Wirtschaftsgeschichte der Hansestadt Bremen (Publikationen der Eugen-Gutmann-Gesellschaft, Bd. 3), Dresden 2006, S. 228.

201 Die Zukunft des deutschen Bankgewerbes, in: *Magazin der Wirtschaft* vom 7. August 1931, S. 1206; Protokoll der Ministerbesprechung vom 31. Juli 1931, AdR, Brüning I u. II, Bd. 2, Dok. Nr. 423, S. 1479; Arthur Liebmann, Acht Jahrzehnte im Dienste der Wirtschaft. Ein Lebensbild der ADCA – Allgemeine Deutsche Creditanstalt, Leipzig 1938, S. 196 ff.; Heinz Otmar, 125 Jahre Allgemeine Deutsche Creditanstalt, Frankfurt am Main 1981; Christopher Kopper, Zwischen Marktwirtschaft und Dirigismus. Bankenpolitik im Dritten Reich, Bonn 1995, S. 139 ff.; Sächsisches Staatsarchiv Leipzig, ADCA 241 (Presseausschnitte).

202 Deutsche Bundesbank (Hg.), Geld- und Bankwesen, S. 121.

203 Siehe Tabelle S. 70.

204 Deutsche Bundesbank (Hg.), Geld- und Bankwesen, S. 121.

Die neue Rolle des Staats:
Stützungen und Verstaatlichungen im Rahmen
der Bankensanierung

205 Protokoll der Ministerbesprechung vom 12. Juli 1931, in: AdR, Brüning I
u. II, Bd. 2, Dok. Nr. 379, S. 1339 (»Das Reichskabinett ermächtigte den
Wirtschaftsausschuß des Reichskabinetts, die Treuhänder der Reichsregierung für die Sanierung der Danatbank zu bestellen«). Siehe hierzu auch S. 81.
206 Siehe S. 17.
207 Feldman, Deutsche Bank, S. 298.
208 Fischer, Landesbank, S. 323.
209 Siehe S. 97.
210 Protokoll der Ministerbesprechung vom 12. Juli 1931, in: AdR, Brüning
I u. II, Bd. 2, S. 1341 (abgedruckt in: Born, Bankenkrise, S. 189).
211 »Die Zukunft des deutschen Bankgewerbes«, in: Magazin der Wirtschaft
vom 7. August 1931, S. 1206.
212 Protokoll der Ministerbesprechung vom 13. Juli 1931, in: AdR, Brüning
I u. II, Bd. 2, Dok. Nr. 380, S. 1347.
213 Schreiben Hasslacher an Mosler, 8. Dezember 1931, TKA RSW/6714;
Vermerk Ruhr Montanindustrie AG, 30. November 1931, ebd.; Reckendrees, »Stahltrust«-Projekt, S. 461.
214 Schreiben Lammers an das Reichsfinanzministerium z. H. Ministerialdirektor v. Krosigk, 3. Oktober 1931, Stiftung zur Industriegeschichte
Thyssen (SIT) VSt/923.
215 Brüning, Memoiren, S. 350f.
216 »Geheimnisse um die Danatbank«, in: Welt am Abend vom 8. September
1931 (BArch R 2501/1134, Bl. 172).
217 Schreiben Vereinigte Stahlwerke AG, Gelsenkirchener Bergwerks AG
und August Thyssen-Hütte Gewerkschaft an die AG Charlottenhütte,
8. Mai 1931, SIT VSt/923. Zur Unterstützung deutscher Unternehmen in
Ostoberschlesien durch die Ruhrindustrie unter Einschaltung der Danatbank vgl. Reckendrees, »Stahltrust«-Projekt, S. 482 ff.; Bähr/Drecoll/
Gotto, Flick-Konzern, S. 21 u. S. 778 ff.
218 Wixforth, Bankenkrise.
219 Schäffer, Wallenberg, S. 89 ff. u. S. 95; Ziegler, Ordnungsrahmen, S. 50.
220 Schäffer, Wallenberg, S. 89 f.
221 Ebd., S. 90.
222 O. M. W. Sprague war Professor an der Harvard University und Berater
der Bank von England. Marcus Wallenberg war der Vorsitzende des Ver-
waltungsrats der Stockholms Enskilda Bank. Seine Familie besaß das
größte Bank- und Industriekonglomerat Skandinaviens. Wallenberg hatte
bereits den Schiedsgerichten für die Reparationsregelungen des Dawes-
und des Youngplans angehört. Carl Melchior, ein Mitinhaber des Bankhauses M. M. Warburg, hatte das Deutsche Reich bereits in vielen internationalen Verhandlungen vertreten.

223 Zitiert nach: Schäffer, Wallenberg, S. 90.

224 Ebd., S. 90 f.

225 Ebd., S. 93.

226 Ebd., S. 349.

227 Ebd.: »Es war ein schwerer Kampf mit der Reichsbank, diese 300 Millionen durchzusetzen.«

228 Vermerk des Staatssekretärs in der Reichskanzlei vom 31. Juli 1931, BArch R 43 I/646, Bl. 276. Vgl. auch Brüning, Memoiren, S. 350.

229 Schäffer, Wallenberg, S. 94; Brüning, Memoiren, S. 350; Protokoll der Ministerbesprechung vom 31. Juli 1931, AdR, Brüning I u. II, Bd. 2, Dok. Nr. 423, S. 1480 ff.

230 Schäffer, Wallenberg, S. 94.

231 Protokoll der Ministerbesprechung vom 30. Juli 1931, 17.00 Uhr, AdR, Brüning I u. II, Bd. 2, Dok. Nr. 420, S. 1463.

232 Vertrag zwischen der Darmstädter und Nationalbank, einem industriellen Konsortium, sowie dem Deutschen Reich, 3. Oktober 1931, SIT VSt/923; zur Zusammensetzung des Konsortiums: »Vor dem Abschluss des Abkommens Danatbank-Industrie«, in: *Berliner Tageblatt* vom 16. September 1931 (BArch R 2501/, Bl. 173). Vor dem Verkauf befanden sich Aktien im Nominalwert von 28,8 Mio. RM in Eigenbesitz der Danatbank, weitere Aktien im Wert von insgesamt 6,2 Mio. RM wurden der Bank zum Verkauf unentgeltlich aus dem Besitz der Geschäftsinhaber zur Verfügung gestellt. Protokoll der Ministerbesprechung vom 30. Juli 1931, 17.00 Uhr, AdR, Brüning I u. II, Bd. 2, Dok. Nr. 420, S. 1462 ff. Zu den Aktienrückkäufen der Danatbank vor der Bankenkrise: Terberger/Wettberg, Aktienrückkauf, S. 15.

233 Georg Obst, Bankenaufsicht, in: *Schlesische Zeitung* vom 8. August 1931 (BArch R 2501/1133, Bl. 65).

234 Schreiben des Bayerischen Gesandten an den Reichskanzler, 8. August 1931, BArch R 43 I/2372, Bl. 555 ff. (abgedruckt in: AdR, Brüning I u. II, Bd. 2, Dok. Nr. 439, S. 1544).

235 Winkler, Weimar, S. 408 ff.

236 Ignaz Wrobel [d. i. Kurt Tucholsky], Die Herren Wirtschaftsführer, in: *Die Weltbühne* 27, H. 33 vom 18. August 1931, S. 255.

237 Schäffer, Wallenberg, S. 100. Zur Notendeckung der Reichsmark im Juli 1931 siehe Grafik S. 17.

238 »Die Dresdner Bank als Privatinstitut in Reichshand«, in: *Frankfurter Zeitung* vom 30. August 1931.

239 Protokoll der Generalversammlung der Dresdner Bank vom 29. August 1931, HAC, Bestand Dresdner Bank 30017–2001. BE; »Dresdner Bank«, in: *Berliner Börsen-Zeitung* Nr. 403 vom 30. August 1931; Ziegler, Ordnungsrahmen, S. 48 ff.

240 Protokoll der Ministerbesprechung vom 30. 7. 1931, AdR, Brüning I u. II, Bd. 2, Dok. Nr. 420, S. 1462 ff. Zur Akzept- und Garantiebank siehe S. 27 f.

241 Escher, Wirtschafts- und Finanzkrise, S. 234.
242 Protokoll der Ministerbesprechung vom 21. Juli 1931, AdR, Brüning I u. II, Bd. 2, Dok. Nr. 402, S. 1408; Escher, Wirtschafts- und Finanzkrise, S. 173.
243 Escher, Wirtschafts- und Finanzkrise, S. 189 u. S. 193.
244 Ebd., S. 163.
245 Ebd., S. 186 ff.
246 Protokoll der Ministerbesprechung vom 10. August 1931, AdR, Brüning I u. II, Bd. 2, Dok. Nr. 440, S. 1551 f.; Escher, Wirtschafts- und Finanzkrise, S. 233 f.
247 Escher, Wirtschafts- und Finanzkrise, S. 260 ff.
248 Ebd., S. 281 f.
249 Protokoll der Ministerbesprechung vom 30. Juli 1931, 17.00 Uhr, AdR, Brüning I u. II, Bd. 2, Dok. Nr. 420.
250 Brüning, Memoiren, S. 351 u. S. 353.
251 Pohl, Konzentration , S. 379; Wixforth, Folgen, S. 97.
252 Fischer, Landesbank, S. 329–352; Wixforth, Folgen, S. 96 f.
253 Zum Folgenden vgl. Fischer, Landesbank, S. 352–452.
254 Ebd., S. 387.
255 Ebd., S. 385.
256 Ebd., S. 524 f.
257 Protokoll der Ministerbesprechung vom 30. Juli 1931, 17.00 Uhr, AdR, Brüning I u. II, Bd. 2, Dok. Nr. 420, S. 1465.
258 Protokoll der Ministerbesprechung vom 30. Juli 1931, 12.00 Uhr, AdR, Brüning I u. II, Bd. 2, Dok. Nr. 418, S. 1457.
259 Kurt Heinig, Abschluß der akuten Krise, in: *Vorwärts* Nr. 388 vom 18. August 1931.
260 Ziegler, Ordnungsrahmen, S. 79.
261 Verordnung des Reichspräsidenten zur Belebung der Wirtschaft. Vom 4. September 1932. RGBl. 1932 I, S. 431. Vgl. hierzu Herbert Wolf, Die Reprivatisierung der Commerzbank 1936/37. Ein Meisterstück des jungen Hermann Josef Abs, in: Bankhistorisches Archiv, 22. Jg. (1996), H. 1, S. 35.
262 Dieter Ziegler, Die Dresdner Bank und die Juden, München 2006, S. 395; ders., Ordnungsrahmen, S. 51.
263 Ziegler, Ordnungsrahmen, S. 78 ff.; zur Biografie von Goetz vgl. Johannes Bähr, Carl Friedrich Goetz [1885–1965], in: Pohl (Hg.), Bankiers, S. 141–152.
264 Commerzbank 1870–2010. Eine Zeitreise. Fakten und Bilder zusammengestellt von Detlef Krause, Frankfurt am Main 2010 (Publikationen der Eugen-Gutmann-Gesellschaft, Bd. 5), S. 56; Ziegler, Ordnungsrahmen, S. 52; ders., Crisis.
265 Zitat aus der *Deutschen Bergwerkszeitung* vom 1. September 1931, zitiert nach: Commerzbank 1870–2010, S. 58. Das Zitat findet sich auch in: Ziegler, Ordnungsrahmen, S. 52, Anm. 29.

266 Ziegler, Ordnungsrahmen, S. 52 f.

267 Ebd., S. 53.

268 Ebd.

269 Bankstützungen durch die Reichsbank, 24. März 1933, Historisches Archiv der Deutschen Bundesbank HA Bbk Rbk/6.

270 Ebd.; Hermann Dietrich, Die Verluste und Verbindlichkeiten aus der Bankenkrise (letzte Reichstagsrede), BArch N 1004/38, Bl. 28; Ziegler, Ordnungsrahmen, S. 70 (Tabelle II/1).

271 Meyen, Dresdner Bank, S. 83.

272 Verordnung des Reichspräsidenten über die Sanierung von Bankunternehmen. Vom 20. Februar 1932, RGBl. 1932 I, S. 83.

273 Verordnung des Reichspräsidenten über die Verschmelzung der Darmstädter und Nationalbank mit der Dresdner Bank und sowie des Barmer Bank-Vereins und der Commerz- und Privat-Bank. Vom 11. März 1932, ebd., S. 129.

274 Vertrag zwischen dem Deutschen Reich, der Dresdner Bank und der Danatbank vom 19. März 1932, HAC, Bestand Dresdner Bank 594–1999; Ziegler, Ordnungsrahmen, S. 54 f.; ders., Crisis; Meyen, Dresdner Bank, S. 83.

275 Johannes Bähr, Zwischen zwei Kontinenten. Hundert Jahre Dresdner Bank Lateinamerika vormals Deutsch-Südamerikanische Bank, hg. von der Eugen-Gutmann-Gesellschaft, Dresden 2007, S. 38.

276 Siehe S. 28.

277 Protokoll der Aufsichtsratssitzung vom 29.12.1931, HAC, Bestand Commerzbank S3/A2; Commerzbank 1870–2010, S. 57; Wolf, Reprivatisierung, S. 27 ff.; zum Anteil der in Eigenbesitz befindlichen Commerzbank-Aktien siehe S. 66.

278 Detlef Krause, Zwischen Erstem Weltkrieg und Bankenkrise: Der Barmer Bank-Verein Hinsberg, Fischer & Co., in: Bankhistorisches Archiv 18. Jg. (1992), H. 1, S. 22–38, v. a. S. 31 ff.

279 Ebd., S. 33 ff. (Zitate auf S. 35).

280 Brüning, Memoiren, S. 444 f.

281 Krause, Weltkrieg, S. 35.

282 Verordnung des Reichspräsidenten über die Verschmelzung der Darmstädter und Nationalbank mit der Dresdner Bank sowie des Barmer Bank-Vereins und der Commerz- und Privat-Bank. Vom 11. März 1932, RGBl. 1932 I, S. 129.

283 Wolf, Reprivatisierung, S. 27 f.; Ziegler, Crisis; Commerzbank – Barmer Bankverein, o. D., Geheimes Staatsarchiv Preußischer Kulturbesitz, I HA Rep. 109, Nr. 1170.

284 Die Deutsche Bank deckte die Verluste damals mit 145,6 Mio. RM aus ihrem Reservefonds, 23 Mio. RM aus dem Jahresreingewinn und 108 Mio. RM aus dem Buchgewinn ab, der sich durch die Kapitalzusammenlegung ergab. Bei der Kapitalzusammenlegung wurden Aktien im Wert von nominell 33 Mio. RM aus dem Eigenbesitz der Bank einge-

zogen, ein weiteres Paket von 72 Mio. RM blieb im Besitz der Bank. Das übrige Aktienkapital wurde von 180 Mio. RM auf 72 Mio. RM zusammengelegt. Vermerk vom 17. Februar 1932 betr. Umgestaltung des Aktien-Kapitals, Historisches Archiv der Deutschen Bank (HADB) B 228.

285 Bankstützungen durch die Reichsbank, 24. März 1933, HA Bbk Rbk/6; Volkswirtschaftliche und Statistische Abteilung der Reichsbank, Die Krisenverluste im privaten und öffentlichen Bankwesen, 20. Januar 1934, BArch R2501/6918, Bl. 140; »Das Ergebnis der DD-Bank-Zeichnung«, in: *Frankfurter Zeitung* vom 23. April 1932. Vgl. auch Feldman, Deutsche Bank, S. 309; Seidenzahl, 100 Jahre, S. 358; Karin Lehmann, die Reaktion der Deutschen Bank und Disconto-Gesellschaft auf die Bankenkrise von 1931, in: Jahrbuch für Wirtschaftsgeschichte 1996/1, S. 182.

286 Hans Meyer, Des Reiches Privatbank, in: *Berliner Tageblatt* vom 30. August 1931.

287 Das Aktienkapital der Deutschen Bank (144 Mio. RM), der Dresdner Bank (220 Mio. RM), der Commerzbank (80 Mio. RM) und der Reichskreditgesellschaft (40 Mio. RM) belief sich Anfang 1933 einschließlich des Kommanditkapitals der Berliner Handelsgesellschaft (28 Mio. RM) auf 512 Mio. RM. Davon befanden sich 347 Mio. RM im Besitz des Reichs oder der Deutschen Golddiskontbank.

288 Pohl, Konzentration, S. 385 f.

289 Jan-Frederik Korf, Von der Konsumgenossenschaftsbewegung zum Gemeinschaftswerk der Deutschen Arbeitsfront. Zwischen Gleichschaltung, Widerstand und Anpassung an die Diktatur, Norderstedt 2008, S. 43 ff.

290 Hermann Dietrich, Die Verluste und Verbindlichkeiten aus der Bankenkrise (letzte Reichstagsrede), BArch N 1004/38, Bl. 28.

291 Vierte Verordnung des Reichspräsidenten zur Sicherung von Wirtschaft und Finanzen und zum Schutze des inneren Friedens. Vom 8. Dezember 1931, RGBl. 1931 I, S. 715 (Kap. IV).

292 Verordnung des Reichspräsidenten über Maßnahmen zur Erhaltung der Arbeitslosenhilfe und Sozialversicherung sowie auf dem Gebiete der Reichsversorgung. Vom 14. Juni 1932, RGBl. 1931 I, S. 284 (Kap. V: Rationalisierung und Sanierung gewerblicher Genossenschaften). Für die Kredite der Deutschen Zentralgenossenschaftskasse an konsumgenossenschaftliche Warenzentralen Konsumgenossenschaften gewährte die Reichsregierung im Juli 1932 eine Reichsbürgschaft in Höhe von 16 Mio. RM. Korf, Konsumgenossenschaftsbewegung, S. 45.

293 Schreiben Vereinigung privater Mittelstands-Aktienbanken Westdeutschlands an Reichskanzler von Papen vom 1. September 1932, BArch R 3101/18634; Schreiben Reichswirtschaftsminister an Vertretung Sachsens beim Reich vom 29. November 1932, ebd. Zu den mittelständischen Aktienbanken zählten Institute wie der Sauerländische Bankverein in

Meschede, der Duisburger Bankverein oder die Niederrheinische Bank in Wesel.

294 Rundfunkrede des Reichskanzlers vom 15. Dezember 1932 (Zitat), in: Akten der Reichskanzlei, Weimarer Republik, Das Kabinett von Schleicher, 3. Dezember 1932 bis 30. Januar 1933, bearbeitet von Anton Golecki, Boppard am Rhein 1986, Dok. Nr. 25, S. 108. Zum Appell des Deutschen Genossenschaftsverbandes vgl. ebd., S. 183.

295 Protokoll der Ministerbesprechung vom 16. Januar 1933, AdR, Kabinett Schleicher, Dok. Nr. 57, S. 243 f. u. S. 245, Anm. 8.

296 Protokoll der Kabinettssitzung vom 21. Februar 1933, in: AdR, Die Regierung Hitler, Teil I: 1933/34, Bd. 1: 30. Januar bis 31. August 1933, bearbeitet von Karl-Heinz Minuth, Boppard am Rhein 1983, Dok. Nr. 24, S. 90 ff.

297 Bankstützungen durch die Reichsbank 24. März 1933, HA Bbk Rbk/6; Hans Arons, Wirtschaftspolitik, in: *Die Arbeit* 1932, H. 3, S. 286.

298 Pohl, Konzentration, S. 379.

299 Vermerk Reichswirtschaftsministerium (Koehler) vom 30. März 1932, BArch R 3101/18629, Bl. 8 (Zitat); Vermerk Reichswirtschaftsministerium (Zee-Heraeus) vom 15. September 1932, ebd., Bl. 169; Schreiben Reichswirtschaftsministerium an Bank für Mittelsachsen AG, 12. Juni 1933, ebd., Bl. 371.

300 Bank für Mittelsachsen Aktiengesellschaft in Mittweida, Geschäftsbericht 1931, ebd., Bl. 173.

301 Schreiben Reichswirtschaftsministerium (Kohler) an den Reichsminister der Finanzen vom 18. Dezember 1931, BArch R 3101/18632, Bl. 25.

302 Brüning, Memoiren, S. 443 f.; Schulz, Demokratie, S. 562; BArch R 43I/650, Bl. 3 f, Bl. 16 f., Bl. 62.

303 Aktennotiz vom 25. April 1932, HA Bbk Rbk/6.

304 Ziegler, Ordnungsrahmen, S. 56.

305 Verzeichnis der Banken, welche durch besondere Kreditaktionen oder durch Aktienübernahme von der Reichsbank bzw. der Deutschen Golddiskontbank gestützt oder saniert worden sind, Stand 11. Juli 1932, HADBBk Rbk/6; Bankstützungen durch die Reichsbank, 24. März 1933, ebd.; Vermerk Reichswirtschaftsministerium (Köhler) vom 1. August 1931 betr. Bankhaus Gebrüder Lismann, BArch R 3101/18628; Rundschreiben des Bankhauses H. F. Lehmann, o. D., BArch R 3101/18623; Schreiben Reichswirtschaftsministerium (von Spindler) an Vizekanzler von Papen vom 17. März 1933, ebd.; Ziegler, Ordnungsrahmen, S. 56 f.

306 So war z. B. Ernst Bäßler, der letzte Inhaber des Bankhauses Bäßler & Thoma in Meerane/Sachsen, der Ansicht, die Brüning-Regierung hätte, »ein schweres Unrecht an den Provinzbankiers« begangen, »indem sie für dieselben absolut nichts übrig hatte«. Schreiben Ernst Bäßler an Kurt Freiherr von Schröder vom 16. Juli 1934, BArch R 3101/18623.

307 Hermann Dietrich, Die Verluste und Verbindlichkeiten aus der Bankenkrise (letzte Reichstagsrede), BArch N 1004/38, Bl. 28.

308 Ebd. In diesen Angaben ist die vom 13. Juli 1931 bis März 1932 beste-

hende Reichsgarantie für die Danatbank nicht enthalten. Dietrich bezifferte diese Garantie mit 1,6 Mrd. RM, doch wurden davon nur 80 Mio. RM auch tatsächlich in Anspruch genommen. Ebd.; Ziegler, Ordnungsrahmen, S. 70 (Tabelle II/1).

309 Hermann Dietrich, Die Verluste und Verbindlichkeiten aus der Bankenkrise (letzte Reichstagsrede), BArch N 1004/38, Bl. 28.

310 So hatte das Reich z. b. im Zusammenhang mit der Reichsgarantie vom 12. Juli 1931 der Danatbank eine geheime Verlustreserve von 100 Mio. RM zur Verfügung gestellt, die nach der Fusion auch für die Dresdner Bank galt. Vertrauliches Schreiben der Treuhänder Bergmann und Schippel vom 16. November 1931 betr. Reichsgarantie für die Danatbank, TKA RSW/6714; Ziegler, Ordnungsrahmen, S. 70.

311 Volkswirtschaftliche und Statistische Abteilung der Reichsbank, Die Krisenverluste im privaten und öffentlichen Bankwesen, 20. Januar 1934, BArch R 2501/6918, Bl. 140. Vgl. Kopper, Marktwirtschaft, S. 53.

312 Ziegler, Ordnungsrahmen, S. 70.

313 Volkswirtschaftliche und Statistische Abteilung der Reichsbank, Die Krisenverluste im privaten und öffentlichen Bankwesen, 20. Januar 1934, BArch R 2501/6918, Bl. 140.

314 Zwischenbilanz der Bundesanstalt für Finanzmarktstabilisierung, Deutsche Bankenrettung im internationalen Vergleich erfolgreich (Pressenotiz, 28. Januar 2011); Die Zeche für die Krise, in: *Wirtschaftswoche* vom 21.9.2010; Commerzbank zahlt dem Staat 14 Mrd. € zurück, in: *Financial Times Deutschland* vom 6.4.2011.

315 Der Haushalt des Deutschen Reichs hatte im Rechnungsjahr 1931/32 ein Volumen von 6,8 Mrd. RM (Haushaltsplan). Statistisches Jahrbuch für das Deutsche Reich 51. Jg. (1932), Berlin 1932, S. 434. Der Bundeshaushalt 2009 umfasste Ausgaben in Höhe von insgesamt 283 Mrd. Euro (ohne Extrahaushalte Finanzmarktstabilisierungsfonds und Investitions- und Tilgungsfonds). Das deutsche Bruttosozialprodukt belief sich 1931 nach den Daten von Ritschl auf 67,9 Mrd. RM. Ritschl, Krise, Tab. B.5. Das Bruttosozialprodukt (Bruttonationaleinkommen) der Bundesrepublik lag 2009 bei rund 2.431 Mrd. €. Statistisches Bundesamt, Datenbank Genesis-Online, http://www.genesis.destatis.de/genesis/online, zuletzt abgerufen am 6. April 2011.

Die Reprivatisierung der Commerzbank und der Dresdner Bank

316 Die Schicksalswende der Dresdner Bank. Aus der Rede des Aufsichtsratsvorsitzenden Fritz Andreae auf der außerordentlichen Generalversammlung, in: Konjunktur-Korrespondenz vom 28. August 1931 (Sperrfrist bis 29. August 1931), BArch R 2501/1133, Bl. 99.

317 Johannes Bähr/Dieter Ziegler, Vorstand und Aufsichtsrat 1931–1945,

in: Bähr, Dresdner Bank, S. 77; Commerz- und Privat Bank, Geschäftsbericht 1932.

318 Bähr/Ziegler, Vorstand, S. 81 f.

319 Kopper, Marktwirtschaft, S. 208.

320 Vgl. Kopper, Schacht.

321 Siehe S. 85.

322 Dresdner Bank/Volkswirtschaftliche Abteilung, Zur Bilanzentwicklung der Berliner Großbanken seit 1934, 11. April 1938, HAC, Bestand Dresdner Bank 606–1999.

323 Commerzbank 1870–2010, S. 58.

324 HAC S2/Vorstandslisten. Vgl. auch Thomas Weihe, Die Verdrängung jüdischer Mitarbeiter und der Wettbewerb um Kunden im Nationalsozialismus, in: Ludolf Herbst/Thomas Weihe (Hg.), Die Commerzbank und die Juden, München 2004, S. 70.

325 Ziegler, Dresdner Bank, S. 13 ff.; Bähr/Ziegler, Vorstand, S. 92 ff.

326 Bähr, Dresdner Bank, S. 483 ff.

327 Deutsche Bank und Disconto-Gesellschaft, Geschäftsbericht 1933, Berlin 1934, S. 10; Schreiben Deutsche Bank und Disconto-Gesellschaft an das Reichsbank-Direktorium vom 28. Dezember 1935, HADB B 228; Schreiben Reichsbank-Direktorium an die Direktion der Deutschen Bank- und Disconto-Gesellschaft vom 10. Februar 1936, ebd. Vgl. hierzu Kopper, Marktwirtschaft, S. 201, und die in einigen Angaben abweichende Darstellung bei Feldman, Deutsche Bank, S. 309.

328 Wolf, Reprivatisierung, S. 30 f.; Ziegler, Crisis.

329 Wolf, Reprivatisierung, S. 31 f.; Gall, Abs, S. 43; Pohl, Konzentration, S. 400 f.

330 Wolf, Reprivatisierung, S. 32 ff.; Ziegler, Crisis. Die von der Commerzbank an das Reich zu zahlenden zehn Jahresraten aus dem Gewinn von jeweils 600 000 RM wurden 1938 mit einer Einmalzahlung von 4,2 Mio. RM abgegolten. Schreiben des Reichsfinanzministers vom 6. Januar 1938, HAC, Bestand Commerzbank 1/115.

331 Ziegler, Ordnungsrahmen, S. 68 ff.; ders., Crisis; Meyen, Dresdner Bank, S. 115 f.; Bähr, Dresdner Bank, S. 16.

332 Die Reichskreditgesellschaft hatte 1937 ein Aktienkapital von 40 Mio. RM. Insgesamt lag das Aktien- bzw. Kommanditkapital der Berliner Großbanken damals bei 428 Mio. RM (Dresdner Bank 150 Mio. RM, Deutsche Bank 130 Mio. RM, Commerzbank 80 Mio. RM, Reichskreditgesellschaft 40 Mio. RM, Berliner Handelsgesellschaft 28 Mio. RM).

Die deutsche Bankenkrise von 1931 im internationalen Vergleich

333 Peter E. Fäßler, Globalisierung. Ein historisches Kompendium, Köln/Weimar 2007, S. 104 ff.; Plumpe, Wirtschaftskrisen, S. 71 ff. u. S. 78 ff.;

Charles P. Kindleberger, Die Weltwirtschaftskrise, 3. Aufl., München 1984, S. 304 ff.

334 Zitiert nach: »Ein Schweizer Urteil«, in: *Frankfurter Zeitung* vom 14. Juli 1931.

335 Ben Bernanke/Harold James, The Gold Standard, Deflation, and Financial Crisis in the Great Depression. An International Comparison, in: R. Glenn Hubbard (Ed.), Financial Markets and Financial Crises, Chicago 1991, S. 33–68; Richard Lewinsohn (Morus), Geschichte der Krise, Leipzig/Wien 1934, S. 73 f.

336 Dieter Stiefel, Finanzdiplomatie und Weltwirtschaftskrise. Die Krise der Credit-Anstalt für Handel und Gewerbe 1931 (Schriftenreihe des Instituts für bankhistorische Forschung, Bd. 12), Frankfurt am Main 1989. Vgl. ferner Aurel Schubert, The Credit-Anstalt Crisis of 1931, Cambridge 1991.

337 Stiefel, Finanzdiplomatie; Schubert, Credit-Anstalt; Gerald D. Feldman, Die Creditanstalt-Bankverein in der Zeit des Nationalsozialismus 1938–1945, in: ders./Oliver Rathkolb/Theodor Venus/Ulrike Zimmerl, Österreichische Banken und Sparkassen im Nationalsozialismus und in der Nachkriegszeit, Bd. 1: Creditanstalt-Bankverein, München 2006, S. 24 ff.

338 Dieter Ziegler, Die Expansion nach Österreich, in: Harald Wixforth, Die Expansion der Dresdner Bank in Europa, München 2006, S. 11.

339 Jan Baumann, Bundesinterventionen in der Bankenkrise 1931–1937. Eine vergleichende Studie am Beispiel der Schweizerischen Volksbank und der Schweizerischen Diskontbank, Phil. Diss. Zürich 2007, S. 133 ff.

340 Ebd., S. 353 ff.

341 Die folgende Darstellung stützt sich auf: ebd., S. 133–318.

342 Zum Folgenden vgl. ebd., S. 319–472.

343 Ebd., S. 483.

344 Harold James, General Trends: A Search for Stability in Uncertain Conditions, in: Hans Pohl (Hg.), Europäische Bankengeschichte, Frankfurt am Main 1993, S. 352 f.

345 Diane B. Kunz, The battle for Britain's gold standard in 1931, London/New York 1987.

346 Knut Borchardt, Zur Frage der währungspolitischen Optionen Deutschlands in der Weltwirtschaftskrise, in: Ders., Wachstum, Krisen, Handlungsspielräume der Wirtschaftspolitik. Studien zur Wirtschaftsgeschichte des 19. und 20. Jahrhunderts, Göttingen 1982, S. 206–224.

347 Lewinsohn, Geschichte, S. 75 f.

348 Bernanke/James, Gold Standard, S. 52 f. Problematisch ist die neuere Zusammenstellung von Carmen Reinhart und Kenneth Rogoff. Neben den oben genannten Ländern werden hier noch Bankenkrisen in Finnland, Griechenland, Norwegen und Portugal sowie in Brasilien und China aufgeführt, was sich allenfalls auf einzelne Bankenzusammenbrüche beziehen kann. Dagegen fehlen in dieser Aufstellung die USA. Carmen M. Rein-

hart/Kenneth S. Rogoff, Dieses Mal ist alles anders. Acht Jahrhunderte Finanzkrisen, 2. Aufl., München 2010 (engl. Orig.: This Time is different. Eight Centuries of Financial Folly, Princeton 2009), S. 457.

349 Elmus Wicker, The Banking Panics of the Great Depression, Cambridge 1996, S. 2; Federal Deposit Insurance Corporation, A Brief History of Deposit Insurance in the United States. Prepared for the International Conference on Deposit Insurance Washington, DC, Washington, DC, 1998, S. 20.

350 Richard Tilly, Banking Crises in three Countries, 1800–1933. An historical and comparative Perspective, in: Bulletin of the German Historical Institute, Washington, DC, Spring 2008, S. 87 f.

351 John Kenneth Galbraith, Der große Crash 1929. Ursachen, Verlauf, Folgen, 4. Aufl., München 2005 (engl. Orig.: The Great Crash 1929, Boston 1954), S. 218.

352 Ersen Ustaoglu, Die Eingriffe des Federal Reserve Systems während Finanzkrisen im Wandel der Zeit. Ein Vergleich anhand der Finanzkrisen der Großen Depression 1929–1933 und 2007/2008, Hamburg 2009, S. 23 f.

353 Wicker, Banking Panics, S. 19.

354 Ebd., S. 32.

355 Milton Friedman/Anna J. Schwartz, A Monetary History of the United States 1867–1960, Princeton 1963, S. 311 f.; Wicker, Banking Panics, S. 36 ff. u. S. 55 ff.; Ustaoglu, Eingriffe, S. 26 ff.

356 Friedman/Schwartz, History, S. 311 f.

357 Wicker, Banking Panics, S. 37.

358 Ebd., S. 60, Tab. A2.1.

359 Ebd., S. 42 ff.

360 Gary Richardson/Patrick van Horn, Fetters of Debt, Deposit, or Gold during the Great Depression? The International Propagation of the Banking Crisis of 1931, in: Jahrbuch für Wirtschaftsgeschichte 2011/2 (im Druck).

361 Ebd.; Wicker, Banking Panics, S. 72 ff.

362 Ebd., S. 86 ff. u. S. 101 ff.

363 Wicker, Banking Panics, S. 2, Tab. 1.1.

364 Ebd., S. 78 ff.

365 Ebd., S. 87.

366 Ebd., S. 95 ff.; Barry A. Wigmore, The Crash and Its Aftermath. A History of Securities Markets in the United States, 1929–1933, Westport 1985, S. 219; Zur RFC vgl. auch: James S. Olson, Saving Capitalism. The Reconstruction Finance Corporation and the New Deal 1933–1940, Princeton 1988.

367 Ronnie J. Phillips, The Chicago Plan and New Deal Banking Reform (Jerome Levy Economics Institute Working Paper No. 76), Armonk, NY 1992, S. 25 (Zitat); Ustaoglu, Eingriffe, S. 40; Wicker, Banking Panics, S. 97 ff.

368 Darwyn H. Lumley, Breaking the Banks in Motor City. The auto industry, the 1933 Detroit banking crisis and the start of the New Deal, Jefferson, NC 2009; Wicker, Banking Panics, S. 116 ff.

369 Wicker, Banking Panics, S. 127 ff.

370 Olson, Capitalism.

371 Ebd.

372 Wicker, Banking Panics, S. 149.

373 Das Gesetz erhielt die Namen des Senators Carter Glass aus Virginia und
des Kongressabgeordneten Henry Steagall aus Alabama. Es wird auch als
»zweiter Glass-Steagall Act« oder als »Banking Act von 1933« bezeichnet. Zur Politik des New Deal vgl. Elliot A. Rosen, Roosevelt, the Great
Depression, and the Economics of Recovery, Charlottesville 2005.

374 Federal Deposit Insurance Corporation, History, S. 27 f.

375 Jan-Otmar Hesse, Wirtschaftspolitische Bewältigungsstrategien nach der
Krise. Deutschland und die USA in den 1930er Jahren, in: Geschichte in
Wissenschaft und Unterricht Jg. 61 (2010), H. 5/6, S. 326.

Lehren aus der Krise:
Die Einführung der Bankenaufsicht und die Neuregelung
des Bankrechts in Deutschland

376 Adolph Wagner, Bankbrüche und Bankkontrollen, in: *Deutsche Monatsschrift für das gesamte Leben der Gegenwart,* Jg. 1901, S. 74 ff. u.
S. 248 ff.; Anselm Ruland, Zur Entwicklung des Bankaufsichtsrechts bis
1945, Jur. Diss., Münster/W. 1988, S. 71 ff.

377 Ruland, Entwicklung, S. 104 ff.

378 Ebd., S. 111 ff. u. 115 ff.

379 Wernhard Möschel, Wurzeln der Bankenaufsicht, in: Friedrich Kübler
(Hg.), Festschrift für Theodor Heinsius zum 65. Geburtstag am 25. September 1991, Berlin 1991, S. 583.

380 Georg Obst, Bankenaufsicht, in: *Schlesische Zeitung* vom 8. August 1931
(BArch R 2501/1133, Bl. 65).

381 Ruland, Entwicklung, S. 120 ff.

382 Ebd., S. 135 ff.; Gerhard Hütz, Die Bankenaufsicht in der Bundesrepublik
Deutschland und in den USA. Ein Rechtsvergleich, Berlin 1990, S. 21 f.

383 Die Kompetenzen des Reichs auf dem Gebiete des Bankwesens, BArch R
2501/6918, Bl. 91 f.

384 Protokoll der Ministerbesprechung vom 13. Juli 1931, in: AdR, Brüning
I u. II, Bd. 2, Dok. Nr. 380, S. 1346. Vgl. hierzu auch Monia Manâa, Die
Wirtschaftskrise von 1931 als Wendepunkt? Deutschlands Weg vom organisierten zum regulierten Kapitalismus, in: Jahrbuch für Wirtschaftsgeschichte 2011/2 (im Druck).

385 Rundfunkansprache Brünings vom 4. August 1931. Zitiert nach: Ruland,
Entwicklung, S. 154 f.

386 Born, Bankenkrise, S. 158.

387 Ebd., S. 159.

388 Ebd., S. 160.

389 Verordnung des Reichspräsidenten über Aktienrecht, Bankenaufsicht und über eine Steueramnestie. Vom 19. September 1931, RGBl. 1931 I, S. 493. Vgl. hierzu Ruland, Entwicklung, S. 154 ff.

390 Friedrich Ernst (1889 bis 1960) studierte Rechtswissenschaft und arbeitete seit 1919 im Preußischen Ministerium für Handel und Gewerbe, seit 1929 als Leiter der Handelsabteilung. Von 1928 bis 1931 war er auch Staatskommissar für die Berliner Börse. Neben seiner Tätigkeit als Reichskommissar für das Bankgewerbe (seit 1935 Reichskommissar für das Kreditgewerbe) war Ernst 1932/33 Reichskommissar für Preußen. Nachdem das Amt des Reichskommissars 1939 in das Reichswirtschaftsministerium eingegliedert worden war, wurde Ernst Anfang 1940 Reichskommissar für die Behandlung feindlichen Vermögens. 1941 verließ er den Staatsdienst und trat als Gesellschafter in das Bankhaus Delbrück, Schickler & Co. ein. Nach dem 20. Juli 1944 wurde Ernst verhaftet, obwohl er keine Verbindung zum Widerstand gegen Hitler hatte. In der Nachkriegszeit spielte er als Leiter der Berliner Währungskommission, geschäftsführendes Mitglied des Kabinettsausschusses für Wirtschaft, Vorsitzender der Berliner Zentralbank, Aufsichtsratsvorsitzender der AEG und Vorsitzender des Forschungsbeirats für die Wiedervereinigung Deutschlands eine wichtige Rolle.

391 Sylvia Engelke/Reni Maltschew, Weltwirtschaftskrise, Aktienskandale und Reaktionen des Gesetzgebers durch Notverordnungen im Jahre 1931, in: Walter Bayer/Mathias Habersack (Hg.), Aktienrecht im Wandel, Bd. I: Entwicklung des Aktienrechts, Tübingen 2007, S. 570–618.

392 So in Bezug auf die Deutsche Mittelstandsbank AG, die Bank für Mittelsachsen AG und die Beteiligung der Mittelstands-Aktienbanken am Rationalisierungsfonds für gewerbliche Genossenschaften. Schreiben Reichswirtschaftsministerium (Koehler) an den Reichsminister der Finanzen vom 18. Dezember 1931, BArch R 3101/18632, Bl. 25; Vermerk Reichswirtschaftsministerium (Koehler) vom 30. März 1932, BArch R 3101/18629, Bl. 8; Schreiben Reichskommissar für das Bankgewerbe an den Reichskanzler, 31. August 1932, BArch R 3101/18634.

393 Schultze-Kimmle, Sicherungseinrichtungen, S. 57 ff. u. S. 73.

394 Dritte Verordnung des Reichspräsidenten zur Sicherung von Wirtschaft und Finanzen und zur Bekämpfung politischer Ausschreitungen. Vom 6. Oktober 1932, RGBl. 1931 I, S. 554 ff. Vgl. Golz, Liquiditätsproblem, S. 32.

395 Reichsgesetz über das Kreditwesen. Vom 5. Dezember 1934, RGBl. 1934 I, S. 1203 ff.

396 Kopper, Marktwirtschaft, S. 121 ff.

397 Ebd., S. 125.

398 Reichsgesetz über das Kreditwesen. Vom 5. Dezember 1934, RGBl. 1934 I, S. 1205 u. S. 1207.

399 Johannes Zahn, Die Bankenaufsichtsgesetze der Welt, Berlin/Leipzig
     1937.

Ausblick

400 Born, Bankenkrise, S. 182 f.
401 Helge Jan Schmodde, Schaltersturm – letzter Anstoß zum Herzinfarkt,
     in: *Stuttgarter Zeitung* vom 10. Juli 1971.
402 Rudolf Herlt, Millionen bangten um ihre Spargroschen, in: *DIE ZEIT*
     vom 10. Juli 1981.
403 Reinhart/Rogoff, Dieses Mal, S. 396.

BERND RUDOLPH, Hintergründe und Verlauf der internationalen Finanzkrise 2008

Warum die Beschäftigung mit der Finanzkrise notwendig und spannend ist

1 »Kernschmelze im Finanzsystem« ist der Titel eines Buches von Wolfgang Münchau aus dem Jahre 2008.
2 Sachverständigenrat (2008), S. 6, vgl. auch Sachverständigenrat (2007),
   S. 89 ff.
3 Vgl. Bundesanstalt für Finanzdienstleistungsaufsicht BaFin (2008), S. 15.
4 Warren Buffett hatte schon im Jahr 2003 ganz generell Derivate als
   »finanzielle Massenvernichtungswaffen« bezeichnet. Der Begriff wurde
   später vielfach kolportiert.
5 Adrian und Shin stellen dem erwarteten Verlust von 100 bis 200 Mrd. $
   im Subprime-Segment das Gesamtvermögen aller privaten Haushalte in
   den USA in Höhe von 58 000 Mrd. $ und die Gesamtkapitalisierung des
   amerikanischen Aktienmarktes in Höhe von 16 000 Mrd. $ gegenüber.
   Vgl. Adrian/Shin, Liquidity, S. 2. Das Volumen der Bond-Märkte betrug Ende 2006 mehr als 27 000 Mrd. $, wovon 6500 Mrd. $ dem größten Segment der »Mortgage related« Emissionen und 2130 Mrd. $ den
   Asset Backed Anleihen zugerechnet werden. Vgl. Bessembinder/Maxwell,
   Transparency, S. 218. Mittlerweile gibt es auch Schätzungen der BaFin in
   Höhe von 430 Mrd. $ bzw. im schlimmsten Falle von 600 Mrd. $.
   Quelle: www.n-tv.de/941 083.html. Meldung vom 29. März 2008, eingesehen am 3. Juli 2008.
6 Vorschläge für Reformmaßnahmen werden in verschiedenen nationalen
   und international tätigen Kommissionen diskutiert wie beispielsweise in
   den Jahresgutachten des Sachverständigenrates, im Financial Stability
   Forum (2008a, 2008b) und im Institute for International Finance (2008).
   Im Januar 2011 hat die National Commission on the Causes of the Financial and Economic Crisis in the United States ihren Untersuchungsbericht

»The Financial Crisis« vorgelegt, der u. a. zu dem Ergebnis kommt, dass die Krise vermeidbar war und dass bei Bankenaufsicht und Bankregulierung ebenso erhebliche Missstände und Versäumnisse zu verzeichnen waren wie beim Corporate Governance und dem Risikomanagement der Institute.

Besonderheiten und Probleme der amerikanischen Wohnungsbaufinanzierung

7 Vgl. Shiller, Subprime, S. 13.

8 1934 wurden auch die amerikanische Einlagenversicherung gegründet, die »Federal Deposit Insurance Corporation«, die das gesamte Bankensystem gegen einen möglichen Run auf die Bankschalter absichern sollte, sowie die »Securities and Exchange Commission« (SEC), die seitdem die Kapitalmarktaktivitäten in den USA überwacht.

9 Shiller, Subprime, S. 5.

10 Ebd., S. 6.

11 Die FHA wurde 1934 mit dem National Housing Act als Reaktion auf die während der großen Depression stark gestiegene Anzahl zahlungsunfähiger Hypothekenschuldner errichtet, um öffentliche Mittel zum Erwerb von Wohnimmobilien oder zum Bau von Wohnhäusern für Bezieher kleinerer und mittlerer Einkommen zur Verfügung zu stellen. Vgl. Rudolph, Erleichterung, S. 161.

12 Die Ratingagenturen gingen auch ohne formales Garantieversprechen der US-Regierung davon aus, dass Fannie Mae bei Schwierigkeiten mit staatlichen Hilfen rechnen konnte. In der Finanzkrise wurde das Geschäftsmodell von Fannie Mae allerdings mehrfach in Frage gestellt, weil mit dem Zusammenbruch des Hypothekenmarktes riesige Verluste verkraftet werden mussten und auch die Refinanzierung der Bank nicht mehr ohne staatliches Eingreifen gesichert werden konnte. Zu den Details der Geschichte der Bank und ihrer Entwicklung nach dem Zweiten Weltkrieg gibt es ausführliche Informationen auf der Homepage von Fannie Mae unter der Rubrik »About Us«.

13 Vgl. Paul, Bankenintermediation, S. 122.

14 Nienhaus, Giganten.

15 CMO gehören zur Gruppe der Collateralised Debt Obligations, die sich nicht nur auf Hypotheken, sondern auch auf Anleihen (Bonds, CBO) oder Kredite (Loans, CLO) beziehen können.

16 In Deutschland hatte erstmals im November 1990 die deutsche Tochtergesellschaft einer international tätigen Bank (KKB, eine Tochtergesellschaft der Citibank) entgegen der Bitte der Bankenaufsicht Asset Backed Securities (ABS) emittiert, im April 1995 übertrug die Hypothekenbank RHEINHYP nachrangige Darlehensforderungen mit Zustimmung der Bankenaufsicht auf eine ausländische Zweckgesellschaft. Von da an setzte der Trend zur Verbriefung auch am deutschen Kapitalmarkt ein. Die Be-

denken der Bankenaufsicht gingen dahin, dass sich über diese Transaktionen Kreditvolumina außerhalb der staatlich beaufsichtigten Kreditwirtschaft aufbauen ließen (später nannte man diesen Vorgang den Aufbau eines Schattenbanksystems) und die Tendenz zur Disintermediation gefördert würde. Die ersten Regeln zur Durchführung von ABS-Transaktionen findet man in dem Rundschreiben 4/97 des Bundesaufsichtsamtes für das Kreditwesen: »Veräußerung von Kundenforderungen im Rahmen von Asset Backed Securities Transaktionen durch deutsche Kreditinstitute«. Die erste europäische Transaktion betraf Mitte der achtziger Jahre die Verbriefung von Hypothekarkrediten eines Instituts in Großbritannien. Vgl. Deutsche Bundesbank (1997) sowie Ricken, Kreditrisikotransfer, S. 33 ff.

17 Darüber hinaus wurden neben den dreißigjährigen Festzinshypotheken verschiedene Formen von Hypothekendarlehen mit Zinsanpassungsklauseln entwickelt, die Adjustable-Rate-Mortgages.

18 Vgl. hierzu Coffee, Financing, und Rudolph, Erleichterung, S. 147 ff.

19 Für Einzelheiten der Entwicklungen und der Krise am amerikanischen Hypothekarkreditmarkt vgl. Frankel, Finanzierung, und Dübel, Krise.

20 Vgl. Mian/Sufi, Consequences, S. 2.

21 Vgl. Dübel, Krise, S. 12.

22 Vgl. Ashcraft/Schuermann, Understanding, S. 2, mit einer Übersicht über die Entwicklung der Marktvolumina dieser Segmente von 2001 bis 2006.

23 Vgl. Voigtländer, Subprime-Krise, S. 10.

24 Vgl. zur besonders augefälligen Wettbewerbssituation und dem daraus resultierenden »Race to the Bottom« Acharya et al., Race.

25 Voigtländer, Subprime-Krise, S. 10.

26 Shiller, Subprime, S. 47.

27 2006 soll der Anteil der Subprime Kredite am Neugeschäft bereits 20 Prozent betragen haben, davon drei Viertel in Hypotheken mit variabler Verzinsung. Vgl. Dübel, Krise, S. 12.

28 Vgl. IOSCO (2008), S. 3.

29 Voigtländer, Subprime-Krise, S. 11.

30 Mario Müller: »Das Zeug zum weltweiten Crash hat die US-Krise kaum«, Frankfurter Rundschau v. 4. April 2007.

31 Vgl. Temple, Credit Market Crisis, S. 2. Zur Rolle der Immobilienbewertung in der Finanzmarktkrise vgl. Arentz/Eekhoff/Wolfgramm, Finanzmarktkrise.

32 Vgl. M. Witz/S. Ng.: »Reihenweise Restposten«, in: Euro am Sonntag 9.–15. April 2011, S. 15.

Die Märkte für Mortgage Backed Securities

33 Vgl. zur Entwicklung der Märkte für Asset Backed Securities in den USA und Europa Paul, Bankenintermediation, und zu den Konstruktionsprinzipien der Tranchenbildung Rudolph/Hofmann/Schaber/Schäfer, Kredit-

risikotransfer, S. 50 ff. sowie Europäische Zentralbank (2008). Es sei darauf hingewiesen, dass das Wasserfallprinzip in den achtziger Jahren in der Regel auf das Prepayment Risk angewandt, d.h. das Risiko einer frühzeitigen Rückzahlung auf die verschiedenen Tranchen nach dem Subordinationsprinzip verteilt wurde, während heute die Verteilung der Verlustrisiken im Vordergrund steht.

34 Vgl. zu einer Einordnung Rudolph et al., Kreditrisikotransfer, S. 40.

35 Der den CLO zugrunde liegende Pool beinhaltet häufig weniger Kredite und darüber hinaus unterschiedliche Arten von Forderungen, ist insoweit also inhomogen.

36 Vgl. Fender/Mitchell, Finanzierungen, S. 79. Vgl. auch Gorton/Souleles, Vehicles, die als wesentliches Ziel der Konstruktion von SPV die Ersparnis möglicher Insolvenzkosten herausarbeiten.

37 Vgl. Hofmann, Auswirkungen, und Rudolph, Kreditrisikotransfer, S. 2 ff.

38 Deutsche Bundesbank (2008), S. 22.

39 Vgl. hierzu die Modellbildung bei DeMarzo, Pooling, der die mit dem Pooling verbundenen negativen Informationsvernichtungs- und positiven Diversifikationseffekte gegenüberstellt und analysiert.

40 Vgl. Henke, Anreizprobleme, Franke/Weber, Transaktionen, Rudolph/Scholz, Pooling, sowie zu alternativen Erklärungsansätzen Firla-Cuchra/Jenkinson, Security Design.

41 Vgl. Burghof/Henke, Entwicklungslinien, S. 33.

42 Vgl. zu den statistischen Angaben Mock/Sauckel, Funktionsweise, S. 8. Zur Beurteilung der Größe, der Relevanz und des Risikos des Kreditderivatemarktes ist es im Übrigen wesentlich, nicht die Nominalbeträge, sondern die Nettorisikopositionen der Marktteilnehmer zu betrachten. Während die Bruttovolumina die Risiken aus den Kreditderivaten überzeichnen, erscheinen die Nettowerte aussagekräftiger. Insgesamt belaufen sich die CDS-Nettorisikopositionen des Finanzsektors auf ein Zehntel der ausstehenden Volumina. Der auffällige Unterschied zwischen den beiden Kenngrößen ergibt sich daraus, dass ein Großteil der abgeschlossenen CDS-Geschäfte lediglich Durchgangsposten darstellt, wenn die Risiken aus einem Kreditrisikotransfer durch den Abschluss eines weiteren Geschäfts abgesichert werden. Vgl. Weistroffer, Credit Default Swaps, S. 5.

43 Vgl. Neske, Grundformen, S. 67.

44 Vgl. Rudolph/Hofmann/Schaber/Schäfer, Kreditrisikotransfer, S. 81.

45 Weistroffer, Credit Default Swaps, S. 5.

46 Ebd., S. 3.

47 Die Mittel wurden aus dem amerikanischen Tarp-Programm (Troubled Asset Relief Program) vom Oktober 2008 zur Verfügung gestellt.

48 Vgl. Mock/Sauckel, Funktionsweise, S. 10. Die Autoren weisen darauf hin, dass die angesprochenen Probleme durch einen Mangel an Transparenz, der zu übertriebenen Marktreaktionen führen könne, sowie durch den umfangreichen Einsatz von CDS für Spekulationszwecke noch vergrößert würden.

49 Vgl. Braunberger, Krise. Das Buch von Gillian Tett trägt den bezeichnenden Untertitel »How unrestrained greed corrupted a dream, shattered global markets and unleashed a catastrophe«.

50 Vgl. Fender/Mitchell, Finanzierungen, S. 77.

51 Ebd., S. 77 f.

52 Krahnen/Wilde, Risk Transfer, weisen im Rahmen von Simulationsstudien nach, dass Tranchen verschiedener CLO-Emissionen, aber gleicher Kreditqualität eine sehr hohe Korrelation aufweisen und dass dies auch für die Senior Tranche gilt. Die Korrelationen sind insbesondere von Marktrisikofaktoren abhängig, deren Eintritt die Qualität der Senior Tranchen zahlreicher Emissionen betreffen kann. Sehr aufschlussreiche Ergebnisse umfangreicher Simulationsstudien werden auch in Krahnen/Wilde, Risk Transfer, abgeleitet. Die Simulationen zeigen insbesondere die besonders ausgeprägte Zunahme des Risikos der hochwertigsten Tranche bei Eintritt eines gesamtwirtschaftlichen Schocks.

53 Im Finanzstandortbericht 2008 wird auch darauf hingewiesen, dass die deutschen Verbriefungsmärkte die genannten Defizite und Probleme nicht aufweisen.

54 Initiative Finanzstandort Deutschland (2008), S. 103.

55 Auszug aus dem Untersuchungsbericht der National Commission, Financial Crisis, S. 104. GSE Securities sind von den Government Sponsored Enterprises (wie z. B. Freddie Mac) emittierte Wertpapiere.

56 Sommer, Subprime-Krise, S. 88.

57 Vgl. Sachverständigenrat (2007), S. 89.

58 Vgl. Adelson/Jacob, Sub-prime Problem.

59 Sommer, Subprime-Krise, S. 88.

Ausbruch der Subprime-Krise und ihre Ausweitung zur internationalen Finanzkrise

60 Vgl. Borio, Financial Turmoil, S. 26 ff. sowie die sehr umfängliche Chronik der Ereignisse in: Bank für Internationalen Zahlungsausgleich (2008), S. 107 ff.

61 Vgl. *Focus Online Money* vom 17. Dezember 2007, eingesehen am 20. März 2011.

62 Vgl. K. Engelen: »Experten warnen, dass in den USA der hohe Anteil variabler Hypothekenzinsen zur Krise führen könnte«, in: *Handelsblatt* v. 13. März 2007. Bereits Mitte 2006 war der Leitzins von der Fed aufgrund inflationärer Tendenzen auf 5,25 Prozent angehoben worden und am 20. Juli hatte Freddie Mac seinen Hypothekenzinssatz auf 6,8 Prozent angehoben.

63 Marc Pitzke: »Milliardenfonds vor dem Kollaps«, *Spiegel Online* v. 2. Juli 2007, 18:35.

64 Vgl. *Spiegel Online* v. 10. Dezember 2007: »US-Behörden haben Kreditkrise verschlafen«.

65 Die IOSCO (2008), S. 5, geht bis November 2007 immerhin von 8822 Downgrades bei Subprime RMBS und von 11892 Downgrades bei CDO Tranchen aus.

66 Der ABX-Index wurde im Januar 2007 als Benchmark für Asset Backed Securities (ABS) eingeführt, die durch Wohnungsbaukredite an Schuldner minderer Qualität gedeckt sind.

67 Vgl. *CNNMoney.com* v. 19. Juli 2007, eingesehen am 23. März 2011.

68 Aufmerksam beobachtet wurde beispielsweise die Beteiligung der Government of Singapore Investment Corporation in Höhe von 11 Mrd. Schweizer Franken an der UBS wegen der Verluste beim Hedgefonds Dillon Read Management. Die Citigroup erhielt ebenfalls von diesem Fonds eine Finanzspritze, während Merrill Lynch eine Beteiligung des Staatsfonds Kuweit Investment akquirieren konnte.

69 Europäische Zentralbank (2010), S. 68. Die EZB beschreibt in diesem Aufsatz ihre jeweilige Reaktion in den verschiedenen Stadien der Krise.

70 Vgl. die Ad-hoc-Mitteilung der IKB Deutsche Industriebank AG vom 30. Juli 2007, 1.49 Uhr sowie die Ad-hoc-Mitteilung vom 2. August 2007, 17.15 Uhr. »Rhineland Funding« entsprach in seiner Konstruktion dem oben vorgestellten Modell eines Conduits, das einerseits in längerfristige strukturierte Produkte, insbesondere Mortgage Backed Securities, investiert und sich über Asset Backed Commercial Papers (ABCP Conduit) kurzfristig refinanziert.

71 *FAZ.NET* v. 17. Oktober 2007: »Gutachten wirft IKB Versäumnisse vor«.

72 Vgl. die Stellungnahme der Sachsen LB zur Situation am ABS-Markt vom 10. August 2007, in der Gerüchten über Probleme bei der Zweckgesellschaft »Ormond Quay« und Liquiditätsprobleme der Sachsen LB entgegengetreten wird, sowie die Ad-hoc-Mitteilung dieser Bank vom 17. August 2007.

73 Vgl. zu den Details der Entwicklungen bei der Sachsen LB den ausführlichen Bericht des Sächsischen Rechnungshofs (2009).

74 Europäische Zentralbank (2007), S. 33.

75 Zeitler, Präsentation, S. 2.

76 Die Bank wurde im Februar 2008 vorübergehend verstaatlicht. Im Lauf der Jahre 2008 und 2009 wurden die zur Verfügung gestellten Mittel zwar wieder zurückgeführt, und am 1. Januar 2010 wurde Northern Rock in eine neue Struktur überführt, deren Basis aber die »Temporary Public Ownership« blieb.

77 Vgl. Temple, Credit Market Crisis, S. 4. Aus demselben Grund benötigten auch die Hypothekenversicherer (Monoliner) in den USA neue staatliche Mittel.

78 Deutsche Bundesbank, Geschäftsbericht 2007, S. 26.

79 Deutsche Bundesbank (2007), S. 16.

80 Diese Schwachstelle hatte der Baseler Ausschuss bereits bei der Erarbeitung von Basel II erkannt und behoben. Die Neuregelung, wonach Liqui-

ditätslinien für Zweckgesellschaften mit Eigenkapital unterlegt werden müssen, trat aber erst im Januar 2008 in Kraft.

81 Bernd Wittkowski: »Die Vertreibung aus dem Paradies«, in: *Börsen-Zeitung* v. 29. Dezember 2007, S. 33.

Das Jahr 2008 und die Pleite des Bankhauses Lehman Brothers

82 Monoline-Versicherer wurden in den siebziger Jahren in den USA gegründet, um Zahlungsverpflichtungen aus Anleihen von Gebietskörperschaften zu garantieren. Im Laufe der Jahre änderten die Monoline Versicherer aber ihr Geschäftsmodell und wandten sich zunehmend den ABS- und CDO Märkten zu, um dort Sicherungsgeberposition zu übernehmen. Die Deutsche Bundesbank wies schon in einem Bericht im April 2004 auf das Unbehagen von Marktteilnehmern hin, dass Monoliner vergleichsweise gering kapitalisiert seien und im Hinblick auf ihre Risikoposition nur schwer einschätzbar. Vgl. Deutsche Bundesbank (2004), S. 41.

83 Als »Repos« (eigentlich Sale and Repurchase Agreements) bezeichnet man Rückkaufvereinbarungen für Wertpapiere, die die Banken bei anderen Banken zur kurzfristigen Beschaffung von Liquidität »in Pension« geben. Umgekehrt kann es auch sein, dass die andere Bank das betreffende Wertpapier benötigt und sich ausleiht, was aber nicht der Liquiditätsbeschaffung für den Verleiher dient.

84 Expertenrat der Bundesregierung (2011), S. 2.

85 Vgl. auch zum Folgenden Illing/Watzka, Geldpolitik, S. 854.

86 Ebd.

87 Ebd.

88 Vgl. Illing/Watzka, Neubewertung, S. 1206. Auch die EZB unternahm Stützungsmaßnahmen, sie stützte den Pfandbriefmarkt (Covered Bonds Programm) mit 60 Milliarden Euro.

89 Ebd., S. 1207. Während die Geldbasis von der Fed aufgebläht wurde, ist die Geldmenge (gemessen durch M2, also einschließlich der Einlagen mit einer vereinbarten Kündigungsfrist bis zu zwei Jahren) kaum gewachsen.

90 Die Regierung griff auch zur Rettung der Investmentbank Merrill Lynch ein, die durch die Immobilienkrise in den USA 2007 Abschreibungen ihres CDO Portfolios in Höhe von mehr als 20 Mrd. $ hinnehmen musste. Merrill Lynch akzeptierte am 15. September 2008 ein Übernahmeangebot der Bank of America über 40 Mrd. $.

91 17. September 2008, 05:51, *NZZ Online*.

92 AIG konnte im Januar 2011 eine Rekapitalisierung abschließen. Dazu erhielten die Aktionäre Bezugsrechte auf den Kauf von Stammaktien. Die Fed hatte ihre gesamten Hilfen zurückerhalten, und der Anteil des US-Finanzministeriums an AIG war auf gut 92 Prozent gestiegen. AIG erhielt von allen Firmen weltweit das größte Rettungspaket der Finanzkrise

und schuldete der US-Regierung zwischenzeitlich 182 Mrd. Dollar. Das Finanzministerium beabsichtigt, 2011 zwei Tranchen der staatlichen Anteile zu verkaufen und den Rest 2012 zu privatisieren. Vgl. *Financial Times* v. 10. Januar 2011.

93 Als sich später dieser Plan als wenig praktikabel herausstellte, wurden die Mittel stattdessen für direkte Hilfen an notleidende Finanzinstitutionen verwendet. Im Frühjahr 2011 war der insgesamt ausgezahlte Betrag von mehr als 150 Mrd. $ bereits wieder zurückgeflossen.

94 Sinn, Kasino-Kapitalismus, S. 325. Im Januar 2009 zerbrach die isländische Regierungskoalition. Im Sommer 2009 stellte Island einen Antrag auf den Beitritt in die EU, nachdem die neue Regierung eine EU-freundliche Haltung eingenommen hatte. Die isländische Regierung erhofft sich einen Beitritt für das Jahr 2012. Es ist aber noch unklar, wie mit der hohen Staatsverschuldung umgegangen werden soll.

95 Vgl. zu vielen Einzelheiten des HRE Desasters, zu seiner Entwicklungsgeschichte und den vielfältigen Rettungsbemühungen: Deutscher Bundestag (2009).

96 Vgl. den Kommentar von Rüdiger Ditz in *Spiegel Online* vom 5. Oktober 2008. Ditz stellt in seinem Kommentar fest, dass die Regierung damit für private Spareinlagen im Wert von 568 Mrd. € eine Garantie übernommen habe.

97 Expertenrat der Bundesregierung (2011), S. 3.

98 Bundesanstalt für Finanzdienstleistungsaufsicht: Jahresbericht 2008, S. 9–10.

99 Sachverständigenrat (2008), S. 2.

100 Vgl. Leitlinie der Europäischen Zentralbank vom 7. Mai 2009 zur Änderung der Leitlinie EZB/2000/7 über geldpolitische Instrumente und Verfahren des Eurosystems *(EZB/2009/10)* (2009/391/EG) sowie Pressemitteilung der EZB vom 4. Juni 2009 über das Programm zum Ankauf gedeckter Schuldverschreibungen.

101 Bereits zum Jahresende 2010 waren die Garantien des SoFFin auf weniger als 64 Mrd. € zurückgeführt worden, nachdem sie noch auf dem Höchststand (Anfang Oktober 2010) 174 Mrd. € betragen hatten. Zusätzlich hatten aber auch etliche Bundesländer ihre Landesbanken durch die Einbringung von Eigenkapital oder Garantien unterstützt.

102 Das Bad-Bank-Gesetz vom 17. Juni 2009 änderte und ergänzte das Finanzmarktstabilisierungsfondsgesetz vom Oktober 2008 sowie das Finanzmarktstabilisierungsbeschleunigungsgesetz vom April 2009. Mit dem Bad-Bank-Gesetz wurden ein Zweckgesellschaftsmodell und ein Anstaltsmodell geschaffen, wobei auf die Abwicklungsanstalten auch Geschäftsbereiche übertragen werden konnten, die nicht mehr in die geplante strategische Ausrichtung einer Bank passten.

103 So die Überschrift eines Beitrags von Carsten Steevens in der *Börsen-Zeitung* vom 30. Juni 2009. In einer Untersuchung von Panetta et al., Assessment, werden auch die weltweit getätigten alternativen Ret-

tungsmaßnahmen und ihre Auswirkungen zusammengestellt und gewürdigt.

104 Nach Fecht/Grüner, Bad Bank, liegt ein wichtiger Schwachpunkt des Modells in den Anreizwirkungen. Darüber hinaus ist unmittelbar befürchtet worden, dass keine Bank das angebotene Modell in Anspruch nehmen, sondern auf die Aktivitäten anderer Banken hoffen und versuchen werde, die eigenen Assets in der Bilanz zu halten.

105 Vgl. o.V.: »Bankenabgabe belastet Institute mit bis zu 1,3 Mrd. Euro«, in: *Börsen-Zeitung* v. 24. August 2010. Zu den Details vgl. die Verordnung über die Erhebung der Beiträge zum Restrukturierungsfonds für Kreditinstitute (Restrukturierungsfonds-Verordnung) vom 20. Juli 2011.

106 *Focus Online Money* v. 27. August 2008.

107 Rede des Vorstandsvorsitzenden der Commerzbank am 15. Mai 2009, S. 5.

108 Rede des Vorstandsvorsitzenden der Commerzbank am 19. Mai 2010, S. 6.

Ansätze zur Ursachenanalyse und zur Krisenbewältigung

109 Vgl. Ashcraft/Schuermann, Understanding, S. 3. Etliche der dort beschriebenen Friktionen werden bereits ausführlich behandelt in Henke, Anreizprobleme.

110 Vgl. zum Kollusionsproblem bei Kreditverbriefungen insbesondere Scholz, Auswirkungen.

111 Ashcraft/Schuermann, Understanding, S. 12.

112 Vgl. Scholz, Auswirkungen.

113 Hellwig, Finanzkrise, S. E 39. Vgl. auch den EBK-UBS – Subprimebericht in: Eidgenössische Bankenkommission (2008).

114 Bundesanstalt für Finanzdienstleistungsaufsicht (2011), S. 134–135.

115 Vgl. die grafische Darstellung in: Fender/Mitchell, Finanzierungen, S. 86.

116 Vgl. Gisdakis, Kreditportfolio-Tranchierung, S. 9 ff.

117 Vgl. Markus Frühauf: »Verbriefungen etablieren sich als neue Assetklasse«, in: *Börsen-Zeitung* v. 14. März 2006.

118 Vgl. zu den Konstruktionsmerkmalen der Mezzanine-Programme Rudolph, Mezzanine-Fonds, und zur aktuellen Entwicklung Hommel/Schneider/Nohtse, Programme-Mezzanine.

119 Die Deutsche Bank bietet in ihrem Konzernabschluss 2007 ein sehr instruktives Bild ihrer Value-at-Risk-Auslastung im Handelsbereich. Die Grafik zum Value-at-Risk der Handelsbereiche des Konzernbereichs Corporate and Investment Bank macht deutlich, wie sich die im Modell zur Value-at-Risk-Berechnung unterstellten Annahmen im Juli/August bei Ausbruch der Krise als unrealistisch herausstellten, da die tatsächlichen Verluste viel höher und häufiger waren, als in dem modellierten Ansatz der Bank unterstellt worden war.

120 Hellwig, Finanzkrise, S. E 44.

121 Lam, Change.

122 Vgl. zum Verdrängungseffekt der intrinsischen Motivation durch die Einführung einer extrinsischen Motivation Osterloh, Ökonomik, S. 98 ff.

123 Die Abbildung ist der Expertise des Sachverständigenrates entnommen. Vgl. Sachverständigenrat (2008b), S. 138.

124 Zu den Bilanzierungs- und Bewertungsproblemen vgl. im Einzelnen: Institut der Wirtschaftsprüfer (2007). Aus der Praxis sind Vorschläge gekommen, die Bewertung mit dem Fair Value für langfristig mit Derivaten verbundene Investments zu überdenken.

125 Siehe IOSCO (2008), S. 16 ff.

Von den identifizierten Treibern der Krise zu wichtigen Reformansätzen

126 Vgl. Institute of International Finance (2008), Vorwort.

127 Vgl. Sachverständigenrat (2008), S. 147, der auch empfiehlt, die Erwerber strukturierter Produkte regelmäßig darüber zu informieren, ob die Risikobeteiligung des Originators noch besteht. Die Änderungs-Richtlinie zur Banken- und Kapitaladäquanz-Richtlinie (CRD III) der Europäischen Union legt fest, dass Banken nur noch in Verbriefungspositionen investieren dürfen, bei denen die verbriefende Bank bzw. der Sponsor mindestens 5 Prozent des zugrunde liegenden Verbriefungsvolumens in den eigenen Büchern zurückbehält. In Deutschland muss der Originator der Verbriefung in Zukunft sogar mindestens 10 Prozent zurückhalten, wobei zunächst von einem Selbstbehalt von 5 Prozent ausgegangen wird, der ab 2013 auf 10 Prozent erhöht wird.

128 Vgl. Oriwol/Weghorn, Kreditbasket. Das Modell, das auf dem Transfer über Credit Linked Notes erfolgt, ist insoweit geöffnet worden, als auch Institute zur Diversifikation Risiken übernehmen oder abgeben können, die nicht selbst Kreditrisiken eingeliefert oder übernommen haben (offene Teilnehmerstruktur). Darüber hinaus gibt es eine Zusammenarbeit mit der TSI-Plattform. Die True Sale International GmbH (TSI) wurde im Mai 2004 im Rahmen der True-Sale-Initiative von dreizehn Banken in Deutschland mit dem Ziel gegründet, ABS »made in Germany« zu ermöglichen.

129 Vgl. Adrian/Shin, Liquidity, mit einer Beispielrechnung für den Anpassungsprozess im Bankensektor.

130 Zum Abbau der prozyklischen Wirkungen neigt die BIZ eher im Rahmen eines regelbasierten Systems zum Aufbau zusätzlicher Kapitalreserven im Aufschwung bei günstiger Ertragslage.

131 Reckers, Regulierung, S. 11.

132 Deutsche Bundesbank (2009b), S. 67.

133 Deutsche Bundesbank (2004), S. 79

134 Im Sommer 2011 wurden Stresstests von der European Banking Authority EBA durchgeführt und veröffentlicht. Die Europäische Bankaufsichtsbehörde EBA war Ende 2010 aus dem Committee of European Banking Supervisors (CEBS) hervorgegangen, das 2010 einen Stresstest durchgeführt hatte, bei dem sieben der 91 geprüften Banken in Europa durchgefallen war. Dieser Stresstest hatte allerdings »seinen Zweck verfehlt, die Märkte zu beruhigen« (Kurm-Engels/Köhler/Maisch/Landgraf, Neuauflage) und sollte daher 2011 unter verschärften Bedingungen wiederholt werden.

135 Vgl. Fachgremium Kredit (2007), S. 1. Zu den verschiedenen Möglichkeiten einer Verbesserung der Stresstests vgl. Haldane, Banks. Zur Praxis der Stresstests vgl. Basel Committee on Banking Supervision (2009) und zu den Vorzügen eines Reverse Stress Testing, bei dem die Banken Szenarien entwickeln sollen, die zu ihrer Schieflage führen, vgl. Huertas, Crisis.

136 Vgl. Deutsche Bundesbank/BaFin (2008).

137 Vgl. Basel Committee on Banking Supervision (2008).

138 Vgl. beispielsweise Deutsche Bundesbank (2007), S. 22. Ein Studienkreis des Committee on the Global Financial System (2008) stellt fest, dass sowohl Ratings als auch Risikomanagement- und Stresstestingsysteme die unterschiedlichen Risikocharakteristika von strukturierten Papieren und traditionellen Anleihen stärker berücksichtigen sollten.

139 Fender/Mitchell, Finanzierungen, S. 89.

140 Vgl. Institute of International Finance (2008), S. 22, sowie Sachverständigenrat (2008), S. 147, und Zentraler Kreditausschuss (2008), der auch Informationen anmahnt, mit deren Hilfe die Risikoeinschätzung der Agenturen von den Nutzern verifiziert werden können. Dazu gehörten u. a. Informationen über die Stabilität der Ratings. Der Zentrale Kreditausschuss (www.zka-online.de/) nimmt in seinem Papier vom 28. März 2008 zu den Fragen im Konsultationspapier des Committee of European Securities Regulators (CESR, seit 1. Januar 2011 European Securities and Markets Authority [ESMA]) (www.esma.europa.eu/ – zuletzt aufgerufen am 25. August 2011) Stellung. Vgl. auch die Studie der European Securities Markets Expert Group (2008).

141 Vgl. Institute for International Finance (2008), S. 19.

142 Vgl. IOSCO (2008).

143 Vgl. den Beitrag »US-Börsenaufsicht kappt Macht der Ratingagenturen«, in: Financial Times Deutschland v. 24. Juni 2008 mit dem Verweis auf Vorschläge der SEC, dass Geldmarktfonds in Zukunft nicht nur Papiere mit höchster Bewertung der Ratingagenturen kaufen dürften, um deren Bonitätsurteil abzuwerten.

144 Greive, Ratings.

145 Vgl. González-Páramo, Financial Turmoil, S. 3.

146 Vgl. auch IOSCO (2008), S. 7 ff.

147 Zu den Vorteilen und Problemen des für den Corporate Bond Markt

in den USA 2002 eingeführten Transaction Reporting and Compliance Engine (TRACE) vgl. Bessembinder/Maxwell, Transparency.

148 Vgl. Piper, Puffer, S. 24.

149 Die IOSCO macht darauf aufmerksam, dass die an einer Börse gehandelten Mortgage Backed Securities keiner Liquiditätskrise ausgesetzt waren. Vgl. IOSCO (2008), S. 5, Fn. 10.

150 Vgl. Kern, US-Finanzmarktreform.

151 Vgl. zur Begründung und Entwicklung der Eigenkapitalanforderungen in der Bankregulierung sowie zu den geplanten Neuregelungen Rudolph, Eigenkapitalanforderungen.

152 Vgl. zusammenfassend den Monatsbericht des Bundesministeriums der Finanzen, April 2011, S. 55–56

153 Vgl. Freixas, Systemic Risk.

154 Wenn auch die Zusammenarbeit der Bundesbank mit der BaFin offenbar sehr gut funktioniert hat, lässt sich zumindest bei Ausbruch der Krise eine deutlich unterschiedliche Akzentuierung der Bewertung ausmachen, die auch in Deutschland ein gewisses Spannungsfeld der Zielsetzungen erkennen lässt.

155 Sachverständigenrat (2008), S. 148. Vgl. den gleichen Tenor in Financial Stability Forum (2008b).

156 Illing, Zentralbanken, S. 7.

157 Deutsche Bundesbank (2011), S. 39.

Johannes Bähr/Bernd Rudolph
Die Bankenkrise 1931 und die Finanzkrise 2008 im Vergleich

1 Zum Vergleich zwischen den Finanzkrisen von 1931 und 2008 siehe auch Ritschl, 2008; Harald Wixforth, Managerversagen, Marktversagen, Politikversagen? Die deutschen Finanzkrisen 1931 und 2007/08 im Vergleich, in: *Zeithistorische Forschungen/Contemporary History,* Online-Ausgabe, 7 (2010), H. 2. Zum Vergleich zwischen der Weltwirtschaftskrise nach 1929 und der jüngsten Finanzkrise: Bordo/James, Great Depression; Carl-Ludwig Holtfrerich, Vergleichende Aspekte der Großen Krisen nach 1929 und 2007, in: Jahrbuch für Wirtschaftsgeschichte 2011/1, S. 115–137.

2 Vgl. Burhop, Banking Crises; ders., Welche Lehren sich aus den Bankenkrisen 1873 und 1931 ziehen lassen, in: *Börsen-Zeitung* vom 2./3. April 2010.

3 Ritschl, 2008, S. 31.

4 Bordo/James, Great Depression, S. 140.

5 Die Bankdepositen in den USA nahmen zwischen September 2008 und August 2009 um rund 9 Prozent zu. Dagegen gingen sie in Deutschland 1931 um rund 25 Prozent zurück. Richhild Moessner/William A. Allen,

Banking Crises and the International Monetary System in the Great Depression and Now, in: *Financial History Review* Vol. 18, 2011, Part 1, S. 5 f.

6   Vgl. die Stellungnahmen von Werner Abelshauser, Christoph Buchheim, Harold James und Albrecht Ritschl, in: Warum die Große Depression ausbleibt, in: *Financial Times Deutschland* vom 7. Oktober 2008; Die Geschichte wiederholt sich nicht, in: *Frankfurter Allgemeine Zeitung* vom 10. Oktober 2008; Die Rettung muss aus China kommen, in: *Süddeutsche Zeitung* vom 10. Oktober 2008; vgl. ferner Ritschl, 2008; Christoph Buchheim, Es war einmal: die Weltwirtschaftskrise, in: *Frankfurter Allgemeine Zeitung* vom 28. Oktober 2009.

7   Vgl. Hartmut Kiehling, Nach dem Crash ist vor dem Crash?, in: *Die Bank* 2/2010.

8   Gunther Tichy, War die Finanzkrise vorhersehbar?, in: Perspektiven der Wirtschaftspolitik Bd. 11, 2010, H. 4, S. 368.

9   Reinhart/Rogoff, Dieses Mal, S. 396 f.

Quellenverzeichnis

JOHANNES BÄHR
Die deutsche Bankenkrise 1931

Archivquellen

Bundesarchiv, Berlin/Koblenz (BArch)

Bestände N 1004 Nachlass Hermann Dietrich, R 2501 Reichsbank, R 3101 Reichswirtschaftsministerium, R 43 I Reichskanzlei, R 8129 Berliner Handelsgesellschaft

Geheimes Staatsarchiv Preußischer Kulturbesitz, Berlin

Bestand I HA Rep. 109 Seehandlung (Preußische Staatsbank), Akte 170

Historisches Archiv der Commerzbank AG, Frankfurt am Main (HAC)

Bestand Commerzbank
Akten 1/115, 1/186, S2/Vorstandslisten, S3/A2
Bestand Dresdner Bank
Akten 606–1999, 120851, 15841–2001, 30017–2001.BE

Historisches Archiv der Deutschen Bank AG, Frankfurt am Main (HADB)

Akte B 228

Historisches Archiv der Deutschen Bundesbank, Frankfurt am Main (HA Bbk)

Akte Rbk/6

Sächsisches Staatsarchiv Leipzig

Akte ADCA 241

Stiftung zur Industriegeschichte Thyssen, Duisburg (SIT)

Akte VSt/923

ThyssenKrupp Konzernarchiv, Duisburg (TKA)

Akten RSW/6714

Quelleneditionen

Akten der Reichskanzlei, Weimarer Republik, Die Kabinette Brüning I u. II, 30. März 1930 bis 10. Oktober 1931; 10. Oktober 1931 bis 1. Juni 1932, Bd. 2, bearbeitet von Tilman Koops, Boppard am Rhein 1982.

Akten der Reichskanzlei, Weimarer Republik, Das Kabinett von Schleicher, 3. Dezember 1932 bis 30. Januar 1933, bearbeitet von Anton Golecki, Boppard am Rhein 1986.

Akten der Reichskanzlei, Die Regierung Hitler, Teil I: 1933/34, Bd. 1: 30. Januar bis 31. August 1933, bearbeitet von Karl-Heinz Minuth, Boppard am Rhein 1983.

http://www.bundesarchiv.akten-reichskanzlei/1919–1933

Politik und Wirtschaft in der Krise 1930–1932, bearb. von Ilse Maurer und Udo Wengst, Teil I (Quellen zur Geschichte des Parlamentarismus und der politischen Parteien, Reihe 3, Die Weimarer Republik, Bd. 4), Düsseldorf 1980.

Amtliche Veröffentlichungen

Bericht des Untersuchungsausschusses für das Bankwesen 1933/Reichsgesetz über das Kreditwesen vom 5. Dezember 1934, Berlin 1934.

Reichsgesetzblatt I, Jg. 1924, 1931, 1932, 1934.

Statistisches Jahrbuch für das Deutsche Reich 51. Jg. (1932), Berlin 1932.

Geschäftsberichte

Commerz- und Privat-Bank, Geschäftsbericht 1929, Berlin 1930.

Zeitgenössische Zeitungen und Zeitschriften

Die Arbeit
Die Bank
Bank-Archiv
Berliner Börsen-Zeitung
Berliner Tageblatt
Börsen-Zeitung

Deutsche Allgemeine Zeitung
Frankfurter Zeitung
Magazin der Wirtschaft
Schlesische Zeitung
Vorwärts
Die Weltbühne

Neuere Zeitungen und Nachrichtenmagazine

Die Bank
Börsenzeitung
Financial Times Deutschland
Frankfurter Allgemeine Zeitung
Der Spiegel

Stuttgarter Zeitung
Süddeutsche Zeitung
Wirtschaftswoche
Die Zeit

Pressemitteilungen

Zwischenbilanz der Bundesanstalt für Finanzmarktstabilisierung, Deutsche Bankenrettung im internationalen Vergleich erfolgreich (Pressenotiz, 28. Januar 2011), http://www.genesis. destatis.de/genesis/online

Memoiren und Zeitzeugenberichte

Brüning, Heinrich: Memoiren 1918–1934, Stuttgart 1970.

Luther, Hans: Vor dem Abgrund 1930–1933. Reichsbankpräsident in Krisenzeiten, Berlin 1964.

Neckermann, Josef: Erinnerungen, Frankfurt am Main/Berlin 1990.

Priester, Hans E.: Das Geheimnis des 13. Juli. Ein Tatsachenbericht von der Bankenkrise, Berlin 1932.

Schacht, Hjalmar: 76 Jahre meines Lebens, Bad Wörishofen 1953.

Schäffer, Hans: Marcus Wallenberg und die deutsche Bankenkrise 1931. Ein Insider berichtet, Wiesbaden 2008.

Treue, Wilhelm (Hg.): Deutschland in der Weltwirtschaftskrise in Augenzeugenberichten, Düsseldorf 1967.

Literaturverzeichnis

JOHANNES BÄHR
Die deutsche Bankenkrise 1931

Bähr, Johannes: Carl Friedrich Goetz [1885–1965], in: Pohl (Hg.): Deutsche Bankiers, S. 141–152.

Bähr, Johannes: Die Dresdner Bank in der Wirtschaft des Dritten Reichs, München 2006.

Bähr, Johannes: Zwischen zwei Kontinenten. Hundert Jahre Dresdner Bank Lateinamerika vormals Deutsch-Südamerikanische Bank, hg. von der Eugen-Gutmann-Gesellschaft, Dresden 2007.

Bähr, Johannes/Drecoll, Axel/Gotto, Bernhard: Der Flick-Konzern im Dritten Reich, München 2008.

Bähr, Johannes/Drecoll, Axel/Gotto, Bernhard: Die Geschichte der BayernLB, München 2009.

Bähr, Johannes/Ziegler, Dieter: Vorstand und Aufsichtsrat 1931–1945, in: Bähr, Dresdner Bank, S. 75–127.

Balderston, Theo: The Banks and the Gold Standard in the German Financial Crisis of 1931, in: Financial History Review 1, 1994, H. 4, S. 43–68.

Banken, Ralf: Das nationalsozialistische Devisenrecht als Steuerungs- und Diskriminierungsinstrument 1933–1945, in: Johannes Bähr/Ralf Banken (Hg.): Wirtschaftssteuerung durch Recht im Nationalsozialismus. Studien zur Entwicklung des Wirtschaftsrechts im Interventionsstaat des »Dritten Reichs« (Veröffentlichungen des Max-Planck-Instituts für europäische Rechtsgeschichte Frankfurt am Main, Bd. 199), Frankfurt am Main 2006, S. 121–236.

Bauer, Robert: Die Gefährdung der deutschen öffentlichen Sparkassen durch die Wirtschaftskrise seit 1929. Diss. Universität München, Regensburg 1934.

Baumann, Jan: Bundesinterventionen in der Bankenkrise 1931–1937. Eine vergleichende Studie am Beispiel der Schweizerischen Volksbank und der Schweizerischen Diskontbank. Phil.Diss, Zürich 2007.

Die Bayerische Staatsbank von 1780 bis 1955. Geschichte und Geschäfte einer öffentlichen Bank, München 1955.

Bernanke, Ben/James, Harold: The Gold Standard, Deflation, and Financial Crisis in the Great Depression. An International Comparison, in: R. Glenn Hubbard (Ed.): Financial Markets and Financial Crises, Chicago 1991, S. 33–68.

Blatz, Joachim: Die Bankenliquidität im Run 1931. Statistische Liquiditätsanalyse der deutschen Kreditinstitutsgruppen in der Weltwirtschaftskrise 1929–1933, Köln 1971.

Borchardt, Knut: Die »Krise vor der Krise«. Zehn Jahre Diskussion über die Vorbelastungen der Wirtschaftspolitik Heinrich Brünings in der Weltwirtschaftskrise (Münchener Wirtschaftswissenschaftliche Beiträge, Nr. 89–25, Discussion Papers), München 1989.

Borchardt, Knut: Wachstum, Krisen, Handlungsspielräume der Wirtschaftspolitik. (Studien zur Wirtschaftsgeschichte des 19. und 20. Jahrhunderts), Göttingen 1982.

Borchardt, Knut: Wirtschaftliche Ursachen des Scheiterns der Weimarer Republik, in: ders.: Wachstum, S. 183–205.

Borchardt, Knut: Zur Frage der währungspolitischen Optionen Deutschlands in der Weltwirtschaftskrise, in: ders.: Wachstum, S. 206–224.

Borchardt, Knut: Zwangslagen und Handlungsspielräume in der großen Weltwirtschaftskrise der frühen dreißiger Jahre. Zur Revision des überlieferten Geschichtsbildes, in: ders.: Wachstum, S. 165–182.

Bordo, Michael D./James, Harold: The Great Depression analogy, in: Financial History Review Vol. 17 (2010), S. 127–140.

Born, Karl Erich: Die deutsche Bankenkrise 1931. Finanzen und Politik, München 1967.

Born, Karl Erich: Vom Beginn des Ersten Weltkrieges bis zum Ende der Weimarer Republik (1914–1933), in: Deutsche Bankengeschichte, hg. vom Institut für bankhistorische Forschung, Bd. 3, Frankfurt am Main 1983, S. 17–146.

Burhop, Carsten: Banking Crises in Germany: 1873–1974, in: Die internationale Finanzkrise: Was an ihr ist neu, was alt? Worauf muss in Zukunft geachtet werden? (Bankhistorisches Archiv, Beiheft 47), Stuttgart 2009, S. 73–88.

Burhop, Carsten: The historiography of the 1931 crisis in Germany, in: Jahrbuch für Wirtschaftsgeschichte 2011/2 (im Druck).

Burhop, Carsten: Welche Lehren sich aus den Bankenkrisen 1873 und 1931 ziehen lassen, in: Börsen-Zeitung vom 2./3.4.2010.

Commerzbank 1870–2010. Eine Zeitreise. Fakten und Bilder zusammengestellt von Detlef Krause (Publikationen der Eugen-Gutmann-Gesellschaft, Bd. 5), Frankfurt am Main 2010.

Deutsche Bundesbank (Hg.): Deutsches Geld- und Bankwesen in Zahlen 1876–1975, Frankfurt am Main 1976.

Dietrich-Troeltsch, Hermann: Die Errichtung der Beratungsstelle für Auslandskredite und ihre Funktionsweise, in: Hansmeyer (Hg.): Kommunale Finanzpolitik, S. 174–186.

Eichengreen, Barry: Golden Fetters. The Gold Standard and the Great Depression 1919–1939, New York/Oxford 1992.

Eichengreen, Barry: The Gold Standard in Theory and History, New York/London 1985.

Eichengreen, Barry/Temin, Peter: The Gold Standard and the Great Depression. National Bureau of Economic Research. Inc., Working Paper 6060, Cambridge/Mass. 1997.

Engelke, Sylvia/Maltschew, Reni: Weltwirtschaftskrise, Aktienskandale und Reaktionen des Gesetzgebers durch Notverordnungen im Jahre 1931, in: Walter Bayer/Mathias Habersack (Hg.): Aktienrecht im Wandel, Bd. I: Entwicklung des Aktienrechts, Tübingen 2007, S. 570–618.

Escher, Otmar: Die Wirtschafts- und Finanzkrise in Bremen 1931 und der Fall Schröderbank (Schriftenreihe des Instituts für bankhistorische Forschung, Bd. 11), Frankfurt am Main 1988.

Fäßler, Peter E.: Globalisierung. Ein historisches Kompendium, Köln/Weimar 2007.

Federal Deposit Insurance Corporation: A Brief History of Deposit Insurance in the United States. Prepared for the International Conference on Deposit Insurance Washington, DC, Washington, DC 1998.

Feldman, Gerald D.: Die Creditanstalt-Bankverein in der Zeit des Nationalsozialismus 1938–1945, in: ders./Oliver Rathkolb/Theodor Venus/Ulrike Zimmerl: Österreichische Banken und Sparkassen im Nationalsozialismus und in der Nachkriegszeit, Bd. 1: Creditanstalt-Bankverein, München 2006, S. 23–684.

Feldman, Gerald D.: Die Deutsche Bank vom Ersten Weltkrieg bis zur Weltwirtschaftskrise 1914–1933, in: Lothar Gall/Gerald D. Feldman/Harold James/Carl-Ludwig Holtfrerich/Hans E. Büschgen: Die Deutsche Bank 1870–1995, München 1995, S. 137–314.

Feldman, Gerald D.: Jakob Goldschmidt, the History of the Banking Crisis of 1931 and the Problem of Freedom of Manoevre in the Weimar Economy, in: Christoph Buchheim/Michael Hutter/Harold James (Hg.): Zerrissene Zwischenkriegszeit. Wirtschaftshistorische Beiträge. Knut Borchardt zum 65. Geburtstag, Baden-Baden 1994, S. 307–327.

Ferguson, Thomas/Temin, Peter: Made in Germany. The German Currency Crisis of July 1931. Working Paper. University of Massachusetts at Boston and Massachusetts Institute of Technology, Boston 2001.

Fischer, Albert: Die Landesbank der Rheinprovinz. Aufstieg und Fall zwischen Wirtschaft und Politik (Wirtschafts- und Sozialhistorische Studien, Bd. 6), Köln/Weimar 1997.

Fischer, Albert: Nicht nur ein Fall von Risikosozialisierung. Das »mittelbare« Kommunalkreditgeschäft privater Banken nach der Währungsreform, in: Scripta Mercaturae 33 (1999), S. 46–65.

Frei, Norbert/Ahrens, Ralf/Osterloh, Jörg/Schanetzky, Tim: Flick. Der Konzern, die Familie, die Macht, München 2009.

Friedman, Milton/Schwartz, Anna J.: A Monetary History of the United States 1867–1960, Princeton 1963.

Galbraith, John Kenneth: Der große Crash 1929. Ursachen, Verlauf, Folgen, 4. Aufl., München 2005 (engl. Orig.: The Great Crash 1929, Boston 1954).

Gall, Lothar: Der Bankier. Hermann Josef Abs. Eine Biografie, München 2004.

Geschichte und Perspektiven des Dreisäulenmodells in der deutschen Kredit-wirtschaft (Bankhistorisches Archiv, Beiheft 46), Stuttgart 2007.

Golz, Dieter: Das Liquiditätsproblem der Girozentralen (Untersuchungen über das Spar-, Giro- und Kreditwesen, Bd. 3), Berlin 1956.

Gutmann, Franz: Auslandskredite und Auslandsverschuldung, Berlin 1930.

Hansmeyer, Karl-Heinrich (Hg.): Kommunale Finanzpolitik in der Weimarer Republik, Stuttgart 1973.

Hardach, Gerd: Weltmarktorientierung und relative Stagnation. Währungspo-litik in Deutschland 1924–1931 (Schriften zur Wirtschafts- und Sozialge-schichte, Bd. 27), Berlin 1976.

Heitger, Ulrich: Vom Zeitzeichen zum politischen Führungsmittel. Entwick-lungstendenzen und Strukturen des Rundfunks in der Weimarer Republik 1923–1932, Münster/W. 2003.

Hesse, Jan-Otmar: Wirtschaftspolitische Bewältigungsstrategien nach der Krise. Deutschland und die USA in den 1930er Jahren, in: Geschichte in Wissenschaft und Unterricht Jg. 61 (2010), H. 5/6, S. 315–329.

Heyde, Philipp: Das Ende der Reparationen. Deutschland, Frankreich und der Youngplan 1929–1932, Paderborn 1998.

Heyde, Philipp: Frankreich und das Ende der Reparationen. Das Scheitern des französischen Stabilisierungskonzepts in der Weltwirtschaftskrise 1930–1932, in: Vierteljahrshefte für Zeitgeschichte 48 (2000), H. 1, S. 37–73.

Holtfrerich, Carl-Ludwig: Die Eigenkapitalausstattung deutscher Kreditinsti-tute 1871–1945, in: Das Eigenkapital der Kreditinstitute als historisches und aktuelles Problem (Bankhistorisches Archiv, Beiheft 5), Stuttgart 1981, S. 15–29.

Holtfrerich, Carl-Ludwig: Vergleichende Aspekte der Großen Krisen nach 1929 und 2007, in: Jahrbuch für Wirtschaftsgeschichte 2011/1, S. 115–137.

Hütz, Gerhard: Die Bankenaufsicht in der Bundesrepublik Deutschland und in den USA. Ein Rechtsvergleich, Berlin 1990.

James, Harold: The Causes of the German Banking Crisis of 1931, in: The Economic History Review Vol. 37, No. 1, Febr. 1984, S. 68–87.

James, Harold: Deutschland in der Weltwirtschaftskrise 1924–1936, Stuttgart 1988.

James, Harold: General Trends: A Search for Stability in Uncertain Condi-tions, in: Hans Pohl (Hg.): Europäische Bankengeschichte, Frankfurt am Main 1993, S. 345–372.

James, Harold: The Reichsbank and Public Finance in Germany 1924–1933. A Study of the Politics of Economics during the Great Depression, Frank-furt am Main 1985.

James, Harold: Die Reichsbank 1876 bis 1945, in: Deutsche Bundesbank (Hg.): Fünfzig Jahre Deutsche Mark. Notenbank und Währung in Deutsch-land seit 1948, München 1998

Jurk, Michael: Jakob Goldschmidt [1882–1955], in: Pohl (Hg.): Deutsche Bankiers, S. 153–164.

Kaserer, Christoph: Die deutsche Bankenkrise von 1931. Marktversagen oder Staatsversagen?, in: Bankhistorisches Archiv 26. Jg. (2000), H. 1, S. 3–26.

Kiehling, Hartmut: Nach dem Crash ist vor dem Crash?, in: Die Bank 2/2010.

Kindleberger, Charles P.: Manias, Panics and Crashes. A History of Financial Crises, New York 1989.

Kindleberger, Charles P.: Die Weltwirtschaftskrise, 3. Aufl., München 1984.

Kluge, Arnd Holger: Geschichte der deutschen Bankgenossenschaften. Zur Entwicklung mitgliederorientierter Unternehmen (Schriftenreihe des Instituts für bankhistorische Forschung, Bd. 17), Frankfurt am Main 1991.

Köhler, Ingo: Die »Arisierung« der Privatbanken im Dritten Reich. Verdrängung, Ausschaltung und die Frage der Wiedergutmachung (Schriftenreihe zur Zeitschrift für Unternehmensgeschichte, Bd. 14), München 2005.

Kopper, Christopher: Zwischen Marktwirtschaft und Dirigismus. Bankenpolitik im Dritten Reich, Bonn 1995.

Kopper, Christopher: Hjalmar Schacht. Aufstieg und Fall von Hitlers mächtigstem Banker, München/Wien 2006.

Korf, Jan-Frederik: Von der Konsumgenossenschaftsbewegung zum Gemeinschaftswerk der Deutschen Arbeitsfront. Zwischen Gleichschaltung, Widerstand und Anpassung an die Diktatur, Norderstedt 2008.

Krause, Detlef: Zwischen Erstem Weltkrieg und Bankenkrise: Der Barmer Bank-Verein Hinsberg, Fischer & Co., in: Bankhistorisches Archiv 18. Jg. (1992), H. 1, S. 22–38.

Kreutzmüller, Christoph: Händler und Handlungsgehilfen. Der Finanzplatz Amsterdam und die deutschen Großbanken (1918–1945), Stuttgart 2005.

Kunz, Diane B.: The battle for Britain's gold standard in 1931, London/New York 1987.

Lehmann, Karin: Die Reaktion der Deutschen Bank und Disconto-Gesellschaft auf die Bankenkrise von 1931, in: Jahrbuch für Wirtschaftsgeschichte 1996/1, S. 177–190.

Lewinsohn, Richard (Morus): Geschichte der Krise, Leipzig/Wien 1934.

Liebmann, Arthur: Acht Jahrzehnte im Dienste der Wirtschaft. Ein Lebensbild der ADCA – Allgemeine Deutsche Creditanstalt, Leipzig 1938.

Lüke, Rolf E.: Die Berliner Handelsgesellschaft in einem Jahrhundert deutscher Wirtschaft 1856–1956, Berlin/Frankfurt am Main 1956.

Lüke, Rolf E.: 13. Juli 1931. Das Geheimnis der deutschen Bankenkrise, Frankfurt am Main 1981.

Lüke, Rolf E.: Von der Stabilisierung zur Krise, Zürich 1958.

Lumley, Darwyn H.: Breaking the Banks in Motor City. The auto industry, the 1933 Detroit banking crisis and the start of the New Deal, Jefferson, NC 2009.

Manâa, Monia: Die Wirtschaftskrise von 1931 als Wendepunkt? Deutschlands Weg vom organisierten zum regulierten Kapitalismus, in: Jahrbuch für Wirtschaftsgeschichte 2011/2 (im Druck).

Meyen, Hans G.: 120 Jahre Dresdner Bank. Unternehmens-Chronik 1872 bis 1992, Frankfurt am Main 1992.

Möschel, Wernhard: Wurzeln der Bankenaufsicht, in: Friedrich Kübler (Hg.): Festschrift für Theodor Heinsius zum 65. Geburtstag am 25. September 1991, Berlin 1991, S. 575–590.

Moessner, Richhild/Allan, William A.: Banking Crises and the International Monetary System in the Great Depression and Now, in: Financial History Review Vol. 18, 2011, Part 1, S. 1–20.

Olson, James S.: Saving Capitalism. The Reconstruction Finance Corporation and the New Deal 1933–1940, Princeton 1988.

Otmar, Heinz: 125 Jahre Allgemeine Deutsche Creditanstalt, Frankfurt am Main 1981.

Phillips, Ronnie J.: The Chicago Plan and New Deal Banking Reform (Jerome Levy Economics Institute Working Paper No. 76), Armonk, NY 1992.

Pinner, Felix: Deutsche Wirtschaftsführer, Berlin 1924.

Plumpe, Werner: Wirtschaftskrisen. Geschichte und Gegenwart, München 2010.

Pohl, Hans (Hg.): Deutsche Bankiers des 20. Jahrhunderts, Stuttgart 2008.

Pohl, Hans: Die Sparkassen vom Ausgang des 19. Jahrhunderts bis zum Ende des Zweiten Weltkriegs, in: ders./Bernd Rudolph/Günther Schulz: Wirtschafts- und Sozialgeschichte der deutschen Sparkassen im 20. Jahrhundert, Stuttgart 2005, S. 249–428.

Pohl, Manfred: Konzentration im deutschen Bankwesen (1848–1980), Frankfurt am Main 1982.

Priemel, Kim C.: Flick. Eine Konzerngeschichte vom Kaiserreich bis zur Bundesrepublik, Göttingen 2007.

Reckendrees, Alfred: Das »Stahltrust«-Projekt. Die Gründung der Vereinigten Stahlwerke A. G. und ihre Unternehmensentwicklung 1926–1933/34 (Schriftenreihe zur Zeitschrift für Unternehmensgeschichte, Bd. 5), München 2000.

Reeken, Dietmar van: Lahusen. Eine Bremer Unternehmerdynastie 1816–1933, Bremen 1996.

Reinhart, Carmen M./Rogoff, Kenneth S.: Dieses Mal ist alles anders. Acht Jahrhunderte Finanzkrisen, 2. Aufl., München 2010 (engl. Orig.: This Time is different. Eight Centuries of Financial Folly, Princeton 2009).

Richardson, Gary/van Horn, Patrick: Fetters of Debt, Deposit, or Gold during the Great Depression? The International Propagation of the Banking Crisis of 1931, in: Jahrbuch für Wirtschaftsgeschichte 2011/2 (im Druck).

Ritschl, Albrecht: Deutschlands Krise und Konjunktur 1924–1934. Binnenkonjunktur, Auslandsverschuldung und Reparationsproblem zwischen Dawes-Plan und Transfersperre (Jahrbuch für Wirtschaftsgeschichte, Beiheft 2), Berlin 2002.

Ritschl, Albrecht: War 2008 das neue 1931?, in: Aus Politik und Zeitgeschichte 20, 2009, S. 27–32.

Ritschl, Albrecht/Spoerer, Mark: Das Bruttosozialprodukt in Deutschland nach den amtlichen Volkseinkommens- und Sozialproduktsstatistiken 1901–1995, in: Jahrbuch für Wirtschaftsgeschichte 1997/2, S. 27–54.

Rosen, Elliot A.: Roosevelt, the Great Depression, and the Economics of Recovery, Charlottesville 2005.

Ruland, Anselm: Zur Entwicklung des Bankaufsichtsrechts bis 1945, Jur. Diss. Münster/W. 1988.

Schnabel, Isabel: Die Bankenkrise von 1931 und das »Too-big-to-fail«-Problem, in: Börsen-Zeitung vom 25. November 2010.

Schnabel, Isabel: The German Twin Crisis of 1931, in: Journal of Economic History 64, 2004, H. 3, S. 822–871.

Schubert, Aurel: The Credit-Anstalt Crisis of 1931, Cambridge 1991.

Schultze-Kimmle, Horst-Dieter: Sicherungseinrichtungen gegen Einlegerverluste bei deutschen Kreditgenossenschaften, Würzburg 1974.

Schulz, Gerhard: Zwischen Demokratie und Diktatur. Verfassungspolitik und Reichsreform in der Weimarer Republik, Bd. 3: Von Brüning zu Hitler. Der Wandel des politischen Systems in Deutschland 1930–1933, Berlin 1993.

Schwanitz, Wolfgang G.: Gold, Bankiers und Diplomaten. Zur Geschichte der Deutschen Orientbank 1906–1946, Berlin 2002.

Seidenzahl, Fritz: 100 Jahre Deutsche Bank 1870–1970, Frankfurt am Main 1970.

Seidenzahl, Fritz: Die Wechsel-Hilfe der DD-Bank für die Danatbank auf der Höhe der Juli-Krise 1931, in: Beiträge zu Wirtschafts- und Währungsfragen und zur Bankgeschichte Nr. 1 bis Nr. 20, hg. von der Deutschen Bank AG, Mainz 1984, S. 141–151.

Stadermann, Hans-Joachim/Steiger, Otto: Allgemeine Theorie der Wirtschaft, Bd. 1, Tübingen 2001.

Stiefel, Dieter: Finanzdiplomatie und Weltwirtschaftskrise. Die Krise der Credit-Anstalt für Handel und Gewerbe 1931 (Schriftenreihe des Instituts für bankhistorische Forschung, Bd. 12), Frankfurt am Main 1989.

Stürmer, Michael/Teichmann, Gabriele/Treue, Wilhelm: Wägen und Wagen. Sal. Oppenheim jr. & Cie. Geschichte einer Bank und einer Familie, München/Zürich 1989.

Terberger, Eva/Wettberg, Stefanie: Der Aktienrückkauf und die Bankenkrise von 1931 (University of Heidelberg, Department of Economics, Discussion Paper Series No. 418), Heidelberg 2005.

Tichy, Gunther: War die Finanzkrise vorhersehbar?, in: Perspektiven der Wirtschaftspolitik Bd. 11, 2010, H. 4, S. 356–382.

Tilly, Richard: Banking Crises in three Countries, 1800–1933. An historical and comparative Perspective, in: Bulletin of the German Historical Institute, Washington, DC, Spring 2008.

Ustaoglu, Ersen: Die Eingriffe des Federal Reserve Systems während Finanzkrisen im Wandel der Zeit. Ein Vergleich anhand der Finanzkrisen der Großen Depression 1929–1933 und 2007/2008, Hamburg 2009.

Wagner, Adolph: Bankbrüche und Bankkontrollen, in: Deutsche Monatsschrift für das gesamte Leben der Gegenwart, Jg. 1901.

Wagner, Horst: Schaltersturm durch Bankenkrach, in: Berlinische Monatsschrift Heft 7, 2001, Teil 2, S. 203–204.

Weihe, Thomas: Die Verdrängung jüdischer Mitarbeiter und der Wettbewerb um Kunden im Nationalsozialismus, in: Ludolf Herbst/Thomas Weihe (Hg.): Die Commerzbank und die Juden, München 2004, S. 43–73.

Wigmore, Barry A.: The Crash and Its Aftermath. A History of Securities Markets in the United States, 1929–1933, Westport 1985.

Wicker, Elmus: The Banking Panics of the Great Depression, Cambridge 1996.

Winkler, Heinrich August: Weimar 1918–1933. Die Geschichte der ersten deutschen Demokratie, München 1993.

Wirsching, Andreas: Die Weimarer Republik. Politik und Gesellschaft (Enzyklopädie Deutscher Geschichte, Bd. 58), 2. Aufl., München 2008.

Wixforth, Harald: Banken und Schwerindustrie in der Weimarer Republik, Köln 1995.

Wixforth, Harald: Bankenkrise und Bankenrettung – Die Reichs-Kredit-Gesellschaft in der Banken- und Finanzkrise des Jahres 1931, in: Jahrbuch für Wirtschaftsgeschichte 2011/2 (im Druck).

Wixforth, Harald: Die langfristigen Folgen der Bankenkrise und die Zeit des Nationalsozialismus 1931–1945, in: Die DekaBank seit 1918. Liquiditätszentrale, Kapitalanlagegesellschaft, Asset Manager, hg. vom Institut für bankhistorische Forschung, Stuttgart 2008, S. 87–166.

Wixforth, Harald: Managerversagen, Marktversagen, Politikversagen? Die deutschen Finanzkrisen 1931 und 2007/08 im Vergleich, in: Zeithistorische Forschungen/Contemporary History, Online-Ausgabe 7 (2010), H. 2.

Wixforth, Harald: »Unserer lieben ältesten Tochter«. 150 Jahre Bremer Bank. Eine Finanz- und Wirtschaftsgeschichte der Hansestadt Bremen (Publikationen der Eugen-Gutmann-Gesellschaft, Bd. 3), Dresden 2006.

Wolf, Herbert: Die Reprivatisierung der Commerzbank 1936/37. Ein Meisterstück des jungen Hermann Josef Abs, in: Bankhistorisches Archiv 22. Jg. (1996), H. 1, S. 27–36.

Zahn, Johannes: Die Bankenaufsichtsgesetze der Welt, Berlin/Leipzig 1937.

Ziegler, Dieter: After the Crisis. Nationalisation and re-privatisation of the German great banks 1931–1937, in: Jahrbuch für Wirtschaftsgeschichte 2011/2 (im Druck).

Ziegler, Dieter: Die Dresdner Bank und die Juden, München 2006.

Ziegler, Dieter: Die Expansion nach Österreich, in: Harald Wixforth: Die Expansion der Dresdner Bank in Europa, München 2006, S. 11–54.

Ziegler, Dieter: Der Ordnungsrahmen, in: Johannes Bähr: Die Dresdner Bank in der Wirtschaft des Dritten Reichs, München 2006, S. 43–74.

Zimmermann, Nicolai: Die veröffentlichten Bilanzen der Commerzbank 1870–1944. Eine Bilanzanalyse unter Einbeziehung der Bilanzdaten von Deutscher Bank und Dresdner Bank, Berlin 2005.

Bernd Rudolph
Hintergründe und Verlauf der
internationalen Finanzkrise 2008

Acharya, Viral/Richardson, Matthew/Van Nieuwerburgh, Stijn/White, Lawrence J.: A race to the bottom: Understanding the US housing boom, Artikel in: www.voxeu.org v. 11. Mai 2011.

Adelson, Mark/Jacob, David: The Sub-prime Problem: Causes and Lessons, Working Paper, New York 2008.

Adrian, Tobias/Shin, Hyun Song: Liquidity and Financial Contagion, in: Banque de France (ed.): Financial Stability Review 11 (2008), S. 1–7.

Arentz, Oliver/Eekhoff, Johann/Wolfgramm, Christine: Zur Finanzmarktkrise: Die Rolle der Immobilienbewertung, Institut für Wirtschaftspolitik Discussion Paper No. 2010/1.

Ashcraft, Adam B./Schuermann, Til: Understanding the Securitization of Subprime Mortgage Credit, Federal Reserve Bank of New York, Staff Report No. 318, März 2008.

Bank für Internationalen Zahlungsausgleich (2008): 78. Jahresbericht, 1. April 2007–31. März 2008, Basel 2008.

Basel Committee on Banking Supervision (2008): Principles for Sound Liquidity Risk Management and Supervision, Bank for International Settlements, June 2008 – Draft for Consultation.

Basel Committee on Banking Supervision (2009): Principles for Sound Stress Testing Practices and Supervision, Consultative Document, Bank for International Settlements, January 2009.

Bessembinder, Hendrik/Maxwell, William: Transparency and the Corporate Bond Market, in: Journal of Economic Perspectives 22 (2008), S. 217–234.

Binder, Alan S./Zandi, Mark: How the Great Recession Was Brought to an End, Manuskript, Juli 2010.

Bloss, Michael/Ernst, Dietmar/Häcker, Joachim/Eil, Nadine: Von der Subprime-Krise zur Finanzkrise, München 2009.

Borio, Claudio: The Financial Turmoil of 2007: A Preliminary Assessment and Some Policy Considerations, BIS Working Paper, Basel 2008.

Braunberger, Gerald: Die Krise und die Ökonomen. Die Wirtschaftsbücher des Jahres, in: Frankfurter Allgemeine Zeitung v. 28. Dezember 2009, Nr. 300, S. 12.

Bundesanstalt für Finanzdienstleistungsaufsicht BaFin (2008): Jahresbericht 2007, Bonn und Frankfurt a. M. 2008.

Bundesanstalt für Finanzdienstleistungsaufsicht BaFin (2011): Jahresbericht 2010, Bonn und Frankfurt a. M. 2011.

Bundesministerium der Finanzen: Das »Bad Bank«-Gesetz, in: Monatsbericht September 2009, S. 69–75.

Burhop, Carsten: Welche Lehren sich aus den Bankenkrisen 1873 und 1931 ziehen lassen, in: Börsen-Zeitung v. 2. April 2010.

Burghof, Hans-Peter/Henke, Sabine: Entwicklungslinien des Marktes für Kreditderivate, in: H.-P. Burghof et al. (Hrsg.): Kreditderivate. Handbuch für die Bank- und Anlagepraxis, 2. Aufl., Stuttgart 2005, S. 31–52.

Coffee, Frank: Creative Home Financing, New York 1982.

Committee on the Global Financial System (2008): Ratings in Structured Finance: What Went Wrong and What Can Be Done to Address Shortcomings?, CGFS Papers No. 32, Bank for International Settlements, July 2008.

DeMarzo, Peter M.: The Pooling and Tranching of Securities: a Model of Informed Intermediation, in: The Review of Financial Studies 18 (2005), S. 1–35.

Deutsche Bank (2008): Konzernabschluss zum 31. Dezember 2007, Value-at-Risk der Handelsbereiche des Konzernbereichs Corporate and Investment Bank, Frankfurt a. M. 2008.

Deutsche Bundesbank (1997): Asset-Backed Securities in Deutschland: Die Veräußerung und Verbriefung von Kreditforderungen durch deutsche Kreditinstitute, in: Monatsbericht Juli 1997, S. 57–67.

Deutsche Bundesbank (2004a): Instrumente zum Kreditrisikotransfer: Einsatz bei deutschen Banken und Aspekte der Finanzstabilität, in: Monatsbericht April 2004, S. 27–45.

Deutsche Bundesbank (2004b): Stresstests bei deutschen Banken – Methoden und Ergebnisse, in: Monatsbericht Oktober 2004, S. 79–88.

Deutsche Bundesbank (2007): Finanzstabilitätsbericht 2007.

Deutsche Bundesbank (2008): Neuere Entwicklungen im internationalen Finanzsystem, in: Monatsbericht Juli 2008, S. 15–31.

Deutsche Bundesbank (2009a): Zum »Bad Bank«-Modell der Bundesregierung, in: Monatsbericht Mai 2009, S. 56–59.

Deutsche Bundesbank (2009b): Änderung der neu gefassten EU-Bankenrichtlinie und der EU-Kapitaladäquanzrichtlinie sowie Anpassung der Mindestanforderungen an das Risikomanagement, in: Monatsbericht September 2009, S. 67–83.

Deutsche Bundesbank (2011): Ansätze zur Messung und makroprudenziellen Behandlung systemischer Risiken, in: Monatsbericht März 2011, S. 39–54.

Deutsche Bundesbank/BaFin (2008a): Praxis des Liquiditätsrisikomanagements in ausgewählten deutschen Kreditinstituten, Frankfurt a. M. 2008.

Deutscher Bundestag (2009): Beschlussempfehlung und Bericht des 2. Untersuchungsausschusses nach Artikel 44 des Grundgesetzes, Drucksache 16/14000, Berlin 2009.

Dolls, Mathias/Fuest, Clemens/Peichl, Andreas: Wie wirken die automatischen Stabilisatoren in der Wirtschaftskrise? Deutschland im Vergleich zu anderen EU-Staaten und den USA, in: Perspektiven der Wirtschaftspolitik 11 (2010), S. 132–145.

Dübel, Hans-Joachim: Die Krise am Hypothekarkreditmarkt der USA. Eine empirische Analyse und Überlegungen für Deutschland, Berlin 2007.

Eichengreen, Barry: Ten Questions About the Subprime Crisis, in: Banque de France: Financial Stability Review 11 (2008), S. 19–28.

Eidgenössische Bankenkommission (2008): Subprime-Krise: Untersuchung der EBK zu den Ursachen der Wertberichtigungen der UBS AG: »EBK-UBS-Subprimebericht«, Manuskript, 30. Sept. 2008.

Europäische Zentralbank (2007): Kasten 3: Die zusätzlichen Offenmarktgeschäfte der EZB im Zeitraum vom 8. August bis zum 5. September 2007, in: Monatsbericht September 2007, S. 33–37.

Europäische Zentralbank (2008): Verbriefungen im Euro-Währungsgebiet, in: Monatsbericht Februar 2008, S. 89–104.

Europäische Zentralbank (2010): Die Reaktion der EZB auf die Finanzkrise, in: Monatsbericht Oktober 2010, S. 63–79.

European Securities Markets Expert Group (2008): Role of Credit Rating Agencies. ESME' Report to the European Commission, Juni 2008. (http://ec.europa.eu/internal_market/securities/esme/index_en.htm – zuletzt aufgerufen am 25. August 2011)

Expertenrat der Bundesregierung (2011): Strategien für den Ausstieg des Bundes aus krisenbedingten Beteiligungen an Banken, Gutachten Januar 2011.

Fachgremium Kredit (2007): Stresstests, Manuskript, 21.12.07. (http://www.bundesbank.de/download/bankenaufsicht/pdf/stresstest.pdf – zuletzt aufgerufen am 25. August 2011)

Fecht, Falko/Grüner, Hans Peter: Bad Bank: Ein alternativer Vorschlag, in: ifo Schnelldienst 62 (2009), Heft 13, S. 3–6.

Fender, Ingo/Mitchell, Janet (2005): Strukturierte Finanzierungen: Komplexität, Risiken und die Rolle von Ratings, in: BIZ-Quartalsbericht, Juni 2005, S. 77–91.

Financial Stability Forum (2008a): Observations on Risk Management Practices during the Recent Market Turbulence, Senior Supervisors Group, March 6, 2008. (http://www.fsforum.org/home/home.html)

Financial Stablity Forum (2008b): Enhancing Market and Institutional Resilience, April 2008.

Firla-Cuchra, Maciej/Jenkinson, Tim: Security Design in the Real World: Why are Securitization Issues Tranched?, Working Paper, Oxford University, January 2006.

Franke, Günter/Weber, Thomas: Wie werden Collateralized Debt Obligation-Transaktionen gestaltet?, in: zfbf Sonderheft 57/07, S. 95–123.

Frankel, Allen: Erstklassig oder auch nicht: Finanzierung von Wohneigentum in den USA im neuen Jahrhundert, in: BIZ-Quartalsbericht, März 2008, S. 75–87.

Freixas, Xavier: Systemic Risk and Prudential Regulation in the Global Economy, Working Paper, Universitat Pompeu Fabra, Nov. 2007.

Galbraith, James K.: Die USA und der ›Change‹, Lehren des New Deal, in: Blätter für deutsche und internationale Politik 7/2009, S. 48–56.

Gisdakis, Philip: Kreditportfolio-Tranchierung: Einfache Einsichten in ein komplexes Problem, in: Risiko-Manager (2008), No. 11, S. 1 und 6–12.

Gonzáles-Páramo, José Manuel: Financial turmoil, securitisation and liquidity, BIS Review 68/2008, S. 1–10.

Gorton, Gary/Souleles, Nicholas: Special Purpose Vehicles and Securitization, Working Paper, Wharton School, April 2005.

Greive, Martin: Ratings sind keine Investitionsempfehlung, in: Die Welt v. 14.4.2011.

Haldane, Andrew G.: Why Banks Failed the Stress Test, Redemanuskript, Bank von England, 13.2.2009.

Hellwig, Martin: Finanzkrise und Reformbedarf, Gutachten E zum 68. Deutschen Juristentag: Finanzmarktregulierung – Welche Regelungen empfehlen sich für den deutschen und europäischen Finanzsektor?, München 2010.

Henke, Sabine: Anreizprobleme beim Transfer der Kreditrisiken aus Buchkrediten, Berlin 2002.

Hofmann, Gerhard: Auswirkungen von Verbriefungen auf die Finanzmarktstabilität, in: Deutsche Bundesbank: Auszüge aus Presseartikeln Nr. 38 v. 5. Sept. 2007, S. 3–4.

Hommel, Ulrich/Schneider, Hilmar/Nohtse, Karsten: Programm-Mezzanine – Quo Vadis? EBS Business School, Wiesbaden 2010.

Huertas, Thomas F.: Crisis. Cause, Containment and Cure, Palgrave, London 2010.

Illing, Gerhard: Zentralbanken im Griff der Finanzmärkte. Umfassende Regulierung als Voraussetzung für eine effiziente Geldpolitik, WISO Diskurs, Expertise im Auftrag der Friedrich-Ebert-Stiftung, Bonn 2011.

Illing, Gerhard/Watzka, Sebastian: Die Geldpolitik von EZB und Fed in Zeiten von Finanzmarktturbulenzen – eine aktuelle Bewertung, in: Zeitschrift für das gesamte Kreditwesen 61 (2008), S. 852–858.

Illing, Gerhard/Watzka, Sebastian: Eine Neubewertung der geldpolitischen Reaktionen von EZB und Fed auf die Finanzkrise, in: Zeitschrift für das gesamte Kreditwesen 63 (2010), S. 1206–1211.

Initiative Finanzstandort Deutschland (2008): Finanzstandort Deutschland Bericht Nr. 4, 2008.

Institut der Wirtschaftsprüfer IDW (2008): Positionspapier des IDW zu Bilanzierungs- und Bewertungsfragen im Zusammenhang mit der Subprime-Krise, in: IDW Fachnachrichten 2008, Heft 1–2, S. 1–8.

Institute of International Finance IIF (2008): Interim Report of the IIT Committee on Market Best Practices, April 2008 (vgl. http://www.iif.com/ – zuletzt aufgerufen am 25. August 2011).

International Organization of Securities Commissions IOSCO (2008): Report on the Subprime Crisis. Final Report of the Technical Committee of the IOSCO, May 2008.

IKB (2007): Konzerngeschäftsbericht 2006/2007, Düsseldorf 2007.

Jäger, Manfred: Bad-Banks-Gesetz – ein nur eingeschränkt überzeugendes Konzept, in: ifo Schnelldienst 62 (2009), S. 7–10.

Kern, Steffen: US-Finanzmarktreform. Die Ökonomie des Dodd-Frank Acts, Deutsche Bank Research v. 6. Dezember 2010.

Krahnen, Jan Pieter: Der Handel von Kreditrisiken: Eine neue Dimension des Kapitalmarktes, in: Perspektiven der Wirtschaftspolitik 6 (2005), S. 499–519.

Krahnen, Jan Pieter: Die Stabilität von Finanzmärkten: Wie kann die Wirtschaftspolitik Vertrauen schaffen?, Working Paper No. 2006/05, Center for Financial Studies, Frankfurt a. M. 2006.

Krahnen, Jan Pieter/Wilde, Christian (2006): Risk Transfer with CDOs and Systemic Risk in Banking, Working Paper No. 2006/04, Center for Financial Studies, Frankfurt a. M. 2006.

Krahnen, Jan Pieter/Wilde, Christian: Risk Transfer with CDOs, Working Paper No. 2008/15, Center for Financial Studies, Frankfurt a. M. 2008.

Kurm-Engels, M./Köhler, P./Maisch, M./Landgraf, R.: Neuauflage der Stresstests beunruhigt Bundesbank, in: Handelsblatt v. 24. 1. 2011.

Lam, James: Cultural Change prescribed in Response to Subprime Losses, in: Risk v. 5. Juni 2008.

Mian, Atif/Sufi, Amir: The Consequences of Mortgage Credit Expansion: Evidence from the 2007 Mortgage Default Crisis, Working Paper, University of Chicago Graduate School of Business, Jan. 2008.

Mock, Matthias/Sauckel, Marika: Funktionsweise und Bedeutung von Kreditderivaten, Deutscher Bundestag, Wissenschaftliche Dienste, Berlin 2010.

Moessner, Richhild/Allen, William A.: Banking Crises and the International Monetary System in the Great Depression and Now, in: Financial History Review 18 (2011), S. 120.

National Commission on the Causes of the Financial and Economic Crisis in the United States (2011): The Financial Crisis Inquiry Report, Washington 2011.

Neske, Christian: Grundformen von Kreditderivaten, in: Hans-Peter Burghof et al. (Hrsg.): Kreditderivate, Handbuch für die Bank- und Anlagepraxis, 2. Aufl., Stuttgart 2005, S. 55–69.

Nienhaus, Lisa: Zwei alte Giganten, FAZ.NET v. 7. Sept. 2009.

Oriwol, Diethard/Weghorn, Reiner: Kreditbasket III – erhöhte Flexibilität im Rahmen eines aktiven Kreditportfolio-Managements, in: Zeitschrift für das gesamte Kreditwesen 59 (2006), S. 1144–1146.

Osterloh, Margit: Psychologische Ökonomik: Integration statt Konfrontation. Die Bedeutung der psychologischen Ökonomik für die BWL, in: Zeitschrift für betriebswirtschaftliche Forschung, Sonderheft 56/07, S. 82–111.

Panetta, Fabio et al.: An assessment of financial sector rescue programmes, BIS Papers No. 48, July 2009.

Paul, Stephan: Bankenintermediation und Verbriefung. Neue Chancen und Risiken für Kreditinstitute durch Asset Backed Securities? Wiesbaden 1994.

Piper, Nikolaus: Ein Puffer für den Zocker-Markt, in: Süddeutsche Zeitung Nr. 135 v. 12. Juni 2008, S. 24.

Reckers, Hans: Gefragt ist eine Regulierung mit Augenmaß, in: Börsen-Zeitung v. 14. Juni 2008. Quelle: Deutsche Bundesbank: Auszüge aus Presseartikeln Nr. 25. v. 18. 6. 2008, S. 10–11.

Reinhart, Carmen M./Rogoff, Kenneth S.: Dieses Mal ist alles anders. Acht Jahrhundert Finanzkrise, München 2009.

Ricken, Stephan: Kreditrisikotransfer europäischer Banken, Frankfurt a.M. 2007.

Ritschl, Albrecht: War 2008 das neue 1931? In: Aus Politik und Zeitgeschehen 20/2009, S. 27–32.

Rudolph, Bernd: Die Erleichterung des Erwerbs von Wohneigentums durch flexible Finanzierung und Absicherung, Beiträge zur betriebswirtschaftlichen Kapitaltheorie, Frankfurt a.M. 1987.

Rudolph, Bernd: Risikotransferinstrumente und Unternehmensfinanzierung, in: Zeitschrift für betriebswirtschaftliche Forschung 57 (2005), S. 176–181.

Rudolph, Bernd: Tranchierte Mezzanine-Fonds: Neues Marktsegment in der Mittelstandsfinanzierung, in: Betriebs-Berater Spezial, Jg. 60 (2005), Nr. 5, S. 15–19.

Rudolph, Bernd: Kreditrisikotransfer – Abbau alter gegen den Aufbau neuer Risiken?, in: Kredit und Kapital 40 (2007), S. 1–16.

Rudolph, Bernd: Die internationale Finanzkrise: Ursachen, Treiber, Veränderungsbedarf und Reformansätze, in: Zeitschrift für Unternehmens- und Gesellschaftsrecht 39 (2010), S. 1–47.

Rudolph, Bernd: Eigenkapitalanforderungen in der Bankregulierung, in: Zeitschrift für das gesamte Handelsrecht und Wirtschaftsrecht 175 (2011), S. 284–318.

Rudolph, Bernd/Hofmann, Bernd Schaber, Albert/Schäfer, Klaus: Kreditrisikotransfer. Moderne Instrumente und Methoden, Berlin 2007.

Rudolph, Bernd/Scholz, Julia: Pooling und Tranching im Rahmen von ABS-Transaktionen, in: Bank Archiv 55 (2007), S. 538–548.

Sachverständigenrat zur Begutachtung der gesamtwirtschaftlichen Entwicklung (2007): Das Erreichte nicht verspielen, Jahresgutachten 2007/2008, Wiesbaden 2007.

Sachverständigenrat zur Begutachtung der gesamtwirtschaftlichen Entwicklung (2008a): Die Finanzkrise meistern – Wachstumskräfte stärken, Jahresgutachten 2008/09, Wiesbaden 2008.

Sachverständigenrat zur Begutachtung der gesamtwirtschaftlichen Entwicklung (2008b): Das deutsche Finanzsystem. Effizienz steigern – Stabilität erhöhen. Expertise im Auftrag der Bundesregierung, Wiesbaden 2008.

Scholz, Julia: Auswirkungen vertikaler Kollusionsprobleme auf die vertragliche Ausgestaltung von Kreditverkäufen, Discussion Paper 2008-8, Fakultät für Betriebswirtschaft, Ludwig-Maximilians-Universität München, Juni 2008.

Scholz, Julia: Manager- und transaktionsspezifische Determinanten der Performance von Arbitrage CLOs. Münchener Wirtschaftswissenschaftliche Beiträge (BWL) 2011.

Schularick, Moritz: 140 Years of Financial Crises: Old Dog, New Tricks, Working Paper, Freie Universität Berlin, August 2010.

Shiller, Robert J.: The Subprime Solution. How Today's Global Financial Crisis Happened, and What to Do about It, Princeton, Oxford 2008.

Sinn, Hans-Werner: Kasino-Kapitalismus. Wie es zur Finanzkrise kam, und was jetzt zu tun ist, Berlin 2010.

Sommer, Rainer: Die Subprime-Krise. Wie einige faule US-Kredite das internationale Finanzsystem erschüttern, Hannover 2008.

Steinebach, Olaf: Der Intermediationsprozess der Wohnungsbaufinanzierung in Deutschland und den U.S.A. im Vergleich, in: Institut für Bankwirtschaft und Bankrecht an der Universität zu Köln, Mitteilungen und Berichte 29 (1998), S. 60–106.

Steinbrück, Peer: Unterm Strich, Hamburg 2010.

Temple, Ronald: The Credit Market Crisis, in: Lazard Asset Management, Investment Research, März 2008.

Thelen-Pischke, Hiltrud: Optimale Regulierung bleibt eine Herausforderung, in: Zeitschrift für Wirtschaftsgeographie 55 (2011), Heft 1–2, S. 17–34.

Voigtländer, Michael: Die Subprime-Krise in der Retrospektive, in: Verband deutscher Pfandbriefbanken (Hrsg.): Immobilien-Banking 2008–2009, Berlin 2008, S. 6–14.

Weber, Axel A.: Finanzmärkte und Geldpolitik, in: Deutsche Bundesbank: Auszüge aus Presseartikeln Nr. 23 (2008), S. 6–8.

Weistroffer, Christian: Credit Default Swaps. Auf dem Weg zu einem robusteren System, Deutsche Bank Research v. 8. März 2010.

Zeitler, Franz-Joseph: Präsentation des Finanzstabilitätsberichts 2007, Manuskript, 29. November 2007.

Zentraler Kreditausschuss (2008): Stellungnahme zum Konsultationspapier von CESR »The role of credit rating agencies in structured finance«, Ref. CESR08-36 v. 28. März 2008.

Unternehmen und Institutionen

Personenregister

Bildnachweis